International Relations Theory

국제관계이론

Oliver Daddow 지음

이상현 옮김

명인문화사

국제관계이론

제1쇄 펴낸 날 2020년 2월 14일
제2쇄 펴낸 날 2022년 2월 7일

지은이 Oliver Daddow
옮긴이 이상현
펴낸이 박선영
주 간 김계동
디자인 전수연
교 정 김유원

펴낸곳 명인문화사
등 록 제2005-77호(2005.11.10)
주 소 서울시 송파구 백제고분로 36가길 15 미주빌딩 202호
이메일 myunginbooks@hanmail.net
전 화 02)416-3059
팩 스 02)417-3095

ISBN 979-11-6193-025-1
가 격 25,000원

이 도서의 국립중앙도서관 출판예정도서목록(CIP)은 서지정보유통지원시스템 홈페이지(http://seoji.nl.go.kr)와 국가자료종합목록 구축시스템(http://kolis-net.nl.go.kr)에서 이용하실 수 있습니다. (CIP제어번호 : CIP2020004129)

International Relations Theory, Third Edition

Oliver Daddow

간략목차

세부목차

도해목차

표

도표

심층 분석

역자서문

최근의 국제정세는 매우 혼란스럽다. 강대국 정치의 부활 추세가 뚜렷한 가운데, 제2차 세계대전 이후 미국 주도로 건설된 자유주의적 국제질서는 기로에 서 있다. 이러한 격변의 중심에는 미국과 중국, 러시아 등 강대국들이 자국 이익 중심의 대외정책을 펴는 이유도 있지만, 국제관계의 내용과 규범, 이슈가 변하고 있다는 점을 주목하지 않을 수 없다.

오늘날 신문의 국제면이나 해외 뉴스를 접하다 보면 과거에는 주목받지 않았던 새로운 현상들이 관심을 끌고 있는 것을 쉽게 발견할 수 있다. 예를 들면, 기후변화는 대기오염과 환경문제 등과 직결되는 대표적인 국제적 뉴스거리이다. 자유주의 국제질서의 중요한 근간이었던 다자주의제도의 약화는 이 시대의 또 다른 특징이다. 미국과 러시아 간에 체결된 중거리핵전력조약(INF) 폐기, 미국의 미-이란 간 핵협상인 포괄적공동행동계획(JCPOA) 탈퇴, 파리 기후협약 탈퇴 등 레짐의 약화는 글로벌 거버넌스의 심각한 위기로 인식되고 있다. 더 나아가 드론과 자율무기 체계, 빅데이터, 5G, 인공지능(AI) 등 신기술은 이른 바 디지털 냉전이라는 국제적 경쟁의 새로운 차원을 열고 있다. 최근 홍콩 사태는 어떤가? 세계적으로 포퓰리즘과 배타적 민족주의, 길거리 권력(street power)의 부상은 세계적으로 민주주의 체제에 대한 도전을 야기하고 있다.

이렇게 혼란스럽고 격변하는 국제정세를 우리는 어떤 렌즈로 어떻게 봐야 할까? 바로 여기에 이론의 역할이 있다. 국제관계이론은 기본적으로 이 혼란스럽고 무질서해 보이는 국제정세를 어떤 시각으로 걸러서 봐야할지를 안내하는 가이드와 같다. 이론이란 복잡한 현실을 핵심적인 요소와 구조로 분해하여 우리의 이해를 돕는 역할을 한다. 저자인 대도우 교수가 지적하듯이, 우리가 국제관계 현상을 보고 해석하는 것은 이미 그 자체가 어떤 이론적 시각을 깔고 있는 것이다. 그런 의미에서 국제정치 혹은 국제관계를 연구하는 모든 분야는 크던 적던 이미 이론적 틀을 전제한다고 말할 수 있다.

이 책은 국제관계이론(IRT)을 처음 접하는 학부 저학년 학생들을 겨냥한 입문서로서의 성격을 갖고 있다. 제1부는 세 장에 걸쳐 국제관계 및 국제관계이론에 대한 배경 소개를 하고 있다. 학문분야로서 국제관계의 성장과 역사, 그리고 국제관계 연구의 목적과 방법 등과 더불어 국제관계의 핵심인 무정부상태(anarchy)의 개념을 소개함으로써 IR이론가들이 무엇을 어떻게 이해하고 분석하는지를 소개한다.

제2부는 본서의 핵심으로서, 국제관계이론 중 대표적인 이론들을 소개한다. 자유주의와 현실주의, 그리고 그 변종인 신자유주의와 신현실주의 등 익숙한 이론들 외에도 전통적인 '주류' 이론들에서는 간과되거나 무시되었던 기타 IR 관련 이슈를 다룬다. 마르크스주의, 비판이론, 페미니즘, 포스트-구조주의, 탈식민주의, 그리고 녹색국제관계이론 등 최신 동향까지 소개하고 있다.

제3부는 이 책의 가장 특징적인 부분인데, 일종의 부록으로서 국제관계이론 수업을 처음 접하는 학부 초년생들을 위한 학습과 논문작성, 시험 대비를 위한 요령 등을 소개하고 있다. 대학원생들이나 학부 고학년생들에게는 다소 상식적인 내용일지 몰라도 학부 저학년생들에게는 매우 유용한 길잡이가 될 것이다. 에세이 작성과 시험 준비, 그리고 표절 관련 내용은 특히

일반적인 교과서에서는 별로 소개되지 않는 내용이라서 저학년 학생들에게 큰 도움이 되리라 생각한다. 좋은 교과서들이 이미 시장에 넘쳐나는 가운데서도 이 책이 국제관계이론에 입문하는 학생들에게 좋은 길잡이가 되리라 확신한다.

2020년 정초에

이상현

서론 당신은 왜 이 책을 읽어야 하는가?

필자는 한 가지 매우 분명한 목적을 가지고 이 책을 집필했다. 그것은 국제관계이론(IRT)에 처음 입문하는 학생들에게 학부 수준에서, 여러 복잡한 현상에 대해 깊은 관심과 성찰을 요하는, 이 매력적인 분야로의 길을 안내하기 위한 것이다. 오늘날 각 사람은 이라크전쟁이든 러시아의 우크라이나 침공이든, 혹은 브렉시트(Brexit), 트럼프(Donald Trump)의 당선, 중동 평화 프로세스 등 여러 중요한 문제들에 대해 어떤 견해를 갖고 있다. 국제관계 이론가들은 과거와 현재로부터 증거를 수집하고, 그들의 패턴이나 연관관계를 분석하고, 모델을 개발하고, **국가**(states)들이 갈수록 세계화되는 세계에서 어떻게 그들의 국가이익을 확보하는지에 대한 일반화 등을 통해 최근의 사태 전개를 이해하려고 노력한다. 이론가들이 왜, 그리고 어떻게 이 일을 하는지 이해하는 것은 국제관계를 공부하는 학생들의 주요 과제로서, 이 책은 바로 그것을 돕기 위해 탄생했다.

국제관계이론은 두 가지 이유로 매력적인 분야가 될 수 있다. 첫째, 제각각 국제적 사건에 관한 '진실'을, 그리고 국제문제가 어떻게 '작동'하는지를 설명한다고 주장하는 수많은 이론들의 존재 때문이다. 이들 중 어떤 **이**

론(theory)이 '최상'인지 우리는 어떻게 아는가? 둘째, 국제관계이론이 신입생들에게는, 비록 그들 중 상당수가 정치학이나 역사학 배경을 갖고 있다 하더라도, 때로는 어려울 수 있다는 사실을 피할 수 없다. 또한 수업에서 배우는 것들 중 일부는 이미 알고 있는 것일 수도 있지만, 이 책을 읽는 학생들, 특히 학부생들 중 대부분은 이론적 시각에서 이들 문제를 생각해본 적이 거의 없을 것이다. 때문에 당신이 어떤 이론을 이해하려 씨름하고 있을 때 당신만 그런 것이 아니라는 점을 유념하는 것이 좋겠다. 아무도 하루 밤에 이해할 수는 없는 내용이기 때문이다. 학문의 성공은 서서히, 때로는 매우 느린 과정으로 이뤄진다. 어쩌면 좌절할지 모르고 어려운 시기를 겪을 수도 있다. 그래서 투철한 각오를 해야 한다. 하지만 국제관계이론 공부를 계속하다보면 분명히 보상이 따를 것이다. 고등학교나 대학의 초급 단계에서 가르치는 국제관계 과목들도 **세계화(globalization)**나 전쟁과 평화 같은 이슈들을 다룬다. 대학 수준의 과목들이 다른 점은 '이론' 관련 내용이 포함된다는 점이다. 대학 시절 초기에 이론을 접하게 되면 당신은 아주 멀리 갈 준비가 된 것이다.

> 용어 소개: '국제관계(International Relations)', 혹은 줄여서 대문자로 쓴 'IR'은 국제관계를 연구하는 공식 학문 분야를 지칭한다. 다시 말해 세계의 '저 밖에서' 벌어지는 국제관계를 연구하는 학문 분야로서의 '국제관계'를 말한다. 대학에 따라서는 IR 과목을 '국제정치(international politics)', '글로벌 정치(global politics)', 혹은 '세계정치(world politics)'로 부르기도 하며, 각 과목은 비중은 다르지만 모두 이론에 관한 내용을 포함하고 있다. 이 책에서는 국제관계이론을 IRT로 줄여서 사용한다.

바로 이런 이유로 IRT는 매력적이고 보상이 따르는 분야라 할 수 있다. 우리가 국제 테러나 미중관계, 시리아 사태, 혹은 쿠바의 카스트로(Fidel

Castro) 사망 등에 관한 뉴스를 볼 때, 우리가 인식하지 못하지만 사실 글로벌 정치에 관한 정치적 분석이나 미디어 보도는 모두 어떤 형태로든 이론적 토대에 기초해 있다. 정치인들이나 해설자, 뉴스 미디어들은 우리에게 어떤 **행위자(actors)**가 중요하고, 그들이 국제무대에서 어떻게 서로 대응하며, 어떤 동기를 갖고 그렇게 하는지를 말해주며, 세계정치의 미래를 위해 내린 결정이나 체결한 조약이 어떤 효과가 있을지를 토론한다. 그러한 토론은 일상적이고 매일 매일의 결정을 다룰 수도 있지만, 때로는 정책결정자들이 위기에 급박히 대응해야 하는 상황이 되기도 한다. 어떤 식으로든 어떤 행위자의 관점을 선택함에 있어서, 그리고 당신에게 영향을 주기 위한 편집자의 성향이 반영되어, 뉴스의 소비자들은 어떤 행위자나 사연에 다른 것들보다 더 동조하는 입장에서 보게 되는데, 이 자체가 이미 이론적 선택이 이루어졌음을 의미한다. 희망컨대 이 책을 읽은 독자들은 세계를 이해하기 쉽게 단순화하는 이 지배적인 방식을, 중요하지만 흔히 감춰진 이론적 선택을 통해 '꿰뚫어 보는' 유리한 위치에 서기를 바란다. 결과적으로, 이 책은 독자들이 국제관계이론(IRT) 과목을 듣는 동안 세계를 비판적으로 보는 기술을 어디서 어떻게 얻을 수 있는지 발견하도록 도와줄 것이다. 만일 정치학이나 국제관계학 학생들이 우리 주변의 세계를 통치하는 사람들에 대해 비판적 식견을 갖지 못한다면 누가 그렇게 할 수 있단 말인가?

따라서 이 책은 국제관계이론(IRT)을 처음 접하는 학생들을 위해 저술되었다. 이 책은 학생들이 어떤 주제를 쉽게 이해할 수 있도록 돕고 학습과정을 관리할 수 있도록 구성되었다. 새로운 학문 분야를 공부하는 것은 두려운 일일 수도 있다. 헤쳐 나가야할 기나긴 필독 리스트, 낯선 개념과 전문용어들, 이해하기 어려운 생각들, 그리고 섭렵해야 할 새로운 사고방식 등, 이 모든 것들을 비교적 짧은 시간 내에 마쳐야 한다. 성공을 위해 요구되는 어마어마한 독서량과 정보의 수준은 모든 학생들에게 압박감을 줄 것이다. 이 책은 학생들에게 복잡한 IRT를 헤쳐나가는 데 다음과 같은 세 가지 방식으로 도움을 줄 것이다. 첫째, 이 책은 학생들이 수업 과정에서 만나게 될 이론들의 주요 구성요소들을 요약해준다. 둘째, 이 책은 이들 이론들이 서로 어떻게 연관되고 대화를 통해 영향을 미치는지 보여준다. 셋째, 이 책은 각 이론의 배경을 소개하고 외견상 뒤죽박죽인 생각들이 어떻게 서로 들어맞고 발전해 왔는지를 보여준다. 이 책은 IRT 과목에 대해 전체적인 개요를 명확히 보여주는 한편 필요한 구체적인 내용을 채우는 데 도움을 줄 것이다. 더 나아가 논문작성과 시험 준비, 표절을 피하는 방법 등에 대해 실용적인 가이드를 제공해줄 것이다.

이 책의 활용법: 국제관계이론 학습을 장악하라

이 책은 학부 혹은 대학원생들의 국제관계이론 학습 성공을 위해 탄생했다. 국제관계이론은 학위과정을 통해 여러 곳에서, 때로는 예상치 못한 부분에서 불쑥 나타날 수 있다. '국제관계이론(IRT)'이라는 특정 과목에서만 그런 것이 아니다. 이론적 논의는 국제정치, 1945년 이후의 국제관계와 세계정치, 현대 국제문제, 세계화, 외교정책 분석, 그리고 국제관계학 연구방법론 등 다양한 과목을 통해서도 다루어진다. 국제안보, 혹은 안보연구 분야도 현실주의 대 '나머지' 간의 논쟁 같은 강력한 이론적 요소를 포함할 수 있는데, 예를 들면, 현대세계에서 안전보장 수단으로서 핵무기의 효용이 이에 해당할 것이다. 이론적 문제는 상기 여러 과목들에서 공통적인 기초를 이루는 것이며, 때문에 이 책은 국제관계이론(IRT) 전공자들뿐 아니라 정치학이나 국제관계와 관련된 학위 모듈을 공부하는 학생들에게 유용한 개론서가 될 것이다.

이 책의 가장 주된 목표는 학생들이 IRT를 어떻게 효과적으로 학습할 것인지 돕는 것이다. 그럼으로써 수업 과제를 완수하고 시험에 통과하고 IRT

과목에서 최선의 성과를 거두도록 돕는 것이다. 이 책은 학생들이 주어진 주제에 쉽게 접근하도록 구성되었으며 전형적인 IRT 과목에서 접할 수 있는 주제와 이슈들에 관한 가이드를 제공해줄 것이다. 이 책은 학생들의 생각하는 방식, 과제물 제출이나 구두 발표시 (학습 모듈의 평가방식에 따라) 교수가 이를 평가하면서 주목해 볼 부분에 대해서도 다룬다. 필자는 단순히 이 책이 또 하나의 국제관계이론 교과서가 되기를 원치 않는다. 훌륭한 교과서들은 이미 시장에 차고 넘친다. 또한 이 책은 해당 과목의 교재나 학술논문, 책이나 기타 자료를 대신하고자 함도 아니다. 이 책에서는 각 이론들이 매우 간결하게 다뤄지고 있기 때문에 이 책은 고학년 심화 과목 수강 전에, 혹은 그와 병행해서 과목 담당 교수에게 뚜렷한 인상을 남기고자 하는 학생들이 기본적인 해설서로서 읽으면 좋을 것이다. 담당 교수들은 학부 과목 수강생들에게 교재 범위를 넘어서는 공부를 권장할 것이다. 이 책의 개론적 성격과 더불어 다양한 학습요령은 IRT 과목 모듈의 끝 무렵에 논문이나 시험, 혹은 기타 과제를 준비할 때 다시 참고하기에도 유용할 것이다. 요컨대 이 책은 IRT에 관해 배울 때 입문서로서는 물론 생각을 정리할 때 들춰보기에 편리한 가이드가 될 것이다.

국제관계(IR) 및 국제관계이론(IRT) 수업을 듣는 학생들은 다양한 관점을 지닌 수많은 교과서들을 접하게 될 것이다. 이들 교과서는 길고 복잡한 연구저작이나 해당 주제에 관한 수많은 최신 학술지 논문들을 종합해준다. 이 책은 학생들이 주 교재를 읽으면서 접하게 될 IRT 관련 '독창적인' 이론과 경험적 분석에 관한 정보와 학습요령을 제공하기 위해 기획되었다. 이 책은 학생들이 이론 과목의 기초와 친해지도록 도와주며 효과적인 논문과 시험 답안 작성 방법을 '내부자', 즉, 교수의 시각에서 바라볼 수 있도록 해줄 것이다. 수업 평가의 핵심인 요령과 관련해서 이 책은 학생들의 생각을 정리하고 다양한 원전을 비판적으로 분석하도록 도울 것이다. 더 나아가 설득력 있고 논리적인 주장을 형성하고 이를 발표와 논문으로 제출하도록 해줄 것이다.

이 책의 목표는 다음과 같다.

- 국제관계 과목 주제에 대한 소개
- 국제관계의 핵심 이론 검토
- 이론 항목이 포함된 국제관계 과목 수강시 요구되는 필수적인 요령 획득을 지원
- 과목 수강시 교재와 더불어 학습 보조 역할, 추가 학습 가이드 제공

국제관계(IR) 분야에는 매우 다양한 많은 이론들이 있으며, 이들 모두를 다루는 교과서를 찾기는 쉽지 않다. 대학 수준에서 개별 모듈 과정을 제공하는 것은 시간적으로 빠듯하고 담당교수들은 어떤 이론을 다루고 어떤 것을 건너 뛰어야할지 선택해야 한다. 담당교수는 학생들이 모든 이론을 섭렵해야 한다고 기대하지는 않지만 적어도 수업에서 다룬 이론에 대해서는 충분한 관심을 보이기를 기대한다. 필자는 학생들이 수강할 IRT 과목의 구체적 내용이 발표되는 즉시 해당 과목의 정확한 정보를 이 책의 목차와 비교해보기를 강력히 권고한다. 그러면 학생들은 자신의 수업에 적합한 장들만 골라 학습하면 될 것이다. 학생들이 수강하는 과목에 적합한 이론들에만 집중함으로써 학습에 도움이 될 뿐 아니라 원하는 분야로 관심의 폭을 넓힐 수도 있다. 오늘날 대학에서 광범위한 독서는 흔히 과소평가되는 경향이 있는데, 한발짝 더 내딛는 학생은 당연히 두각을 나타낼 것이다.

국제관계 과목에는 한 학기 평균 수업 주수보다 더 많은 이론들이 있다. 그렇기 때문에 학기초에 수강생들은 어떤 이론에 관해 자세히 알아야 하고 어떤 이론은 덜 중요한지를 파악해 전체적인 학습 계획을 세워야 한다. 어떤 이론에 대한 지식은 중요하지만 필수가 아닐 수도 있기 때문에 학습 시간과 여력을 안배해 계획하는 것이 중요하다.

둘러보기

이 책은 3부로 나눠져 있다. 1부에서는 세 장에 걸쳐 국제관계 및 국제관계 이론에 대한 소개를 할 것이다. 1장은 학문 분야로서 국제관계의 성장과 역사, 주된 내용을 소개한다. 국제관계 연구의 목적과 방법에 관해 학술적 논쟁이 벌어지는 이유를 이해한다면 왜 그렇게 다양한 IR이론이 생겨났는지를 알게 될 것이다. 2장은 학문 연구에 왜 이론이 필요한지를 소개한다. 국제관계를 이론적으로 연구하는 것이 왜 중요하고, 관련된 모든 이론들을 어떻게 평가할 것인지를 논의한다. 3장은 국제관계의 핵심인 **무정부상태**(anarchy)의 개념을 다루고, 이론가들이 IR 분야의 주제 내용을 어떻게 구분하는지, 그리고 IR이론가들이 무엇을 하는지 검토함으로써 어떻게 IR이론가처럼 사고할 수 있는지를 보여준다. 1부의 끝에 가면 독자들은 IRT 과목의 전체 혹은 일부를 들으면서 무엇을 기대해야할지, 이 매력적이고 다양한 분야의 학자들을 매혹시킨 큰 화두가 무엇인지를 좀 더 깊이 이해하게 될 것이다.

2부는 이 책의 핵심으로서, 학생들이 국제관계이론을 공부할 때 접하게 될 주요 이론들을 소개한다. 학생들은 이들 이론 전체, 혹은 일부만을 필요로 할 수 있으니 필요에 따라 적합한 장들을 선택해서 공부하면 될 것이다. 4장은 자유주의를, 5장은 현실주의를 검토하며, 6장은 이들 이론의 최신 변형인 신자유주의와 신현실주의를 소개한다. 7장은 영국학파(English School) 이론을 소개하고 8장은 사회구성주의를 다룬다. 이들에 이어 전통적인 '주류' 이론들에서는 간과되거나 무시되었던 기타 IR 관련 이슈를 다룬다. 9장은 마르크스주의, 10장은 비판이론, 11장은 페미니즘, 12장은 포스트-구조주의, 13장은 탈식민주의이론을 다룬다. 마지막으로 14장은 녹색국제이론을 검토한다. 2부의 끝에 오면 독자들은 각 IR이론에 대한 탄탄한 지식을 얻게 될 것이고 추가적인 공부를 위해 어디를 봐야 할지 알게 될 것이다.

2부의 각 장은 다음과 같은 특징을 갖는다.

- 각 장의 핵심 내용을 강조하기 위해 몇 개의 '팁박스'를 아래와 같이 제공하는데, 이를 통해 각 장에서 거론된 핵심 이슈를 기억하는 데 도움이 될 것이다.

> 이 책은 수업이나 세미나, 리딩 리스트 등에서 다루는 이론 관련 내용을 대체하는 것이 아니라 그것과 함께 병행해서 읽어야 하는 것임을 명심하라.

- 각 장마다 유용한 힌트가 '함정 피하기' 박스 형태로 제공된다. 이는 필자가 국제관계이론을 가르칠 때 학생들이 어떻게 배우는지를 관찰하면서 얻은 경험에 기초한 것이다. 이러한 함정을 피하는 것이 큰 도움이 될 것이다.
- 이 책 여러 곳에 '심층 분석' 박스도 제공되는데 (p. 11 참조), 해당 주제에 관해 이 책의 내용 이상으로 자세히 볼 필요가 있는 이슈에 관한 소개가 제공된다. 이를 통해 독자들은 해당 이슈보다 좀 더 광범위한 학습을 하도록 자극받게 될 것이다.
- 핵심 IR이론을 다루는 각 장에는 해당 이론과 관련된 핵심 용어들이 제시된다. 학생들은 수업 노트에 이 용어들을 수록하고 매주 추가해도 좋을 것이다. 국제관계 학자들이 만든 용어들의 다양한 정의와 해석 목록이 커갈수록 학생들은 두 가지 면에서 도움받게 된다. 첫째, 국제관계 및 국제관계이론에 관해 학자들이 토론하는 '언어'를 이해하는 데 도움이 된다. 둘째, 학생들은 수업과 시험에 대비하여 중요하고 독창적인 참고자료를 축적할 수 있다. 핵심 용어에 대한 전문가들의 정의를 배우는 것은 시간이 오래 걸린다.
- 각 장의 말미에는 '생각해 볼 문제들'과 더불어 각 문제들을 어떻게 접근할 것인지에 관한 간단한 설명이 제시되어 있다. 논문과 시험답안을 어떻게 작성할 것인지를 생각하는 것은 대학에서 꼭 필요한 진짜 기술이다. 교수의 입장에서 기대하는 바도 요약해 놓았는데, 이를 보면 논문 작성시에 증거나 주장, 구조, 소통 측면에서 무엇이 들어가야 할지를 이해하게 될 것이다.
- 각 장의 끝에는 '추가 읽을거리'가 제시되어 있다. 여기에는 해당 장에서

제기된 문제들에 대한 이해를 심화하기 위해 필요한 자료 목록이 제공된다. 물론 담당교수도 학생들에게 각 이론에 관련된 광범위한 학습자료 목록을 제공할텐데, 이 두 가지만 합쳐도 상당한 학습 분량이 될 것이다. 필자는 고전적인 자료와 병행하여 덜 알려진 자료들도 제공하고자 했다. 이들 책이나 논문들은 대부분은 제목만으로도 대체적인 내용을 알 수 있는 것들이지만 필요할 경우 간단한 설명도 함께 제공된다.

3부는 학습방법에 관한 것이다. 3부는 대학 수준에서 개별 혹은 그룹 발표 등 논문과 시험, 기타 과제 작성을 가장 효과적인 방식으로 할 수 있도록 글쓰기와 검토 요령에 관한 실용적인 조언과 가이드를 제공한다. 15장은 강의와 교재에서 이론에 관한 최상의 성과를 얻기 위한 방법을 소개한다. 16장은 학술논문 구상과 작성 과정을 다룬다. 이 장은 논문 구조와 논거의 중요성을 이해하도록 권장하며, 균형 잡히고 논리 전개가 분명한 답안을 작성하는 실질적인 절차를 소개한다. 17장은 필자가 과거 실제로 접했던 IRT 과목 답안 중 우수한 것들을 골라 앞의 장들에서 논의한 핵심 포인트를 예시적으로 설명한다. 17장 말미에서는 심각한 학술적 일탈인 표절을 피하는 방법을 소개한다.

> 좋은 논문 작성 요령을 익히는 것은 IRT 과목에서 성공하기 위해 반드시 필요하다. 수업 과제를 잘 작성하는 것이 곧 시험 답안을 잘 작성하는 것이다.

18장은 시험에서 성공하기 위해 필요한 두 가지를 다룬다. 시간적 압박 속에서 효과적으로 논문을 검토하고 분명하게 생각을 전달하는 방법이 그것이다. 3부의 끝에 오면 학생들은 탄탄한 주장과 균형 잡히고 비판적이면서 학술적으로도 훌륭한 과제를 제출할 준비가 되어 있을 것이다. 뿐만 아니라 학생들은 IRT 과목 시험에 어떻게 최선의 준비를 할 것인지, 그리고 어떻게 가장 효과적으로 답안을 검토할지 성찰할 수 있는 위치에 서게 될 것이다. 이 책의 끝에는 용어집과 참고문헌, 색인이 제공된다. 이 책을 통해 새롭게 등장한 용어는 굵은 글씨로 표기되고, 용어집에 자세한 의미가 설명돼 있다.

이 책의 테마

국제관계 분야에는 저마다 현상을 설명하거나 적어도 일정한 중요성을 지닌다고 주장되는 다양한 이론들이 있다. 학생들은 국제관계이론 과목 수강을 통해 국제관계 현상을 이론화하는 기능과 가치에 관한 이러한 논쟁들을 접하게 될 것이다. 국제관계이론에 관해 흔히 접하게 될 다섯 가지 주요 분야는 다음과 같다.

1. **이론의 본질** – IR 학자들 중에 이론이 무엇인가에 관해 몇 가지 요소가 겹쳐지긴 하지만 합의된 하나의 견해는 없다. '이론'이라는 용어는 흔히 '접근', '시각', '전통' 혹은 심지어 '이미지'라는 용어와 혼용되기도 한다. 합의된 공통의 용어가 없다는 것은 무엇이 이론을 '만드는가', 그리고 어떤 저작들이 IR이론이라고 불리기에 합당할 정도로 충분히 발전했는지에 관한 실제적이고 지속적인 논쟁에서 이견의 깊이를 잘 보여준다.
2. **존재론** – 이는 연구의 목적, 혹은 공부할 대상이 무엇인지를 말한다. 다양한 이론가들이 설명하고자 애쓰는 문제, 혹은 일련의 사건들은 그들이 공부한 IR이론은 물론 그 이론을 발전시키고 시험하고 정련하기 위해 채택하는 증거의 성격을 반영하기 마련이다. **존재론(ontology)**의 문제는 다음과 같은 질문에 필수적이다. 서로 다른 이론가들은 같은 세상을 바라보고 있는가 (즉, IR 존재론을 공유하는가), 혹은 다른 세상을 보고 있는 것인가 (즉, 그들의 IR 존재론이 서로 상충하는가)?
3. **인식론** – 인식론은 지식에 관한 이론이다. 국제관계의 실체는, 예를 들면, 물리학자가 원자를, 화학자가 분자를 현미경 밑에 넣고 보거나, 혹은 범죄

감식반이 지문이나 체액을 채취하는 것처럼 손으로 만질 수 있는 것이 아니다. IR이론가들은 흔히 열띤 **인식론**(epistemology) 논쟁, 특히 특정 문제에 관한 신뢰할만한 증거가 무엇인지에 관한 논쟁에 참여한다. IR에 관한 이론적 논쟁은 흔히 다른 이론적 전통에 속한 학자들의 저작에 대한 비판적 분석을 위주로 이뤄진다. 만일 학생들이 논문이나 시험 답안 속에서 이들 다른 전통에 속한 학자들 간의 대화를 시도한다면 그것이야말로 '비판적'이라는 평가를 받는 최상의 방법이 될 것이다.

4. **논리와 주장** – IR이론가들은 독자들에게 자기 이론의 강점을 설득하기 위해 서술식 주장을 원용한다. 이 과정은 흔히 두 차원으로 구성된다. 첫째, 이론가들은 연구의 대상과 증거에 관한 존재론적 가설로부터 논리적으로 도출되는 이론을 구성해야 한다. 즉, 이론은 '내적' 논리부터 가져야 하는 것이다. 둘째, 이론가들은 다른 이론가들이 가진 존재론, 인식론, 가정, 해석과 기초 증거들에 의문을 제기한다. 이는 이론가들이 경쟁 이론을 물리치고 분석적 정확성을 높이기 위해 외부로 표출하는 '외적' 차원이다.
5. **실증적/규범적 분기** – 다시 이론의 본질로 돌아가서, **실증주의자들**(positivists)은 사회과학의 연구가 국제관계의 일반화, 예측, 규칙을 도출함에 있어 자연과학과 동일한 방법론에 의해 진행될 수 있다고 믿는다. **규범주의**(normative)이론가들은 자연과학 방법론의 적용가능성에 의문을 제기하며, 자신들의 이론이 적용되는 정치와 정책의 '현실 세계' 어젠다에 대해 좀 더 개방적인 자세를 취한다.

'이론'은 논란이 많은 용어이다. 여러분이 공부하는 각 저자가 어떻게 자신의 영역에서 어떤 단어를 정의하거나 '이론'이 무엇을 의미하는가를 묵시적으로 간주하는지를 생각해 보라. 여러분은 그들이 곧 이론의 사용과 속성 및 기초에 관한 학술적 토론에서 자신을 어떻게 위치시키는지 알게 될 것이다. 여러분 자신이 IRT의 핵심 용어와 정의를 축적해가려면 '이론'의 다양한 정의를 기억하는 것이 매우 중요하다.

심층 분석

국제관계는 세계적으로 연구되는 방대한 학문 분야이다. 국제관계이론 과목은 당연히 이 분야의 다양성을 반영한다. 광범위한 국제관계 현상에 대해 각자 객관적이고 '과학적'인 설명을 제공한다고 주장하는 그렇게 다양한 이론이 존재하는 것 자체가 이론 연구의 방대함(간단히 말해 이 세계 전체를 이론화하는 것이다!)을 말해주는 증거이다. 대학 수준에서 제공되는 이론 과목을 검토해보면 이 분야의 주된 논쟁이 무엇인지, 그리고 최근의 연구 동향이 무엇인지 이해하게 될 것이다. 여러분이 가장 관심 있는 IR 및 IRT 측면에 대한 지식을 축적하기 위해 가능한 한 광범위한 독서를 하는 것은 여러분의 책임이다. 이를 위해 필자는 이 책의 여러 곳에 '심층 분석' 코너를 배치해 여러분이 선택하는 범위 밖이지만 이 책에서 다룬 주제를 새로운 차원으로 깊이를 더해줄 자료를 제공하고자 했다. 이렇게 추가적인 학습을 하는 것은 세 가지 면에서 도움이 될 것이다. 첫째, 무엇보다도 흥미 있는 토론과 논점을 따라가다 보면 수업에서 배운 개별 이론들이 어떻게 들어맞아 IR 분야를 구성하는지 좀 더 잘 이해하게 된다.

함정 피하기

많은 학생들이 '안전 위주로' 수업에서 사용한 필수 교과서 공부에만 집중하는 경향이 있다. 필자는 학생들에게 추가로 한 걸음 더 나아가 국제관계이론(IRT) 분야의 원전에 대한 비판적 역량과 친숙도를 높이기 위해 교과서에서 간략히 요약된 학술자료의 원문을 찾아보기를 권고한다.

둘째, 독자들은 이 주제를 어떻게 공부해야할지에 관한 논란과 그에 관한 증거, 그리고 본인의 주장을 어떻게 학술적 글쓰기로 적절히 표현할 수 있을지를 심각하게 생각해봄으로써 이 주제에 대해 — 혹은 어떤 주제에 관해서든 — 더 효과적으로 배울 수 있을 것이다. 주어진 주제에 대해 여러분이 배운 것과 읽은 것을 반추해보면 IRT 과목 수강 중에 접했던 자료들을 좀 더 잘 이해하게 될 뿐 아니라 정치현상과 사회과학 전반에 관한 연구와 토론에 연관된 큰 철학적, 이론적 문제들을 생각하는 데 도움이 될 것이다. IRT를 어떻게 공부할 것인지에 관해 학자들이 말한 바를 읽어 보면 이러한 논쟁에서 어떤 입장을 취하고 논문과 시험에서 자신의 견해를 어떻게 정당화할지 감을 잡게 될 것이다.

셋째, 가장 중요한 이유는 담당 모듈 교수에게 여러분들이 "IRT를 적극적으로 공략한다"는 것을 보여주기 위함이다. IRT의 본질과 가치, 역할에 관해 여러분 자신 및 동료들과 적극적이고 지적인 대화를 하다보면 담당 교수에게 알려지고 분명히 높은 평가를 받게 될 것이다. 평균적인 학생이라면 IR이론이 무엇인지에 관해 대략적인 이해를 할 것이다. 뛰어난 학생이라면 각 이론이 깔고 있는 전제를 분석하고 폭넓은 독서를 통해 얻은 정보에 기초해 그 이론을 비평적으로 고찰할 것이다. 더 뛰어난 학생이라면 주요 저자들이 말하고자 하는 핵심을 꿰뚫고 서로 다른 전통에 속한 학자들 간의 대화도 시도할 수 있을 것이다. 시험에서 학생들에게 이 정도 깊이와 비판적 역량을 요구하지는 않겠지만 학생들은 적어도 주어진 문제나 이론에 대해 입장을 정하고 주요 저작들로부터 얻은 논리와 증거로 자신의 해석을 정당화할 필요가 있다. 수업에서 반복되는 토론에서 탁월하다는 인상을 주는 것은 학생의 지적인 역량을 크게 발전시키는 데 도움이 될 것이다.

> 학생들이 배우는 이론가들은 그 저작이 나올 당시의 시대적 시각에 영향을 받는다는 점을 기억하는 것이 중요하다. 학술 서적이나 논문을 읽을 때 이론에 미치는 당대의 영향을 판단해 보라. 이 책은 각 장에서 다루는 이론이 등장하게 된 특정한 맥락과 더불어 1장에서는 이론의 역사에 대해 분석할 것이다.

생각해 볼 문제들

학생들이 IRT 과목의 강의와 세미나 자료를 읽어 나가는 과정에서 강의 모듈의 끝에 올 시험이나 과제 작성을 위해 대비해야 할 이론 관련 질문들이 무엇인지를 생각해 보는 것이 도움이 된다. 마감시한이 분명한 과제들은 대개 학기초에 제시된다. 만일 수강안내서에 처음부터 제시가 되지 않았다면 아마도 담당교수는 과거에 제출된 에세이 제목들을 학생들에게 제공해서 과제 제목을 미리 생각해보도록 할 것이다. 시험 준비를 위해서는 과거의 기출문제들이 확실한 자료가 될 수 있으니 수업자료를 처음부터 꼼꼼히 검토할 필요가 있다. 이러한 준비는 학생들로 하여금 담당교수가 수업에서 다룰 주제와 이슈, 개념과 아이디어를 예상하게 하고 수업 평가를 대비하게 해준다.

요컨대 핵심은 IRT를 배움에 있어서 '적극적'으로 접근하는 것이다. 책과 논문에서 배우는 것은 특정 이론의 얼개에 집중하는 데 국한되는 것이 아니다. 물론 강의와 세미나에 참석하고 자료를 읽는 것이 가장 중요한 것이기는 하다. 적극적인 공부란 관련된 여러 이슈들을 함께 고려하는 것이다. 예를 들면, 여러분이 읽는 글의 저자가 펜을 들도록 만든 이유를 생각해 보라. 그들은 왜 그 글을 쓰기로 결심했고, 여러분은 왜 그랬다고 생각하는가? 그들의 해석은 유효하고 공정하며 건실한 증거와 효과적인 주장에 입각해 있는가? 당신이라면 그들이 당면했던 문제에 어떻게 해답을 준비하고 어디에서 증거를 찾겠는가? 그들이 왜 그런 책이나 논문을 쓰게 됐는지를 이해하기 위해 그들의 저작을 분석해 보는 것은 그들의 입장이 적절한지 평가하는 데 도움이 된다. 당신이라면 저자의 주장을 더 효과적으로 만들기 위해 어떤 이슈를 추가해서 도움을 주겠는가? 역사적 관점에서 고찰된 이론적 문제를 뒷받침할 최근의 국제정치나 국제관계 사례연구가 있는가? 이처럼 이론을 현실 문제에 의식적으로 적용해 보는 것은 학생들이 지녀야 할 좋은 자세이다.

필자는 각 장의 내용에 기초해서 말미에 몇 가지 추가적인 질문을 제공한다. 이들 질문은 과제나 시험에 나올 수 있는 수준의 것들이다. 필자는 약간의 해답 가이드도 제공하고 있지만 필자의 제안에 기초해 더 좋은 답안을 발전시키는 것은 독자들의 몫이다. 이들 질문은 독자들로 하여금 논의된 문제를 적극적으로 공략하도록 권장하고 학술 문헌의 수동적 수혜자보다는 적극적 소비자가 되는 것이 얼마나 중요한지를 깨닫도록 도와주기 위해 마련된 것이다. 자료를 읽고 소화하는 데 적극적으로 접근하는 것은 IRT 과목 수강뿐 아니라 대학 공부 전체를 통해 학생들에게 도움이 될 것이다.

추가 정보를 위한 참고자료

여러분이 수강하는 IR 과목의 담당교수들은 여러 교과서와 저널 논문, 기타 자료들을 추천할 것이다. 담당교수에 따라 수업 자료를 다르게 제시할 수 있다. 어떤 교수들은 이론별로, 혹은 강의나 세미나별로 구분된 필독 리스트를 제시하는데, 학생들은 매주 할당된 필독 리스트를 쉽게 선택할 수 있다. 다른 교수들은 긴 필독 리스트를 제공하고 학생들이 강의나 세미나에 대비해 자료를 선택하도록 하는 것을 선호하기도 한다. 일부 교수들은 일반적인 자료 목록 앞에 수업 당일 토론을 위한 기초자료로 소수의 특정 자료를 심층 분석하도록 요구하기도 한다. 이런 여러 접근법은 각각 장점과 단점이 있다. 첫 번째 방식은 말하자면 읽을 자료를 하나의 접시에 올려놓고 적합한 자료를 신속하게 찾도록 하는 방식으로서 수업자료를 찾기 위해 도서관이나 온라인을 뒤지는 수고를 덜게 해준다. 두 번째 방식은 학생 스스로 매주 적합한 자료를 찾도록 하는 부담을 주고 시간도 더 걸리지만 학생들의 자료 검색과 정보 선택 능력을 키워준다. 마지막으로 세미나 자료를 지정해주는 방식은 그룹 토론을 활성화한다는 장점이 있지만 우수한 학생이 흥미를 느끼는 추가적인 자료 검색 기회를 제한할 가능성이 있다.

여러분의 수업 필독 리스트가 어떻게 구성되었든 IRT 과목 공부에 절대적으로 필요한 핵심 교과서들이 있고, 그들은 아래에 제시돼 있다. 다음 세 가지 교과서는 온라인 자료도 함께 제공하며, 주로 학부 학생들을 대상으로 한 것들이다.

Baylis, J., Smith, S. and Owens, P. (eds) (several editions, 6th edn 2014) *The Globalization of World Politics: An Introduction to International Relations*. Oxford: Oxford University Press.

Dunne, T., Kurki, M. and Smith, S. (eds) (several editions, 4th edn 2016) *International Relations Theory: Discipline and Diversity*. Oxford: Oxford University Press.

Jackson, R. and Sørenson, G. (several editions, 6th edn 2015) *Introduction to International Relations: Theories and Approaches*. Oxford: Oxford University Press.

학부생은 물론 대학원생들도 다음의 자료를 참고할 수 있을 것이다.

Brown, C. and Ainley, K. (several editions, 4th edn 2009) *Understanding International Relations*. Basingstoke: Palgrave.

Brown, C., Nardin, T. and Rengger, N. (eds) (2002) *International Relations in Political Thought: Texts from the Ancient Greeks to the First World War*. Cambridge: Cambridge University Press.

Burchill, S. et al. (several editions, 5th edn 2013) *Theories of International Relations*. Basingstoke: Palgrave.

Carlsnaes, W., Risse, T. and Simmons, B.A. (eds) (2012) *Handbook of International Relations*. 2nd edn London: Sage.

Der Derian, J. (ed.) (1995) *International Theory: Critical Investigations*. London: Macmillan.

Griffiths, M. (ed.) (2007) *International Relations Theory for the Twenty-First Century*. London: Routledge.

Griffiths, M. (ed.) (2011) *Rethinking International Relations Theory*. Basingstoke: Palgrave Macmillan.

Groom, A.J.R. and Light, M. (eds) (1994) *Contemporary International Rela-*

tions: A Guide to Theory. London: Pinter.
Holsti, K.J. (1995) *International Politics: A Framework for Analysis*, 7th edn. Englewood Cliffs, NJ: Prentice Hall.
Jørgensen, K.E. (2010) *International Relations Theory: A New Introduction*. Basingstoke: Palgrave Macmillan.
Linklater, A. (ed.) (2000) *International Relations: Critical Concepts in Political Science*. London: Routledge.
Little, R. and Smith, M. (eds) (2006) *Perspectives on World Politics*. Abingdon: Routledge.
Nardin, T. and Mapel, D.R. (eds) (2008) *Traditions of International Ethics*. Cambridge: Cambridge University Press.
Nicholson, M. (2002) *International Relations: A Concise Introduction*, 2nd edn. Basingstoke: Palgrave Macmillan.
Nye, J.S. and Welch, D.A. (several editions, 10th edn 2016) *Understanding Global Conflict and Cooperation: An Introduction to Theory and History*. London: Pearson.
Reus-Smit, C. and Snidal, D. (2010) *The Oxford Handbook of International Relations*. Oxford: Oxford University Press.
Smith, S., Booth, K. and Zalewski, M. (eds) (1996) *International Theory: Positivism and Beyond*. Cambridge: Cambridge University Press.
Steans, J. et al. (several editions, 4th edn 2010) *An Introduction to International Relations Theory: Perspectives and Themes*. London: Longman.
Sterling-Folker, J. (ed.) (2013) *Making Sense of International Relations Theory*, 2nd edn. Boulder, CO: Lynne Rienner.
Vasquez, J.A. (eds) (several editions, 3rd edn 1996) *Classics of International Relations*. Upper Saddle River, NJ: Prentice Hall.
Viotti, P.R. and Kauppi, M.V. (eds) (several editions, 5th edn 2013) International Relations Theory. Harlow: Pearson.
Weber, C. (several editions, 4th edn 2013) *International Relations Theory: A Critical Introduction*. London: Routledge.

IR을 공부할 때는 적어도 1945년 이후, 혹은 1900년까지 거슬러 올라가는 국제관계사에 관한 지식이 유용하다. 다음 책들은 국제정치사의 핵심을 제공한다.

Best, A., Hanhimaki, J.M., Maiolo, J.A. and Schulze, K.E. (several editions, 3rd edn 2014) *International History of the Twentieth Century*. London: Routledge.

Calvocoressi, P. (several editions, 9th edn 2008) *World Politics Since 1945*. London: Longman.

Keylor, W.R. (several editions, 6th edn 2012) *The Twentieth Century World: An International History*. Oxford: Oxford University Press.

Martel, G. (ed.) (2010) *A Companion to International History 1900–2001*. Oxford: Blackwell.

Reynolds, D. (2000) *One World Divisible: A Global History Since 1945*. New York: W.W. Norton.

Williams, W.C. and Piotrowski, H. (several editions, 8th edn 2014) *The World Since 1945: A History of International Relations*. Boulder, CO: Lynne Reinner.

Young, J.W. and Kent, J. (2004) *International Relations Since 1945: A Global History*. Oxford: Oxford University Press.

교과서들은 당연히 특정 이론에 집중하거나 다양한 이론을 약간씩 다른 방식으로 다룬다. 그래도 이들 교과서는 대부분 이론의 본질에 관련된 핵심 이슈들, IR 관련 지식에 관한 이론적 주장의 강점, 그리고 국제관계 분야의 전반적인 발전에 미치는 이론의 영향 등을 다루고 있다. 또한 이들은 이론에 생동감을 주기 위해 '현실 세계'의 정치나 국제문제의 다양한 사례를 활용한다. 이 책을 여러분이 수강하는 과목의 교과서를 대체하는 것이 아니라 동반자로 봐주기를 바란다. 따라서 여러분의 교과서를 충실히 보되 필자가 이 책에서 말하는 내용으로 뼈대에 살을 붙이는 데 활용하기 바란다.

IR 및 IRT 연구에 특화된 다양한 학술저널들이 있다. 학술저널의 논문들은 이 분야의 최신 연구동향을 반영하며, 대부분 교과서에서 정제된 형태로 간결하게 소개된다. IR 분야에서 가장 인기 있는 저널들은 다음과 같다. 여러분들의 대학 도서관을 통하면 이들 저널을 온라인으로 접속할 수 있을 것이다. *Alternatives, American Political Science Review, British Journal of Politics and International Relations, Cambridge Review of International Affairs, Ethics and International Affairs, European Foreign Affairs*

Review, European Journal of International Relations, International Affairs, International Feminist Journal of Politics, International Organization, International Relations, International Security, International Studies Perspectives, International Studies Review, International Studies Quarterly, Journal of International Affairs, Millennium: Journal of International Studies, Political Studies, Review of International Studies 그리고 *World Politics*이다.

요약

IRT에 관해서는 읽을 자료가 엄청나게 많다. 하지만 겁먹지 마시라. 학생들이 IRT 과목 수강을 꺼리는 가장 흔한 이유 중 하나는 모든 이론을 다 알 수는 없을 것이라는 우려 때문에 이론을 배우는 첫걸음을 떼기가 어렵다는 점이다. 이 함정을 피하는 방법은 수업 첫날부터 광범위한 독서를 하는 것이다. 이런 습관을 들이면 일상적인 학습 스타일로 자리 잡게 될 것이다(이 책의 학습 요령 관련 부분에서 이 문제를 다시 검토할 것이다). 독서 목록을 감당할만한 단위로 잘라서 읽는 것도 하나의 방법이다. 자료를 읽는 속도나 공부하는 스타일, 생각하는 방식은 학생마다 다르다. 과목을 수강함에 있어서 각 세미나나 과제에 얼마만큼의 준비가 필요한지 정해진 법칙은 없다. 하지만 노력을 하고 안 하고의 차이는 분명하다.

여러분이 IRT 기초에 대해 어느 정도 편안해지고 나면 다음으로 중요한 것이 각 이론에 대해 어느 정도 알고 비판적으로 평가할 수 있는 단계가 언제인지를 아는 것이다. 과목 모듈의 안내를 충분히 숙지하고 모든 강의와 세미나에는 반드시 참석해야 한다. 그래야 담당교수가 학생들에게서 무엇을 기대하는지 알 수 있기 때문이다. 대학 전 과정을 통해 스스로 어떻게 하면 가장 효과적으로 공부하고 과제나 시험을 준비할 것인지 가급적 빨리 파악하는 것은 매우 중요하다. 이 책은 이러한 **양도 가능한 기술**(transferable skills)을 제공하는 것은 물론 독자들이 다양하고, 때로는 짜증나지만 즐거운 IRT 세계와 친숙해지도록 도울 것이다.

제1부

국제관계이론 과목 소개

감히 국제문제를 이해하고자 하는 것은 완전히 미친 짓이다. (Rosenau and Durfee 1995: 1)

이 책은 여러분이 대학에서 어떤 형태로 만나든, 국제관계이론 분야를 안내하기 위한 책이다. 이 책의 목적은 오랫동안 국제관계라는 '미친 짓'을 이해하고자 노력했던 많은 저자들을 역동시킨 중요한 질문에 대해 설명하는 것이다. 같은 학문에서 활동하는 학자들 간 논쟁과 토론의 핵심 포인트를 시험하고 생각해보는 것은 유용하며, 그것이 바로 이 책에서 필자가 시도하고자 하는 것이다. 첫째, 이 책은 오랫동안 국제관계학을 이끌어온 논의에 대해서 여러분이 이해할 수 있게 도와준다. 둘째, 학문적 개념과 의견에 대해 스스로의 관점에서 비판할 수 있는 실력을 갖추게 해준다. 이 책은 학문적 이론을 이해하는 능력과 그것을 비판하는 능력 양쪽을 다 향상시킬 수 있게 도와줄 것이다.

제1부는 국제관계이론의 기초를 이루는 학문적 토론을 중심으로 구성되어 있다. 1장에서는 학문적 연구로서의 국제관계 분야에 대해 검토했다. 우리가 IR을 연구한다고 말할 때 우리는 도대체 무엇을 연구하는 것인가? 2장에서는 이론에 관련된 이슈들을 다루었다. 국제관계에 대한 이론적 접근은 무엇이며, 그것이 무슨 도움이 되는가? 3장에서는 IR의 주요 이론적 논쟁들을 다루었는데 특히 **국제체제(international system)**의 근본인 '무정부상태' 문제에서 기인한 것들이 중심이 되었다. 이어서 이 학문의 '스토리', 특히 이론의 지도를 어떻게 그릴지 그리고 이론들과 국제관계학 '수퍼이론(super theory)'의 구축 가능성을 평가해 본다. 3장은 국제관계이론가들처럼 생각하려면 어떻게 해야 하는가에 대해 몇 가지 조언으로 마무리한다. 이 장의 끝에 오면 우리는 국제관계이론에 관한 수많은 불확실성과 질문들을 검토하게 된다. 국제관계학은 적절한 주제 사안이나 무엇이 최선의 연구인가에 대해 모든 사람이 동의할 수 있는 학문 분야는 아니다. 만약 여러분이 이러한 논란의 이유를 파악하고 그러한 논쟁에서 여러분이 취하는 입장에 대해 설득력 있는 증거를 제시할 수 있다면, 여러분은 수업에서 성공할 가능성이 크다. 이미 여러분은 각각의 이론에 대해 상당히 높은 수준에서 관여하고 있는 것이기 때문이다. 3장이 제시한 바와 같이 국제관계이론가들처럼 사고하는 법을 배우는 것이 성공하는 가장 확실한 길이다.

1장 국제관계란 무엇인가?

> 이론의 등장은 심지어는 그것들을 창시한 사람들에 의해서도 불확실하고 전체적인 인상을 보여주는 방법이 아니고서는 설명될 수가 없다. 그러나 이론의 요소들은 파악될 수 있다. (Waltz 2010: 10)

어떤 학문적 분야에서든 이론을 만드는 것은 어렵다. 국제관계(IR) 같은 사회과학이든, 혹은 물리학, 생물학, 화학 등 자연과학이든, 이론은 본질적으로 매우 복잡한 현실을 단순화한 것이다. 월츠(Kenneth Waltz)의 유명한 선구자적 저서 『국제정치이론(*Theory of International Politics*)』(1979년에 원본 출판)에서 따온 위의 인용문에서 월츠가 주장한 바와 같이, 이론을 세운다는 것은 경험적 실험에 근거한 추론으로부터 이론이라는 렌즈로 새롭게 관찰된 사실을 이론적 구조로 재정리할 수 있게 해주는 거대한 도약이다. "어려움을 극복하기 위해 단순화가 필요하다" (Waltz 2010: 10).

이론 개발 과정에서, 우리는 흔히 X국과 Y국 간 상호관계에서 가장 우리의 관심을 끄는 요소들을 감당할 수 있는 적절한 크기의 조각으로 쪼개는 방법으로 그 복잡성을 이해하려고 노력한다. 때문에 이론들은 필연적으로 그들이 설명하고자 하는 '현실 세계'에 비춘 범위, 깊이, 타당성 면에서 비판에 시달릴 수밖에 없다. 그러므로 모든 이론들은 취약성을 가지고 있다는 점을 기억할 필요가 있다. 어떤 이론도 세계의 모든 것을 설명할 수 없고 그러기를 기대해서도 안 된다. 심지어는 이론의 가장 열렬한 지지자들도 이론이 한계를 가진다는 점을 받아들여야 한다. "이론이 모든 것을 다룰 수는 없기 때문에 이론을 가지기 위해서는 반드시 주제가 있어야 한다. 모든 것에 관한 이론이란 있을 수 없다" (Waltz, Kreisler 2003에서 인용). 환언하면, 모든 것을 다루는 이론은 아무것도 다루지 않는 이론과 같다. 즉, 유용한 것은 하나도 건질 것이 없는 헛된 일이라는 것이다.

이론적 논쟁은 '현실 세계'에서 일어나거나 이미 일어난 사건이라고 학자들의 의견이 일치하는 학문 분야에서조차 동일한 사건 혹은 일련의 사건들을 이론화하고자 할 때 흔히 일어나는 일이다. 그렇다면 만약 학자들이 설명하고자 하는 '현실'의 핵심에 대해 서로 의견이 일치하지 않는다면 어떻게 될까? 만약 그들이 무엇이 세계를 움직이며, 또는 왜 인간들은 그렇게 행동하고 국가들은 평화가 아닌 전쟁을 선택하는가 등에 대하여 기본적인 합의도 이루지 못한다면 어떻게 될까? 세계에 대한 우리의 기존 이론적 지식에 근거해서 우리로 하여금 미래에 무슨 일이 일어날지에 대해 예측할 수 있게 해주는 종합적 이론은 무엇인가?

이론의 구성, 기능, 가치에 대해 관심을 갖는 것은 국제관계이론(IRT) 분야의 학문적 본질을 다음과 같이 이해할 수 있게 도와준다.

- 여러분이 공부하는 저자의 눈을 통해 문제를 볼 수 있게 도와준다.
- 각 이론을 비판할 수 있는 능력을 길러준다.
- 국제관계(IR)이론가들처럼 '사고'할 수 있게 도와준다.

여러분의 국제관계이론 과목에서 이러한 종류의 **메타이론적**(metatheo-

retical) 이슈들에 대해 좀 더 자세히 공부할 기회가 있을 것이다. 여러분은 메타이론이 무엇이냐고 질문할 것이다. "메타이론은 다른 이론들을 연구의 주제로 삼는다" (Reus-Smit 2012: 530). 메타이론은 이론에 관한 이론이다. 따라서 국제관계 메타이론은 국제관계이론에 관한 이론이라 할 수 있다. 예를 들면, 여러분이 수강하는 과목의 시작과 끝에 이론적 연구의 구성요소에 대한 강의와 세미나를 듣게 될 수 있다. 그런 세미나는 반드시 국제관계에 대한 각 이론의 내용뿐 아니라 세계가 어떻게 작동하는가에 대해 이론가들이 가진 가정에 대한 토론을 포함할 것이다. 여러분은 또한 하나의 전통에 속한 이론가들이 왜 다른 전통에 속한 이론가들과 이견을 갖는지, 특히 국제문제에서 해명되어야 할 중요한 것이 무엇인가에 대해서 모순된 비전을 제시하는지 이유를 탐구해야 할지도 모른다.

여러분이 읽게 될 많은 교과서들은 흔히 서론이나 결론 장들에서 **메타이론(metatheory)**을 어느 정도 자세히 다룰 것이다 (예를 들면, Dunne et al. 2006; Jackson and Sørensen 2015). 그러므로 메타이론이 무엇이고 그것이 어떻게 국제관계이론 이해를 도와줄 수 있는가를 염두에 둔다면 여러분이 국제관계이론가들처럼 생각하기 시작하는 데 도움이 될 것이다.

메타이론은 "간단히 말해 이론에 **대한** 이론적 숙고를 의미한다" (Jørgensen 2010: 15, 원본에 강조됨). 메타이론은 이론화의 본질, 역할 및 실행을 검토한다. 메타이론가들은 특정 주제에 관한 모든 경쟁적 이론들을 검토하고, 그들이 연구하는 이론가들이 어떻게 그들의 주제를 이해하는가를 살펴본다. 이는 그 분야에 있어서 이론적 공헌의 본질과 중요성에 대해 사려깊은 평가를 내리게끔 해준다. 테슈케(Benno Teschke)는 이를 다음과 같이 완벽하게 설명한다. 메타이론은 성찰적 활동(reflexive enterprise)으로서, "단순히 이론을 가지고 생각하는 것이 아니라 이론의 본질에 대해서 생각하는 것이다" (Teschke and Cemgil 2014: 606).

이 장에서 필자는 오랫동안 학자들이 IR을 이론화해 온 동기와 관련해 중요한 질문 세 가지에 답하고자 시도할 것이다. 첫째, 우리가 연구하는 국제관계의 '세계'는 무엇인가? 둘째, 학문적 연구의 조직화된 분야로서 국제관계학은 무엇인가? 셋째, 우리가 국제관계 연구에서 탐구해야 할 주행위자는 누구 혹은 무엇인가? 이 질문에 대한 답변이 IR과 같은 연구에서 이론의 역할에 대해 더욱 깊이 이해하게 도와줄 것이며, 다음 장에서부터 이를 다루게 될 것이다.

국제관계의 세계는 무엇인가?

> 적합한 변수를 측정하지 않는다면 정확하고 신빙성 있는 측정은 가치가 없다. 그리고 불행히도, 변화하는 세계 구조에 대한 우리의 고찰은 쉽게 관찰하기 어려운 변수들을 포함한다. (Rosenau 1976: 8)

모든 학문 분야는 전문가들이 연구의 대상이라고 동의하는 주제를 요한다. 주제 사안이 없으면 학문도 없다. 이 말은 명백해 보이기도 하고 진부하기도 하다. 그러나 이는 정치학, 국제관계학, 사학, 미디어와 커뮤니케이션, 사회학 등의 사회과학 혹은 '연성(soft)' 과학의 주제로서 다양한 함의를 갖는다. 이러한 노력들을 살펴보아도 각 학문의 '핵심'이 무엇인가에 대한 합의점을 우리가 찾아내지 못하기 때문이다. 그러므로 필자가 "국제관계의 세계는 무엇인가"라고 질문할 때는 국제관계학의 주제 문제를 언급하는 것이다. 이 학문에서 우리가 실제로 보고 이론화하고자 하는 것은 무엇인가? 라마크리쉬난(A.K. Ramakrishnan)이 정확하게 지적한 바와 같이, "지식의 창출은 인식자가 대상에 대해 판별하고 논할 수 있어야 할 것을 요구한다" (1999: 132). 이것은 IR에서는 논란의 소지가 있다고 판명되었는데, 워커(R.B.J. Walker 1995: 314)가 통찰력 있게 관찰한 것처럼, 우리가 참여하는 대부분의 논쟁에서 “학자들이 자신들이 연구하는 것이 무엇이라고 생각하는가에 대한 이견에서 생기는 것이 어떻게 연구할 것인가에 대한 이견에서 생기는 것보다 훨씬 많다.”

이 문제를 좀 더 살펴보기 위해 우리는 한편으로는 사회(또는 행동)과학, 그리고 다른 한편으로는 자연(또는 물리적) 과학에 대한 연구를 비교함으로써 사회과학의 철학에 관한 문헌에서 힌트를 얻을 수 있다 (Scriven 1994 참조). 이렇게 하는 것은 첫째로 우리로 하여금 국제관계의 주제가 갖는 논란스런 본질에 관해 예비 결론을 도출할 수 있게 해주고, 둘째, 국제관계학에서 이론적 논쟁이 되풀이되는 이유에 대한 통찰력을 얻게 해주어 현대 글로벌 정치에 대한 지식을 탐구하도록 도와준다.

만약 여러분이 대학의 다른 과(사회과학이나 자연과학)에서 공부하는 친구들이 있다면 그들의 학문 분야에 대해서 질문해보라. 그들이 공부하는 것은 무엇이며 어떻게 공부하는가? 그들 학문의 주제와 공부방법이 전반적으로 제대로 정립이 되어 있는가, 아니면 논란이 되고 있는가? 누가 그러한 것들을 결정하는가? 그들의 경험과 여러분의 국제관계 공부 경험을 비교해보라.

주요 자연과학에 대해 간단히 사전식으로 정의하는 것부터 시작해보자.

- 생물학 – 살아있는 유기체에 관한 연구
- 화학 – 물질의 구성, 특성, 반응에 관한 연구
- 물리학 – 물질과 에너지의 특성에 관한 연구

이러한 학문들은 명백하게 단일학문이 아니다. 이는 각 학문이 하위분야에서 연구하는 학자 군집으로 나누어지고 각 하위분야는 자기들만의 연구영역을 가지고 있다는 말이다. 예를 들면, 물리학은 천체물리학, 핵물리학,

양자물리학 등으로 세분화된다. 화학은 유기화학과 무기화학, 물리화학, 분석화학과 생화학으로 나눠진다. 생물학은 유전학, 해부학, 생리학, 생물공학과 기타 등등으로 세분화된다. 자연과학도 학문의 발전과 통합에 관한 뜨거운 논쟁에서 예외는 아니다. 그러한 논쟁은 특히 기존 **패러다임**(paradigm)에 도전하는 새로운 발견이나 접근에서 두드러지며, 어떤 주제를 연구하는 기존의 방식과 나란히 '완성된' 연구 분야로서의 지위를 요구한다. 예를 들면, 공학분야에서 쳉과 루(Allen Cheng and Timothy Lu 2012)는 생물학에 접근함으로써 이미 확립된 학문적 경계에 도전하는 '합성생물학'의 출현에 대해 연구하여 생물학과 공학을 같이 '다루는' 것에 대해 상당히 독특한 견해를 제공했다.

그래서 우리는 자연과학은 분파적이고 그들 학문의 하위부분 전문화를 표방하는 다른 '분파'들이 있다고 주장해왔다. 그럼에도 불구하고 생물학자, 화학자, 물리학자, 공학자들은 그들 연구의 목적(다뤄야 할 문제는 학문의 특정 분파에 의해 해결된다)이 무엇인지, 그 문제를 어떻게 연구할 것인지(실험 방법), 무엇이 확실한 증거가 되는지, 해당 현상에 대한 이론이나 설명은 언제 쓸모가 없게 되는지 등 핵심 논점에 대해 대체로 견실한 공감대를 형성한다. 홀리스(Martin Hollis)와 스미스(Steve Smith)는 이러한 '행동하는' 자연과학의 모델을 다음과 같이 묘사한다. "기본적인 발상은 비슷한 조건에서 비슷한 상황에 항상 적용될 수 있는 자연의 법칙에 의해 사건들이 결정된다는 것이다. 과학은 유사성이 핵심인 시퀀스를 학습함으로써 진보한다" (Hollis and Smith 1991: 3). 오너프(Nicholas Onuf)도 현대 과학은 "'현실 세계'의 어떤 특징을 표현하기 위해 수집된 증거(**다른 실험의 결과**)에 따라 이론적 모델(**인과관계를 규정하는 모델**)을 검증하기 위하여 절차적 규칙(**과학적 방법**)을 전반적으로 수용하는 방법을 통해 제도화되었다"는 발상에 동의한다 (Onuf 2009: 187, 강조는 필자).

학문 발전의 이러한 과정은 도표 1.1에서 볼 수 있으며, 학문의 바퀴는 학자들이 다음에 동의할 때 돌아갈 수 있다고 가정한다. (1) 연구할 대상/현상/사건/과정, (2) 대상/현상/사건/과정을 연구하는 방법, (3) 대상/현상/사건/과정에 대한 증거의 요건, (4) 언제 대상/현상/사건/과정에 대한 이론이 오류로 판명되는가, 또는 보다 적합한 설명을 위해서 새로운 이론이 필요할 정도로 유지되기 어렵다고 판명되는가.

자연과학 연구의 바퀴 모양을 이렇게 규정한다면, IR을 공부하는 학생들에게 다음 질문은 이것을 사회과학에도 그대로 적용할 수 있느냐 하는 것이다. 필자는 그럴 수 있을지 확신할 수 없다. 국제관계의 주제 사안이 **본질적으로 논쟁을 유발**(essentially contested)하는 간단한 이유, 즉 무엇이 국제관계의 기본적인 주제를 구성하고 있는가에 대한 합의가 없기 때문이다. 이러한 근본적 어려움에서 수많은 다른 문제들이 발생한다.

자연과학의 연구 대상은, 예를 들면, 의료진이 혈압계나 자동차 정비공

도표 1.1 과학적 연구의 바퀴는 어떻게 돌아가는가

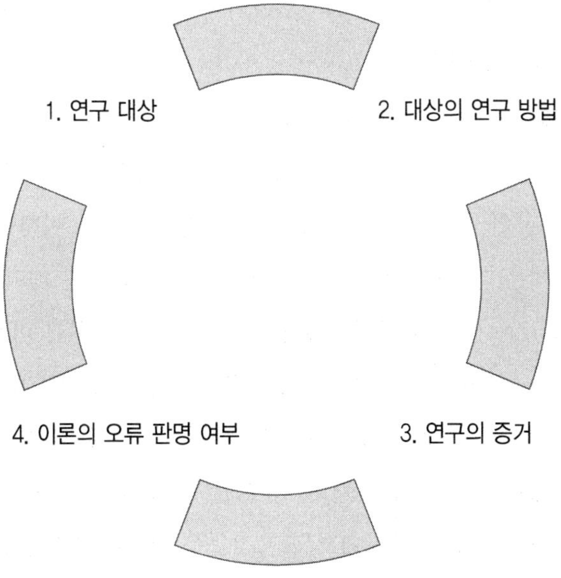

여러분의 국제관계이론(IRT) 수업을 들으면서 논란이 되는 모든 개념, 대상, 생각에 대한 리스트를 만들어라. 그것들이 논쟁을 유발하는 이유는 무엇인가? 그러한 논란은 우리가 국제관계를 연구하는 방법에 어떤 함의를 주는가?

이 속도계 같은 측정기구들을 사용하듯이, 우리가 선택하고, 정확히 집어내고, 관찰하거나 측정할 수 있는 물리적인 성격의 것들이다. 화학자는 보안경을 끼고 물이 든 수조에 칼륨을 떨어뜨려 격렬한 반응을 관찰하는 실험을 할 수 있다. 물리학자는 금속을 가열하여 현미경으로 원자가 더욱 가속적으로 진동하는 것을 관찰함으로써 온도가 고체에 미치는 영향을 살펴볼 수 있다. 생물학자는 같은 식물을 밝은 곳에 두거나 어두운 곳에 둔 다음 그 상대적 성장속도를 측정해서 빛이 식물성장에 미치는 영향을 관찰할 수 있다. 응급실의 의사는 엑스레이 사진을 빛에 비추어 환자의 골절 여부를 살펴보기도 한다. 그래서 홀스티(Kal Holsti, 1985: 7)가 관찰한 바와 같이 "이론을 개발하려면 기술을 논하기 전에 우리가 연구하고자 하는 것이 무엇인가에 대한 합의부터 있어야 한다."

자연과학에서는 주제 사안이 명백하므로 연구자들이 연구 대상이나 문제에 대해 연구 방법이나 증거 요건에 동의하기 쉽고, 언제 이론이 오류로 판명되거나 무용하게 되는지 그 시점에 대해 동의하기 용이하다. 학문 연구의 바퀴는 존재론, 인식론, **방법론(methodology)**에 대한 메타이론적 질문에 대한 심도 있는 사색에 의해 창출될 수도 있는 불일치가 너무 심하지 않을 때 원활하게 돌아간다. 자연과학자들은 이론을 만들어내기 위해 관심이 있는 것들을 현미경 아래 두고 그 특성과 행동을 연구한다. 만약 그들이 관심을 가지고 있는 것을 직접적으로 '관찰할 수' 없다면 (예를 들어, 광속), 눈에 보이는 증거가 없는 상태에서도 그것들을 정확하게 측정할 수 있는 장치를 개발한다.

중요한 것은, 그러한 모든 측정방법들이 오랜 시간동안 과학 공동체 내에서 합의 형성을 통해 타당하다고 입증된다는 것이다. 실험은 다른 과학자들에 의해서 반복됨으로써 그 결과의 정확성이 입증되고, 그 다음에 무엇을 연구할 것인가에 대한 생각을 공유할 수 있다. 이러한 **오류화(falsification)** 과정은 각 과학자들의 연구가 다른 과학자들에 의해 끊임없이 실험되고 도전받음으로써 이루어진다. 이 과정은 전 세계의 다양한 연구실에서 이루어지는 실험의 근거를 형성하는 물리적 대상의 존재에 의해 한층 수월해진다. 따라서 자연과학자들은 지식을 **경험론적(empiricist)** 방법으로 창출해 낸다고 간단히 말할 수 있다. 아마존 열대우림 나무개구리의 행동을 연구한 애튼버러(David Attenborough)처럼, 자연과학자들은 그들 주변의 세계를 보고, 측정하고 해석할 수 있게 도와주는 과학적 도구들의 도움으로 '현실 세계'를 직접 접촉할 수 있다.

자연과학의 지식은 다음의 경우에 정확하고 신뢰할 수 있다고 간주된다.

- 근거가 확실한 존재론 – 세상에 존재하는 사물, 특성, 사건과 관계된 이론, '저기에 있는' 연구가 필요하다고 여겨지는 대상의 존재
- 경험적 인식론에 근거 – 우리가 무엇에 대해 어떻게 아는지, 그리고 해당 학문에서 무엇이 타당하고/신빙성 있고/정당성이 있는 지식인가에 대한 이론
- 견실한 방법론에서 도출 – 실험의 설정, 수집된 데이터를 해석하고 기록하는 방법에 대한 규칙과 지침의 존재
- 오류화 대상 – 진술, 이론, 설명이 의심할 여지없는 사실로 입증될 수 있으나, 거기서 나온 예측이 오류로 판명되었을 경우에는 거부

우리는 이제 도표 1.2에 나오는 학문 연구의 바퀴에 공식 이름표를 붙여줄 수 있겠다.

경험적 과학적 연구는 세계에 대해 확고한 지식을 창출하기를 원하는 우리의 요구를 판정하는 기준이 되기 쉽다. 여러분은 사회과학적 지식 창출이 이런 식으로 판정받는 것이 공정하다고 생각하는가? 국제관계이론 공부는 여러분에게 판정을 위한 여러 가지의 근거를 제공해 줄 것이다.

이제 여러분은 내가 "국제관계의 세계는 무엇인가?"라는 질문을 던진 이유에 대해 깨달았을 것이다. 국제관계학이라는 학문의 주된 관심이 세계의 사건들과 과정들 간의 관계를 연구하는 것에 있지만, 이 학문이 연구할 대상이 정확하게 무엇인지, 연구의 방법은 무엇이고 증거 요건이 되는 것은 무엇이며, 언제 이론들이 오류로 판명되는가에 대한 합의가 결여돼 있다는 것이 그 이유다. 이것이 바로 국제관계이론 수업에서 그렇게 많은 이론들을 다루는 이유다. 그 이론의 저자들 중 그 누구도 자신의 이론이 잘못되었다

도표 1.2 학문 연구의 바퀴 재고

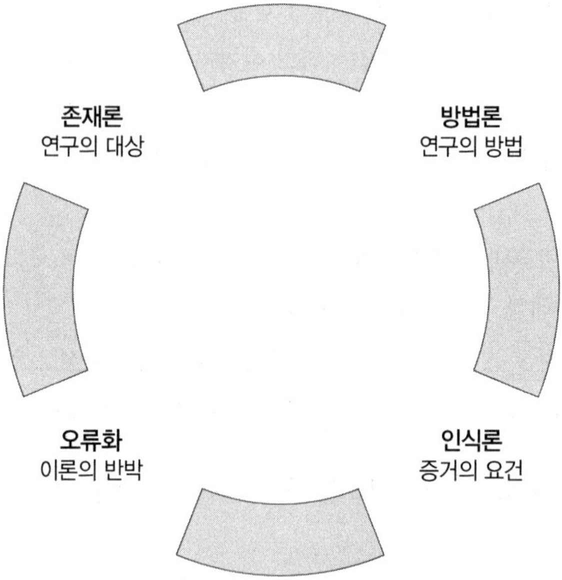

고 인정한 경우는 없다. 그 이유는 재조정된 이론을 뒷받침하기 위해 항상 새로운 증거가 발견되거나, 혹은 자리를 잡았다고 생각되는 역사적 사실들도 새롭게 해석되어 새로운 통찰력을 줄 수 있기 때문이다.

'손에 만져지는' 것들을 연구하는 학문과 '만져지지 않는' 것들을 연구하는 학문 간의 차이에 대해서 생각해 보라. 이것은 각 학문 분야에서 발전한 이론들의 신뢰성에 대해 무엇을 시사하는가? 만져지지 않는 것들 간의 관계를 설명하기 위한 보다 정확한 방법을 발전시키기 위해 우리는 어떻게 해야 한다고 생각하는가?

명확하게 집거나 내려놓고, 혹은 공중에 던져 어떤 일이 일어나는지 볼 수 있는 자연과학과는 달리, 국제관계 학자들이 '실제 세계'를 가지고 해볼 수 있는 것은 무엇인가? 다음에서는 '국제관계'에 대한 여러 정의들을 살펴봄으로써 이 문제가 IRT 연구에서 어떤 의미를 갖는지 살펴볼 것이다.

'국제관계'란 무엇인가?

브라운(Chris Brown)은 그의 책 『국제관계의 이해(*Understanding of International Relations*)』(2001: 1)의 서두에서 이 분야의 범위를 판별하는 것이 중요한 이유에 대해 다음과 같이 설명한다.

> 이러한 방식의 정의가 중요한 이유는 현실 세계 속에서 '국제관계'라는 학문적 분야를 규정하는 핵심적 존재 같은 것이 없기 때문이다. 대신 '현실 세계'와 지식 세계 사이의 지속적인 상호작용이 있다.

브라운은 우리가 앞에서 다루었던 국제관계의 주제 문제에 대해 똑같은 접근법을 채택한다. 그의 논리는 다음과 같다.

- 학문의 발전은 연구하는 학자와 학생들(언젠가는 그들이 학자가 될 것이다)을 위해 연구의 초점이 되는 잘 확립된 주제가 있을 때 이뤄진다.
- IR이론가들은 관찰 가능한(물리적인) '현실 세계' 안에 존재하지 않을 수도 있는 주제를 갖고 일한다. 우리는 '국가'를 현미경 아래 놓고 그들이 어떻게 상호작용하는지 볼 수는 없다. 또한 대다수 사람들은 정책 공동체 접근이 제한되기 때문에 국가들 간의 **외교(diplomacy)**를 직접 '관찰할 수' 없다.
- 국제관계의 주제 사안은 현대 국제정치 발전과 글로벌 문제 **연구**에 밀접하게 얽혀 있어서 정확하게 집어내기가 더욱 어렵다.
- 달리 말하자면, IR 학자들이 연구하는 세계는 끊임없이 유동적이다.
- 그래서 IR 주제가 논란이 되는 것이다.

함정 피하기

에세이나 시험은 여러분에게 IR 분야의 핵심 개념을 요약할 수 있는 능력을 기대할 것이다. 학생들은 흔히 저자들의 해석 또는 해석의 이유에 대해 설명하려는 끈기를 보이지 않는다. 학자들을 '국제관계학의 저명한 교수'로 소개하는 것은 적절치 않다. 핵심은 그들이 국제관계를 어떻게 해석하는가에 있다. 앞에서 우리가 브라운의 주장을 분해하여 그가 택한 가정과 결론을 단계별로 어떻게 검토했는지 유념하라.

브라운(Brown 2001: 1)은 국제관계 분야가 다음의 일부 또는 전부를 포함한다고 주장한다.

1. **국민국가(nation-states)**들 간의 전쟁과 평화, 갈등과 협력에 초점을 맞춘 외교적-전략적 관계이다. 이는 국제관계의 '고전적' 주제이며 홀스티가 묘사한 바와 같이 (Holsti 1985: 10) '다른 국가를 상대로 전쟁을 일으

킬 능력을 가지고 있는 국가들로 이루어진 세계의 결과'다. 제임스(Alan James)도 IR을 '국가 간 관계'에 대한 연구라고 생각한 학자이다. 그는 비국가행위자들의 영향력에 대해서는 그들이 국가 간 관계에 영향을 미칠 경우에만 고려해야 한다고 말한다 (James 1993: 270).

2. 모든 종류의 초국경적 행동으로, 이는 국가들 간의 전반적인 정치적, 경제적, 사회적 상호작용을 의미한다.
3. 경제, 커뮤니케이션, 교통, 금융체제, **다국적기업**(multinational corporations) 등을 포함하는 세계화이다.

모든 것을 아우르는 이러한 정의에서 보자면, 우리가 국제관계를 볼 때에는 잠재적으로 세계 어느 곳에서든 일어나는 모든 것들을 보는 셈이다. 국제관계의 주제 사안을 정확히 알아내는 것은 매우 어렵다. "시기에 따라 다르기는 하지만, 국제정치 연구의 모든 면들이 쟁점이 되어 왔다" (Burchill and Linklater 2013: 5).

함정 피하기

수업의 과제를 읽어 나가면서 교과서의 특정한 초점에 주의를 기울여야 한다. 이는 저자가 국제관계의 '주제 문제'에 접근하는 방법을 이해할 수 있게 도와준다.

버칠과 링클레이터의 포괄적인 접근은 이제는 상당히 보편적인 것이 되었다. 또 다른 예를 들어보자면, 『국제관계 핸드북(*Handbook of International Relations*)』 (2012)에서 칼스네이즈(Walter Carlsnaes), 리스(Thomas Risse)와 시몬스(Beth Simmons)는 그들의 저서를 세 부분으로 나누었다. 1부는 '역사적, 철학적, 이론적 이슈들'이다. 2부는 '개념과 내용'에 관한 것으로서 국가주권(sovereignty), 힘, 외교, 협상, 교섭, **상호의존**(interdependence), 그리고 국내정치와 국제관계 사이의 상호작용 등을 포함하고 있다. 3부는 브라운의 주 분야이자 버칠과 링클레이터가 그들의 국제관계 주제와 이슈들에 병합시킨 실질적 이슈들에 관한 것이다.

이 모든 것의 결론은 무엇이 국제관계의 주제 분야를 구성하는지, 또는 어떻게 그 주제를 연구할 것인지에 대해 합의된 바가 없다는 것이다. 잠재적으로, 국제관계의 주제는 "그 범위가 전 세계적이고 그 주안점이 전 세계 모든 사람들의 가치, 선입견, 행동만큼이나 다양하기 때문에 인간 경험의 모든 국면을 포함한다" (Rosenau 2002: 545). 국제관계학의 상태에 관한 커크(Grayson Kirk)의 1947년 논평은 그 당시만큼이나 지금도 역시 적절하다 (Schmidt 2006: 3에서 인용).

> 국제관계 연구는 여전히 상당히 혼란스러운 상황에 있다. 이 분야의 범위, 분석과 이어지는 종합, 대학 교과과정에서 이루어져야 할 적절한 행정적 준비, 연구 조직, 이 모든 것들이 계속되는 논란의 대상이다.

국제관계이론을 공부하는 학생들을 위한 좋은 소식

다행히도 여러분은 IRT 수업에서 성공하기 위해 이 학문의 역사에 대해 엄청난 지식을 알고 있어야 하는 것은 아니다. 또한 저자들이나 교수들이 학생들을 가르치는 방법에 대해 특별한 전문지식을 얻기 위해 노력해야 하는 것도 아니다. 그러나 '주제의 문제'에서 일어나는 논쟁에 대해서는 숙지하는 것이 중요하다. 그 논쟁들이 수업에서 여러분이 마주치게 되는 이론들을 형성하고 그러한 이론들이 어떻게 '현실 세계'에 대한 지식을 창출해내고 적용하는가를 알려주기 때문이다. 여러분 스스로에게 이 학문에서 왜 어떤 행위자와 방법들은 번창하고 의제를 지배했는데 다른 행위자와 방법들은 관례적으로 "주로 침묵을 지켰는가"를 질문해 보기 바란다 (Watson 2006:

심층 분석 1.1 국제관계인가, 세계정치인가?

베일리스(John Baylis), 스미스(Steve Smith)와 오웬스(Patricia Owens)의 교재 『세계정치의 세계화(*The Globalization of World Politics*)』 (2014a: 2–3)는 그들이 책의 제목으로 '국제정치(International Politics)'나 '국제관계(International Relations)' 대신 '세계정치(World Politics)'라는 용어를 사용한 이유에 대한 간략한 설명으로 시작된다 (Viotti and Kauppi 2014: 1도 참조할 것).

그들에 의하면 '세계정치'는 "대안적 용어들보다 훨씬 더 포괄적이다. 이는 우리의 관심이 국민국가들 사이의 문제 (국제관계 또는 국제정치라는 용어가 의미하는)뿐 아니라 세계의 정치와 정치적 패턴에까지 이르고 있다는 사실을 의미한다" (Baylis et al. 2008: 2). 제목에 대한 그들의 선택은 언어와 호칭이 가지는 힘을 보여주며 대학 수준의 공부에서 왜 우리가 두 가지 용어를 모두 중요하게 생각해야 하는가를 보여준다. 그들의 주장을 그 구성요소로 세분해보자.

- '국제관계(International Relations)'는 국민국가 간의 관계에 관한 연구다. 더 정확하게 하자면 '국가 간 관계(Inter-national Relations)'라고 해야 할 것이다.
- '국제정치(International Politics)'도 '국가 간 정치(Inter-national Politics)'로 한정된다.
- 어떤 기표(signifier)도 베일리스, 스미스, 오웬스가 이 분야의 핵심이라고 생각한 것에는 미치지 못한다. 그것은 국민국가 간의 관계보다 더 광범위하고 깊다.
- 베일리스, 스미스, 오웬스에게 국제관계란 세계의 정치와 정치적 패턴에 관한 연구다. 그들은 세계의 모든 행위자들 간의 관계와 연관성의 망을 설명하는 것에 관심을 가지고 있다.
- 국제관계 연구에서 국민국가는 엄청난 중요성을 가지고 있는 것이 분명하지만 오늘날의 글로벌 정치에서는 국민국가들만이 유일하거나 가장 결정적인 행위자는 아니다. '세계정치'가 보다 포괄적이고 오늘날 국제정치적 상호작용의 현실을 더욱 적절하게 묘사하고 있는 용어로서,

계속

심층 분석 1.1 계속

여기에는 국가, 제도, 국제기구, 그리고 테러리스트 네트워크, 지역적 행위자들, **하부 국가행위자들(sub-national actors)** 같은 초국가적 행위자들까지도 포함된다.

'세계정치'를 선호하는 다른 교과서들도 이 용어가 함축하고 있는 의미가 확장되었음을 보여준다. 헤인스 외(Jeffrey Haynes et al. 2011)의 『세계정치(*World Politics*)』는 이론으로 시작해서 민주화, '새로운 전쟁', 테러리즘과 같은 국제관계의 주제와 이슈들로 나아간다. 밍스트(Karen Mingst)와 스나이더(Jack Snyder)의 『세계정치의 필수 리딩(*Essential Readings in World Politics*)』(2011)은 일부 특정한 이론적 논의를 포함하고 있으나 '주제와 이슈'를 더 많이 다루고 있다. 스몰먼(Shawn Smallman)과 브라운(Kimberley Brown)의 『국제 및 글로벌 정치 서설(*Introduction to International and Global Studies*)』(2011)은 더 포괄적이다. 전쟁, 에너지안보, 글로벌 저개발 등 오늘날 글로벌 문제들의 기원과 진화에 대해 특별히 강조하지 않음으로써 이론적 논의가 더 부각돼 보인다. 이들 교과서에서도 베일리스, 스미스, 오웬스의 책처럼 국민국가들이 국제관계의 중심이 아니다. 새롭게 형성된 공감대가 서치(Peter Sutch)와 엘리아스(Juanita Elias) (2007: 2)의 책에 잘 나타나 있는데, 그들은 국제관계 연구가 "우리의 주제에 대해서는 별로 말해주는 게 없다"고 지적한다. "이 주제 분야의 정치적 지형을 구성하는 행위자들은 국민이 아니기 때문이다."

237). 이 질문에 대한 답변을 구상해보는 것은 세 가지 측면에서 여러분에게 도움이 될 것이다. 첫째, 여러분이 공부하는 이론들을 이해하는 데에 도움이 될 것이다. 둘째, 국제관계의 세계에 대해 확고한 지식창출을 자임하는 이러한 이론들의 장단점을 분석하는 데 도움이 될 것이다. 셋째, 국제관계학이 한편으로는 국가중심이론을 다루는 방법을, 그리고 다른 한편으로는 국경을 넘거나 초월하여 움직이는 비국가행위자들을 다루는 방법에 대

해 이해하게끔 도와줄 것이다 (좋은 예로서 Davis 2009).

생각해 볼 문제들

'사회과학자들이 자연과학자들과 똑같은 종류의 지식을 창출한다고 주장할 수 있는가? 그들이 그렇게 해야만 하는가?'

이 질문에서 우선 고려해야 할 것은 '자연과학'과 '사회과학'을 어떻게 정의할 것인가 하는 문제이다. 각각의 범주에 속한다고 생각되는 학문 분야의 예를 들어보라. 두 칸짜리 작은 표를 만들어 왼쪽 칸에는 '사회과학' 또는 '연성과학'을, 오른쪽에는 '자연과학'의 리스트를 적어보라. 각각 학자들에 의해 만들어진 '지식의 종류'를 정의해 보라. 유사성과 차이점은 무엇인가? 한 편이 다른 한 편보다 더 '기초가 든든하고', 더 확실하며, 더 신뢰할 만한가? 만일 그렇다면 그 이유는 무엇인가? 차이점을 소개하는 한 가지 간단한 방법은 국제관계에서의 '주제의 문제'에 대한 개념을 활용하는 것이다. 그리고 이 장에서 언급한 '만져지는/만져지지 않는' 구분을 활용하는 것이다. 우리가 어떤 증거를 집어서 벽에다 던져 특성을 실험할 수 없다면 자연과학에서 사용하는 조사방법을 따를 수는 없는 것이다. 개념, 관행, 행태는 모두 그런 성격의 것들이다.

여러분이 해야 할 두 번째 일은 첫 번째 부분에서 논의된 내용의 함의를 판단하는 방법을 생각하는 것이다. 사회과학자들이 다른 형식의 지식을 창출한다고 가정한다면, 이는 좋은 것인가 아니면 나쁜 것인가? 여기서 '좋은'과 '나쁜'은 무슨 의미인가? 여러분은 사회과학이 자연과학을 조금이라도 모방하려고 노력해야 한다고 생각하는가? 많은 사회과학자들은 자신이 '객관적'이고 편견 없는 지식을 — 이는 '과학적'이라는 말과 같다 — 창출한다고 주장하는데, 그들의 접근법을 어떻게 승인할 것인가? 더 우수한 학생이라면 과학적 지식의 생산에 관한 한 자연과학이 미덕의 귀감이 된다는 생각에 의문을 가져야 한다.

함정 피하기

시험에서 질문이 두 부분으로 이루어져 있을 때, 학생들은 시간에 쫓겨 두 번째 질문에 답하는 것을 잊어버리기도 한다. 위의 두 번째 질문인 "그렇게 노력해야 하는가?"는 첫 번째 질문에 대한 답변의 연쇄적(윤리적) 함축성을 고려하라는 뜻이다. 질문의 첫 번째 부분에 좋은 답변을 하더라도, 질문의 평가적 요소를 고려하지 않는다면 좋은 점수를 받기 어려울 것이다. 그러므로 '비판적(분석적)'인 역량에 주어지는 점수는 주로 질문의 두 번째 부분에서 받게 된다.

'국제관계의 주제 사안은 왜 근본적으로 논란을 일으키는가?'

이 문제의 답변은 첫 번째 문제보다 조금 더 어려운데 정답이 없기 때문이다. 이 질문은 국제관계의 가장 중요한 핵심이 무엇인가에 대해 학자들이 이견을 갖는 모든 이유를 고려하도록 요구한다. 에세이에서는 범위를 좁혀 몇 가지 포인트에 중점을 두는 것이 매우 중요하다. 그리고 서두에서 답안의 나머지 부분에서 여러분이 말하려는 것의 개요가 되는 간단하고 분명한 주장으로 틀을 짜야 한다. 시간제한(시험)이나 단어수 제한(에세이)이 있는 상황이라면 가장 중요하다고 생각하는 서너가지 정도를 적는다. 그런 다음 각각의 요점을 중심으로 답안을 구성한다. 다음과 같은 것들을 예로 들 수 있다.

- 표기 문제: '국가 간 관계'(협의로) 또는 '세계정치'(광의로)?
- 어떤 행위자인가?
- 행위자들이 행동하는 '세계'는 무엇인가? — 여러분은 국제관계 중 어떤

주제를 설명하고자 하는가?

- 세계가 끊임없이 변화하므로 주제도 항상 변화한다.
- 한 시대에 중요한 사건이나 이슈는 다른 시대에는 중요하지 않게 생각될 수도 있다.

추가 읽을거리

정치학과 국제관계 연구의 전반적인 문제들

Shimko, K.L. (2011) *International Relations: Perspectives, Controversies and Readings*, 4th edn. Boston, MA: Houghton Mifflin Company.

보다 광범위한 국제관계 연구에 이론이 어떻게 들어맞는지를 잘 보여주는 입문 교과서이다.

Bleiker, R. (1997) 'Forget IR Theory', *Alternatives*, 22(1): 57–85.

정통 IR의 방법론, 실행, 한계에 대해 비판적으로 평가하고 있다.

Halliday, F. (1995) 'International Relations: Is there a New Agenda?', *Millennium*, 20(1): 57–72.

국제정치 의제들 간의 상호작용과 국제관계라는 '현실 세계'에서의 발전이 어떻게 국제관계의 학문적 연구에 영향을 주었는가를 검토한다.

Walt, S.M. (1998) 'International Relations: One World, Many Theories', *Foreign Policy*, 110, Special Edition: Frontiers of Knowledge: 29–46.

냉전 종식이 국제관계이론화에 끼친 영향을 고찰하고 있다.

Hoffman, S. (2001) 'An American Social Science: International Relations', in R.M.A. Crawford and D.S.L. Jarvis (eds) *International Relations: Still an American Social Science?: Towards Diversity in International Thought*. Albany, NY: State University of New York Press, pp. 27–51.

Goodwin, G.L. and Linklater, A. (1975) 'Introduction', in G.L. Goodwin and A. Linklater (eds) *New Dimensions of World Politics*. London: Croom Helm.

서두에 '국제관계'와 '세계정치' 사이의 구별에 대한 유용한 논의를 제공한다.

Jackson, N. and Tansey, S.D. (2015) *Politics: The Basics*, 5th edn. Abingdon: Routledge.

이론의 본질과 역할에 관한 고급 교재들

Hollis, M. and Smith, S. (1991) *Explaining and Understanding International*

Relations. Oxford: Clarendon Press.
경험주의(empiricism)와 이론의 발전을 위한 그 함의에 대해 매우 유용하다.

Buzan, B. (1995) 'The Level of Analysis Problem in International Relations Reconsidered', in K. Booth and S. Smith (eds) *International Relations Theory Today*. Cambridge: Polity Press, pp. 198–216.

Singer, J.D. (1961) 'The Level of Analysis Problem in International Relations', *World Politics*, 14(1): 77–92.

Martin, M. and Mcintyre, L.C. (eds) (1994) *Readings in the Philosophy of Social Science*. Cambridge, MA: MIT Press.
이 분야의 핵심적 저술에서 발췌한 내용을 소개하고 있다. 특히 스크리븐(Michael Scriven)이 쓴 6장, 매킨타이어(Lee C. Mcintyre)에 의한 9장, 루크(Steven Lukes)에 의한 18장, 뒤르켐(Emile Durkheim)에 의한 27장을 추천한다.

Herrman, R.K. (2006) 'Linking Theory to Evidence in International Relations', in W. Carlsnaes, T. Risse and B.A. Simmons (eds) *Handbook of International Relations*. London: Sage, pp. 119–136.
IR의 실증주의에 대해 방어하는 입장이며, 연관되는 이론에 대한 다른 접근을 증거를 가지고 검토한다.

이 장에서 제기된 보다 일반적인 이슈들

Becher, T. and Trowler, P.R. (2001) *Academic Tribes and Territories*, 2nd edn. Buckingham: Society for Research into Higher Education and Open University Press.
여러 학문 분야의 학자들이 그들의 연구를 어떻게 보는가를 설명하고, 이것이 우리로 하여금 '학문'의 개념에 대해 정의를 내리는 데 어떻게 도움이 되는가를 설명하는 3장을 보라.

Kuhn, T.S. (1996) *The Structure of Scientific Revolutions*, 3rd edn. Chicago, IL: University of Chicago Press.
표면상 자연과학에 관한 이 선구자적 저서는 모든 학문적 지식의 근원에 대한 엄청난 정보를 제공하고 있다. 위의 깊이 생각해 볼 문제에서 두 번째 질문에 도움이 된다.

Neuman, W.L. (2013) *Basics of Social Research: Qualitative and Quantitative Approaches*, 3rd edn. Harlow: Pearson Education.
1장에서 노이만은 '과학적' 연구에 의해 창출된 지식이 다른 방법으로 얻어진 지식보다 더 신뢰할만하다고 주장한다.

Barnett, M. and Duvall, R. (2005) 'Power in International Politics', *International Organization*, 59(1): 39–75.
각각 다른 국제관계 전통 간의 불일치를 어떻게 파악해야 하는가에 대해 아이디어를 주고 일부 분쟁들의 원인을 설명한다.

2장 국제관계이론

> 우리는 모두 이론가들이고 유일한 문제는 주제 사안을 이해하기 위해 우리가 어떤 종류의 이론을 택할 것인가이다. (Joynt and Corbett 1978: 102)

이론이란 무엇인가? 왜 우리는 이론에 신경을 써야 하며 왜 우리가 국제관계학을 그 자체로 연구할 수 없는가? 왜 그저 사실만을 보지 못하는가? 이러한 질문들은 여러분이 국제관계(IR) 공부를 위한 여정을 출발하면서 스스로에게 묻는 질문들일 것이다. 필자는 서론으로서 그 질문들에 대해 답하고자 한다. 그리고 3장에서는 제기된 핵심 이슈들로 돌아가서 여러분의 수업 강의, 세미나, 숙제에 등장하게 될 언어와 개념적 도구를 사용하여 논의를 진전시키고자 한다.

이론이란 무엇인가?

> 이론들은 그 연구 범위를 좁히기 위해 몇 가지 선택의 원칙을 따라야 한

다. 이론은 행위자, 관계, 경험적 이슈들, 기타 등등에서 가장 중요한 것과 사소하다고 여기는 것들을 구별해야 한다. (Burchill and Linklater 2013: 14)

앞장에서 우리는 IR의 주제 사안에 관련된 핵심적 논쟁의 결론을 살펴보았다. 모든 학자들이 국제관계의 '핵심'을 이루는 것이 무엇인가 하는 문제에 관해 상반되거나 혹은 때로는 중복되는 의견들을 내놓는다. 논쟁은 그보다 훨씬 더 깊다. 전문가들은 무엇을 연구해야 하는가의 문제뿐만 아니라 국제관계를 연구하는 방법과 그들의 주장을 뒷받침할 증거의 요건에 대해서도 동의하지 않는다. 이 모든 복잡성과 논란을 생각하면, **합리적인(rational)** 인간들이 (학자들이 그렇다고 가정한다면!) 이러한 불확실성의 진창을 통과하여 논리적 경로를 찾는 것이 합리적인 것으로 보인다. 바로 여기서 이론이 나온다.

여러분의 대학 수업에서 이론들을 만났던 경우를 생각해보라. 그러한 이론들의 목적은 무엇이었는가? 이론가들이 그 이론들을 발전시키기 위해 한 일은 무엇이며 그럼으로써 무엇을 얻었는가? 그들은 여러분이 주제를 이해하는 데 도움이 되었는가? 그렇다면 어떻게 도움이 되었는가? 그들의 강점과 약점은 무엇인가?

앞에 나오는 국제관계 연구에서 이론의 역할에 대한 버칠(Scott Burchill)과 링클레이터(Andrew Linklater)의 간결한 요약은 이론이란 과연 무엇인가에 대한 검토의 시발점이 될 것이다. 그들은 '선택의 원칙'이란 말을 사용했다. 이론들은 복잡성을 단순화하려고 한다. 이론가들이 단순화하는 방법과 어떻게 그것에 성공하는가는 이 단계에서 우리에게 별로 중요하지 않다. 더 중요한 것은 이론가들이 스스로 정한 목표다 ('이론의 기능에 관한

10가지 관점'이라는 유용한 텍스트박스, Jørgensen 2010: 8–9를 참조할 것). 이론에 대한 국제관계이론 분야 대표적 학자들의 의견들을 살펴보도록 하자.

- **마틴 와이트**(Martin Wight 1995: 15): "국제이론(international theory)은 국가들 간의 관계에 관한 고찰을 의미한다." 원본의 출판 연대를(1966년) 고려해볼 때, 와이트가 국제관계의 적절한 주제 사안에 대해 대중적인 노선을 취함으로써 문제를 풀어보려 한다는 것을 볼 수 있다. 국제관계는 국가들 간의 관계에 관한 연구 그 이상도 이하도 아니다.
- **한스 모겐소**(Hans Morgenthau 1985: 3): 이론은 "현상의 더미들 속에 질서와 의미를 가져다준다. 그것 없이는 세계는 서로 단절되고 난해할 뿐이다." 이는 복잡성을 단순화시켜 이해하는 도구로서의 이론을 말한다.
- **케네스 월츠**(Kenneth Waltz 2010): "이론은 법칙을 설명해준다"는 관점에서 보면 이론은 '자연과학에서 용어에 대한 정의'와 같은 것이다. 법칙은 변수들 간의 연관성을 보여주는 반면, 이론은 인과관계를 설명한다. 미국의 IR 학자들은 흔히 이론을 자연과학적 방식으로 설명한다 (이전 장을 참고할 것) (Rosato 2003: 585).이론은 독립변수와 종속변수 간의 연관성과 그들 사이의 인과관계를 상정하는 가설로 이루어진다. A가 x를 야기하고 x는 y를 야기하며 y는 B를 야기하므로, A(독립변수)는 B(종속변수)를 초래한다는 것을 실험적으로 증명할 수 있다면 그 가설은 지지된다.
- **마틴 홀리스와 스티브 스미스**(Martin Hollis and Steve Smith 1991: 62–63): 이론은 세 가지 기능을 갖는다. 첫째, 이론은 추출한다 (동일하지 않은 사건, 상황, 대상들을 하나로 묶는다). 둘째, 일반화한다 (동일하지 않은 것들을 가용한 사실의 분석을 통해 공통점이 무엇인가를 파악한다). 셋째, 이론은 잇는다 (원인과 결과를 파악한다). 이러한 정의는 '과학적' 이론이 이래야 된다, 혹은 이래서는 안 된다는 생각에서 떠나 그 이론들을 어떻게 작동하도록 할 것인가 하는 영역으로 우리의 생각을 옮겨준다. 홀리스와 스미스에게 추출, 일반화, 연결은 어떤 학문 분야에서든 이론을 위한 전

제조건이다.

- **제임스 로즈노와 로즈마리 더피**(James Rosenau and Rosemary Durfee 1995: 2): "세계정치에서 이어지는 무한한 다양성과 과도한 복잡성으로부터 의미 있는 패턴을 분간해낼 수 있다는 희망을 주는 것이 이론화이다."
- **배리 부잔**(Barry Buzan 2004: 24): 우리가 이론의 본질과 목적을 이해하는 방법을 설명하기 위해 지역적 차원의 특징을 다음과 같이 서술한다. "유럽인들은 대체로 이론이라는 용어를 한 분야를 체계적으로 조직하고, 문제들을 구성하며, 상호 관련된 개념과 범주들을 일관성 있게 정립하는 것이라고 이해한다. 그러나 미국인들은 (위의 월츠와 로사토를 참고) 이론이 인과적 속성의 실험가능한 가설을 설명하고 포함하기를 (또는 만들어내기를) 요구한다."
- **리스베트 후게와 개리 막스**(Liesbet Hooghe and Gary Marks 2008: 2): 유럽 연구 전문가인 이들은 사회과학과 인문학을 통해 이론의 본질에 대한 고찰을 찾을 수 있다고 주장하며 우리가 이러한 종류의 자료를 어디에서 찾을 수 있을 것인가에 대해 창의적일 수 있다는 것을 보여준다. 그들에 의하면 "모든 이론은 복잡성을 줄이고 우리의 관심을 인과관계 면에서 강력한 요인들로 이끄는 일련의 가정 — 지적인 지름길 — 에 기초한다." 이는 다음 저자들의 정의를 연상시킨다.
- **예일 퍼거슨와 리차드 맨스바흐**(Yale H. Ferguson and Richard W. Mansbach 1996: 21): "이론은 우리가 무엇을 보아야 하며, 추론에 따라 무엇을 안전하게 무시해도 되는가를 알려준다. 이론은 현실을 단순화하여 끊임없이 변화하는 세계에 대한 우리의 신념을 구성할 수 있게 도와주며, 정책의 지적인 근거를 제공해준다. 나쁜 이론은 불가피하게 나쁜 정책을 낳는다."
- **존 베일리스, 스티스 스미스, 패트리샤 오웬스**(John Baylis, Steve Smith, and Patricia Owens 2014a: 3): 이론은 "어떠한 사실이 중요하고 어떤 것은 중요하지 않은가를 결정할 수 있게 도와주는 단순화의 도구이다." 이러한 정의는 국제관계의 이론화 과정이 자연과학의 이론화 과정을 흉내 낼

수 있거나 그래야 한다고 믿는 사람들의 생각을 약화시킨다. 그들은 이론이 단순히 "가설과 가정을 갖춘 거창한 형식적 모델이 아니다"라고 주장한다 (Baylis et al. 2014a: 3). 대신 우리는 이론의 역할에 과도한 기대를 가져서는 안 되며, 이론으로 인해 사회적 세계의 연구에 선입견과 편견도 개입될 수 있음을 유의해야 한다.

- **로버트 잭슨과 게오르크 쇠렌슨**(Robert Jackson and Georg Sørensen 2015: 55): "의식하든 않든 우리는 항상 특수한 렌즈를 통해 세상을 본다. 우리는 그 렌즈가 이론이라고 생각할 수도 있다." 이러한 해석에 따르면 이론은 우리가 살고 있는 세계의 근본적인 부분을 형성하며, 우리가 인식하든 못하든 우리가 세계를 만들고 구성할 수 있도록 도와준다.
- **신시아 웨버**(Cynthia Weber 2010: 2): "IR이론은 국제정치를 일반화시킨다. IR이론은 국제정치의 세계에 관한 스토리 모음이다. 국제정치에 대한 스토리를 말할 때 IR이론은 단지 저 밖 세상에서 무슨 일이 일어나고 있는가에 관해서만 말하는 것이 아니다. IR이론은 그 세상이 어떻게 보이는가에 대해 자신만의 시각을 부여한다." 웨버는 우리를 국제관계이론 분야에서 자연과학 쪽으로 더욱 끌어당긴다. 앞 인용문의 언어를 보자. '스토리' 같은 단어는 국제관계 분야에서 발전한 이론에 대해 상상력이라는 요소를 추가하고 있다. 그럼으로써 웨버는 베일리스, 스미스, 오웬스 등의 저자들과 함께 IR의 '세계'와 관찰자들의 별도 '세계' 간의 장벽을 허물고 있다.

이렇게 우리는 이론에 관한 다양한 시각을 발견한다. 이론이 무엇이고, 어떠해야 하며, 우리가 이것으로 어떻게 해야 하는지를 말이다. 월츠와 홀리스 및 스미스에 의해 정리된 형식적 자연과학적 모델에서부터 우리 자신이 우리가 만들어낸 이론의 한 부분이라고 보는 웨버의 견해에 이르기까지 IR이론이 무엇이고 어떠해야 하는가에 대해서 의견이 확실히 일치하는 학자들은 한 명도 없다. 이론의 본질에 대한 이런 논쟁의 영향에 대해서는 3장에서 다시 논의할 것이다. 지금은 이러한 차이가 존재하고 그 차이들이 국제관계 분야에서 진행되는 연구에 실제로 영향을 준다는 점만 분명히 기억하자. 다음 부분에서는 한 발 뒤로 물러나 한층 더 근본적인 질문에 대해 생각해 볼 것이다. 왜 이론이 우선 문제가 되는가?

여러분이 '이론'에 대한 정의를 보게 될 때마다 필자가 위에서 한 것과 같이 이론 체크리스트 안에 적도록 하라. 그것이 여러분에게 이 분야 저자들과 그들의 각각의 관점에 대해 종합적 리스트를 제공해 줄 것이며 에세이나 시험에 큰 도움이 될 것이다.

왜 이론에 관심을 가지는가?

어떤 학문적 분야의 연구에 이론이 가져오는 '부가가치'에 대해 의심을 가진다면 여러분만 그런 것이 아니다. 여기서 우리는 우선 이론의 효용에 의심을 가졌던 저자들의 입장을 살펴봄으로써 주장의 양면을 보도록 하겠다. 그런 다음, 이론의 가치를 높이 평가하는 저자들에 관해 생각해보고자 한다. 이는 그들이 이론이 본질적으로 우리에게 유용하다고 생각하기 때문이 아니라 우리가 이론의 적실성을 인정하든 않든 간에 불가피하게 어디에나 있어서 항상 세계에 대한 우리의 연구에 영향을 미치기 때문이다. 여러 IR 교과서들이 (예를 들면, Mansbach and Rafferty 2008) 이론의 본질과 활용에 대한 고찰을 포함하고 있으므로 세부 연구로 들어가기 전에 참고하면 크게 도움이 될 것이다.

이론에 대한 '양자택일적' 접근

역사학 분야에 윈드셔틀(Keith Windchuttle) (1996)이 쓴 『역사 죽이기: 문학평론가들과 사회과학자들은 어떻게 우리의 과거를 죽였는가(*The Killing of History: How Literary Critics and Social Theorists are Murdering Our Past)*』라는 책이 있다. 이 책에서 윈드셔틀은 해당 시대의 기록문서와 유물을 사용하여 과거의 사건들에 대한 사실에 기반한 내러티브에 관심을 가지는 역사가 "이제는 상대적으로 새로운 문학과 사회이론들의 학문적 탁월성으로 인해 잠재적 치명적 공격에 어려움을 겪고 있다"고 했다. 그러한 이론들은 전통적 역사적 연구와 그로부터 얻은 지식에 의문을 던진다(Windshuttle 1996: 10). 윈드셔틀에 의하면 '역사'가 있고 '이론'이 있는데, 역사가 현실 세계를 — 과거에 존재했던 사건들과 인물 — 다루는 반면, 이론은 이 모든 지식에 관한 신뢰성에 대해 불필요한 추측을 만들어내므로 이 둘을 섞는 것은 위험하다고 주장한다. 윈드셔틀은 이론에 과도한 관심을 갖는 것은 위험하다고 주장한다. "역사가 근거했던 핵심 토대는 더 이상 유효하지 않다. 역사와 신화 간의 근본적인 구별은 더 이상 존재하지 않는다"(ibid. 1996: 10).

윈드셔틀의 주장은 우리는 사실, 아니면 역사를 가질 수 있다는 말이다. 이 둘을 섞어도 얻을 것은 별로 없다. IR에서 이론에 대한 이런 '모 아니면 도'식의 접근은 이론에 대한 아롱(Raymond Aron)의 회의론적 입장에 의해 예증될 수 있다. 그는 국제정치의 이론화는 다음과 같은 여러 가지 이유에서 경제학의 이론화보다 더 고된 작업이라고 말했다. 국제체제는 국가 내외의 사건들에 영향을 받고, 국가들은 한 가지 목표를 가진 단일 행위자들이 아니며 (예를 들어, 외교라는 장치의 다양한 부분들은 정치적 우선순위에 따라 같은 이슈에 대해 서로 다르게 생각할 수 있다), 독립변수와 종속변수를 구별하는 것이 불가능하고, 체제 차원에서 균형이란 불가피하게 불안정할 수밖에 없으며, 예측도 불가능하다 (아롱의 입장은 Waltz 1990: 25에 요약되어 있다. 국제이론에 대한 아롱의 공헌에 대해 뛰어난 개요를 보려면 Hoffman 1985를 참조).

로즈노는 이러한 입장을 다음과 같이 설명했다. "완전히 잘못되지는 않았더라도 이론을 위한 노력은 낭비이고 우리를 오도한다는 비판이 많다. '이론의 고지에서 내려오라. 행동이 일어나는 곳으로 내려와서 현실 세계의 지저분한 데이터에 손을 담궈라'고 비판가들은 말한다." 위에서 본 그의 견해를 고려한다면 이것은 마치 윈드셔틀의 말처럼 들린다. 로즈노는 국제관계 내부에서 나온 '이론'에 대한 세 가지 부류의 비판자들을 다음과 같이 지적한다. 첫째, '이론'이 상대해야 할 '실제' 일상의 공공정책 문제와 동떨어져있다고 믿는 정부측 (말하자면 '행위자들') 사람들이 있다. 둘째, 이론의 언어는 이해할 수 없다는 (왜 그들은 평이한 영어로 쓰지 않을까?) 윈드셔틀의 말에 공감하는 언론인들이다. 셋째, 이론에 근거한 교육은 정책지향적이지 못하다는 생각을 가진 일부 학자들이다 (Rosenau 2003: 7-8).

월러스(William Wallace, 영국의 학자이면서 정치가)는 1996년 "진실과 힘(Truth and Power)"이라는 논문에서 IR이론이 현실과 너무 많이 분리되어 있다는 견해를 내놓았다. 그는 IR 학자들의 '현학주의(scholasticism)'의 위험성과 갈수록 외부세계가 아닌 그들 내부만 바라보는 경향의 증대에 대해 경고하며 '경험적 연구를 희생시켜 이론을 찬양하는' 포스트-모던주의자들의 경솔함에 대해 포문을 열었다 (Wallace 1996: 311). 그는 현학주의적 말장난 자체는 문제가 없다고 했다. 그러나 '이론을 위한 이론'은 공적인 논의에 공헌할 수 없고 정책결정자들의 관심을 끌 수도 없을 것이 명백하다 (Wallace 1996: 314). 월러스는 초기의 IR이론이 국제문제에 대한 접근에서 풍부한 결실을 맺었던 정책 지향적 의제로 다시 돌아가야 할 필요가 있다는 노선을 취했다. 월러스는 윈드셔틀처럼 우리가 이론을 '떠나야' 한다고 주장하지는 않았지만, 국제관계이론(IRT)의 활용은 숙고해야 함을 분명히 했다. 그의 의견은 IR에서 이론을 어느 정도 주의 깊게 다뤄야 한다는 대표적 예가 되고 있다.

이론은 '불가피한' 접근이다

다수의 저자들은 레스토랑의 디저트 메뉴처럼 우리가 이론을 '택하든지 말든지' 할 수 있다는 견해에 동의하지 않는다. "이론은 피할 수 없다"는 해석에 동의하는 저자들은 이론이 어디에나 존재한다는 점을 주장하는 한편, 이론에 대한 이해는 선택사항이라기보다는 인간존재의 상황으로 인해 선택할 수밖에 없다는 점을 강조한다. 이는 이론에 대한 상당히 다른 이해이며 여러분이 IR 공부를 시작하면서 주의를 기울이도록 요구한다.

이 영역에 대한 문헌고찰은 이론의 역할과 가치에 대해 두 가지 상호 연관된 명제를 드러낸다. 가장 잘 알려진 첫 번째 명제는 스티브 스미스와 부스(Ken Booth) 등의 저자들과 관련되며, IRT에 관한 그들의 일부 저서와 논문에 드러나 있다. '택하든지 떠나든지' 노선에 대한 가장 분명한 거부는 베일리스, 스미스, 오웬스의 『세계정치의 세계화 (*The Globalization of World Politics*)』 서문이다.

> 여러분이 이론에 신경 쓰기를 원치 않는다면 모를까, 오직 '사실'만을 보기 원하는 것은 완전히 불가능하다. 여러분이 보게 되는 수백만 가지의 가능한 사실들 중 무엇을 볼 것인지 결정할 수 있는 유일한 방법은 가장 중요한 것이 무엇인지 알려주는 단순화 도구에 의존하는 방법뿐이기 때문이다. (Baylis et al. 2014a: 3)

이러한 입장을 오랫동안 취해온 또 다른 저자는 로즈노다.

> 이론은 피할 수 없는 것이다! 왜냐고? 관찰 과정 자체가 관찰된 현상 중 어떤 것이 중요하고 어떤 것은 사소한지 분류하는 일이기 때문이다. 대안은 없다. 상황은 스스로를 대변하지 못한다. 패턴도 자명하지 않다. 관찰자들은 그들이 선택한 이론을 통해 패턴에 의미를 부여해야 한다. 다시 말하지만, 그들은 관찰한 것들 중에서 중요해 보이는 것을 선택하고 사소한 것은 버려야 한다. (Rosenau 2003: 8)

더피와 함께 저술한 책에서 로즈노는 (Rosenau and Durfee 1995: 2) "세계문제를 관찰할 때마다 우리는 일종의 이론화 형식을 취할 수밖에 없는데, 그 이유는 우리가 의식하든 않든 우리가 세계에서 일어나는 일을 이해하는 데에는 이미 선택하고 추출하는 과정이 포함되기 때문이다"라고 주장했다. 그들의 추정과 같이 "우리는 무엇을 관찰하든 이를 세계정치가 작동하는 방식에 대한 우리의 전제에 따른 것으로 간주해야 한다는 압박을 지속적으로 받고 있다" (Rosenau and Durfee 1995: 3). 할리데이(Fred Halliday)는 이론이 현실에 대해 세 가지 기능을 한다는 주장에 동의한다. 첫째, 이론은 우리가 어떤 사실이 중요하고 어떤 것이 중요하지 않은지 결정할 수 있게 도와준다. 둘째, 이론은 어떻게 동일한 사실이 다르게 해석되는가를 설명하는 데 도움이 된다. 셋째, 이론은 사실 자체만으로는 결정할 수 없는 윤리와 도덕성 문제를 부각시키는 데 도움이 된다. 여러분이 업무에 시달리고 있는 정부직원이거나, 바쁜 언론인, 또는 강의에 지친 교수든간에 정치적 문제에 입장을 부여하려면 자주 이론을 사용하게 될 것이다. 우리가 "이것이 무슨 경우이지?"라는 질문을 할 때마다 이론을 활용함으로써 해답을 결정하는 데 도움을 받는다 (Rosenau and Durfee 1995: 4).

TV를 보거나 라디오를 듣거나 소셜미디어 스토리를 볼 때, '사실(팩트)'이라는 단어를 몇 번이나 듣게 되는지 생각해 본 적이 있는가? 스토리의 '사실'이 그렇게 굉장한 대접을 받는 이유는 무엇인가? '사실'을 그토록 중요하게 만드는 것은 무엇인가? 근본적으로, '사실'이란 무엇인가?

왜 이들 저자들은 세계의 모든 곳에 불가피하게 이론이 있다고 생각하는가? 의식적이든 아니든, 국제관계의 실제 전개에서 이론이 하는 역할에 관한 두 번째 가정에 그 답이 있다. 월트(Stephen Walt)는 다음과 같이 설명한다.

> '이론'을 경시하는 정책결정자들조차도 무엇을 할지 결정하기 위하여 세계가 어떻게 돌아가는가에 대한 자신의 생각에 (흔히 밝히지는 않지만) 의존할 수밖에 없다. 현실 세계에 대한 충분한 지식 없이 좋은 이론을 구성하기 어려운 것처럼, 만약 사람의 기본적 구성 원칙에 결함이 있으면 좋은 정책을 만들기가 어렵다. (Walt 1998: 29)

이러한 견해에 따르면 학자들은 이론적 고찰을 하는데, 이는 매우 잘 알려진 사실이다. 좀 덜 알려진 사실이지만 정책결정자들도 그렇다. 우리가 정책을 더 잘 실행할 수 있는 방법은 이론을 아는 방법뿐이다. 마찬가지로 이론의 정교함은 정책결정자들이 살고 있는 세계에 대해 잘 아는 데서 온다. 와이트가 관찰한 바와 같이, "국제관계의 정치철학은 충분히 의식적으로 형성된 이론이며 윌슨(Woodrow Wilson), 처칠(Winston Churchill), 네루(Jawaharlal Nehru)와 같은 일부 정치인의 행동에서 찾아볼 수 있을 것이다" (Wight 1987: 221).

여기서 우리의 목표는 이 주장의 설득력을 평가하는 것이 아니다 (그러한 평가는 국제관계 공부를 해나가고 이 책을 읽어가면서 여러분 스스로가 내리기를 바란다). 다만 여러분이 출발점에서 흥미롭고 다양한 의견들을 발견하기를 바랄 뿐이다. 스미스는 (Smith 1995: 3) "국제이론은 타국을 위협하거나 훈련하고 폭력을 행사하는 국제적 관행의 창조와 재창조를 용납하고 공모하는 데 일조하는 **담론(discourse)**이 되는 경향이 있다"고 씀으로써 이론과 실천을 확실하게 연결시켰다. 그는 현실주의 전통과 연관된 이론적 가정이 1945년부터 1989년까지 냉전기 동안 강대국의 대외정책을 형성하는 데, 특히 핵무기경쟁에 큰 역할을 했다고 지적한다 (이 책의 5장에서 자세히 다룰 것이다). 미국과 러시아의 공격적 대외정책 발달에 적극적 역할을 한 현실주의 국제관계이론은 그 시기 동안 세계가 지켜본 수많은 공포와 대참사들 중 일부에 대해 일말의 책임이 있다. 그러므로 스미스는 이름이 잘못 붙여진 '이론-정책' 분리를 두고 월러스(윗부분 참조)와의 대화를 시도했다. 스미스에 의하면, 이론과 실천은 별개의 활동영역이 아니라 "이론이 이미 실천에 반영되어 있고, 실천은 불가피하게 이론적이다." 즉, 세계는 '처음부터 끝까지' 이론적이라는 것이다 (Smith 1997: 515).

던(Tim Dunne)과 슈미트(Brian Schmidt)는 현실주의에 관한 한 정책과 이론이 서로 밀접하게 연관되어 있다는 데 동의한다. "1939년부터 현재까지, 대표적인 이론가들과 정책결정자들은 계속 현실주의적 렌즈로 세계를 보아왔다" (Dunne and Schmidt 2008: 92). 후쿠야마(Francis Fukuyama)도 현실주의가 "국제관계 이해를 위한 지배적인 틀을 제공해왔고 미국과 나머지 대부분의 나라들에서 거의 모든 대외정책 전문가들의 사고를 형성해왔다"고 주장한다 (Little 1995: 71에서 인용). 저비스(Robert Jervis 2008: 575)는 이러한 견해가 지나치게 단순화된 견해라고 경고한다. "나는 지나치게 문자 그대로 받아들여진 이 주장이 우리에게 과하게 아첨하는 게 아닌가 생각한다. 기말고사 답안을 읽어본 어떤 강사가 학생들이 정말로 그렇게 주의 깊게 강의를 들었을 것이라고 믿겠는가?" 그러나 저비스는 '많은 일반적인 교훈이 대외정책을 만드는 사람들의 마음에 슬그머니 들어갔을 것이 분명히 가능하기' 때문에 이러한 의견을 권고해야 한다고 말한다 (Jervis 2008). 어떻게 현실주의적 '비관주의'가 미중관계의 분석틀에 광범위하게 사용되었는가를 보여주는 최근의 연구는 이러한 견해를 지지한다 (Zheng 2016). 우리는 5장에서 다시 현실주의 원칙으로 돌아올 것이다. 홀리스와 스미스는 "이론은 불가피하다"는 접근에 대해 다음과 같이 탁월하게 요약하고 있다.

> 수많은 국제관계학 학자들이 미국의 대외 및 국방정책 공동체에 직접 참여하고 있다. 그들은 정책결정 과정을 개선하기 위해 그에 적합하고 유용한 이론들을 활용한다. 그러므로 국제관계는 그들이 분석이라고 칭하는 과정에 어떤 국제관계이론이 적용되느냐 여부와 관계된다는 것이 사실이다. (Hollis and Smith 1991: 70–71)

두드러진 점은 현실주의가 이론과 실천의 연계를 추구하는 저자들에 의해 가장 흔히 인용되고 있다는 점이다.

국제관계에서 현실주의가 이론과 실천 간의 상호작용의 예시로 빈번하게 사용되는 것은 단지 우연인가? 수업을 들으면서 국제관계에서 이론과 실천 간의 직접적인 연관성에 대해 저자들이 예로 드는 다른 문헌을 본 적이 있는지를 생각해보라.

요약하자면, '양자택일적' 접근과 반대로, "이론은 불가피하다"는 학파의 저자들은 이론의 만연함과 '무소부재'를 강조한다. 그들에게 이론은 삶의 근본적인 부분이므로, 이론을 사용할 것인가 말 것인가는 선택의 문제가 아니다. 만약 그것이 충분하지 않다면, 국제관계가 학문적 분야로 정립된 이유를 생각해보라고 그들은 주장한다 (이 문제는 3장에서 살펴볼 것이다). 이론은 제1차 세계대전(1914~1918년) 이후 우리가 국가 간의 문제를 이해하고 설명하여(즉, 이론화하여) 미래에는 제1차 세계대전의 헛된 살육을 피할 수 있을 것이라는 희망하에 시작되었다.

이론과 실천의 일치는 우연히 생긴 게 아니라 의도적으로 만들어진 것이다. 버칠과 링클레이터가 설명하는 것처럼 "국제관계학 초기에 이론의 목적은 전쟁의 황폐를 제거하여 세계를 더 좋게 변화시키고자 함이었다. 이론과 실천 사이에는 긴밀한 연관관계가 존재했고, 이론은 실제 국제정치의 세계와 분리된 것이 아니었다" (Burchill and Linklater 2013: 7). 저비스는 시간이 흐르면서 이러한 자유주의적 성향이 심각하게 도전받았지만 국제관계의 근본적 의도는 오늘날에도 강한 힘을 가진다. "비록 정부에 자문하거나 언론에 기고하지 않는다고 해도 대부분의 국제정치학 및 대외정책 전문가들은 세계가 더욱 안전하고 좋아지기를 원할 것이다" (Jervis 2008: 573).

심층 분석 2.1 사실과 이론에 관한 레이 윈스턴의 생각

2009년에 영국 배우 레이 윈스턴(Ray Winstone)이 출연하는 아침식사용 시리얼 광고가 텔레비전과 영화에 나왔다. 광고에서 윈스턴이 불평한다. "음식만 보면 보모의 잔소리가 나와요. 이렇게 하지 마라, 저렇게 하지 마라, 이건 너한테 나빠, 이건 너한테 좋은 거야 하고." 그는 우리가 어떻게 살 건지, 우리 몸을 위해서 무엇을 할 건지를 스스로 선택할 자유가 있어야 한다고, 즉 국가가 간섭하지 말아야 한다고 주장하는 것이다. "우리는 사실을 알 정도로 충분히 나이도 먹었고 현명하기도 하죠. 이건 옵티비타(Optivita)라는 새로운 시리얼이에요. 여기엔 콜레스테롤을 줄이는 데 도움이 되는 통귀리가 들어있어요. 자, 이제 콜레스테롤을 줄일 것인지 말 것인지는 여러분에게 달렸어요." 마지막 장면에서 윈스턴은 우리가 결정을 내리도록 괴롭히려는 것이 아니라는 것을 분명히 했다. "저를 보지 마세요. 저는 여러분에게 어떻게 하라고 말하지는 않을 거랍니다." 옵티비타를 먹을 것인지 말 것인지에 대한 결정은 결국 우리에게 달린 것 같다.

이 광고에는 재미있는 점이 꽤 있는데 그 중에서도 특히 윈스턴과 같이 유명한 '강한 남자'의 충고를 듣거나 거절할 수도 있다는 아이디어가 흥미롭다. 그러나 결정적 요점은 이 광고가 이 시리얼을 사라고 우리를 설득하고 있다는 것이다. 윈스턴은 음식에 관한 한 '보모 잔소리식' 문화가 있다고 말한다. 이것은 진실(혹은 '사실')로 단언된다. 그러나 마치 모든 시청자들이 그가 하는 말을 즉각적으로 이해한다는 듯이 '보모문화'의 본질에 대해 규정하거나 상세하게 설명하지 않는다. 영국에는 '보통 사람들'의 일상을 국가가 불필요하게 간섭하는 도가 지나친 '보모국가(nanny state)'에 대해 반대하는 광범위한 자유주의 전통이 있다. 광고는 그 당시 영국 수상 블레어(Tony Blair)가 '소셜 마케팅'을 추진하던 시기에 방송되었다. 이는 식품회사가 대중에게 건강과 다이어트에 대해 보다 많은 정보를 제공한다는 생각에 근거하고 있는데, 블레어는 소비자들이 정부나 신뢰할 수 없는 정치인들보다 식품회사를 더 믿는다고 생각했기 때문이다(Wainwright and Carvel 2006). 이 사안에서 '사실'은 이 광고에서 영국

계속

이 점점 더 보모국가가 되고 있다고 말했을 때 이미 영국은 보모국가의 역할을 점점 덜 하고 있었다는 점이다.

그러므로 '보모문화'는 세계에 대한 사실이 아니었으며, 사안을 보는 사람의 견해에 따른 관점의 하나였다. 이것은 하나의 해석이거나 건강한 삶을 위한 기업과 사회의 책임을 도모하는 정부 정책의 한 단면을 '포착한' 것이다. 만약 우리가 건강한 식생활에 관한 보모국가 이론을 수용하지 않는다면, 시리얼과 광고의 명분은 사라질 것이다. 세계에 관한 '이론에서 자유로운 사실'이 존재한다는 개념은 우리가 믿는 것만큼 정확하지는 않은 것 같다.

여러분은 세계가 어떻게 작동하는가에 대한 이론에 의존하면서도 단도직입적으로 세계가 어떻게 작동하는가 하는 사실을 보여주는 또 다른 광고들 중 아는 것이 있는가?

만일 우리가 "이론은 불가피하다"는 접근을 전반적으로 수용한다면, 국제관계 분야에서 그 여파는 두 배로 중요하다. 왜냐하면 전쟁, 갈등, 죽음과 파괴를 직접 다루는 학문이고 실천이기 때문이다.

영화로 본 국제관계이론

'이론의 무소부재' 주장의 골격에 살을 덧붙이기 위해서, 우리는 어떻게 유명한 영화에서 국제관계이론을 발견할 수 있는지 살펴볼 수 있다. 국제관계 학자들만이 이론의 가치에 대해서 논쟁하는 것은 아니다. 그들은 학문으로서의 국제관계가 학문이 실천되고 전파되는 광범위한 문화적 배경과 얼마나 깊이 상호 연관되어 있는가를 보여준다. 만약 우리가 국제관계에 대한 접근이 이 학문의 범위를 초월한다는 이러한 견해를 진지하게 받아들인다면, 이론을 이해하기 위해 어디를 봐야 할지, 그리고 이론을 어떻게 학문적 의미로 비판할 수 있는지에 있어서 매우 다른 결론을 얻게 될 것이다. 이러한 설명에 의하면 산더미 같은 논문과 책들이 쌓인 상아탑 안에 앉아서, 한 줌도 안 되는 같은 분야 학자들이나 읽을까, 사회 전체에 별 영향도 못주는 거창한 책을 써대던 외로운 학자들의 시대는 이미 지나가버렸다.

> 이론적인 가치는 있지만 현실적이지 않은 것을 일컬어 흔히 "단지 학문적일 뿐이다"라고 한다. 국제관계 연구에서 우리가 읽는 책과 논문들이 단지 '학문적인' 타당성만 있다고 말하는 것이 적절한가?

이 점을 명확하게 짚은 두 명의 저자로 웨버(Weber 2013)와 드레즈너(Dan Drezner 2011)가 있다. 그들은 우리가 어떻게 유명한 영화와 등장인물들을 활용하여 IR이론의 핵심을 이해하고 비평할 수 있는지를 보여준다. 비슷한 맥락의 연구에는 넥슨(Daniel Nexon)과 노이만(Iver Neumann)이 편집한 『해리 포터와 국제관계(*Harry Potter and International Relations*)』(2013), 그리고 〈스타트랙(*Star Trek*)〉, 〈왕좌의 게임(*Game of Thrones*)〉, 〈배틀스타 갤럭티카(*Battlestar Galactica*)〉 등 영화를 이용하여 IR이론과 이슈들을 설명한 다이슨(Stephen Dyson)의 저서가 (2015) 있다. 이는 처음에는 좀 이상한 것 같이 보이기도 한다. 국제관계는 그것만의 언어, 사고, 개념, '대논쟁'을 가진 독특한 연구 분야가 아닌가? 초기 IR이론가들과 그 후계자들이 오랫동안 독립된 사회과학 분야로서 국제관계학을 역사학, 법학, 철학, 정치학, 경제학으로부터 분리시키기 위해 노력한 것에 대해(3장을 참고할 것) 오늘날 자신들을 자랑스럽게 생각하지 않는가? 웨버의 영화와 드레즈너의 좀비는 국제관계 같은 이론적이고 때로는 추상적인 주제에 대해 무엇을 말해주고 있는가?

이 질문에 대한 여러분의 대답은 학문을 만드는 것이 무엇이며 무엇이

IR이론 연구에 대한 타당한 접근을 이루는가에 관한 여러분의 견해에 달려 있다. 웨버가 영화를 통한 국제관계 연구가 깨달음을 준다고 믿는 이유를 그녀의 책에 있는 두 개의 인용문을 통해 보도록 하자.

> IR이론은 문화적 행위의 장으로서 연구될 수 있다. IR이론은 그것이 연구하는 세계, 곧 국제정치의 세계에 대해 이야기되는 '스토리의 합주'이다. 문화적 행위의 장으로서의 IR이론에 대한 연구는 IR이론이 어떻게 국제정치의 세계를 이해하는가에 관심을 갖는 것을 의미한다. (Weber 2010: 4)
>
> 유명한 영화들은 학생들에게 IR 신화가 어떻게 사실로 보이는가 하는 질문에 답을 준다. 그렇게 함으로써 인기 있는 영화들은 정치, 권력, 이념이 어떻게 문화적으로 구성되며, IR이론의 문화가 어떻게 정치적으로 재구성되는가를 가르쳐준다. (Weber 2010: 20)

웨버와 그 외의 저자들이 주장한 요점들은 상당히 도발적인 것들이다.

첫째, 홀스티와 같이 (Holsti 1985) 웨버도 IRT의 발전은 그 이론들이 배태된 광범위한 문화와 사상의 체계를 반영하며, 특히 '서구 지향적' 편견을 담고 있음을 지적한다. IR은 이론가들이 세계가 어떻게 작동하는가에 대해 가진 무언의 가정과 그들의 연구의 동력이 되는 쓰여지지 않은 의제들을 알려주는 '문화적 행위'의 장이 될 수 있다고 간주된다. 탈식민주의 국제관계론 (이 책의 13장에서 다루고 있음)은 특히 뿌리 깊은 힘의 위계질서에 대한 연구와 재생산 주제에 대해 잘 다루고 있다. "거의 예외 없이, IR이론 형성과 경험적 분석의 근거가 되는 세계정치에 대한 설명은 유럽 중심적이며, 국제체제에서 가장 강력한 국가들의 관점을 반영하고 있다" (Laffey and Weldes 2008: 556).

둘째, IR이론가들이 세계에 대해서 우리에게 말해주는 '스토리들'은 소설가나 영화제작자들이 들려주는 '스토리들'과 같은 구성과 줄거리들이다. 시작, 중간, 결말은 일련의 사건들을 이해하기 위해 연대순으로 편집된 픽

션이다. 다이슨이 설명하는 바와 같이 (Dyson 2015: 3), "실제 역사는 판타지와 공상과학소설 작가들의 상상력에 불을 지른다. 그리고 국제관계에 대한 연구도 수많은 공상과학처럼 사색적이고 상상적이다." 다이슨은 폄하하고자 하는 의도가 아니라고 하면서 (Dyson 2015: 3) '상상되어진 개념들이라고 해서 정확하지 않은 것은 아니지만 그것들은 불가피하게 가설적이고 관찰할 수 없는 것들'이라고 말한다. 정치학과 IR 연구에서 중심 개념인 권력은 다양한 저자들에 의해 제각각 정의되는, 만져볼 수 없는 개념이다. 다이슨은 이러한 접근법을 취하면서 우리가 이 책의 이전 장에서 살펴 본 '주제의 문제'에 주의를 기울인다.

셋째, 이론들은 그것을 '작동하게' 만드는 숨겨진 가정들에 의존하고 있다. 이론들은 '현실 세계'의 양상에 대한 묘사를 지향하면서 동시에 그 '현실 세계'를 우리를 위해 건설한다는 의미에서 '신화적'이다 (이것이 위의 자세히 살펴보기에서 본 윈스턴의 광고에서 나온 것이다). 마지막으로, 소설과 영화처럼 IR도 국제정치에 대한 '스토리'를 쓰는 것이기 때문에 IR이 들려주는 이야기 뒤에 있는 가설과 이념을 발견하는 것은 IRT 그 자체의 기초에 대해 다시 생각하게 해준다.

IRT 연구를 위한 이러한 전략은 다음과 같은 이유에서 고무적이다.

- 학생들이 쉽게 이해할 수 있는 다양한 개념과 기술적 언어를 만들어서 이론을 이해하기 쉽게 도와준다.
- 이론을 이해하게 도울 뿐 아니라 비판하는 데도 도움을 준다. 이론을 비판할 수 있다는 것은 여러분이 IRT 수업을 들을 때 평가의 중요한 부분이다. 특히 평가하고 판단하는 능력을 평가받게 되는 3, 4학년 때는 (IRT의 다양한 전통에 대한 찬반을 평가해야 하는) 더욱 그렇다. 학구적인 방법으로 이론을 비판하는 것은 그것이 "틀렸다"고 보는 견해를 취하라는 것이 아니다. 비판은 이론적 가정 (명시적이거나 묵시적이거나)을 밝히고, 다른 이론가들이 활용한 증거에 공감하거나, 이론의 설명적 또는 사실적/증거적 한

계를 밝혀낼 때까지 파고드는 것을 포함한다.

- 우리에게 '사실 대 이론' 논쟁의 새로운 차원을 열어준다. 이들 학자들은 심지어는 〈인디펜던스 데이(*Independence Day*)〉와 유혈이 낭자한 좀비 영화 같은 헐리우드 블록버스터에서까지 이론은 무소부재하다고 주장하며 오늘날의 국제관계를 설명하기 위한 우리의 노력에서 이론의 역할에 대해 생각하게끔 권장한다.

> 여러분은 이번 학기 수업시간 중 웨버와 그 외의 저자들이 국제관계학 이론을 분석하기 위해서 어떻게 영화와 텔레비전을 이용하는가에 대해 살펴볼만큼 운이 좋았을 수도 있다. 그렇지 않다면, 이들 저자들이 연구를 위해 활용한 영화들을 보기 위해 자기 돈과 시간을 썼더라도 아깝지 않을 것이다. 여러분은 그 저자들이 생각하는 IR의 각 이론, 주제, 이슈들에 대한 평가연구를 위한 사례연구로 이 영화들을 활용할 수도 있을 것이다.

생각해 볼 문제들

'우리가 사실만을 봐도 되는데 왜 국제관계에 관한 이론이 필요한가?'

이 질문에 접근하는 두 가지 좋은 방법이 있다. 첫째는 '찬반' 입장에서 생각해보는 것이다. 이론의 효용성에 의문을 가지고 있는 저자들을 찾아서 이론에 대해서는 '부정적'이지만 사실에 대해 '긍정적'인 경우부터 시작할 수 있을 것이다. 주로 이론에 대한 '양자택일' 접근을 취하고 있는 IR 저자들이 집중할 대상이다. 우리가 위에서 살펴본 월러스가 좋은 사례가 될 것이다. 그의 주장을 자세히 파악하기 위해 그의 논문 원본을 읽어보라. 여러분은 이론의 가치와 효용성에 대해 의문을 가지고 있는 역사학자 윈드셔틀 같은

(그에 대해서도 앞에서 살펴보았다) IR 외부의 저자들을 언급함으로써 사회과학 논쟁에 대한 광범위한 지식을 보여줄 수도 있다. 에세이의 두 번째 부분에서는 사실에 대해 '부정적'이지만 이론에 대해서는 '긍정적' 입장을 다루면 좋을 것이다. 여기서는 이론의 '무소부재성'을 주장한 스미스, 웨버 등의 저자들과 영화와 TV 등장인물, 그리고 줄거리들을 활용해서 IR 이슈와 주제들을 설명한 저자들이 제기한 논점들을 논의할 수 있다. 이 모든 것은 무엇이 가장 설득력 있는가에 관한 여러분 자신의 견해에 의해 구성될 것이다. 논쟁에서 여러분이 취하는 입장이 결정적 점수를 얻게 되는 지점이 될 것이다.

두 번째 접근은 여러분이 이론에 신경 써야 한다고 믿는 이유에 대한 체계적인 리스트를 제시하고 각각의 리스트에 '풍부한 설명'(약 250단어 정도)을 제공하는 방법이 될 것이다. 이 방법을 사용하면 에세이의 균형 잡기가 약간 더 어려울 수 있다. 왜냐하면 여러분의 교수는 아마도 '양자택일' 접근에 대한 약간의 설명을 듣기 원할 것이고, 여러분이 얼마나 깊이 그 해석을 탐구할지 판단해야 하기 때문이다. 예를 들면, 질문의 요지에 대한 자세한 서론으로 논리적 근거를 마련한 다음, IR이론의 가치를 다루는 문헌에 있는 일련의 요점들을 살펴봄으로써 양자택일적 접근을 피해가는 것이 도움이 될 것이다.

'IR이론가들은 어떻게 세계를 이해하는가?'

모호하거나 정답이 없는 질문들은 저주이기도 하고 축복이기도 하다. 달리 말하자면, 그런 질문들은 겉보기에는 꽤 단순해 보이지만 대답하기는 기만적일만큼 어렵다. 여러분이 질문의 다른 부분들이 의미하는 바를 파악하는 것부터 출발하는 게 좋다. 담당교수는 어떤 IR 학자들을 염두에 두고 있는가? 그들은 모두 한 부류로 간주될 수 있는가? 그들은 '이론'을 같은 의미로 이해하는가? 이론에 대한 현실주의와 구성주의의 이해에 차이가 있는가? 그렇다면 그 차이가 저자들의 IR 연구에 존재론적, 인식론적, 방법론적으로 어떻게 나타나는가?

이어서 생각해보자. 질문에 있는 '세계에 대한 이해'라는 것은 무슨 의미인가? 이 질문은 "여러분이 선택한 이론가들은 IR의 세계를 어떻게 연구하는가?"를 의미한다고 생각하면 될 듯하다. 즉, 그들이 국제문제를 공부하는 동료들인 우리를 어떻게 이해시키는가의 문제다. 여기서 우리는 앞의 장에서 제기된, 다양한 IR이론가들이 연구 대상을 어떻게 규정하는가 하는 문제에 봉착하게 된다.

여러분이 할 수 있는 한 가지는 명백히 서로 다른 이론적 전통을 가진 학자들이 '그들의 세계'를 '이해하는' 방법을 보여주는 사례연구를 선택하여 그로부터 결론을 도출하는 것이다. 웨버의 영화, 드레즈너의 좀비, 다이슨의 텔레비전 쇼 등이 활용될 수 있을 것이다.

> 사례연구는 IR에 대한 다양한 이론적 접근을 비교하고 대조하는 중요한 방법이 될 것이다. 여러분이 그 특정한 사례를 선택한 이유를 반드시 설명하고 사례연구 문헌을 제시한 다음 그로부터 도출된 결론이 무엇인가를 분명하게 말해야 한다. 담당교수가 여러분이 그 사례연구를 선택한 이유를 저절로 알 수 있기를 기대하지 말라. 반드시 에세이에 명기해야 한다.

추가 읽을거리

George, A. (1993) *Bridging the Gap: Theory and Practice in Foreign Policy*. Washington, DC: United States of Peace Press.

Lepgold, J. (1998) 'Is Anyone Listening? International Relations Theory and the Problem of Policy Relevance', *Political Science Quarterly*, 113(1): 48–62.

Prichard, A. (2011) 'What Can the Absence of Anarchism Tell us about the History and Purpose of International Relations?', *Review of International Studies*, 37(4): 1647–1669.

Booth, K. (1997) 'Discussion: A Reply to Wallace', *Review of International Studies*, 23(3): 371–377.
저자는 이 장에서 살펴본 이론과 실천에 관한 월러스(William Wallace)의 논문에 대한 그의 반격을 통해 스미스(Steve Smith)를 지지한다.

Reus-Smit, C. (2012) 'International Relations, Irrelevant? Don't Blame Theory', *Millennium: Journal of International Studies*, 40(3): 525–540.

Carr, E.H. (1990) *What is History?* Harmondsworth: Penguin.
1961년 원본의 다양한 재판이 나와 있다. 특히 '사실'과 가치중립에 대한 개념을 다시 생각하는 서론 장이 시사하는 바가 크다.

Goldstein, J.S. and Pevehouse, J.C. (2010) *International Relations*, 9th edn. New York: Pearson Education.
학생의 관점에서 유용한 이 책이다. 다수의 '이론적으로 생각하기' 박스가 제공되어 책에서 다루는 사례들의 다양한 결과에 대한 이론적 설명을 통해 이해를 돕고 있다.

Hay, C. (2002) *Political Analysis: A Critical Introduction*. Basingstoke: Palgrave.
첫 두 장이 정치학 (하부분야인 국제관계 포함) 분야를 규정하는 문제와 이 주제에 대해 '과학적으로' 연구하면서 만나게 되는 문제들을 다루고 있다.

Burnham, P., Gilland Lutz, K., Grant, W. and Layton-Henry, Z. (2008) *Research Methods in Politics*, 2nd edn. Basingstoke: Palgrave Macmillan.
1장이 국제관계 연구 방법에 대한 논의를 다루는 정치학 방법론에 대한 대논쟁 개요를 싣고 있다.

Axford, B., Browning, G.K., Huggins, R. and Rosamond, B. (2006) *Politics: An Introduction*, 2nd edn. London: Routledge.
로자몬드가 쓴 14장은 IR에 관해 생각하는 방식을 소개하며 국내정치와 국제정치 간의 경계가 어떤 과정을 거쳐 없어지는지를 보여주고 있다.

Sterling-Folker, J. (2013) *Making Sense of International Relations Theory*, 2nd edn. Boulder, CO: Lynne Rienner.
첫 장은 '이론'에 관한 논쟁의 주요 개략을 안내해주며, 1999년 코소보 개입이라는 한 가지 사례에 대해 다양한 이론적 입장을 다루어 이 책이 어떻게 활용될 수 있는가를 보여준다.

Jabri, V. (2000) 'Reflections on the Study of International Relations', in T.C. Salmon (ed.) *Issues in International Relations*. London: Routledge, pp. 289–313.
이론의 본질과 주제 분야로서의 IR의 영역을 규정하는 문제에 대해 좋은 문헌이다.

Hall, I. (2006) *The International Thought of Martin Wight*. Basingstoke: Palgrave Macmillan.

Neuman, W.L. (2014) *Basics of Social Research: Qualitative and Quantitative Approaches*, 3rd edn. Harlow: Pearson Education Limited.
2장에서 이론의 본질에 대한 전반적인 이슈들을 다루고 있다.

Harding, S. and Hintikka, M.B. (eds) (2012) *Discovering Reality: Feminist Perspectives on Epistemology, Metaphysics, Methodology, and the Philosophy of Social Science*, 2nd edn. Dordrecht: Kluwer Academic Publishers.
특히 **젠더(gender)**와 과학에 관해 켈러(Eve Keller)가 쓴 2장을 참고할 것.

Roskin, M.G., Cord, R.L., Madeiros, J.A. and Jones, W.S. (2016) *Political Science: An Introduction*, 14th edn. Harlow: Pearson.
'과학' 논쟁에 대해 좋은 자료이며 국내정치와 국제정치 연구에 필요한 기본적인 개념들을 소개하고 있다.

3장 이론적 논쟁들

이 장에서는 국제관계(IR) 분야의 학문적 연구를 지배해 온 이론적 논쟁들에 대해 깊이 있는 이해를 도모하고자 한다. 2장에서 우리는 문제 용어인 '이론'을 정의하는 것으로 시작하였고, 이론의 본질과 목적에 대한 학자들의 의견이 같지 않음을 발견했다. 그것으로도 부족해서 다음에는 정치적 문제들(일반적인 인간사의 한 부분인)을 설명함에 있어 이론의 효용성에 대해 의문을 제기하는 학자들과 이론적 관점이 복잡한 세계를 이해하는 데 기여한다고 찬양하는 학자들 간에 일어나는 논쟁을 접하게 되었다. 우리는 전자에게는 이론에 대한 '양자택일' 접근, 그리고 후자에게는 '이론의 무소부재' 접근이라는 이름표를 붙였다.

이 장에서 필자는 앞에서 명확하게 결론을 내지 못한 몇 가지를 다시 검토하고자 한다. 특히 이론의 본질, 가치, 역할에 대한 전반적 논쟁을 다루고, 그것이 국제관계 연구에서 어떻게 전개되었는가를 검토하고자 한다. 이를 위해 우선 학문적 분야로서 IR의 기원에 대해 살펴봄으로써 국제문제에 관한 사고(思考) 형식으로서의 국제관계이론(IRT)이 등장한 맥락을 알아보도록 할 것이다. 이어서 IR이론가들이 주장하는 근본적인 이슈인 국제체제의 무정부상태의 원인과 결과에 대해 살펴보고자 한다. 세 번째 부분에서는 IR에서 이론적 논쟁의 진화에 대해 어디까지 '스토리'를 말할 수 있을지를 논의할 것이다. 네 번째 부분에서는 어떤 기준으로 다양한 이론들을 '판단'하여 이 과정에 포함된 복잡성을 인식할 수 있도록 할 것인가를 검토할 것이다. 마지막 부분은 여러분의 공부를 돕기 위해, 어떻게 하면 여러분들이 IR이론가들처럼 생각하기 시작할 수 있는가를 생각해 볼 것이다.

학문적 분야로서 국제관계의 기원

현재 국제관계 연구에서 등장하는 이론적 접근들의 종류는 두 자릿수가 될 정도로 다양하다. 그러나 항상 그랬던 것은 아니다. 이론은 국제정치의 '현실 세계'에서 일어나는 사건들을 설명하기 위해 발전한 것이다. 전쟁, 외교, 분쟁, 위기, 국제체제에서의 강대국의 출현과 쇠퇴 등, 이 모든 것들은 국가 간 모든 종류의 (경제적, 문화적으로) 일상적인 상호작용과 더불어 새로운 이론 발전과 기존 이론의 개선에 중요한 자극이 됨이 증명되었다. 하나만 예를 들어 보자면, 2008년 글로벌 금융위기 이후 전 세계를 강타한 경기 불황과 침체가 어떻게 자본주의의 위기에 대한 마르크스주의적 이해에 관한 관심을 불러 일으켰는지를 생각해보라 (이 책의 9장을 참조할 것). 이러한 예로 보면 학자들이 그들이 이론화하고자 시도하는 국제정치 세계와 동떨어진 것은 아니다. 오히려 그들은 상당히 빠르게 예상치 못한 방향으로 펼쳐지는 사건과 과정들에 대처하고 따라잡으려 한다. 그러므로 만일 우리가 여러분의 IR 공부에 중요한 영향을 주는 심오한 철학적 논점을 주고자 한다면, IRT야말로 세계 역사 그 자체와의 대화이라고 말할 수 있다. 우리가 과거를 어떻게 이해하는가 하는 문제는 현재 이슈들에 대한 우리의 해석에 중요한 영향을 미친다. 이 점을 지금 깊이 생각할 필요는 없다. 그러나 IRT를 새로 공부하기 시작한 학생으로서는 공부가 진행될수록 그 핵심적 관심사를 이해하고 이론화가 어떻게 일련의 '대논쟁'을 거쳐 진화했는가를 이해하는 것이 중요하다.

IR 연구는 제1차 세계대전(1914~1918년) 이후 독립된 학문 분야로 시작되었다. 그때까지는 다양한 학문적 배경을 가진 학자들이 국제정치의 역동성에 대해, 특히 국가들 간의 외교관계에 대해 성찰했다. 법률가, 사학자, 경제학자, 철학자, 전직 외교관들 등 모두가 그들 자신의 '외부'(학자) 또는 '내부'(정책결정자) 관점에서 다양한 의견들을 개진했다. 그러나 국가 간 문제 연구만을 전담하는 독립적인 학문 분야는 없었다.

하지만 제1차 세계대전으로 인한 대량살상, 파괴, 황폐화가 일어난 후 모든 것이 변했다. 2014년에 전 세계에서 거행된 제1차 세계대전 100주년 기념식이 보여주는 것처럼, 제1차 세계대전은 국가들 간의 권력정치가 잘못될 때 인류에게 일어나는 끔찍한 결과를 상기시켜주는 시금석 중 하나로 남았다. 1918년 이후 다음의 세 가지 질문에 대한 답을 찾는 것은 더욱 중요해졌다. 전쟁은 왜 일어나는가? 전쟁으로 얻게 되는 것은 무엇인가? 미래의 전쟁을 예방하기 위해 우리가 과거의 전쟁에서 배우는 교훈은 무엇인가? IR이 학문적 분야로 정립되었을 때, 특별히 중요한 임무는 이 복잡한 질문들에 대한 답을 찾아내고 이전에 국제 외교와 분쟁을 연구했던 다른 학문으로부터 접근법, 개념과 증거를 도출하는 것이었다 (도표 3.1). 1919년에 처음으로 당시 웨일즈 애버리스트위스대학(University College of Wales, Aberystwyth)에 처음으로 현대 국제관계학 교수직이 생겼다. 이어서 영국 대학들과 그 외의 대학들에 비슷한 자리들이 생겨났다 (Rosenberg 2016: 127). 이처럼 IR은 많은 인접 학문들과 지적인 유사성을 공유하고 있고 그 경계는 상당히 모호하다. 오늘날 IR 저널 중 아무것이나 골라도 접근법, 주제, 이슈, 논쟁이 확대되었음을 볼 수 있다. 이는 국제정치 의제에 새로운 이슈들을 가져오는 학문의 시장에서 IR의 위치와 시대 변화가 반영된 결과

도표 3.1 학문으로서의 국제관계학의 탄생

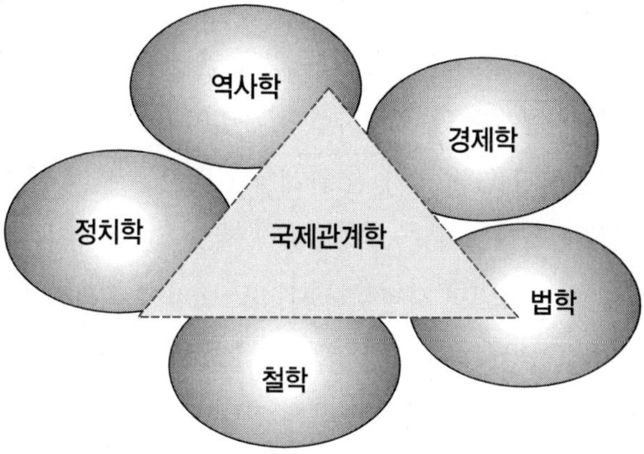

다. 당연히 세계는 1918년 이후에도 계속 변화해왔다. 국제관계의 이론과 실천을 형성한 시대적 사건들 중 몇 가지를 언급하자면, 1939~1945년의 제2차 세계대전, 1945~1989년의 냉전, 소련의 붕괴와 독일 통일, 2003년의 이라크 침공 등이 있다. 전쟁의 원인에 대한 설명은 IR에서 여전히 중요하며 '상위정치'와 '하위정치'의 다른 주제 및 이슈들과 동등한 중요성을 점하고 있다. 이들 연구에서 반복되는 자명한 개념은 '무정부상태'다.

국제관계에서의 무정부상태

> 국내체제는 중앙집권화되어 있고 위계적이다. 국제체제는 분권화되어 있고 무정부적이다. (Kenneth Waltz, Onuf 2009: 186에서 인용)

IR이론가들은 무엇을 주장하는가? 우리가 '주제의 문제'를 살펴보았던 2장에 이 질문에 대한 부분적 대답이 나온다. IR이 '국제관계'와 '세계정치'라는 일반적 제목 하에 다뤄질 수 있는 모든 것을 설명하고자 한다는 사실은 이 학문 내에서 IR의 주제 사안이 무엇이고 무엇이어야 하는지에 대해 공감대가 거의 없다는 것을 의미한다. 그러나 오늘날 IR의 넓이로 인해 학문 초기에는 국제관계 학자들과 학생들이 무엇을 연구해야 하는가에 대해 지금보다 합의가 좀 더 분명했었다는 사실이 가려지기 쉽다. 초기에는 국가들 간의 전쟁을 예방하기 위해 국가 간 관계를 관리하는 것이 전부였다. 그 외의 모든 사안들은, 사람들이 관심이 있었다 해도, 다 부차적이었다. 그러므로 IR이 학문으로 형성되던 시절부터 사실상 냉전이 종식될 때까지는 국제관계의 '의제'가 오늘날보다 더 제한적이었다고 볼 수 있겠다.

이러한 상황이 이 학문에 미친 영향은 컸다. 이로 인해 무정부상태의 조건에 관한 연구가 학문의 중심이 되었고 이론가들 간 논쟁의 핵심이 되었다. 애쉴리(Richard Ashley)가 지적한 바와 같이 (Ashley 1996: 94–95, 강조는 원본), 무정부상태에 대한 집착이 세 가지 질문을 부각시켰다. "정부가 부재하는 상태에서 어떻게 (국제) 거버넌스가 존재할 수 있는가? 명령자가 부재하는 상황에서 어떻게 질서를 세울 수 있는가? 무정부상태 조건 하에서 어떻게 협력이 촉진될 수 있는가?" 이 책의 2부에서는 다양한 이론들이 이 각각의 질문을 어떻게 다루고 있는가를 상세히 살펴볼 것이다. 로젠버그(Justin Rosenberg)도 이에 대해 잘 설명하고 있다 (Rosenberg 2001: 4). "무정부상태의 작동 논리에 관한 연구는 IR이론의 고유한 업무로 간주된다. 이는 근본적으로 다른 원칙이 지배하는 국내정치 연구와 다소 엄격하게 분리되어야 하는 분야다."

이제 우리는 '무정부상태'가 정확히 무엇인지, 그리고 왜 그것이 IR 연구에 기본이 되는가를 명확하게 할 필요가 있다.

여러분이 기숙사 복도에서 만나는 10명의 친구들에게 '무정부상태'에 대한 정의를 물어보면 그들은 아마도 익숙한 주제 범위 안에서 대답할 것이다. 무법상태, 혼돈, 붕괴, 폭력, 그리고 '체제' 또는 '권력'의 반대적인 모든 개념이 그들의 답변에 혼합되어 나타날 것이다. IR에서의 '무정부상태'

여러분이 다양한 IR이론가들의 생각을 파악하려면 그들이 무정부상태를 어떻게 정의했으며, 무정부상태가 국제관계에 어떠한 결과를 준다고 보는지에 대해 생각해야 한다. 이것이 그들 연구의 중심인가? 그렇다면 이유는 무엇이고 그렇지 않다면 왜 아닌가?

도 이러한 개념들과 유사성을 가진다. 그러나 이 용어가 IR이론가들에 의해 사용되는 순간 이는 고도로 기술적 용어가 되며, IR 전체의 기본적 '언어'의 일부가 된다는 사실을 잊지 말아야 한다. 그 의미를 파악하기 위해 IR 연구에서 그 용어가 어떻게 사용되고 규정되었는가를 보기 전에 이 용어의 **어원학(etymology)**을 조사해볼 것이다.

어원학

'무정부상태(anarchy)'라는 단어는 그리스어에서 왔으며 두 가지 요소가 조합된 것이다.

1. 접두사 An은 '~없이', '~가 아닌' 또는 '부족한'을 뜻한다 (Dictionary.com 2016a).
2. 접미사 -archos (Dictionary.com 2016b)는 archon이라는 단어에서 왔으며, 고대 아테네 당시의 9명의 중요 통치 집정관 중 한 명 또는 보다 보편적으로는 권위 있는 인물, 고위관리 또는 통치자를 뜻한다.

두 부분의 단어를 합치면 무정부상태의 문자적 의미가 다음 중 어떤 것 또는 모두를 의미할 수 있다는 것을 알게 된다.

- 통치자가 없다.
- 고위관리가 없다.

- 권위가 결여됐다.

국제관계 연구에서는 무정부상태가 핵심이 된다. 전통적으로 분석을 위한 핵심 단위가 주권국가였기 때문이다. 오랜 세월동안 주권이라는 단어에 누적된 의미로 인해 주권은 문제를 야기하는 또 하나의 단어가 되었다.

주권(Sovereignty)은 정치적 의미를 갖는 용어다. 영국 학생들은 아마도 영국의 유럽연합(EU: European Union) 참여에 대한 논쟁을 통해 이 개념에 대해 가장 잘 알 것이고, 2016년 브렉시트(Brexit)에 대한 국민투표를 야기한 논쟁에서도 꽤 자주 등장했던 개념이다. 영국이 EU의 회원국으로 남는 것에 반대하는 사람들은 EU법이 영국법에 우선하기 때문에 정치적, 법적, 경제적으로 영국의 주권을 축소시킨다고 생각한다 (주권에 대해서 더 알기 원하면 UK in a Changing Europe 2016을 참조할 것). 영국의 의사결정을 제한하는 또 한 '층'의 정부가 영국정부 위에 있는 셈이다. 런던은 정당성도 부족하고 유럽통합 회의론자들에게는 치명적인 별개의 의사결정체와 주권을 공유한 것이다.

IR 용어에서 주권은 각각 다른 국가들이 국제체제에서 독립적이고, 확정된 영토를 가지고, 스스로의 운명에 대한 결정권을 가지고 있는 것을 의미한다. 국가주권은 내적, 외적 차원으로 나눠진다. 국가는 '영토 내의 문제와 국민들에 대해 최고 권위를 행사할 때' 내적 주권을 가진 것이다. 국가가 '그런 존재로 국제사회에 의해 인정될 때' 그 국가는 외적 주권을 갖는다. 즉, 국가가 내적 주권과 영토적 온전성을 가질 때 체제 내의 다른 국가들에 의해 존중받고 인정받는 것이다 (Jackson and Sørensen 2015: 313). 로자몬드(Ben Rosamond)는 주권이란 '법을 제정할 힘과 효율적으로 통치할 능력'이라고 요약한다 (Axford et al. 2006: 485). 주권, 민주주의, 거버넌스는 흔히 서로 단단히 뭉쳐있다. 오늘날 국민국가의 주권을 정의하기가 보다 어려울 수도 있으나, 그것은 아주 현실적인 의미에서 국가 대외정책의 실행이라는 중요한 모습으로 표현된다. 국가 지도자들은 세계화 시대에도 의사결정을 이끌어주는 주권에 대한 믿음을 가지고 있다 (이러한 입장에 대한 강력한 의견을 보려면 Mann 1993을 참고할 것). 복잡한 세계화 시대에도 국가의 역할은 비록 급진적으로 조정되기는 했을망정 축소되지는 않았다 (이에 대해서는 Scholte 1997에서 잘 다루고 있다).

우리는 IR의 두 가지 핵심 용어인 무정부상태와 주권에 대한 정의를 살펴보았다. 이 학문을 공부하는 학생들에게 그 두 가지 용어가 중요한 이유는 무엇인가? 잠재적인 문제는 이 모든 주권국가들이 '국제체제' 내에서 나란히 함께 존재한다는 것이다. 만약 각국이 주권을 가졌다면 누가, 또는 무엇이 그들의 행동을 규제하여 서로 평화롭게 살아갈 수 있도록 하는 힘/영향력/권위/수단을 갖는가? 만일 한 국가 또는 여러 국가가 타국을 공격하면 어떻게 되는가? 만약 한 국가 또는 여러 국가가 다른 국가의 국내정부나 영토적 온전성을 인정하지 않기로 선택한다면 어떻게 되는가? 우리는 역사를 통하여 국제적 차원에서 '의지동맹(coalitions of the willing)' 결성을 통해 모든 종류의 군사적, 비군사적 무력개입이 이뤄지는 것을 보았다. 더 나아가, 한 국가의 지도자가 자기 국민들에게 등을 돌리고 반인류적 범죄를 저지르도록 강요하거나, 실패한 국가나 실패하는 와중에 있는 국가에서 내전이 발발한다면 어떻게 되나? 도움을 줄 책임은 누구에게 있는가? 그러므로 종국엔 무정부상태인 국제체제에서 누가 국가행동을 규제하는가 하는 문제가 중요해지는 것이다.

IR 학자들은 위에서 확인한 무정부상태의 문자적 의미에 기반하여 그들의 연구에서 다음과 같이 정리하고 있다. 이러한 입장들은 모두 무정부상태에서 존재하는 체제의 '질서유지 원칙'에 초점을 두고 있다.

- **켄 부스와 니콜라스 윌러**(Ken Booth and Nicholas J. Wheeler 2008: 2): "무정부상태에서는 이익, 특히 자국의 안보이익을 도모하는 것이 최우선

책무인 정부에 최종결정권이 있다."

- **마틴 홀리스와 스티브 스미스**(Martin Hollis and Steve Smith 1991: 7): 우리가 국제체제를 '무정부상태'라고 부르는 것은 "일상용어에서 말하는 무질서하다는 뜻이 아니라 세계를 구성하고 있는 국가들 위에 상위정부가 없다"는 것을 의미한다.
- **크리스 브라운**(Chris Brown 2001: 4): IR의 맥락에서 무정부상태는 "무법상태와 무질서를 의미하는 것이 아니라 공식적 정부체제가 없다는 뜻이다."
- **잭 도넬리**(Jack Donnelly 1996: 87): "무정부상태는 혼돈이나 질서가 전혀 없는 상태를 의미하는 것이 아니다. 공식적 복종과 권위에 근거한 '위계적' 정치질서를 뜻하는 정치적 통치가 없다는 뜻이다."
- **존 미어샤이머**(John Mearsheimer 2001: 30): "국제체제가 무정부상태라는 것은 혼돈스럽다거나 무질서로 분열된 상태를 의미하는 것이 아니다. 체제가 그들 위에 어떤 중심 권위도 없는 독립적 국가들로 구성된 하나의 질서유지 원칙이다."
- **케네스 월츠**(Kenneth Waltz 2010): "국가들 간의 자연상태는 전쟁상태다." 무정부상태에서는 "무력의 사용 여부는 각국이 결정한다"는 원칙이 따른다.
- **찰스 글레이저**(Charles L. Glaser 1994-1995: 50): 월츠 등 구조적 (신)현실주의를 따라 (6장 참조) 무정부상태를 '협정을 강제할 수 있는 국제적 권위가 없는 상태'라고 규정한다.
- **신시아 웨버**(Cynthia Weber 2010: 14): 무정부상태는 **명령자의 부재**(원저자의 강조표시)를 말한다. 이는 국가들의 행동에 하향식으로 질서를 부여할 존재가 없다는 뜻이다.
- **칼 홀스티**(Kal Holsti 1985: 34): '보편적 권위의 부재'
- **조셉 나이와 데이비드 웰치**(Joseph S. Nye and David A. Welch 2011: 4): 국제정치는 "상위 통치자가 없는, 공통 주권이 없는 상태의 정치라고 요약할 수 있다. 국제정치는 자조(self-help)체제다."

'무정부상태'는 여러분이 IRT를 공부하는 내내 등장할 기초적인 이론 용어다. 여러분이 에세이와 시험 답안의 서론에 사용할 수 있는 정의를 기성 IR 학자들의 간결한 정의에서 찾아보도록 하라. 위에 나온 것들 중에서 선택할 수도 있고 수업의 독서목록에서도 수십 가지를 찾을 수 있을 것이다.

이 책의 2부에 나오는 다양한 이론들에서 무정부상태와 주권은 어떤 역할을 하고 있는지 보게 될 것이다. 여기서는 이 개념들이 중립적 개념이 아니며 IR의 의미와 함의가 끊임없이 논쟁 가운데 있다는 것을 염두에 두면 된다. 무정부상태에 대한 이론화는 일반 정치학과 국제관계가 분리되는 지점이기도 하다. "IR 분야는 국내정치와 국제정치 사이에 유의미한 차이가 있다고 주장해야 했다. '무정부상태'에 대한 개념이 이러한 탐구를 충족시켰다" (Guzzini and Leander 2006: 75). 다음 부분에서는 IR의 이론화가 어떻게 무정부상태에서의 국제문제에 대한 연구를 진화시켰는가, 그리고 시대의 변화가 어떻게 국제문제 연구에 새로운 주제와 이슈들을 부각시켰는지 설명하고자 한다.

국제관계의 이론화

IR의 역사를 논하는 것은 점잖게 말해서 복잡한 일이다. 그것은 다음의 질문들에 대해 답하기 어렵기 때문이다. 핵심 행위자는 누구인가? 핵심 날짜와 사건들은 무엇인가? 오랫동안 학문적 논쟁에서 논의된 것들을 어떻게 추적하고 기술할 수 있는가? 의제에서 중점적으로 다루었던 주제와 이슈들은 무엇이며 시간이 흐르면서 그에 대한 연구는 어떻게 변화했는가? 학문의 역사를 단정적으로 말하기는 어느 정도 불가능하다고 하는 것이 안전하겠다. 왜냐하면 다음의 이유로 불가피하게 차이, 왜곡, 단순화가 발생하기 때문이다.

심층 분석 3.1 **의인화된 무정부상태: 배트맨의 조커**

2008년에 나온 배트맨(Batman) 영화 〈다크나이트(*Dark Knight*)〉는 히스 레저(Heath Ledger)가 역을 맡은 조커가 고담시티(Gotham City)라는 비교적 질서가 잡힌 사회에서 주변 환경과 시민들에게 재앙을 초래하는 것을 묘사하고 있다. 그가 어떤 마스터플랜을 갖고 그렇게 하는 것이 아니라 마피아, 경찰, 정치가 등, 그가 '음모가'라고 부르는 자들 때문이다. 그는 결과에 대해서는 전혀 생각하지 않는다. 단지 그들의 '계획'으로 모든 것을 움직이게 하려는 조직을 골탕먹이는 걸 즐길 뿐이다. 그는 통제되고 조직화된 세계를 향해 욕을 퍼붓는다. 그는 "겨우 가솔린 몇 통과 총알 몇 방으로 이 고담시에 내가 무슨 짓을 했나 보라"며 떠벌인다. 이어서 그는 주머니에서 권총을 꺼내며 "기존 질서를 흔들고 모든 것이 혼란에 빠지는, 무정부상태 맛을 좀 보여주마. 나는 혼란의 대리자다. 아, 니들이 혼돈에 대해서 알아? 그건 공평한 것이야"라고 떠든다 (유튜브에 나오는 Joker Scene 2008 영화 클립을 참조).

조커는 의인화된 무정부상태라고 생각할 수 있다. 그것의 물리적 구현은 국내체제와 국제체제의 '정상적' 작동에 필요한 위계관계에 대한 궁극적 도전이다. 〈다크나이트〉의 줄거리는 사회가 위계적인 구조에서 무정부적 **구조(structures)**로 변할 때 질서, 협력, 정의에 대한 자유주의적 개념이 얼마나 깨지기 쉬운 것인가를 보여준다. 불행히도, IRT에서는 위계질서가 아니라 무정부상태가 압도적이다. 휴전은 오직 일시적일 뿐이다. 우리는 두려움의 상태에서 살고 있으며 가장 먼저, 최우선으로 우리 자신을 돌보아야 한다. 남들은 나와 같은 동기를 갖고 있지 않기 때문이다.

> 학문적 맥락 그 자체가 선택된 **이념적(ideational)** 가닥을 과하게 합리화하는 동기 역할을 하며, 이 가닥들이 함께 어우러져 가르쳐야 할 '독트린'의 정연한 표현을 가능하게 해준다. 그래서 인위적인 일관성이 만들어지고 많은 다양한 지적 원천에 투사된다. (Guilhot 2011: 2-3)

학문의 결정적 역사를 쓰는 데 있어서의 장애물들도 IR 학자들의 노력을 막지는 못했다. 그 예로, 앨커와 비어스테커(Hayward R. Alker and Thomas J. Biersteker 1995)는 1980년대 국제관계학에 대한 개요를 시도했다. 여러분이 수강하는 과목의 문헌들에서 '대논쟁'이라고 불린 일련의 논쟁들을 중심으로 전개된 IR의 역사를 다루는 다수의 책과 논문들을 찾을 수 있을 것이다. 이러한 것들은 소설가 톰 매카시(Tom McCarthy 2015: 1)가 '건국 신화'라고 부른 것의 역할을 하며, "시간의 원년(元年)의 흔적으로서 현실이라는 전체 구조물을 꽉 쥐고 있는 발판을 확보하는 나사다."

어떤 교과서들은, 예를 들어, 잭슨과 쇠렌슨(Jackson and Sørensen 2015)은 여전히 '대논쟁' 스토리부터 시작하는 것을 선호한다. 던과 그 외 저자들(Dunne et al. 2016)은 끝에 가서야 이 스토리를 말한다. 이러한 차이가 그들이 IR에 대한 '스토리'를 말하는 데 어떤 영향을 주는가? 이 저자들이 오늘날 국제관계를 보는 관점에서 발견되는 중요한 단층선은 무엇인가?

이러한 '대논쟁'들은 국제관계 연구에 일관성을 부여하는 데 유용하다는 점이 입증되었다. 이를 통해 국제관계에 초점을 부여하고 학문적 저술을 규제하고 범주화하며, 저술들이 학문적 경계 내에 머물도록 했다 (Wæver 2016: 311; Viotti and Kauppi 2014: 2도 참조할 것). 여기서는 이 스토리의 요점을 간단하게 살펴보고, 슈미트(Brian Schmidt 2006)의 연구를 활용하여 이를 비판하고자 한다. 그리고 이 학문 전체를 관통하고 있는 이론적 논쟁의 본질에 대한 이해의 틀을 발전시켜갈 것인데, 이 책의 2부에서 다룬 각각의 이론들에 대해서 여러분이 탐구를 시작할 때 도움이 될 것이다.

국제관계의 대논쟁들

- **대논쟁 1: '이상주의' 대 '현실주의'**. 이 논쟁은 제1차 세계대전과 제2차 세계대전 사이인 1919~1939년, 국제관계학이 형성되던 기간에 시작되어 1950년대까지 지속되었다. 이 논쟁은 '국제정치의 본질과 평화로운 변화의 가능성'에 관한 논쟁이었다 (Viotti and Kauppi 2014: 2). 이 논쟁의 '승자'는 이상주의자들을 현대세계에서 권력정치의 본질을 간과한 순진한 몽상가들, 유토피아를 꿈꾸는 자들이라고 표현한 현실주의였다. 윌슨과 같은 자유주의적 정신을 가진 정치가들 (4장 참조)이 세계 평화와 안보를 위해 일하는 동안 국제연맹(League of Nations)은 붕괴했고 세계는 25년 만에 제2차 세계대전의 재앙 속으로 빠져들었다. 현실주의가 '국가들 간에 만연하고 상존하는, 힘을 위한 투쟁을 합리적으로 설명할 수 있는 가장 뛰어난 이론'이라는 것을 학생들과 IR 전문가들에게 설득하기 위해서는 그다지 많은 노력이 필요하지 않았다 (Schmidt 2006: 11). 초기에는 우세했던 자유주의는 그 이후 확실히 불리한 상황이 되었지만 그렇다고 완전히 죽지는 않았다.
- **대논쟁 2: '행태주의자' 또는 '과학자' 대 '전통주의자'**. 이 논쟁은 현실주의자들이 '제2차 세계대전 즈음에 첫 번째 논쟁에서 승리한' 이후, 1960년대에 등장한 방법론에 관한 논쟁이다. 이 논쟁은 자연과학, 특히 계량적 통계에 기반한 연구방법이 IR에 가장 적합하다고 믿는 (특히 미국 내의) 행태주의자들 대 '자연과학의 철저한 경험적 방법론은 사회적 세계에 대한 연구에 적합하지 않다고 주장하는' 전통주의자들 간의 논쟁이었다 (Schmidt 2006: 11). 실제로 이 논쟁은 최근에 여러 사회과학적 학문 분야에 영향을 미친 방법론에 대한 논쟁의 예고편이라 할 수 있는데 이들 방법론은 이 책의 앞부분에서 다루어졌다. 이 논쟁에서는 첫 번째 논쟁에서처럼 확실한 '승자'는 없었다. 방법론적 논쟁은 오늘날까지 IR 내에서 끊임없는 논쟁과 혁신의 원천을 제공하고 있다.
- **대논쟁 3: 신현실주의자 대 나머지?** 이 논쟁에 대해서는 설명하기가 훨씬 더 어렵다. 이 논쟁에 누가 관여됐는지, 또는 무엇에 대해 논쟁했는지조차

도 명확하지 않기 때문이다. 슈미트는 이 세 번째 논쟁이 현실주의의 이론적 가정들이 국제정치 '현장'의 사건들의 도전에 직면한 1970년대 현실주의 내부의 위기에서 발생한 것으로 생각한다. 특히 경제적 상호의존의 증가와 1974년 5월 UN에 의해 채택된 신국제경제질서(New International Economic Order)를 정립하기 위한 움직임은 중요한 도전이었다 (UN 1974). 학자들은 점점 더 현실주의의 국가중심주의를 공격했고, 국가관계가 서로 독립적일 뿐 아니라 상호의존성의 특징도 많이 갖는다는 점을 주목했다. 슈미트는 국가들 간의 상호의존과 경제적 관계에 초점을 맞춰야 할 필요에서 국제정치경제(IPE: International Political Economy)라는 하부분야가 출현하게 되었다고 주장한다 (Schmidt 2006: 11). 그 결과, IR의 세 번째 대논쟁은 새로운 범위로 이론의 성숙, 특히 마르크스(Karl Marx) (9장 참조)와 영국학파(English School) (7장 참조)에 영향을 받은 이론들의 등장으로 이어졌다.

- **대논쟁 4: '포스트-실증주의자' 대 '실증주의자'**. 나는 이 논쟁을 4번째 대논쟁이라고 불러왔지만 일부 저자들은 (Schmidt 2006: 12; Viotti and Kauppi 2014: 2 참조) 이를 **진정한** '세 번째 논쟁'이라고 부른다. 1980년대 초에 두각을 나타내기 시작한 **포스트-실증주의(post-positivists)**는 당시 지배적이었던 주류 IR 접근 모두에 비판적이었다 (Lapid 1996). 페미니즘, 비판이론, 포스트-모더니즘/포스트-구조주의 (이 책에서 모두 다루고 있음) 이론가들은 국제관계 분야 주류 이론들의 실증주의적 접근을 비판했다. 그들은 위에서 밝힌 모든 접근법들이 한결같이 IR을 실증주의적으로 다루고 있기 때문에 논쟁에 해당하지 않는다고 주장한다. 이 논쟁은 훨씬 더 분열적이었다. 포스트-실증주의자들은 IR 학자들이 갖는 차이와 편견을 포함해 이 분야 핵심 주제와 이슈들까지 모든 것을 끝까지 물고 늘어졌기 때문이다 (Smith 2004).

IR 분야 '대논쟁'의 논지를 요약해보면 이 분야의 역사를 쓸 때 드러나는 문제가 더 잘 보일 것이다. 우리 모두는 IR에 대한 논쟁이 일어났었고, 계속해서 모든 종류의 철학적, 이론적, 경험적 질문들에 대해 논쟁이 이어질 것이라는 점에 동의한다. 그러나 오랜 시간동안 진행되어왔던 이 논쟁들의 핵심을 어떻게 파악할 것인가에 대해서는 아무도 동의하지 않는다 (Holden 2002). 우리가 연대순으로 나누거나 논쟁 간의 분할을 시도하면 이 분야의 복잡성을 잃게 된다. 이는 학생들에게 현대 IR을 가르칠 때나 그 복잡성이 어떻게 현재 상태에 이르게 되었는가를 설명할 때 정말 심각한 문제를 야기할 수 있다.

> 여러분이 IRT에 관한 자료를 읽을 때, 저자들이 이 분야 스토리를 이야기하는 다양한 방식을 주목하라. 여러분은 심지어는 다른 학문 분야의 역사를 IR 스토리를 이야기하는 다른 이론이라고 생각할 수도 있다. 이는 이론의 본질과 가치에 대해 여러분에게 무엇을 말해주는가?

대논쟁에서 실증주의적-규범주의적 구분으로

IR의 '대논쟁'에 대한 스토리를 이야기하며 슈미트는 이에 대해 그렇게 쉽게 이야기 할 수 있다는 생각을 비판했다. 첫째, 가장 심각한 비판으로서 그는 "세 개의 (혹은 네 개) 논쟁들이 실제로 일어났는지 확실하지 않다"고 쓰고 있다. 둘째, 그는 오늘날의 '정형화된' 논쟁이 글로벌 학문 공동체에서 전개돼온 논쟁을 공정하게 다룰 수 있는가에 의문을 표시한다. 왜냐하면 그것은 IRT에 대한 '서구적' 설명에 가깝기 때문이다. 셋째, 우리가 '대논쟁'에만 집중하게 되면 같은 시기에 진행됐던 동등하게 중요하고 흥미로운 학문적 논쟁들을 간과하게 된다고 말한다. 마지막으로, 이 분야의 역사를 "그 당시에 이러한 것이 일어났다"는 스토리로 이야기함으로써 실제로 아무 증거도 없는 것에 연대순의 일관성을 부여하게 되는 위험이 있다 (Schmidt 2006: 12).

이러한 관점에서, 학문의 역사를 단순한 연대기적 역사로 이야기하지 않으면서도 학자들 논쟁의 핵심 요점을 탐구할 수 있는 지적인 IR이론 연구의 틀이란 것이 있는가? 그러한 어떠한 틀도 비판을 피할 수는 없겠지만, 필자가 발견한 한 가지 유용한 방법은 이 학문의 스토리를 학문적 지식을 획득하는 두 가지 방식, 즉 '실증주의적' 접근과 '규범주의적' 접근 사이의 논쟁으로 제시하는 것이다. 이 방법은 위의 (특정 이론에 지나치게 집중되어 있는) 대논쟁 1과 3을 탈중심화 시키고, 대논쟁 2와 4에 밀접한 관계가 있는 메타이론적 이슈들을 전면에 부각시킨다 (IR이론가인 도이치[Karl Deutsch]의 연구에 적용된 이 구별법은 Ruzicka 2014를 참조할 것). 우선 이러한 용어들이 무엇을 의미하는지 알아보고 여러분이 수업에서 다루게 될 각 이론들을 어떻게 범주화하는가에 대해 생각해보자.

- **케네스 월츠(Kenneth Waltz)** (Onuf 2009: 186에서 인용): 이론의 실증주의적 관점을 고수한다. "이론은 설명이 요구되는 세계와 관련되면서도, 항상 세계와 구별된 채 남아있다. 이론은 현실 세계에 대한 설명이 아니라 세계의 특정 부분을 이해하기 위해 우리가 만든 도구이다. 그러므로 '현실'은 이론과도 맞지 않고 이론이 표방하고자 하는 어떤 모델과도 맞지 않을 것이다."
- **앤소니 랑글르와**(**Anthony Langlois** 2007: 152): 이론 형성은 설명을 목적으로 하며 우리가 가진 세계관의 이면을 뒷받침하는, "우리가 세계를 보고 이해하는 틀이며 … 그 틀은 우리가 볼 수 있는 것을 제한함으로써 국제정치에 대한 특정 해석의 기반이 된다." 더 나아가, 우리는 우리 스스로 만든 틀로 각색된 세계를 볼 뿐 아니라 대체로는 다른 사람들이 — 학자와 정책결정자들 — 우리를 위해 만들어놓은 틀을 통해 보게 된다. 그러므로 모든 이론들은 규범적이고 윤리적인 함의를 가지고 있다 (Griffiths 2011: 6–8도 참조할 것).
- **리처드 데브탁**(**Richard Devetak** 2013a: 165): 막스 호르크하이머(Max Horkheimer)를 따라 전통적 (실증주의적) 이론과 비판적 (규범적) 이론 범주를 구분한다. 전통적 이론에서는 이론가는 분석의 대상에서 제외되어 '저 밖에 있는' 외부 세계의 일부로 간주된다. 이론가 자신을 배제하고 연구

에 영향을 미치는 이념, 신념, 가치를 버리는 방식으로 객관성을 성취한다 (위에 나오는 월츠의 정의를 참조할 것). 이와 반대로 비판이론은 항상 사회적, 정치적 삶과 깊숙이 연관된다. 이 이론은 "특정 이론들의 목적과 기능에 대한 검증을 허용한다." 환언하면, 규범적 이론가들은 전통적 이론과 (사건/과정/이슈들에 대한 연구) 메타이론(이론에 관한 이론)을 결합한다.

- **짐 조지(Jim George)** (Zalewski and Enloe 1995: 299에서 인용): 실증주의를 '현실을 구성하기 위해 필수적인 것'이라기보다는 '현실에 대한 인지적 반응'을 가정하는 것으로 설명한다. 다시 말해서, 이론은 "사실(fact) 이후에 생긴다"는 것이다. 이와 반대로 규범주의이론가들은 "이론은 사실(팩트) 이후에 생기는 것이 아니다. 이론은 사실을 구성하고 정의하는 데 있어서 중요한 역할을 한다"고 주장한다.
- **스티브 스미스(Steve Smith** 2004: 504): "학문은 중립적일 수 없다. 불가피하게 편파적이고 정치적이며 윤리적 결과를 갖는다. 더 중요하게는, 학자들이 이러한 파장에 대해서 솔직하든 아니든 이 사실은 변하지 않는다."
- **킴벌리 허칭스(Kimberley Hutchings** 1999: xiii and 1–2): "이론가는 분석의 대상으로부터 동떨어져 활동하지 않는다" (실증주의). 규범주의이론은 "있는 그대로의 세계를 어떻게 비판하고 변화시키며 발전시키는가에 관심을 갖는다."
- **에드워드 사이드(Edward Said)** (Ramakrishnan 1999: 136에서 인용; 강조는 원본): "이익이 없는 곳엔 해석도, 이해도, 따라서 지식도 없다." 사이드에게 있어서 이론이란 항상 특정 이익을 감추거나 특정 권력관계를 반영하는 것이다.
- **폴 비오티와 마크 카우피(Paul Viotti and Mark Kauppi** 2014: 3): "형식적 가설 검증이나 **방법론**으로서의 인과적 모델링 (IR의 실제 연구를 위한 연구 및 분석 방법이나 일련의 규칙들)의 활용을 특히 지지한다." 이러한 방법은 IR에 대한 우리의 가설을 검증하기 위한 정량적 연구 (통계학 및 방정식) 또는 정성적 연구 (서술적 형식의 심층 사례연구)가 될 수 있겠다.
- **로버트 저비스(Robert Jervis** 2008: 573): "우리가 팩트와 가치를 논리적

으로 구별할 수 있다고 해도, 우리가 완전히 객관적일 수 있다고 믿기는 어렵다. 특히 연구 주제가 매우 민감하고 증거가 모호할 경우에는 더욱 그렇다. 우리는 자유주의적 국제주의 정책이 미국의 이익을 위해 최선이라고 확신하는 학자가 과연 고립주의를 지지하는 자나 일방주의를 지지하는 사람들과 같은 방식으로 사건들을 설명하기를 기대할 수 있을까?" 객관성에 대한 주장과 그것을 효과적으로 실천하는 것은 (그리고 그렇게 실천되었다는 것을 아는 것은) 완전히 다른 문제다.

- **베노 테쉬케(Benno Teschke)** (Teschke and Cemgil 2014: 606): 포스트-실증주의는 "학자를 사심 없고, 중립적이며, 정치 밖에 있는 자율적인 관찰자가 아닌 구체적인 사회정치적 맥락 속에서 지식을 생산하는 주체라고 생각한다."

이러한 정의들을 종합하여 실증주의적 접근법과 규범주의적 접근법의 차이를 표 3.1과 같이 요약할 수 있다.

실증주의적 접근과 규범주의적 접근 간의 차이를 이용하여 그들의 방법론적, 인식론적, 존재론적 학습에 따른 IR이론을 그려볼 수 있을까? 물론 도표 3.2처럼 가능하다.

표 3.1 실증주의적 접근과 규범주의적 접근

실증주의	규범주의
설명적 또는 전통적 이론이라고도 알려짐	구성주의적 또는 규범적 이론이라고도 알려짐
논란이 많은 용어	논란이 많은 용어
경험주의적 인식론: 지식은 오직, 주로 감각적 경험에서 생긴다고 믿는 이론	현실뿐 아니라 당위에도 초점을 맞춤; 국제적 영역에서 도덕적, 윤리적 차원의 행동에 특전을 부여 (Neething 2004: 11)
자연주의자: 사회과학자들은 국내, 국제 사회를 연구하기 위해 자연과학적 방법을 모방 가능	자연주의를 신봉하는 실증주의적 믿음을 비판
사실(fact)과 가치를 구별	사실과 가치 구별을 제거

도표 3.2 국제관계이론의 지도

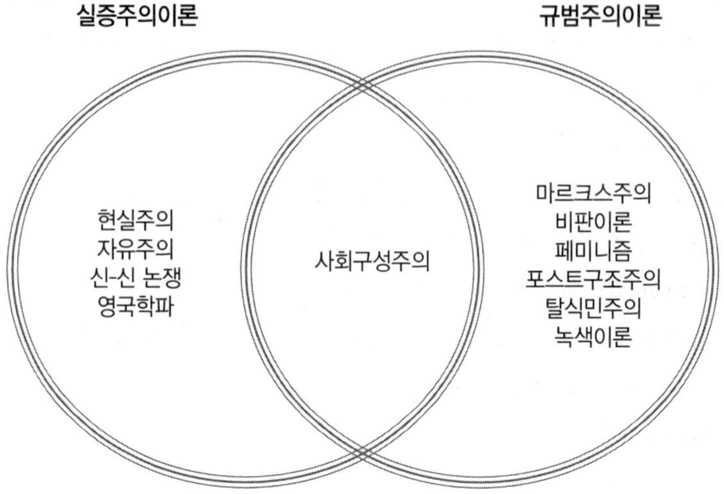

이론의 지도에 대한 검토

이론의 지도를 이렇게 보는 틀의 장점은 다음과 같다.

- **역사의 우회** – '대논쟁'의 역사에서 한발 물러나는 것은 국제관계의 잘 정돈된 연대표를 알든 모르든 상관없다는 것을 의미한다. 슈미트가 주장한 바와 같이, 역사적 접근은 과거나 현재에서 이 분야에서 일어난 학문적 논쟁의 범위와 본질에 대해 해가 되고 심지어는 폭력적이기까지 하다.
- **선택의 자유** – 실증주의-규범주의의 이분법적 구별은 학생들로 하여금 이 학문의 진화 ('스토리')에 대해 입장을 정하도록 여지를 준다. 강사와 교수가 여러분에게 스토리를 이야기해주기보다는, 여러분이 이 모델을 사용해서 자신에게 맞는다고 생각되는 이론들을 (그 이론들이 가진 다양한 '측면들'도) 찾아 선택할 자유가 있다. 필자는 이것이 바로 이론이 할 일이라고 생각하는데 물론 여러분은 동의하지 않을 수도 있다.
- **역사의 본질** – 만약 여러분이 IR에 대해서 이야기할 스토리가 있다고 믿는다면 여러분의 스토리에서 실증주의적-규범주의적 논쟁은 얼마나 중요한

가? 여러분은 대논쟁이 스토리를 사로잡기에 충분하다고 생각하는가?

> 여러분이 국제관계이론(IRT) 공부를 시작하는 시점에서 이 지도를 염두에 두기 바란다. 그리고 수업에서 각 이론적 전통에 있는 저자들 중 이 분류에 쉽게 들어맞지 않는 학자들을 파악하도록 하라. 이 지도를 자료로 활용하여 그 안에서 개별적 이론가들을 여러분 마음대로 이동시켜보도록 한다. 양쪽 원에 다 해당되거나 중복되는 영역에 속하는 저자들을 발견하게 될 것이다. 이것은 오늘날의 IRT '지도'에 관해 여러분에게 무엇을 말해주는가?

오랫동안 진행된 IRT의 진화에서 두 가지 추가적인 질문이 나온다. 첫째, 서로 경합하는 이론들의 질을 우리가 어떻게 판단할 수 있는가? 둘째, IR이론가들은 어떻게 '생각하며' 이 과목을 처음 시작하는 학생들은 어떻게 하면 IR이론가들처럼 생각할 수 있는가? 다음에 이어질 두 부분에서 이 질문들에 대한 해답을 찾아보고자 한다.

국제관계이론의 평가

IR이론가들은 1989년 냉전의 급작스런 종식, 혹은 2014년 러시아의 우크라이나 침공 같은 국제정치적 대격변의 시기와 본질을 예측할 수 있어야 하는가? 아니면 이론의 예측력에 관한 한 우리가 좀 더 제한적인 기대를 가져야 하는가? 버칠과 링클레이터(Burchill and Linklater 2013:26) 같은 학자들은 우리가 이론에 대해 적당한 열망을 가져야 한다고 말한다. "우리는 경험적 이론에 과도한 기대를 해서는 안 된다." 로즈노와 더피(Rosenau and Durfee 1995: 2) 또한 겸양이 필요하다는 데 동의한다.

> 만일 우리가 세계에서 벌어지는 일의 복잡성과 변화를 경외하여 항상 혼란에 대비하고 우리의 결론이 부득이 잠정적일 수밖에 없다는 점을 인정한다면, 과도한 단순화와 지적 마비 증세를 피할 수 있을 것이다.

사회적 문제의 불확정성을 염두에 둘 때, 이러한 주장은 현명한 선택인 것으로 보인다. 그럼에도 불구하고 우리는 본성적으로 사회과학이론을 자연과학이론을 다루는 것과 동일한 방식으로 판단하려는 경향이 있다. 예측 그 자체가 궁극적인 목적은 아니라 해도 IR 내에서는 확실히 국제체제의 작동에 관해 뭔가 의미 있는 설명이 가능한 이론을 개발하려는 선호가 존재한다.

월츠의 견해를 보도록 하자. 그는 "어떤 분야에서든 그 누구도 이론을 쉽게 일반화하거나, 혹은 이론을 어떻게 만들어야 한다고 말하기는 어렵다"고 주장한다. 그렇다면 '어느 분야의 전체적인 구성과, 그것을 구성하는 부분들 간의 연계'를 잘 설명하는 것이 좀 더 성공적인 이론이다 (Waltz 1997: 913). 그는 다윈(Charles Darwin)의 생물학적 진화론을 예로 인용한다. 이 이론은 진화를 설명하는 데는 탁월한 이론이지만 아무 것도 예측하지는 못한다. 그렇다고 해서 진화론이 덜 중요한 게 아니고 여전히 유용한 이론임에 틀림없다. IR에서는 흔히 다음과 같은 질문이 제기된다. 우리는 자연과학을 측정하는 동일한 기준으로 사회과학을 측정할 수 있고, 또 그래야 하는가? 만일 그렇다면 우리는 이론의 기여를 판단하는 좀 더 높은 측거점을 확보할 수 있을 것이다. 그런 이론은 설명력이 매우 클 것이다. 그리고 그 이론이 '어떻게, 그리고 무엇을' 설명하는가 (국제정치의 '현실 세계'에 대한 '적합성' 여부를 포함하여) 하는 문제가 논쟁과 토론의 중심이 될 것이다.

이로부터 이론들의 상대적인 강점과 약점을 비교하는 도발적 문제가 비롯된다. 이론은 특정 사안에 대한 반응이며 새로운 '원인'의 발견으로서, 서로 다른 지적 전통의 산물이다. 만일 모든 이론적 관점들이 세계의 다른 측면을 강조하고 다른 행위자에 주의를 기울인다면 (간단히 말해, 다른 세계를 '보고', 세계를 다르게 '해석한다'면), 다른 이론들에 비해 특정 이론에 대한 우리의 선호는 우리의 관심이 사실과 증거의 세계로부터 **심미적**(aesthetics) 영역으로 옮겨간 것을 의미한다. 여러 이론들 중에서 선택한다는 것은 그 선택을 하는 개인의 취향 문제로 귀착된다. 왜냐하면 이론 자체로는 객관적 비교를 가능하게 하는 요인이 아무 것도 없기 때문이다.

IRT 공부를 하면서 마주칠 미로 같이 얽힌 이론들을 평가할 때 저자들이 참여했던 논쟁들을 상기하는 한편, IRT 선택의 기준을 염두에 두는 것이 중요하다. 이론이 단지 현실을 거울에 비춰보는 것이라면, 우선 이론을 만드느라 고생하는 것이 별 의미가 없다. 왜냐하면 '현실'은 있는 그대로 우리에게 다가오고 그것을 이해하느라 별다른 전문지식이나 훈련도 필요치 않을 것이기 때문이다. 따라서 여러분 스스로 이론에 대해 무엇을 기대하는지 자문해보라. 어느 이론을 승인하거나 거부하기 위해서는 얼마만큼의 증거가 충분한 것인가? 나는 이런 저런 이론이 '진실' 혹은 '거짓'이라고 결론내릴 수 있나? 각 이론에 대해 배우면서 이런 질문을 생각해보면 여러분 스스로 국제관계이론의 비판적이고 창의적인 학생이 될 것이다. 무엇보다도 여러분이 IR이론가들처럼 생각하는 데 도움이 될 것인데, 그것이 다음 부분의 주제이다.

국제관계이론가들처럼 생각하기

지금까지 이론의 목적과 본질에 대해 다양한 논의들을 살펴보았고, 어떻게 하면 국제관계(IR)이론가들처럼 사고할 수 있는가를 생각해보며 이 장을 마치고자 한다. 여기서 핵심적 질문은 "IR이론가들이 하는 일은 무엇인가?"이다. 새로운 연구 프로그램에 접근할 때 여러분보다 선행했던 학자들이 무엇을 얻으려고 했는가를 최대한 빨리 파악하는 것이 중요하다.

- IR이론가들은 역사적으로 국제체제 내에서의 국가 간 상호작용을 설명하는 것에 관심을 가져왔다. 그것은 주권국가들 간 글로벌 전쟁의 원인과 결과에 대한 공식적 탐구로부터 이 학문이 시작한 기원까지 거슬러 올라간다.
- IR이론가들은 국경너머, 또는 국경을 초월해서 일하는 국제체제 내의 다른 행위자들의 행위에 점점 더 관심을 가지게 되었다. EU와 같은 초국가적 기구, 쉘(Shell)이나 나이키(Nike) 등의 다국적기업, 알카에다나 이슬람국가(ISIL: Islamic State in the Levant) 등 느슨한 초국가적 네트워크, 그린피스(Greenpeace), 휴먼라이츠워치(Human Rights Watch), 국경 없는 의사회(Médecins Sans Frontières) 등의 초국가적 압력단체 등이 그에 포함된다.
- 시간이 흐르면서 IR 학자들은 그들이 가장 큰 관심을 갖는 특정 상호작용이나 일련의 상호작용들을 설명하기 위해, 그들이 중요하다고 생각되는 '국제관계'를 가장 잘 설명할 수 있다고 생각되는 다양한 이론들을 만들어냈다.
- IR이론가들은 오랜 시간에 걸쳐 증거, 논리, 논쟁을 이용하여 이론을 형성하고 검증하며 다듬어왔다. IR의 다양한 학자군들은 각각 그들이 수집한 다양한 유형의 증거데이터를 신뢰한다. 일부는 통계학에 기반하여 국제체제 내의 '변수들' 간의 연관성과 관계에 대한 정교한 모델을 만들었고, 다른 일부는 정성적 데이터와 국제적 행위에 영향을 미치는 신념과 의미에 대한 연구를 선호한다. IR을 '연구하는' 데 있어서 '옳은' 방식은 없다. 그러나 정량적이든 정성적이든 간에 좀 더 좋은 방법과 나쁜 방법들은 있다.
- IR이론가들은 '사실'의 영역에서 해석을 위한 기반으로서 정치, 경제, 역사, 법률의 '현실 세계'에서 가져온 사례연구들을 활용한다. 사례연구는 이론의 범위를 검증하는 근거가 될 수 있으며, 사례연구의 증거는 적절하고, 이상적으로는 일반화가 가능해야 한다. 이러한 '표준'에 예외적인 경우도 있을 수 있는데, 흔히 주류 IR이론의 패권적 관행에 대한 도전 혹은 일탈의

예시가 될 수 있다.

- 여러 IR이론들은 동일한 사건이나 과정을 서로 다른 관점에서 설명하거나 해석할 수 있다. IR이론가들은 국제문제의 어떤 측면에는 동의하지만 다른 면에는 동의하지 않을 수 있다. 그 결과 IR이론가들은 상당히 '지엽적'으로 될 수 있다. 대체로 이론 선택의 결과에 따라 논쟁에서의 입장도 정해지지만 항상 그런 것은 아니다. 시간이 지나면서 이론은 인지된 오류나 기존 해석에 도전이 되는 새로운 증거를 설명하기 위해 진화한다.

여러분이 IR이론가들처럼 생각하도록 노력하고 학습하는 것은 매우 중요하다. IRT 수업들은 대부분 각각의 이론들 자체에 대한 여러분의 지식, 그 이상을 시험하게 될 것이다. 그 수업들에서는 여러분이 국제관계이론화가 가지는 역할과 가치에 대한 논쟁에도 참여하는가를 볼 것이다. 여러분이 수업에서 읽게 되는 전문가들은 매일 이러한 어려운 질문들을 해결하려고 노력해왔다. 그러므로 여러분이 그들의 어려움을 이해하고 있음을 보여준다면 수업에서 성공할 확률이 크다.

IR이론가들이 일상적으로 하는 일을 이해하게 되면 그들의 학문적 활동에 대해 조금 더 자세히 이해하는 데 도움이 된다. 모든 학문 분야들은 그 자체만의 용어, 공유하는 언어와 개념을 가지고 있으며 그것들이 때로는 그 분야를 단합시키기도 하고 때로는 학자들 간의 이견을 야기하기도 한다. 시간이 흐르면서 모든 학문적 분야와 IRT 같은 하부 분야들은 무엇이 지식이고 지적 진보에 해당하는지에 대한 일련의 기대들을 창출해냈다. 이는 마치 여러분이 전에는 해본 적 없는 스포츠에 참여하는 것과 비슷한 일이다. 여러분이 다음의 것들을 이해하지 못한다면 쓸모없는 일을 하는 것이다. 첫째, 게임의 기본적 규칙과 법칙, 둘째, 이러한 규칙과 법칙이 실행되는 게임의 정신 (스포츠의 공개적 규범), 셋째, 만약 단체스포츠라면 전술적 위치점유에서부터 팀을 위한 전략적 목표까지 포함해서 팀 안에서 누가 무엇을 할 것인가, 마지막으로, 게임에서의 다양한 선수들의 행동 배후에 있는 공유된 의미, 특히 '승자'와 '패자'(또는 차점자)에 대한 판단 등이 그것이다. 여러분이 게임의 규칙을 다 익히게 되고 그 규칙들의 함의를 숙지하고 나서야 여러분은 그 스포츠를 어떻게 하는가를 '알게 되는' 것이다. 최고의 선수들은 가장 열심히 연습하고 기술연마에 가장 헌신적인 사람들이다. 성공은 갑자기 오는 것이 아니라 시간을 들여야 하는 것이다.

예를 들어, 풋볼(축구)에서 오프사이드 규칙이 어떻게 적용되는가를 이해해야만 왜 주심이 호루라기를 불 때, 부심이 깃발을 들었을 때 선수들이 경기를 중단하는가를 이해할 수 있다. 기술을 익히는 것도 중요하지만 오프사이드를 피하기 위한 전술과 기술에 대한 지식을 획득하는 것이 성공적인 축구선수가 되는 핵심이다. 학문의 세계에서도 마찬가지다. 최고의 학생들은 '게임의 규칙'을 재빨리 이해하고, 그들이 읽고 있는 전문가들과 에세이와 시험답안을 채점할 교수들의 사고방식을 이해하기 위해 시간을 들여 인내하는 자들이다. 이 분야의 관습에 대해 잘 알고 있으면 이해도 빨라지고 학생으로서 받는 기대에 부응하는 데 편하다. 이 책은 여러분에게 IRT를 어떻게 장악할 것인가에 대한 조언을 주고, 여러분이 IR이론가들의 '목소리'를 사용해서 자신의 생각을 확신을 가지고 표현할 수 있게 도와줄 것이다. 요약하자면, 이 책은 IR이론가들이 매일 아침 출근해서 하는 일인 IRT 분야 게임의 규칙을 훨씬 잘 이해할 수 있게 도와줄 것이다.

> 여러분은 수업에서 두 가지 주요 기준에 따라 평가받게 될 것이다. (1) 커리큘럼에서 다루는 각각의 이론들에 대한 여러분의 이해, (2) 각각의 이론들에 대한 여러분의 비판 능력이다.

생각해 볼 문제들

'우리는 학문 분야로서 IR의 역사에 대해 말할 수 있는가?'

이 질문에 대한 대답은 세 가지 반응 중 하나가 될 것이다. 첫째, 아마도 이 학문의 진화에 대해 말할 수 있을 것이다. 둘째, 말할 수 없다고 주장할 수도 있다. 셋째, 여러 가지 스토리를 이야기할 수 있으며 여러분의 대답은 예와 아니오 둘 다가 될 것이다. 동시에 예와 아니오라고 답변한다고 해서 기회주의적인 것은 아니며, 때로는 여러분이 한쪽으로 약간 더 기운다고 해도 그러한 대답이 학문적으로는 최상의 방법이 될 수도 있다. 세계가 단지 흑백만이 아니고 회색빛이라면, 답안에 그 회색빛 중 현실적으로 가능한 가급적 많은 농담(濃淡)의 단계를 담는 것이 타당하다.

여러분이 첫 두 주장 중 하나를 선택하면 주장의 한쪽에만 집중하기 쉬워진다. 그러나 다른 쪽 주장에 대한 분석도 포함해야 함을 잊지 않아야 한다. 그렇게 해야 여러분의 주장을 보다 설득력 있게 만들 수 있다. 더 중요하게는, 그렇게 함으로써 여러분이 주제에 관해 많이 읽었고 논쟁에 관해 충분히 숙지하고 있다는 것을 교수에게 보여줄 수 있는 방법이 된다는 것이다. 에세이의 구성은 너무 어렵지 않게 해야 하며, 서론 부분은 여러분의 견해를 지지할 증거 위주로 구성한다. 에세이의 두 번째 부분은 반대 주장에 대한 **해체**(deconstruction)와 비판으로 구성하면 될 것이다. (예/아니오)의 세 번째 답변은 구성하기가 조금 더 어려운데 에세이에서 다루어야 할 것이 잠재적으로 더 많기 때문이다. 우리가 말할 수 있는 다양한 모든 유형의 스토리들을 (대논쟁/실증주의 대 규범주의 접근) 단순히 열거하는 것은 지나치게 단어수가 많아질 뿐 아니라 그 스토리들에 대한 서술밖에 되지 않는다. 이 학문의 정리된 개념에 도전하는 저자들의 논점을 어떻게 여러분이 제대로 파악하는가에 대해 심사숙고해야 한다.

우수한 학생이라면 이 세 가지 응답 중에서 질문의 핵심 단어의 중요성에 대한 이해를 보여줄 것이다. 특히 깔끔하게 정리된 서론, 본론, 결론으로 단선적 역사를 이야기할 것이다. 지나치게 철학적이지 않으면서도, 이러한 '요점'들은 신념과 실천의 혼란스런 집합체로서 과거에 존재했던 형태가 아니라 우리에 의해 소급적으로 제시될 수도 있다. 만약 여러분이 이러한 견해를 지지한다면 단선적인 학문의 역사라는 개념은 더욱 정당화시키기 어렵게 된다.

'우리가 다른 IR이론의 질에 대해 판단해야 하는 것에 대해 어떻게 생각하는가?'

이 질문의 핵심 단어는 '질(quality)'이다. 이것은 정확성, 범위, 예측하는 능력이나 경험적 견실성을 의미하는가? 이 질문은 여러분으로 하여금 그러한 특성을 어떻게 판단할 것인가를 요구하지만, 전혀 새로운 범주의 기준을 선택해야 한다고 느낄 필요는 없다. 여러분의 사례를 뒷받침하기 위해 다행히도 기존 저자들의 입장을 활용할 수 있다.

확실한 출발점은 위에서 거론한 바와 같이 이론들에 대한 평가를 다루었던 버칠/링클레이터나 월츠와 같은 저자들로부터 시작하는 것이다. 여러분은 (단어수 제한과 시험시간 제한에 따라 다르지만) IR이론가들이 그들 이론의 본질과 장점에 대해 어떻게 말하고 있는가, 그리고 다른 이론적 전통에 대해 어떻게 비판하고 있는가를 탐구할 수 있을 것이다. 이론에 대한 **자연주의적(naturalist)** 이해를 고수하는 이론가들은 이론의 질에 대해 상당히 엄격한 경향이 있다. 이에 비해 좀 더 개방적인 규범주의적 이론가들은, 어떻게 우리가 영구히 우리가 만든 이론의 '내부'에 머물지를 논의하며, 이론이 이룰 수 있는 것에 대해 좀 더 온건히 생각하는 경향이 있다.

추가 읽을거리

Wight, G. and Porter, B. (eds) (1992) *International Theory: The Three Traditions*. Leicester: Leicester University Press.

Booth, K. and Smith, S. (eds) (1995) *International Relations Theory Today*. Cambridge: Polity Press.
국제관계학의 스토리를 이야기할 수도 있는 다양한 방식에 대한 철저한 분석을 담고 있다 (pp. 8–29).

Kubálková, V. (1998) 'The Twenty Years' Catharsis: E.H. Carr and IR', in V. Kubálková, N. Onuf and P. Kowert (eds) *International Relations in a Constructed World*. Armonk, NY: M.E. Sharpe, pp. 25–57.
이 학문을 도식으로 만들고자 시도한 유용한 도표를 포함하고 있으며(pp. 42–43) 이러한 시도가 가지는 문제점들에 대해 생각하고 있다.

Morgenthau, H.J. (1972) *Science: Servant or Master?* New York: W.W. Norton.
학문의 세계와 (과학, 진실에 대한 추구) 실천의 세계 (힘의 추구) 간의 긴장에 대해 탐구하고 있다.

Buzan, B. and Little, R. (2000) *International Systems in World History: Remaking the Study of International Relations*. Oxford: Oxford University Press.
상호작용하는 '국제체제'로서의 IR을 우리가 어떻게 이론화하는가에 강조점을 둔 영국학파 IR 연구에 역사를 반영한 중요한 사례 (영국학파에 대해서는 이 책의 7장을 참고하고, 마르크스주의자들의 세계사에 대한 이해가 이 저술에 의해 어떠한 영향을 받았는가에 대해서는 8장을 참고할 것).

Review of International Studies (2002) Interview with Kal Holsti by A. Jones, 28(3): 619–633.
홀스티는 IR 분야가 분열된 것을 개탄하며 이론적 다양성을 힘의 원천으로 보는 스미스와 그 외의 학자들의 견해에 반대한다.

Dingli, S. (2015) 'We Need to Talk about Silence: Re-Examining Silence in International Relations Theory', *European Journal of International Relations*, 21(4): 721–742.

Reiter, D. (2015) 'Should we Leave Behind the Subfield of International Relations?', *Annual Review of Political Science*, 18: 481–499.

Tauber, A.I. (ed.) (1997) *Science and the Quest for Reality*. Basingstoke: Macmillan.
특히 편집자 서문과 로단(Larry Laudan)이 저술한 장과 (과학적 지식에 관한 이론들에 대하여) 힐러리 퍼트남(Hilary Putnam)의 장 (사실과 가치에 관하여)을 볼 것.

van der Pijl, K. (2010) 'Historicizing the International: Modes of Foreign Relations and Political Economy', *Historical Materialism*, 18(2): 3–34.
국제관계학 분야의 기원에 대한 마르크스주의적 관점이며 이 책의 9, 10장에서 다루어진 내용에 대한 훌륭한 근거가 된다.

Henry, J. (2002) *The Scientific Revolution and the Origins of Modern Science*, 2nd edn. Basingstoke: Palgrave.

Lebow, R.N. (2014) 'What Can International Relations Theory Learn from the Origins of World War One?', *International Relations*, 28(4): 387–410.

Russell, B. (1948) *Sceptical Essays*. London: George Allen and Unwin.

지식, '꿈과 현실', 과학에 관한 미신, 합리성과 정치 심리에 대한 회의적인 태도가 가지는 가치를 다룬 철학적 연구. 인간의 지식추구에 있어서 커다란 이슈들에 대해 생각하게 도와주기 때문에 '순수' 철학 연구에 대해 읽어보지 않은 경우에 특히 더 유용할 것이다.

Olson, W.C. and Groom, A.J.R. (1991) *International Relations Then and Now: Origins and Trends in Interpretation*. London: HarperCollins.

Blaikie, N. (2007) *Approaches to Social Inquiry*, 2nd edn. Cambridge: Polity.

일반 사회과학 독자를 위해 쓰여졌으며, 두 번째 장은 사회과학이 자연과학에서 방법론과 접근법을 빌려와도 되는지, 혹은 그렇게 해야 하는가에 대해 탁월하게 다루고 있다.

Zima, P.V. (2007) *What is Theory? The Concept of Theory in the Social and Cultural Sciences*. London: Continuum.

실증주의, 구성주의, 포스트-구조주의적 접근을 포함하여 '이론'에 대한 다양한 지식을 탐구한다.

Wight, C. (2006) 'Philosophy of Social Science and International Relations', in W. Carlsnaes, T. Risse and B.A. Simmons (eds) *Handbook of International Relations*. London: Sage, pp. 22–51.

국제관계학 분야 내의 때로는 불편한 철학적 질문들에 대한 연구.

Waltz, K.N. (1979) *Theory of International Politics*, 1st edn. Boston, MA: McGraw-Hill.

특히 이론의 본질과 우리가 이론을 어떻게 실험하는가에 대한 첫 장을 볼 것.

제2부

국제관계학의 이론들

이 책의 제1부는 지적탐구 학문으로서의 국제관계학 연구를 형성해온 중요한 논쟁을 소개하고 있다. 여기에는 철학적인 논쟁에서부터 (국제관계에 대해 우리가 도출할 수 있다고 생각하는 지식들) 경험적 논쟁에 이르기까지 (국제관계학 학자들이 연구하고 학생들이 배우는 주제와 이슈들) 다양한 이슈가 포함된다. 제2부는 현대적 학문 분야로서 주류 국제관계의 이론에 대해 살펴볼 것이다. 여러분에게 맞는다고 생각하는 이론을 자유롭게 취하도록 하고, 여러분의 수업에서 직접 다루지 않은 이론들에 대해 살펴보는 것을 두려워하지 않기 바란다. 사안에 대해 더 광범위하게 읽을수록 저자들이 연루된 논쟁을 보다 잘 이해할 수 있을 것이다. 그리고 그들이 서로 불일치하는 부분들에 대해 더 잘 알게 될수록 여러분의 에세이 숙제와 시험답안이 더욱 간결하고 정확해질 것이다.

한 가지 경고가 있다. 각 장은 수백만 단어로 된 이론들을 수천 단어로 요약한 것이다. 각각의 전통에 필자 나름대로 쉽게 논박할 수 있는 해석을 넣었고, 이 책을 쓰면서 그것은 실제로 나에게 도전이 되었다. 필자는 여러분이 에세이 숙제를 하거나 시험답안을 준비할 때 당면하게 되는 두 가지의 핵심적 질문들에 대해 답변해야만 했다. 각각의 이론적 전통의 절대적인 핵심을 어떻게 규정할 것인가? 거기서 우리가 그냥 넘어가야 할 것은 무엇인가? 그러므로, 필자는 여러분이 내가 말해주는 스토리에 도전할 수 있을 것이라는 기대에서가 아니라, 여러분이 이 책을 읽어가면서 그렇게 될 수 있다는 '희망'을 가지고 내 개요를 내어 놓는다. 이 책이 각각의 이론에 대한 상세한 지식을 주는 동시에 국제관계이론(IRT)에 대해 생각하는 방법에 대한 것이며, 그러한 생각을 가지고 필자가 각각의 이론과 씨름했다는 점을 명심하라.

> 제2부의 장들은 각각의 이론들에 대해 간략한 소개만을 해줄 뿐이다. 각각의 이론을 더욱 깊게 탐구하는 것은 여러분의 몫이다. 대표적인 문헌을 읽는 것보다 더 좋은 방법은 없다. 그 방법이 여러분에게 각 이론들에 대한 진정한 통찰력을 줄 것이다. 교과서는 이론들에 대한 유용한 안내서이지만 이론의 원본 저서들을 읽어야만 진정으로 비판적 능력을 함양할 수 있다. 이는 대학에서 논쟁을 평가할 수 있는 능력을 검증받게 될 대학 1년차에 특히 중요한 점이다.

4장 자유주의

핵심용어

- 무정부상태
- 협력
- 민주주의
- 민주평화론
- 기능주의적 통합이론
- 제도
- 상호의존
- 국제기구
- 평화
- 진보
- 안보딜레마
- 국가

이 장에서 우리는 국제관계학의 기초 이론으로서, 국가에 관한 보다 광범위한 정치적 이론에서 발전한 자유주의(Liberalism)에 관해 살펴보고자 한다. 우리는 이 이론의 내용을 다섯 부분으로 나누어 볼 것이다. 첫째, 자유주의 전통의 역사적 배경, 둘째, 제1차 세계대전이 국제관계(IR) 사고에 끼친 영향, 셋째, 제2차 세계대전 이후 자유주의의 재기, 넷째, **국제기구**(international organizations)와 제도에 대한 자유주의적 사고, 마지막으로, 탈냉전에서부터 이라크전 이후에 이르기까지 민주평화론의 등장과 몰락을 살펴볼 것이다.

자유주의 전통

> 국제정치와 국제관계에 대한 자유주의적 견해는 20세기의 첫 40년 동안 이 분야의 학문적 연구에 깊은 영향을 주었다. (Holsti 1985: 29)

여러분이 국제관계이론(IRT) 과목에서 공부하는 다수의 이론들처럼 자유주의도 대학에서 IR을 독립된 분야로서 연구할 수 있었던 1919년 이후에야 그 흔적을 찾을 수 있다. 자유주의는 수세기에 걸친 정치학 이론과 정치/경제 사상에 대한 연구를 기반으로 성장했고, 그것들을 국가 간 관계 연구에 적용했다. 자유주의 IRT는 다양한 국가와 시대, 그리고 정치학 연구와 실천의 흐름으로부터 영감을 받았다. 우리가 이름을 들어본 대표적 자유주의 사상가들과 정치인들에는 에라스무스(Erasmus, 1466~1536년), 그로티우스(Hugo Grotius, 1583~1635년), 로크(John Locke, 1632~1704년), 스미스(Adam Smith, 1723~1790년), 리카르도(David Ricardo, 1772~1823년), 칸트(Immanuel Kant, 1724~1804년), 벤담(Jeremy Bentham, 1748~1832년), 링컨(Abraham Lincoln, 1809~1865년), 윌슨(Woodrow Wilson, 1856~1924년) 등이 있다. 사상가, 학자, 정책결정자 등 다양한 인물들이 이 전통을 형성하는 데 도움이 되었다.

위에 거론한 인물들의 노력에서 확인된 자유주의 전통 전체에서 우리는 시간이 지나면서 많은 주제들이 뒤엉키고 되풀이되는 것을 본다. 가장 중요한 특징 중 일부를 파악하기 위해 우리는 자유주의 사상을 세 가지 범주로 세분화할 수 있다 (도표 4.1). 그런 후에 제1차 세계대전 이후에 자유주의 사상이 어떻게 분명한 IR이론으로 자리잡게 되었는지 살펴볼 것이다.

정당화 되었든 아니든 (Haggard 2013 참조), 국제관계에서 자유주의 전통을 거론하는 보편적 방법은 그 이론이 국제관계가 평화롭게 전개되리라는 전망에 관해 '낙관적'이라는 것이다. 자유주의자들은 인간이 완전하지는

도표 4.1 자유주의 전통

전쟁에 관하여

- 전쟁은 국제관계의 자연스러운 조건이 아니다.
- 평화가 정상이다.
- 국가이익을 지키려면 군사적 수단 그 이상의 것이 필요하다.

정부에 관하여

- 인간의 완전한 발전을 위해 민주주의가 필요하다.
- 국가는 국제무대의 주 행위자가 아니다.
- 국가는 단일행위자가 아니다.
- 국가 간 상호의존이 국제관계의 핵심적 특징이다.

인간본성에 관하여

- 인간은 완전해질 수 있다.
- 인간 이성이 가진 능력에 대한 신뢰
- 내적 잠재력을 실현하기 위한 인간 능력에 대한 신뢰
- 진보에 (과학적/기술적/도덕적/사회적) 대한 믿음

않지만 민주적 정치구조를 통해 그들의 평화로운 야망을 표현할 기회만 주어진다면 분명히 도덕적 진보를 이룰 능력이 있다고 주장한다. 자유주의자들은 국내 (국가) 차원에서 국제체제 차원으로 추론해 올라간다. 그들은 국가를 개별 단위 (국가 공동체 내에 살고 있는 개인적 인간과 같은)로 간주하며, 국가가 국제기구와 제도를 통해 국가들의 상호작용을 규제함으로써 최악의 현실주의 **안보딜레마(security dilemma)** 과잉을 관리할 수 있는 메커니즘에 초점을 맞춘다 (기초적 IR 개념인 안보딜레마에 대한 포괄적 검토는 Booth and Wheeler 2008을 참조할 것). 그러한 국제기구들에는 유엔, UN안전보장이사회, 국제통화기금(IMF: International Monetary Fund), 세계은행(World Bank), 국제노동기구(ILO: International Labour Organization)나 유럽부흥개발은행(European Bank of Recon-struction and Development), 또는 구유고슬라비아 전범재판소(Tribunal for the

심층 분석 4.1 존 허츠와 안보딜레마

1950년대 냉전이 시작되던 시기에 존 허츠(John Herz)는 미국과 러시아 상호간의 두려움과 적대감을 설명하기 위해 '안보딜레마(security dilemma)'라는 용어를 만들어냈다. 같은 시기에 그 개념을 발전시켰던 버터필드(Herbert Butterfield)처럼 (Wheeler 2008), 허츠도 핵무기 경쟁의 역동성을 이해하기 원했고, 초기에는 양측이 안보딜레마를 이해한다면 이에서 벗어나기 쉬울 것이라는 낙관적 입장이었다. 안보딜레마 개념은 연구되고 도전받고 다듬어져, 특히 저비스(Robert Jervis 1978, 2001)와 탱(Shiping Tang 2009)에 의해 다시 연구되었다. 여기에서는 최초 제안자들 중 한 명인 허츠의 연구에 집중할 것이나 후기 연구들도 이 핵심적 IR 개념에 대해 뛰어난 사실적이고 비판적 설명을 제공한다. 아래의 모든 인용은 허츠의 것이다 (Herz 1950).

허츠는 주권국가들이 (동등하고 자유로운, 자기 결정권이 있는 국가들을 의미, p. 160) 무정부상태에서 살고 있다는 가정에서 출발한다. 이런 상황에서는 "집단들이 더 높은 단계의 통일성으로 조직되지 못하고 옆에 나란히 산다." 그는 이것은 사회적 조건이지 인간의 공격성이나 평화적 성향과는 무관하다고 주장한다 (p. 157). "안보딜레마에서 기인하는 갈등은 권력의 정치적 단위들 가운데서 나타날 수밖에 없다" (p. 158). 1945년 이후, 독일의 히틀러와 이탈리아의 무솔리니가 권력을 잡도록 해준 맹렬한 민족주의는 이들 국가들이 스스로 자유주의('이상주의') 이념을 따라 구성됨에 따라 수세에 몰렸다 (pp. 162-164). 그러나 역사는 현실주의 안보딜레마가 조화로운 세계질서를 창조하고자 하는 자유주의와 마르크스주의의 혁명적 시도를 끊임없이 훼손했다는 것을 보여준다. 그 당시, 세계 노동자계급의 연대를 예고했던 1917년의 러시아혁명 여파는 러시아 국경을 넘어 퍼졌다 (p. 170; 9장에서 마르크스주의이론을 다룬다).

허츠는 1945년 이후 자유주의가 다시 동일한 도전을 받게 되었다고 주장한다. "상호의존성과 안보딜레마가 더욱 심해지는 상황에 직면하면서 주권국가들은 자국의 힘을 경제적으로 (전쟁에서 자급자족할 수 있기 위

계속

해), 전략적으로 (국방 소요를 감당하기 위해) 증강하고자 했다. 이는 국제적 지방주의(provincialism)일 수도 있지만 여전히 무정부적인 세계에서 벗어나는 방법을 찾는 것은 어려운 일이다" (p. 173). 경제적 민족주의와 (이 장의 후반부에서 거론된 경제적 자유주의의 예상과는 반대되는 개념) 결합된 불안정에 의해 야기된 정치적 현실주의는 제국주의와 세계대전을 억누르지 못했을 것이다. "경제이론은 세계주의적이지만 정치적 현실은 민족주의적이다" (p. 175, Frank Graham에서 인용). 경제적 자원을 위한 투쟁은 국가들 간 충돌의 이유 중 하나가 되었고 자본주의체제에서 이것을 완화시킬 수 있는 것은 없다 (pp. 176–177). 종국에 허츠는 '현실주의적 자유주의(Realist Liberalism)' 접근법을 촉구했다. 이에 따르면 우리는 이상주의보다는 덜 유토피아적이면서 국제정치의 현실을 수용해야 하고 (pp. 178–179) 세계가 다시 파괴적인 전쟁으로 들어가는 것을 멈추게 할 수 있는 신뢰할만한 **세력균형(balance of power)** 상태를 유지하기 위해 노력해야 한다.

former Yugoslavia) 같은 신생 기구들이 있다 (더 알아보기 위해서는 Abbott and Snidal 1998: 4 참조).

경제적 자유주의는 무정부상태에서의 국제문제 관리를 위한 자유주의적 사고의 필요에 의해 탄생했으며, 어떤 면에서는 자유주의의 선구자다 (이 책의 제1부를 참고할 것). 경제적 자유주의는 (아담 스미스, 리카르도 등의) 국내에서는 최소한의 국가 간섭 하에 자유시장을 지지하고 국제적으로는 자유무역의 유익한 효과를 강조한다. **관세와 무역에 관한 일반협정(GATT: General Agreement of Tariffs and Trade)**은 무역규제가 국제관계에 부정적인 영향을 준다는 생각을 명백하게 보여주는 것 중 하나다. GATT는 "경제적 상호의존도가 높을수록 국가들이 군사적으로 충돌할 확률이 낮다"는 자유주의 시각을 구현한 것이다 (Smith et al. 2011: 12).

자유주의자들은 국가가 비록 무정부상태 가운데 존재하지만 경제, 기술,

인간의 도덕성, 국가 안팎의 의사소통에 대한 현대화된 공식적, 비공식적 제도들을 설립함으로써 진보와 공동체 정신이 가능다고 믿는다. 그들은 인간이 이성이라는 중요한 능력을 가지고 있고 '이성을 국제관계에 적용하면 더 강력한 협력을 이룰 것'이라고 역설한다 (Jackson and Sørensen 2015: 99). 이러한 맥락에서는 서로 다른 언어, 전통, 역사, 정치를 가지고 있는 국가라는 존재가 있는 상황에서도 평화와 진보, 인류 발전이 모두 가능하다. 자유주의 시각에서 보면 **차이**와 **국경**이 반드시 **충돌**로 치닫는 것은 아니다.

스털링-폴커(Jennifer Sterling-Folker)에 의하면 자유주의 IR이론가들은 현실주의이론가들(5장 참조)과 같은 전제에서 시작하지만, "집합적 행동을 방해하는 것이 무엇인지 파악하여 그 해결책을 도모한다면 진보가 실현될 수 있다는 가정 하에 진보를 **가로막는** 것이 무엇인가"를 탐구한다 (2006a: 56, 강조는 원저자). 보웬(J.D. Bowen 2011)도 국제관계이론(IRT)에 대한 자유주의적 접근에 관해 유익한 설명을 제공한다. "국제체제는 협력과 갈등 기회를 만들어낸다. 그 기회들을 잘 활용할 것인가 말 것인가는 국제적 정치체제 내의 국가들과 행위자들에게 달려 있다." 자유주의자들은 비록 세계가 완전하지는 않지만 공동체의식을 형성하는 데 도움이 될 수 있는 특정한 전제조건들이 주어진다면 우리는 (개인과 국가) 최선의 결과를 얻을 수 있다고 주장한다. 더 나아가 (그리고 이는 8장에서 다루게 될 구성주의 IRT의 근거가 된다), 우리가 전 세계의 다른 사람들과 우리를 동일시하게 될 때, 우리는 협력적인 사업을 더욱 신뢰하게 될 것이다 (Buchan et al. 2011 참조). 이처럼 자유주의자들은 양자적이든, 지역적이든, 혹은 총체적으로 세계적이든 (7장에서 다룬 영국학파 이론 중 **연대주의 [Solidarism]** 요소와 14장에서 다룬 녹색국제이론의 세계주의적 요소) 국가 간 관계를 평화로운 방법으로 관리할 수 있는 기회에 초점을 맞춘다. 그들은 국가들이 합리적 행위자로서 국제제도를 설립하고 참여하는 데 대한 비용과 혜택을 계산할 수 있다고 주장한다.

제1차 세계대전 이후 자유주의와 국제관계

국제관계(IR) 연구가 학문적 분야로서 등장했던 1919년은 대전쟁 이후 국가 간 관계에 대한 자유주의 사상이 풍요롭게 펼쳐지던 시기였다. 모두가 질문했다. 국가들이 참여한 그 전쟁이 주는 궁극적 가치는 무엇이었는가? 어떻게 국가들이 언뜻 보기에는 자국의 이익에 반하는 파국적 전쟁으로 휩쓸려 들어가게 되었는가? 왜 그 국가들은 1914~1918년 동안 거의 얻을 것이 없음이 명백한 전쟁에 지속석으로 수천, 수만 명의 국민들을 죽도록 내보냈는가? 초기 IR 학자들은 이러한 질문의 답을 찾으려고 노력했다. 월러스가 올바로 지적했듯이 (Wallace 1996: 302) "학문으로서의 IR은 정책에 대한 반성과 정책에 영향을 주고 싶은, 또는 정책 실현을 향상시키고픈 희망 때문에 성장했다."

자유주의이론이 초기 IR 연구의 중심이 되도록 영향을 준 사람이 윌슨이다. 그는 정치학자였고 미국이 제1차 세계대전에 참전하기로 결정한 1917년 당시 미국의 대통령이었다. 1918년 1월 의회 연설에서 윌슨은 세계를 "살기 좋고 안전한 곳으로, 특히 우리 국민들처럼, 스스로의 삶을 살기 원하고 자국의 제도를 결정하기를 원하며 평화를 사랑하는 모든 국가들에게 안전하고, 무력과 이기적인 침략에 반대하고 다른 나라로부터 공정하고 공평한 처우가 보장되는 세계를 만들기를 원한다"고 천명했다 (Wilson 1918). 그는 그의 구상을 '14개 조항(Fourteen Points)'으로 발표했다. 그 내용이 매우 길기 때문에 여기서는 가장 적절한 것들만 추려보고자 한다. 그 조항들은 자유주의자들이 국제관계를 어떻게 인식하고 있는가에 대해 생생하게 보여준다. 윌슨은 다음과 같이 요구했다.

- **조항 I: '공개적으로 체결된 공개적 평화 협정'** – 공개적이고 정직한 외교에 대한 요청이다. 이는 자국의 이익에 반해 전쟁에 끌려들어가는 비밀동

맹의 문제를 완화하는 데 도움을 주었을 것이다. 동맹으로서 다른 국가들의 결정에 구속되는 경우에 한 국가가 국제문제 수행을 위한 성공적 전략을 선택하는 일은 매우 복잡해진다. 특히 어떤 국가들이 누구와 동맹을 맺고 있는지, 그리고 국제적 위기가 올 때 그 국가들이 서로 어느 정도 지원을 해줄지 확실하지 않을 때 더욱 그러하다. 이것이 자유주의 학자들이 규칙과 법칙을 정하고 국제관계의 공개적이고 정직한 '게임'을 위한 전제조건으로서의 국제적 행동 규범을 보호하는 국제제도의 발전에 집중하는 이유다.

- **조항 III: 경제적 장벽의 제거** – 평화에 동의한 모든 국가들 간 자유무역 체제를 수립한다. 국가들 간의 무역관계가 깊어질수록 그들의 무역 상대와 전쟁을 벌이는 것이 재정적으로 도움이 된다고 판단할 가능성이 적어진다. 이것이 위에서 거론한 자유주의 경제학에 대한 아담 스미스와 리카르도의 접근이다.
- **조항 V-XIII: 민족자결** – 이 이슈가 14개 조항의 절반 이상을 차지하는 것이 흥미롭다. 이는 침략한 영토를 반환하고 제국을 해체하라는 요구를 포함한다. 명백하게 지칭하지는 않았지만 윌슨은 대영제국에 비판적이었던 것 같다. 대영제국은 당시에 지구의 4분의 1을 차지하고 있었고, 당연히 국제 자유무역 성립에 장벽이 되었다. 이 모든 것은 선한 힘으로서의 민주적 통치에 대한 강조다. 도일(Michael Doyle)의 민주평화론에서 이 조항의 현대적 형태를 볼 수 있다 (이 장의 후반부에서 다룰 것임).
- **조항 XIV: '국가들의 일반적 연합(general association of nations)'** – '대국'이든 '소국'이든 똑같이 '정치적 독립'과 '영토 보전'을 보장하기 위한 것으로, 이는 국제연맹의 핵심이다 (Wilson 1918).

자유주의적 국제주의(Liberal Internationalism)는 '이상주의(Idealism)'로도 알려져 있다. 이를 고전적 자유주의(Classical Liberalism) 또는 유토피아적 자유주의(Utopian Liberalism)라고 부를 수도 있다. 여러분이 접하게 되는 모든 명칭들과 저자들의 다양한 견해에서 표출된 특징들을 메모해 두기 바란다.

윌슨은 14개 조항을 통해 1919년 파리평화회의(Paris Peace Conference)에서 국제연맹의 영향력 있는 옹호자이자 설계자로 등장했다. 그는 국가들 간 이익의 조화가 자동적으로 이루어지는 것은 아니라고 주장했다. 그렇다고 해서 반드시 전쟁으로 귀결되어야 하는 것도 아니다. 국제질서는 외교, 협력, 법치를 도모하는 국제기구들의 도움으로 건설될 수도 있다. 국제연맹은 제1차 세계대전 직후 널리 퍼진 자유주의 사상의 호소력과 정치적 영향력의 구체적 실례다. 도표 4.2에 나타난 윌슨주의 성향을 주목해 보라.

윌슨 당시의 미국에서는 시민사회와 여론, 그리고 전쟁에 지쳐버린 국민들이 국제연맹이 출범하자 엄청난 대중적 지지를 보냈다 (Pedersen 2007). 그러나 시간이 지나면서 미국인들의 지지는 퇴조했고 인기는 식어버렸다. 이는 "실질적으로 국가들은 여전히 국익에 사로잡힌 상태였다"는 것을 보여준다 (Dunne 2014: 118). 국내적 이유로 미국이 자신이 창립한 국제연맹에 가입하지 못한 것은 큰 아이러니다. 그 결과 국제연맹은 국제적 정치

도표 4.2 국제연맹헌장 서문

체약국들은, 국제협력을 도모하고 세계평화와 안보를 성취하기 위하여,

- 전쟁에 호소하지 않는다는 의무들을 수용하고
- 국가들 간의 공개적이고, 공정하고, 명예로운 관계에 관한 규정에 의하여
- 정부들 사이의 행동 규율로서의 국제법에 대한 확실한 이해를 바탕으로
- 조직된 사람들과의 관계에서 정의를 유지하고 모든 조약의 의무를 신중하게 존중할 것을 천명하면서

국제연맹헌장에 동의함

출처: Yale Law School (2007)

력이나 정당성이 결여된 '잡담 장소'로 급격히 전락했다. 연맹에 대한 수정주의적 역사적 설명에 대한 철저한 개요를 보려면 페더슨(Susan Pedersen 2007)을 참고하라. 1930년대 히틀러의 공격적인 외교와 독일, 이탈리아, 일본의 군사적 팽창정책은 국제연맹의 약점을 적나라하게 드러냈고 "이상주의에 치명상을 가했다" (ibid.).

> 이론의 등장과 그 이론이 인기를 얻는 시점에 중요한 국제적 사건이 발생한다는 관계성에 주목하라. 이것은 IR이론 진화의 배경에 대해 무엇을 말해주는가?

제2차 세계대전 이후의 자유주의

제1차 세계대전 이후에 자유주의 사상이 폭발적으로 성장한 것과 제2차 세계대전 이후에 동일한 발상이 부활한 것은 상당히 유사하다. 1945년 이후 지역적, 글로벌 차원에서 평화, 번영, 안보를 도모하기 위해 국제기구를 창설하려는 또 하나의, 이번에는 더욱 구체적이고 협력적인 움직임이 전개되었다. 자유주의자들은 국제연맹의 실패로부터 국제정치에서의 힘의 현실에 대해 자신들이 말하고 설명한 것들에 대해 조금 더 냉철해야 한다는 교훈을 얻었다. 1945년 이후 자유주의자들은 국제관계에 대해 보다 '실용적' 언어로 말하기 시작했다 (Dunne 2014: 118). 우리는 국가 간 관계를 관리하기 위한 시도들이 어떻게 자유주의 사상에서 비롯되고 새로운 생명력을 얻었는지 알아보기 전에, 두 개의 국제기구, 유엔과 EU의 기원과 본질에 대해 간단하게 살펴볼 것이다.

유엔

- **기원**. '제2차 세계대전 예방에 실패한 이후 활동을 중지했던' 국제연맹의 후신이다 (UN 2016a). UN헌장은 1945년 50개국 대표에 의해 작성되었다. 1945년 10월 24일에 중국, 프랑스, 소련, 영국, 미국을 비롯하여 50개 서명국 중 다수가 헌장을 비준하며 UN이 공식적으로 출범했다 (UN 2016a). 유엔헌장의 서문을 (도표4.3) 국제연맹 서문과 (도표4.2) 비교해 보라.
- **성장**. 영국과 프랑스 같은 구(舊)제국주의 국가의 식민지 해방과 1989년의 냉전 종식에 힘입어 국제사회에서 국가 수가 1945년 이후 급속하게 증가했다. 국제연합은 1945년에 51개 회원국으로 시작해서 1975년에는 144개 회원국으로 늘어났다. 냉전이 종식되면서 159개 회원국으로 늘었다. 2011년 7월에 남수단이 회원자격을 취득하여 193개국이 되었다 (UN 2016b).
- **목표와 활동**. UN의 활동은 최초 설정한 목표에(도표 4.3) 의해 추진된다. 그리고 1945년 이후 글로벌 어젠다의 방향을 설정한 정치적, 경제적, 사회적, 문화적 이슈의 규모와 다양성에 따라 확장돼왔다. 제1, 2차 세계대전이 일어난 상황이 재발되지 않도록 예방하는 쪽으로 국제관계 수행을 수정하는 것이 핵심이었다. 그러므로 특별히 중요한 UN의 주목표는 '우리 세대에서 두 번이나 일어나 인류에게 막대한 슬픔을 가져다 준 전쟁의 참화로부터 다음 세대를 구원하는 것'으로 정해졌다 (UN 2016c).

UN의 구조를 보면 (UN 2015) UN아동기금(United Nations Children's Fund), 세계식량프로그램(World Food Programme), 마약범죄사무소(Office on Drugs and Crime), 그리고 수많은 전문기구들을 포함하여 모든 차원과 모든 종류의 이슈에 관여하고 있어 국제무대에서의 그 존재의 규모를 알 수 있다. UN은 안전보장이사회를 통하여 '경성'안보를 다루고 있는데 안보리의 국가 간 관계 관리는 훨씬 광범위하고 심층적이다.

도표 4.3 유엔헌장 서문

우리 유엔의 국민들은 다음과 같이 결정한다.

- 다음 세대를 우리 세대에서 두 번이나 일어나 인류에게 막대한 슬픔을 가져다 준 전쟁의 참화로부터 구원하고
- 기본적 인권, 인간의 존엄성과 가치, 남성 및 여성과 대국 및 소국의 동등한 권리를 재확인하며
- 법치 및 조약들과 기타 국제법에 근거한 의무들을 존중하는 여건을 조성하고
- 더 큰 자유 안에서 사회 진보와 더 나은 삶의 기준을 도모하기 위하여

이 목표들을 달성하기 위해 우리의 노력을 결집할 것을 결의한다.

출처: UN (2016c)

국제분쟁을 해결하고자 하는 UN의 역할에 대한 미디어 보도는 UN이 하는 일에 대한 우리의 생각을 왜곡할 수 있다 (예를 들어, 2001~2003년 동안 이라크에서의 대량살상무기의 존재나 2014년 러시아의 우크라이나 침공 문제). UN 웹사이트를 방문하여 UN이 운영하는 주요 경제적, 사회적, 문화 프로그램 목록을 만들면 UN 활동의 범위와 규모를 더욱 잘 이해하는 데 도움이 될 것이다.

유럽연합

2016년 6월에 치러진 유럽연합 잔류에 대한 영국의 국민투표는 역사상 처음으로 주요국가가 EU에서 탈퇴하는 기록을 남겼다. 비관적 예측자들은 이것이 EU의 종말을 의미하며 더 많은 국가들이 이와 비슷한 국민투표를 통

해 EU를 탈퇴하게 될 것이라고 전망했다. 브렉시트 협상 기간 동안이나 그 이후 EU에 어떤 일이 일어나든 (그리고 이 책은 그 이슈에 관한 책이 아니다), 최소한 2008년 유로존(Eurozone) 경제위기 때까지 EU는, 비록 완전하지는 않지만, 지역통합의 선구자적 형태였고 전 세계의 비슷한 프로젝트에 영감을 주었다 (Cameron 2010). EU는 국제관계에서 자유주의적 행동, 특히 자유주의적 제도주의(Liberal Institutionalism)의 예를 보여주고 있다.

EU는 1993년 마스트리히트조약(Maastricht Treaty)에 의해 공식적으로 출범하게 되었으나 유럽통합은 훨씬 전부터 시작되었다. 마스트리히트조약은 (그리고 1999년 암스테르담조약과 2008년 리스본조약과 같은 후속 개정은) 1950년대에 시작된 통합과정을 확대하고 공식화했다. 자유주의 제도주의의 발전을 도운 것은 전후 초기의 유럽 협력을 위한 제도의 성장과 발전이었다. 이 두 가지 사례연구가 말해주는 자유주의적 사고의 특징에 대해 요약하기 전에 이러한 발전에 대해 간략하게 살펴보도록 하겠다. 1950년대에 유럽 협력에 있어서 세 가지 중요한 발전이 있었다.

1. **유럽석탄철강공동체**(ECSC: European Coal and Steel Community) – 1950년 5월에 발표된 슈만계획(Schuman Plan)에 근거하여 1951년 4월에 서유럽의 6개국이 (프랑스, 독일, 이탈리아, 벨기에, 네덜란드, 룩셈부르크) 그들의 석탄과 철강 자원을 모아서 석탄, 철강 산업을 공동 관리 하에 운영하겠다고 발표했다. 그들의 목표는 '제2차 세계대전으로 극에 달했던 이웃국가들 간의 빈번하고 피비린내 나는 전쟁을 끝내는 것'이었다 (Europa 2016a). 이 과정은 경제적으로 서로 엮인 나라들은 외교적, 정치적으로 고립되지 않고, 그 결과 보다 평화로운 관계를 맺는다는 자유주의 경제원칙을 진전시켰다. 시간이 지나면서 발전한 관계는 협력적 사업을 통해 신뢰를 형성하게 되었고, 국가들은 대결과 협력적 행동의 상대적인 보상을 각각 계산하여 행동을 하고, 협력적인 행동에 보다 많은 보상이 주어졌다.
2. **유럽방위공동체**(EDC: European Defence Community) – 1950년 6월에

프랑스는 합의하는 유럽 국가들의 군대를 하나의 사령부 휘하에 두는 국방계획을 발표했다. EDC는 지역 안보차원과 국제 안보차원을 모두 포함한다. 지역적으로는 독일 군대를 단독 군사체계가 아닌 유럽 안에 포함시킴으로써 안보를 확보하고자 했다. 이는 '독일문제' 해결에 도움이 될 것이었다. 국제적으로는 냉전 상황이 가장 중요한 고려사항이었다. EDC는 유럽 주요 국가들의 군사적 재무장을 촉진해서 소련의 침략으로부터 서유럽을 방어하는 데 도움을 주려는 목표를 가지고 있었다. 1954년에 프랑스 국회가 조약 비준에 실패하면서 EDC는 붕괴했다. 여러 가지 우려 중 가장 중요했던 것은 프랑스가 자국 군대에 대한 주권 또는 정책결정권을 상실하게 된다는 것이었다 (Ruane 2000). 이는 결국 국제기구란 궁극적으로 국가들이 그것을 원할 때에만 효력이 있다는 (존재하게 된다는) 것을 보여준다.

3. **유럽경제공동체(EEC: European Economic Community)** – EDC의 실패에도 불구하고 ECSC를 창설한 6개국은 1957년에 로마조약(Treaty of Rome)을 통해 경제의 여러 분야로 통합을 확대했다. 이로써 노동력, 상품, 서비스가 국경을 넘어 자유롭게 이동할 수 있게 되어 단일 시장이 출범했다. ECSC와 더불어 EEC는 정치적 목적을 위해 금융 수단을 사용했다. 경제협력을 통해서 평화와 번영을 지속하게 한다는 것이다. EEC는 1993년에 마스트리히트조약이 비준되자 EU로 개명했다. 반세기 전에 EDC가 붕괴했듯이 2016년의 브렉시트 국민투표는 국제제도를 통한 국제관계의 관리가 결국 주권국가들의 희망에 의해 움직여지며, 고정된 것도 영원한 것도 아니라는 것에 대한 가장 최근의 증거다.

IR의 주요 사상으로서의 자유주의적 제도주의는 UN과 EU로 구체화된 협력적 노력으로부터 성장하였다. EU는 이론적 혁신을 위해 특별히 비옥한 터전을 제공했고 특히 두 저자들과 깊은 관련을 가지게 되었다.

- **데이비드 미트라니(David Mitrany)**: 제1차 세계대전 이후 **기능주의적 통합이론(functionalist integration theory)**을 발전시켰다. "기능주의는 작동하는 평화체제를 창조하는 방법에 관심을 가지며, 국제사회의 무질서

문제에 대한 진단과 보다 나은 세상을 만드는 방법에 대한 처방전을 포함한다" (Groom and Taylor 1975: 1). 미트라니는 오늘날 사람들이 공유된 주권과 안보, 경제 및 정치적 관심사를 국가 내부가 아니라 국경 너머에서 해결책을 찾으려고 하기 때문에 국가권위가 의문시된다고 주장한다 (Mitrany 1933). 그러한 노력은 개인들이 집합적 노력의 혜택을 깨달을 때 증가하며, 그러한 상호의존은 통합의 '확산(spillover)' 효과로 인해 더 큰 평화와 통합의 확대로 이어진다.

기능주의의 가정 (Groom and Taylor 1975: 3-4)

- 경제발전은 가치를 공유하고 인식하게 해준다 (자유주의 경제학).
- 국경을 초월하여 개인 복지를 실현할 메커니즘을 개발할 필요가 있다.
- 국가가 반드시 사회를 조직하는 가장 바람직한 방법인 것은 아니다.
- 개인과 국가에 대한 위협은 국경에 제한되지 않고 국경을 넘는다. 그러한 위협들은 대체로 공통의 위협으로서 특정 국가에 고유한 것이 아니다.

- **에른스트 하스(Ernst B. Haas)**: 제2차 세계대전 이후에 미트라니의 생각을 더욱 발전시켰다. 『유럽의 통합(*Uniting Europe*)』(2003, 1958년에 초판 발간)과 『국민국가를 넘어서(*Beyond the Nation-State*)』(1964)에서 하스는 미트라니의 글로벌 차원에서의 통합이론은 너무 과했다고 주장했다. 하지만 지역차원의 통합은 미트라니가 예측한 낮은 차원의 통합 (경제적/사회적)에서 시작되어 높은 차원으로 (정치적) 확산 효과가 가능할 수도 있다고 주장했다. 그러한 '확산'은 두 가지 동력에서 나온다. 하나는 기능적 통합인데, 낮은 차원의 한 가지 이슈에서의 협력이 관련된 다른 분야에서의 협력을 이끈다는 개념이다. 다른 하나는 UN과 EU처럼 보다 새롭고, 방위나 안보와 같이 정치적으로 더 민감한 분야에 대해 추진한 초국가적인 기구의 창립과 같은 정치적 통합이다. 1950년대에 EDC는 너무 과했을 수도 있으나 1990년대에 등장한 공동안보방위정책(Common Security and Defence Policy)의 발전을 보면 EU는 민사와 군사 임무를 통해 지역적, 국제적 안보를 제공하는 핵심 행위자로 부상했다. 2003년 이래로 EU는 인도네시아 쓰나미 이후 평화구축과 말리, 중앙아프리카공화국의 난민보호, 그리고 소말리아와 아프리카의 뿔(Horn of Africa, 소말리아 반도라고도 하며 아라비아해로 돌출되어 있는 동아프리카 반도 일대를 말한다 – 역자 주) 지역에서 해적 퇴치 등에 관여하고 있다 (Europa 2016b).

현대 자유주의 국제관계이론

미트라니와 하스의 기능주의 연구는 자유주의적 연구를 발전시켰고 1945년 이후 국제관계에 적용됐다. 상호의존, 국제제도와 거버넌스 영역에 대한 그들의 생각과 관련 연구는 (가장 유명한 것은 Moravcsik 1998) 인간본성, 국가기구, 전쟁의 원인, 그리고 무정부적 국제체제에서 어떻게 국가 간 관계를 관리할 것인가에 관한 수세기에 걸쳐 축적된 자유주의적 개념에 근거하고 있다. 그러면, 종합해볼 때, 자유주의 IRT의 핵심 가정은 무엇이며 그것이 현시대 국제정치를 어떻게 이해하게 해주는가? 민주평화론과 더불어 국제기구와 제도에 관한 연구가 우리의 이해를 도와줄 것이다.

국제기구와 제도

최소한 1970년대까지 자유주의는 국제기구(IO: International Organizations)의 성장과 함께 나란히 인기를 누렸다. 첫째, 자유주의는 국가가 전쟁과 평화에 영향을 주는 핵심적 결정을 하는 위치에 있기 때문에 국가들이 국제체제의 중심 행위자라고 가정했다. 둘째, 이 국가들은 전형적인 무정부적 국제체제 속에 있다고 가정했다. 셋째, 자유주의 IR이론가들은 지도자들이 일련의 외교적 선택에 따르는 보상을 어느 정도 정확하게 계산할 줄 안다는 의미에서 국가가 합리적 행위자라고 가정했다. 마지막으로 (이 부분이 우리가 다음 장에서 다루게 될 현실주의와 결정적으로 갈라지는 부분이다) 국제기구의 존재가 전쟁과 평화에 대한 국가들의 계산의 본질을 변화시켰다고 가정했다. 기구들은 국가들 간 전략적 상호작용을 더욱 넓고 깊게 만들었고, 그럼으로써 신뢰를 고취하고 형성하는 한편, 자조체제에서 국가들 간의 관계를 특징짓는 두려움의 요소들 중 일부를 제거했다.

이러한 가정에 근거하여 애봇(Kenneth Abbott)과 스나이달(Duncan Snidal)은 국제기구의 세 가지 중요한 기능을 강조한다 (Keohane 1995: 291도 참조할 것). 첫째, 국제기구들은 '구체적이고 안정된 기구 구조와 행정 지원기구를 통해' 집단적 활동을 집중화한다. 예를 들면, 세계보건기구(WHO: World Health Organization)의 천연두 캠페인은 집중화된 활동으로서 '국제적 범위에 걸쳐 빈틈이 없기 때문에' 개별국가가 이끄는 파편화된 활동보다 더 효과적이다 (Abbott and Snidal 1998: 4–5). 둘째, 국제기구의 회원은 '중복과 비생산적인 경쟁'을 피하고, 성과를 설명하고 공유할 책임이 있다 (ibid.: 14). 마지막으로 국제기구는, 특히 회원국의 통제로부터 독립적으로 행동하거나 혹은 그렇게 인식될 경우에, 정보를 제공하고 신뢰를 제고하며 분열의 소지가 있는 사안에 대해서는 '중립성'을 유지함으로써 '경성안보'와 '연성안보' 영역 모두에서 국가 간 분쟁을 관리하고 협정을 촉진할 수 있다. WHO의 천연두 캠페인으로 다시 돌아가 보면, 이 기구의 구조와 '회원자격의 인지도 효과'는 국가들의 광범위한 참여를 유도하는 데 일조했다. 무임승차 문제는 (해결책을 위한 공정한 예산이나 자원을 내지 않은 채 혜택만을 얻으려고 가입한 국가들) WHO 자체의 자원을 활용하여 경감할 수 있다 (ibid.: 14). 그들은 다음과 같이 결론지었다. "합리적인 국가들은 이러한 기능에 투자하는 비용에 비해 가치가 더 클 때, 특히 일방적인 행동이 제한될 경우, 공식적인 국제기구를 활용하거나 창설한다" (ibid.: 5).

더필드(John Duffield 2007)는 규율하는 기구(organizations-as-rules)

에 중점을 두었던 초기 자유주의로부터 오늘날 자유주의의 핵심은 규범으로서의 제도(institutions-as-norms)로 엄청난 도약을 했다는 것을 밝혀냈다. 이러한 개념적 혁신은 아래의 표 4.1에 요약되어 있다. 애봇과 스나이달이 설명한 바와 같이 (Abbott and Snidal 1998: 8), "국제기구의 역할은 합리주의와 (현실주의를 포함하여) 구성주의적 접근의 통합(synthesis)으로 가장 잘 이해될 수 있다." 협력에서 얻어지는 이익이 집단행동의 관습과 규범에 대한 고려와 함께 국가행동의 동기를 형성한다. 이러한 의미의 확장이 왜 중요한가?

첫 번째로 말해야 할 것은 세계적으로 국가들이 참여하는 게임의 개념상 이러한 변화가 레짐의 발전과 신자유주의 IRT는 (이 책의 5장에서 검토할 것이다) 물론, 일부 구성주의와 영국학파의 사고에서도 엿보인다는 점이다 (7, 8장 참조). 이에 대해서는 이 책의 후반부에서 다룰 것이다 (그 예로, James 1993: 271 참조). IR에서 상당히 전통적인 이론가로 간주되는 코헤인(Robert Keohane) 조차도 국제정치에서의 협력을 설명하기 위해 '사회과학적' 접근과 보다 **성찰적(reflectivist)** 접근 간의 시너지(synergies)를 보여주는 제도를 이해하기 위해 고심했다 (Keohane 1995: 특히 285-292).

더필드는 국제기구가 국가지도자에게 가장 중요한 물리적 국가이익의 계산을 (안보와 경제적 의미에서) 갖고, 국가 대 국가 상호작용에서 '게임하기' 요소에 초점을 맞춘다고 주장한다. 그들에게 더 좋은 정보, 준수해야 하

표 4.1 국제기구와 제도

	기구(organizations)	제도(institutions)
회원자격	국가	국가 및 초국가적 행위자
행위자의 성격	주권적	협상된, 공유된 주권(pooled sovereignty)
관계의 본질	규제적(규칙과 법칙)	구성적(규범과 관행)
행동	구속과 지시	선택에 의한 구속

는 일련의 동의된 규칙과 법, 그리고 다른 국가들의 의도에 대한 보다 효율적인 지식을 제공함으로써 국제기구는 회원국이 Y라는 경제적, 안보적, 외교적 목표를 성취할 수 있도록 X라는 조치를 취할 경우에 따를 보상을 좀 더 정확히 측정할 수 있도록 도와준다. 기구로서의 제도(institutions-as-organizations)라는 오래된 합리주의적 개념은 '자신의 이익을 추구하고 보호하기 위해 행위자들이 창설한, 의식적으로 구성된 준거틀'이다 (Duffield 2007: 5). 국가들은 여전히 이기적으로 효용극대화를 추구하지만 보다 실용적이고 외교적인 접근이 장기적으로 자신들에게 더 큰 보상을 가져다 줄 수 있음을 알기 때문에 보다 공격적인 성향을 제한하는 쪽을 선택한다.

더필드는 공식화된 국제협력에 대한 국제기구 중심의 이해와 제도 중심의 활동 (위의 표를 참조할 것) 간의 차이를 구별해낸다. 제도에서는 여전히 국가가 얻는 물리적 이익이 중요하다. 그들은 국가로서 존속하기를 원하고, 침공당하기를 원하지 않으며, 경제성장을 위한 기회를 극대화하고자 한다. 그들은 합리적 행위자들이다. 그러나 물질을 떠받치고 있는 것은 국제무대에서 서로 함께 일할 때 그들 사이에서 성장하는 '관념적인' 연대다.

그러므로 자유주의 시각에서 국가들은 국제기구에 참여하는 데서 얻는 혜택에 대해 철저히 계산해서 협력하는 방향으로 그들의 행동을 변화시킨다. 뿐만 아니라, 국가들은 세계 속에서 가치와 기타 '존재'의 방식을 공유함으로써 그들의 운명이 체제 내 다른 국가들의 운명과 더욱 더 긴밀하게 연관된다는 것을 알게 된다. 러기(John Ruggie)에 의하면 제도는 '공식적이든 비공식적이든, 행태적 역할을 규정하고 행동을 제약하며 기대를 형성하는 지속적이고 연관된 일련의 규칙들'로 정의된다 (Onuf 2002: 226에서 인용). 제도가 속한 환경 속에서 국가는 그렇게 해야 하기 때문에(협정에 서명함으로써 '할 수밖에 없기' 때문에) 행동할 뿐만 아니라 그들이 원하기 때문에 행동하기도 한다. 국제적 행동에 대한 합리적인 이익기반의 설명에 때로는 정서가 수반되어 뒷받침할 수도 있다. 그러므로 제도는 정체성뿐 아니라 이익에도 관여되므로 국제기구보다 더 포괄적이고 심층적인 것이라 할 수 있다. 제도는 "국제체제, 그 안의 행위자들 (국가뿐 아니라 비국가행위자도 포함하여), 그리고 그들의 행동과 관련된, 상대적으로 안정적인 일련의 구성적, 규제적, 절차적 규범과 규칙들이다" (Duffield 2007: 2).

EU는 국제기구로 출발했지만 유럽대륙 전체를 '평화지대'로 만들기 원하고 전 세계의 인권과 경제개발을 도모하기 위한 활동을 의도한다는 점에서 지금은 제도라고 불러도 무방하겠다. EU회원국들은 그들의 행위를 결정하는 절차와 규칙에 (규칙과 법 또는 유럽위원회[European Commissions]의 '지시') 서명하고 'EU법(acquis Communautaire – 공동체에서 어떻게 해야 하는가를 명시한 법)'을 공유한다. 이는 시간이 지나며 규범으로 진화했고 가입 신청국들이 연합에 가입할 때 반드시 수용해야 한다. 회원국들이 'EU법'과 맥을 같이 하기 위해 국내법을 개정하게 되면 정신과 실천에서 공동체의 방식을 따르겠다고 서약하는 게 된다. 하지만 2016년에 영국이 그러했듯이, 국가들은 여전히 공동체의 가치를 더 이상 공유하지 않기로 결정하거나 공동체 밖에서의 이익이 더 큰 국가들은 그들의 이해계산을 따를 권리를 보유한다. 이와는 별개로, EU에 관한 긍정적 견해는 EU가 국가 대 국가의 전쟁 방지를 뛰어넘어 (이것이 EU가 조직된 원래의 명분이다) 현재는 수많은 로비단체와 압력단체가 소재한 브뤼셀에 본부를 두고 여러 가지 다른 활동에 바쁘다는 것이다.

제도라는 형태의 '강력한' 자유주의에 대한 강조는 '허약한' 국제기구보다 현대 국제관계를 더 잘 설명해준다. 제도라는 렌즈를 통해 자유주의 IRT를 생각하게 되면 세 가지 면에서 국제관계를 보는 우리의 시각이 변하게 된다. 첫째, 세계정치의 갈등 요소뿐 아니라 협력도 강조하게 된다. 둘째, 자국의 이익을 위해 합리적 효용극대화를 추구하는 존재로서의 국가라는 개념을 완화시킨다. 제도는 안보와 경제적 의미에서 규정된 이익과 더불어 국제관계에 있어서 국가의 정책결정에 중요한 동인이 될 수 있는 공유된 가치를 강조한다. 셋째, 복합상호의존 시대에 주권을 정의하는 문제의 복잡함이 부각된다. 다음에 다루게 될 영국학파와 구성주의이론가들에게 아직까지 제도는 보다 더 사회학적 내용으로 이해된다 (Buzan 2004: 167-204 참조).

국제기구와 국제제도는 중요한 의미에서 서로 다르다고 언급된다. 학자들이 국가 대 국가의 상호작용을 위한 두 가지를 어떻게 개념화하고 있는가, 그리고 그들은 둘 사이의 차이점이 무엇이라고 생각하는지를 메모해 두라. 기구와 제도의 유사점은 무엇이고 자이섬은 무엇인가? 상이한 이론적 전통들은 그들을 다르게 다루고 있는가?

민주평화론

세계 역사가 자유주의적 민주주의의 정당성을 입증할 것이라는 윌슨의 신념은 비록 냉전기 동안 (다음 장을 참조) 현실주의적 비관론에 가려졌을지라도, 국제관계에서 결코 사라진 적이 없었다. 자유주의 IR 학자들은 자유주의 국가들이 비자유 국가들에 비해서 보다 평화로운 형식으로 국제관계를 수행하는 **특징**이 있다는 견해를 가지고 있다 (예를 들면, Babst 1964; Doyle 1983, 1986을 참조할 것). 그러므로 냉전의 종식 때문만은 아니지만, 이는 확실히 냉전의 '승자'인 미국과 서구 동맹이 이념적으로 파산하고 정치적으로 억압적인 공산주의 소련에 승리한 한 가지 이유는 자유 민주주의의 특징 때문이었다는 해석을 널리 보급하는 데에는 분명히 도움이 되었다 (Owen 2011: 162). 냉전의 종식으로 인해 자유주의적 비전이 전 세계에 공유될 수 있다는 자신감이 넘쳤다. 또한 다자적 국제기구와 제도들 내에서 진보적 규범의 확산에 힘입어 기술진보로 인한 세계화가 가능해질 것이라는 생각도 확산되었다 (Fukuyama 1992). 민주평화론(DPT:

Democratic Peace Theory)은 탈냉전 시대의 인기 있는 연구 주제로 등장했다. 여기서는 먼저 민주평화론의 핵심 요소들과 메타이론적 설득력에 대해 간략하게 살펴보고, 그 이론에 대한 주요 비판을 살펴볼 것이다.

낙관적 해석과 실증적 연구

민주평화론은 한마디로, '민주주의 국가들은 공존공영(共存共榮)이라는 가치와 전쟁을 제약하는 국내 제도를 공유하기 때문에 서로 거의 전쟁을 하지 않는다는 주장'이다 (Rosato 2003: 585). 민주평화론이 발달하면서, 민주국가들은 서로 전쟁하지 않는다는 대표적 주장은 "'민주주의인 두 나라는 그렇지 않은 두 나라들보다 전쟁을 하거나 그보다는 덜 폭력적인 무력분쟁으로 위협할 가능성이 훨씬 낮다'는 주장으로까지 심화되었다" (Russett and Oneal, Macmillan 2003: 234에서 인용). 민주평화론의 언어를 자세히 살펴보자. 민주평화론의 언어는 단정적 표현 (민주평화론은 민주국가들끼리는 서로 전쟁하지 않는다고 주장하는 것으로 잘못 묘사되기도 한다)을 사용하지 않고 확률적 표현 (거의 하지 않는다, 또는 전쟁을 덜 하는 경향이 있다)을 사용한다. 러셋(Bruce Russett)은 "민주국가들은 이익의 상호 충돌을 군사력 사용이나 위협 이전에 해결할 가능성이 높다"고 설명하고 있다 (1995: 172). 그러나 이러한 주장들의 뉘앙스가 때로는 공적 토론과 전문가들의 담론에서 잘못 해석되기도 하여 맥도널드가 있는 나라들끼리는 절대로 전쟁을 하지 않는다는 식의 단순화된 주장이 되어버리기도 한다. 더 나아가, 다수의 민주평화론 지지자들은 대부분 대규모 표본을 요하는 실증주의적, 정량적 방법론을 추구했다. 그럼으로써 민주평화론은 우리가 IR을 어떻게 연구해야 하는가에 관한 흥미로운 토론의 장을 연다 (Geis 2011: 166). 레비(Jack Levy)의 말을 빌리면 "전쟁의 부재는 국제관계의 경험법이 될 만큼이나 확고해졌다" (Hobson 2011a: 1905에서 인용). 바로 이것이 민주평화론이 말하고자 하는 전부 아닌가?

민주평화론은 왜 민주국가들이 거의 서로 싸우지 않는다고 주장할까? 여기에는 다양한 요인들이 작용하고 있다.

- '도덕적 제약' 가설 (Friedman 2008). 민주국가들은 다른 민주국가들을 비민주국가들에 비해 더 정당성이 있다고 본다. 그러므로 그들과 전쟁을 하는 것은 정당하지 못하다.
- 대중과 국가는 무엇이 자국에게 최선인가를 판단하여 합리적으로 행동한다. 이기적으로 자국의 이익을 보호하고자 하다 보면 주로 전쟁보다는 평화로 이어질 가능성이 크다. "사람들은 남에게 고통과 손실을 주기를 원치 않기 때문이 아니라, 자신들이 전쟁의 참화와 물질적 손실로 고통 받기를 원하지 않기 때문에 평화를 원한다" (ibid.: 552).
- 민주국가들은 로비와 이익집단, 특히 전쟁의 경제적 비용을 공론화하는 경제적 이익집단에 더 민감하게 반응한다. 이것이 민주평화론의 자유주의 경제적 차원이다.
- 이 모든 요인들은 '평화적 대외정책 지지 대중(pacific-foreign-policymaking-public)' 가설에 의해 뒷받침된다 (ibid.). 민주국가들은 본질적으로 대중의 평화적 성향을 표출하며, 민주국가들이 여론에 더욱 민감하게 반응하기 때문에 다른 민주국가를 상대로 무력을 사용할 확률이 낮다.
- '확장' 가설 (ibid.). 내적 행동의 선한 규범들이 외적 행동의 선한 (평화적인) 규범으로 해석되어 신뢰와 협력적 성향을 형성하게 된다. 여기에서 애초의 민주적 의사결정을 추동하는 합리주의를 지지하는 정서가 작용하게 된다.
- '평화지대(zone of peace)' 가설. 평화지대의 경계 밖에 존재하는 '국외자'를 상대로는 여전히 전쟁이 일어난다. '민주국가들 간 관계에서 강력정치를 억제하는 도덕적 유대가 민주국가-비민주국가 관계에는 원래 없기' 때문에 민주국가들은 비민주국가들을 상대로 더 자주 전쟁에 호소한다 (ibid.: 550).

민주평화론은 기본적으로 '국내적 유추'를 사용하여 국제관계를 설명한다. 워커(Rob B. J. Walker 1995: 312)는 국내적 유추가 '국가 내의 정치공동체에 대한 분석에서 나온 철학적, 이론적 전제들을 국가 간 관계에 대한 분석으로 옮긴 것'이라고 설명한다.

민주평화론의 장점은 지지자들과 비판자들 모두 인정한다 (예를 들면, Smith 2011: 152). 이론의 관점에서 가장 흥미로운 것은, IR이론의 격전장에서 오랫동안 뒷전에 밀려있던 민주평화론이 국제체제의 무정부적 구조 때문에 국가들은 영원히 불안정하고 위협받는다는 현실주의 논쟁의 맞수로 등장했다는 점이다. 만일 비슷한 정치체제를 가진 국가들 사이에서 '평화지대'가 자주 발견된다면, 자유주의자들은 어떤 국가의 외교정책 결정은 국제체제의 구조보다는 국가의 속성 자체가 더 설득력이 있는 요인이라고 주장할 수 있을 것이다 (Rosato 2003: 585). 그렇게 되면 월츠식 신현실주의(Waltzian Neorealism)는 (5장에서 다룰 것이다) 완전히 붕괴되지는 않더라도 단번에 치명적 타격을 받게 될 것이다.

핵심적 비판과 질문들

IR이론들은 여러 가지 근거에서 비판받을 수 있다. 민주평화론에 대한 비판들은 이론이 발전하고 시험되고 정제되면서 발생하는 학문적 논쟁의 다양한 방법을 보여준다.

1. **경험적 비판: '민주주의'를 어떻게 개념화하며 '전쟁의 역사'를 어떻게 측정하는가?** 로사토(Sebastian Rosato)는 민주평화론이 세계 전쟁과 분쟁의 역사를 다루는 방법에 주의할 필요가 있다고 주장한다. 이는 '민주주의'와 '전쟁'의 정의에 관련되는 존재론적 비판이다. 핵심은 세계 분쟁의 역사가 민주평화론이 가정하는 것처럼 단순하지 않다는 점이다. 공식적 '전쟁'은 실제로는 매우 드문 일이었고 '민주주의'도 절대적인 것이 아니고 상대

적인 용어이기 때문이다. 로사토의 요점은 (Rosato 2003: 591) 냉전 동안 가장 많이 발생한 것은 과테말라, 브라질, 칠레와 같은 민주국가에 대한 미국의 군사적 개입이었다 (미국은 전쟁을 선포한 적이 없었다). 이 정부들은 독재정권으로 대체되었다. 민주평화론에서 이처럼 전쟁에 못 미치는 군사충돌은 어떻게 이해되는가? 더 나아가, 민주평화론은 제국주의 세력에 호의적인 독재정부를 세우려고 했던 식민지 해방전쟁도 간과하고 있다 (Rosato 2003: 589). 스피로(David Spiro)는 민주평화론의 핵심적 발견이 보다 큰 틀에서는 실제로 중요하지 않다고 했다. "전쟁과 민주국가는 둘 다 매우 드물다. 그리고 그것이 민주국가들 사이에 전쟁이 별로 없는 이유다" (Spiro 1995: 177). 로사토와 스피로의 견해는 국가의 특성과 위협이나 전쟁 같은 행동을 할 경향성 간의 인과관계를 증명할 증거가 충분치 않다는 것이다.

2. **메타이론적 비판**: 메타이론은 민주평화론 연구 프로그램의 실증주의적 토대를 해부한다. 이 책의 앞에서 살펴본 바와 같이, 다수의 저자들이 '관찰자'와 '관찰대상' 사이의 구별이 모호하다고 한다. 학자들도 그들이 이론화하는 세계의 일부라는 것이다. 그들은 현미경을 들고 순전하게 분리된, 또는 '과학적인' 방식으로 사회적 문제의 세계를 들여다보는 대신 연구를 하면서 세계를 구성한다. 그러므로 홉슨(Christopher Hobson 2011a: 1907)은 다음과 같이 적었다. "민주적 평화는 그저 단순하게 '거기에' 있는 게 아니다. 식별하고 규정하기 위한 범주를 통해서만 존재하는 것이다" 객관적이라고 생각되는 이러한 경험적 연구결과의 출판에 연구자들이 반응함으로써 그들은 자신의 행동을 적절하게 수정했다. "그들의 새로운 행동은 그때까지는 타당했던 경험적 관찰을 바꾸거나 무효화하기 쉽다." 민주평화론을 포함하여, 그 어떤 이론도 세계와 동떨어져 존재할 수는 없다. 이는 규범적, 정책적 비판으로 연결된다.

3. **규범적 비판**: 이는 민주평화론이 2003년부터 시작된 길고 불행했던 미국 주도의 이라크 침공에 지적인 정당화를 제공했다는 생각에 집중되어 있다. 다국적군의 무력 사용 배후에 있는 이유와 그들의 행동에 대한 광범위

한 부정적인 견해들이 이 전쟁은 죄를 지은 비난의 대상을 필요로 하는 '대실패' (Ricks 2006)라는 생각에 반영돼 있다. 이라크 침공을 결정한 영국의 의사결정과정을 대대적으로 조사한 칠콧보고서(Chilcot Report)는 특히 미국 조지 W. 부시 행정부와 영국의 블레어 정부에 명확히 비판적이었다 (The Report of the Iraq Inquiry 2016). 민주평화론을 제안한 학자들이 직접 비난받지는 않았지만, 이를 탈냉전 시대에 민주주의 증진을 위한 사례라고 과장되게 언급한 점에서 그들도 일말의 도덕적 책임을 피할 수 없었다. "민주평화론은 침공이라는 잘못된 선택을 가져오게 된 다수의 요인들 중 하나로 작용했다" (Hobson 2011b: 173). 이쉬샬롬(Piki Ish-Shalom) 같은 저자들은 그들의 주장을 과하게 전파하거나, 혹은 신중하도록 적절한 주의를 주는 대신, 민주평화론 이론가들이 시장을 돕고 '중동을 안정된 평화지대로 만든다는 미국의 전략적 이익에 부합하여 이라크 민주화에 대한 노력'을 정당화하는 것에 일조했다고 단호하게 주장한다 (Ish-Shalom 2011: 180).

민주평화론의 존재론, 인식론, 연구방법에 대한 이러한 탐구는 상대적으로 자기충족적인 학문의 하위 분야에서 이론적 논쟁이 어떻게 펼쳐지는가를 보여준다. 이는 또한 IR의 이론과 실천 간의 연관, 그리고 하나가 다른 하나에 주는 영향을 강조하고 있다. 우리는 9·11사태, '테러와의 전쟁', 엄청난 비용과 희생이 따른 아프가니스탄과 이라크 침공 (Hobson 2011a: 1918), 그리고 최근 이슬람국가(Islamic State)의 등장 이후 서구의 '승리'에 대한 믿음이 흔들리게 되자 민주평화론이 고심하고 있는 문제에 봉착하게 되었다. 이러한 문제에 대한 답은 이 장의 앞부분에서 다룬 자유주의 사상의 수용 여부에 달려있는 것만은 아니다. 아직도 계속해서 어딘가에서 전쟁이 일어나고 있다면 자유주의적 평화지대의 핵심은 도대체 무엇인가? 민주국가들은 비민주국가들과의 전쟁에 따르는 비용 대비 평화의 혜택을 어떻게 평가하는가? 민주주의 증진은 평화와 안보를 확산시키는 실용적 방법인가, 아니면 국가주권을 여전히 존중해야 하는가? 고와(Joanne Gowa 2011) 등의 저자들은 초기 탈냉전시대의 윌슨주의적 낙관주의 의제가 많이 약화되기는 했지만, 민주평화론이 아직도 이론적, 정책적 효용을 가지고 있다고 주장한다. 다만 현대 세계에서 '민주주의' 개념뿐 아니라 변화하는 전쟁과 분쟁의 특징을 제대로 설명하기 위해 개선될 필요가 있다는 것이다.

생각해 볼 문제들

'제1차 세계대전이 자유주의 IR이론의 발달에 그토록 강력한 자극이 되었던 이유는 무엇인가?'

이 질문에 답하기 위한 몇 가지 가능성 있는 접근법이 있을 것이다. 첫째는 우리가 3장에서 살펴 본 방법으로서, 1919년에 시작되어 우리가 아는 오늘날의 IR을 만들어 낸 학문의 세계와 실천 간의 일치를 검토하기 위해, 이 학문의 기원에 관한 문헌을 살펴보는 것이다. 여러분은 초기 자유주의 사상의 예로서 윌슨과 같은 인물을 이용해서 평화 촉진이 주목적이었던 이 분야 초기 의제를 공부하게 될 것이다. 두 번째 접근은 모든 자유주의 의제의 근본이 되며 양차 세계대전 사이 전간기 자유주의 국제관계이론의 핵심 주제로 돌아가는 것이다. 이는 첫 번째 접근의 역이다. 왜냐하면 이론에서 시작하여 전쟁의 영향을 살펴보는 순서이기 때문이다.

이 문제에 어떻게 답변을 하든, 여러분은 전쟁보다 선행하는 자유주의의 요소들을 (참고문헌에 있는 에인절[Norman Angell]의 책을 참조할 것) 답안에 포함시키고 싶을 수도 있을 것이다. 전쟁이 자유주의 사상을 돋보이게 하기는 했지만 어떤 의미로도 그 '기원'을 제공한 것은 아니라는 주장이 도움이 될 것이다.

제1차 세계대전 같은 중대한 사건에 대한 언급을 포함한 문제에 답을 할 때에는 질문에 있는 사건에 대해서 상세하게 '덧붙이고' 싶은 유혹이 든다. 특히 여러분이 그 역사를 잘 알고 있다면 말이다. 위의 질문으로 돌아가 보자면, 이 문제는 제1차 세계대전에 대해서 설명하라는 것이 아니다. 그러므로 제1차 세계대전에 대해서는 여러분의 논지에 필요한 정도만 설명해야 한다. 세계대전에 대한 상세한 설명이 아니라 세계대전 그 이후 자유주의의 전개에 대한 지식을 보여주어야 점수를 잘 얻을 수 있다. 위 질문은 제1차 세계대전에 관한 것이 아니라 IRT에 관한 것이므로 전자보다 후자에 더 큰 중점을 두어야 한다.

'EU의 존재가 자유주의 국제관계이론의 정확성을 입증하는가?'

이 질문은 국제기구 및 제도의 형성을 염두에 둘 때 IR의 이론과 실천 간의 관계에 대해 여러분의 생각을 묻는 문제다. 앞의 문제와 같이, EU의 역사 및 발전에 대한 자세한 내용과 여러분의 해답 사이에서 균형을 잘 잡아야 한다. 여러분이 만약 에세이에서 배경적 내용을 얼마나 논의해야 할지 의문이 든다면, 경험상 의문스런 것은 배제하는 것이 좋다. 담당교수는 1957년부터 지금까지 EU의 전체 역사나 모든 조약들을 원하는 게 아니다. 또한 주권과 평화, 혹은 국가들의 EU 분담금에 대한 2016년 국민투표 관련 주장을 보고자 하는 것도 아닐 것이다. 문제가 묻는 핵심이 아니라 EU의 비용 대비 혜택만 논의한다면 점수를 잃게 될 것이다.

여러분의 답안에서의 주장은 IR 및 1945년 이후 유럽통합의 역동성에 대해 여러분이 무엇을 읽었는가에 달려 있다. EU와 같은 영향력 있는 여러 국제 조직체들의 발전이 국가들로 하여금 전쟁을 단번에 멈추게 했는가? 아니면 국제체제의 기본적 특징은 바꾸지 못하고 전쟁 가능성만 줄였는가? 여러분이 무슨 주장을 선택하든, 주요 사례를 서론에 넣고 결론을 향해 에세이의 나머지 부분을 논리적으로 진행하도록 하라 (바람직한 에세이를 쓰는 방법에 대해서는 이 책의 3부를 참조할 것). 여러분 답안에 결정적인 깊이를 주기 위해 자유주의 안에서 국제기구로부터 제도로의 이동을 다루는 것도 좋다. 문제는 '자유주의적 국제관계이론'에 대한 것인데, 더필드의 논문이 밝힌 바처럼 오늘날 구성주의, 영국학파 등과 겹쳐지는 매우 다양한 자유주의이론들이 존재한다. '강력한' 자유주의 (제도) 대 '약한' 자유주의 (국제기구)라는 틀을 중심으로 여러분의 답안을 구성할 수도 있다.

여러분이 우리가 5장에서 다룰 현실주의 IRT에 대해서 알고 있다면 이 문제에 답하기가 더 수월할 것이다. 현실주의자들은 자유주의자들이 국가안보와 생존에 대한 우려에서 발생하는 근본적인 국가이익을 바꾸기 위해 국제기구의 힘을 지나치게 강조하는 것을 비판한다. 예를 들면, 영국의 EU 탈퇴 결정은 자유주의 통합이론이 함의하는 기구/제도 논리에 반하여 국가주권을 재확인한 것이라고 해석될 수 있다. 여러분은 에세이에서 자신의 주장을 구성하고 답안에 비판적 깊이를 더하기 위해 아마도 이 두 가지 전통 사이의 논쟁을 다루고 싶을 것이다. 그럴 때 핵심은 브렉시트에 대한 논쟁이 아니라는 것을 명심하기 바란다.

추가 읽을거리

일반적 개관

Tey, R. (2008) 'Liberalism in International Relations', www.youtube.com/watch?v=5RfRCo-QwIs&feature=fvwrel (검색일: 2016년 7월 26일).
제1, 2차 세계대전 이전과 그 사이의 자유주의 사상을 검토하고 있다.

Angell, N. (1909) *The Great Illusion*. London: Weidenfeld and Nicolson.
전쟁이 국가에게 수지맞는 일이라는 당시의 인기 있던 견해에 대한 반대 주장으로서, 전쟁이 실제로 어떻게 국가 간의 상업적, 정치적 연합을 방해하고 붕괴시켜서 국가 번영을 훼손하는지를 보여준다.

Woolf, L. (1933) *The Intelligent Man's Way to Prevent War*. London: Gollancz.

양차 대전 사이의 자유주의의 핵심을 요약하고 있다. 성별화된 제목에 주목하라 (이 책의 11장 참조).

Curry, W.B. (1939) *The Case for Federal Union*. Harmondsworth: Penguin.

Ashworth, L. (2006) 'Where are the Idealists in Interwar International Relations?', *Review of International Studies*, 32(3): 291–308.
IR 분야가 양차 세계대전 사이의 이상주의 전통을 규정하는 방법에 명쾌하게 반대하는 주장을 하고 있다.

역사적 맥락에 대해 더 보려면

Sylvest, C. (2005) 'Continuity and Change in British Liberal Internationalism, *c.* 1900–1930', *Review of International Studies*, 31(2): 263–283.

Caedel, M. (2011) 'The Founding Text of International Relations? Norman Angell's Seminal yet Flawed *The Great Illusion* (1909–1938)', *Review of International Studies*, 37(4): 1671–1693.

국제연맹, UN, EU에 대한 개요

Bickerton, C. (2016) *The European Union: A Citizen's Guide*. London: Penguin.

Kennedy, P. (2007) *The Parliament of Man: The United Nations and the Quest for World Government*. London: Allen Lane.

Knock, T.J. (1995) *To End All Wars: Woodrow Wilson and the Quest for a New World Order*. Princeton, NJ: Princeton University Press.

Ostrower, G.B. (1997) *The League of Nations: From 1919 to 1929*. Garden City Park, NY: Avery Publishing Group.

Pinder, J. and Usherwood, S. (2013) *The European Union: A Very Short Introduction*, 3rd edn. Oxford: Oxford University Press.

Bache, I. et al. (2011) *Politics in the European Union*, 3rd edn. Oxford: Oxford University Press.
통합이론에 관한 1부와 국제기구의 역사를 다루는 2부를 보라.

기능주의와 신기능주의에 대해서

Ghébali, V. (1975) 'The League of Nations and Functionalism', in A.J.R. Groom and P. Taylor, *Functionalism: Theory and Practice in International Relations*. London: University of London Press, pp. 141–161.

Haas, E.B. and Whiting, A.S. (1975) *Dynamics of International Relations*. Westport, CT: Greenwood Press.
IR에서 자유주의적 접근에 대한 책이다. 특히 1~3장을 보라.

Rosamond, B. (2000) *Theories of European Integration*. Basingstoke: Macmillan.
기능주의와 신기능주의를 포함한 통합이론에 대한 개요를 다룬다.

자유주의를 다루는 IR의 일반적 주제들에 대해서

Franceschet, A. (2001) 'Sovereignty and Freedom: Immanuel Kant's Liberal Internationalist "Legacy"', *Review of International Studies*, 27(2): 209–228.

Mcgrew, A. (2002) 'Liberal Internationalism: Between Realism and Cosmopolitanism', in D. Held and A. McGrew (eds) *Governing Globalization: Power, Authority and Global Governance*. Cambridge: Polity, pp. 267–289.
1800년대 이후 자유주의 전통과 유사한 아류 전통들도 검토한다.

Bertelsen J. (ed.) (1977) *Nonstate Nations in International Politics: Comparative Systems Analysis*. New York and London: Praeger.
이 책에서 '비국가 국가(Non-State Nations)'라고 칭한 것에 관한 에세이 모음이다. 마치 국민국가인 것처럼 움직이지만 영토적 경계에 제한되지 않는 실체들을 다룬다. 예를 들면, 팔레스타인 아랍, 시온주의 운동과 바스크 등이다. 현실주의 IRT의 국가 중심 시각을 약화시키고 그럼으로써 우리의 생각을 풍부하게 해준다.

Risse-Kappen, T. (1995) *Bringing Transnational Relations Back In: Non-State Actors, Domestic Structures and International Institutions*. Cambridge: Cambridge University Press.
다국적기업, 안보구축, 사회운동 및 환경운동에 관한 경제학적 사례연구를 활용하여 비국가행위자들의 국경을 초월한 행동 없이는 국가 행동을 설명할 수 없음을 보여준다.

Axford, B., Browning, G.K., Huggins, R. and Rosamond, B. (2006) *Politics: An Introduction* 2nd edn. London: Routledge.
Axford가 쓴 15장은 세계화의 과정 및 영향에 대한 간결한 개요와 세계화에 대한 반발을 간략히 소개함으로써 마르크스주의 IRT (이 책의 9장)에 대해 생각할 수 있도록 도움을 제공한다.

민주평화론과 그에 대한 비판들

Brown, M. et al. (eds) (1997) *Debating the Democratic Peace*. Cambridge, MA: MIT Press.

Doyle, M.W. (2012) *Liberal Peace: Selected Essays*. London: Routledge.

Fearon, J.D. (1994) 'Domestic Political Audiences and the Escalation of International Disputes', *American Political Science Review*, 88(3): 577–592.

Knock, T. et al. (2009) *The Crisis in American Foreign Policy: Wilsonianism in the 21st Century*. Princeton, NJ: Princeton University Press.

Maoz, Z. and Russett, B. (1993) 'Normative and Structural Causes of the Democratic Peace, 1946–86', *American Political Science Review*, 87(3): 624–638.

5장 현실주의

핵심용어

- 무정부상태
- 인간본성
- 이익
- 권력
- 안보딜레마
- 국가

정치란 언제 방아쇠를 당겨야 하는지 아는 것이다. (돈 루체시[Don Lucchesi], 대부 III)

우리는 앞 장에서 자유주의 국제관계이론가들이 무정부상태에 놓인 국가들 사이에 깨지기 쉽긴 하지만 평화적 질서의 존재 가능성에 대해 긍정적인 입장을 가진 것을 보았다. 자유주의자들은 유엔이나 EU 같은 국제기구를 통한 협력과정에의 참여를 통하여, 완전히 배제할 수는 없으나, 국가들 사이에서 갈등이 일어날 소지가 줄어들고 있다고 본다. 이러한 기구들은 개방적 외교와 분쟁의 평화로운 해결을 위한 커뮤니케이션, 그리고 신뢰와 확신을 세우기 위한 장이다. 국제기구와 제도는 국가들이 공유할 법률과 규범들을 만들고 동의하기 위한 행정적 여건을 제공한다.

1865년에 설립된 최초의 국제기구였던 국제전신연합(International Telegraph Union, 현재는 ITU[International Telecommunication Union]가 되었음)은 지금도 현존하는 기구로서 오늘날 그 임무는 해저 케이블과 전신뿐 아니라 모바일과 위성 기술에까지 영역이 확장되었다. 이 기구가 자유주의 발전이라는 명목 하에 글로벌 커뮤니케이션을 확대시키고자 하는 국가 및 민간 이해관계자들을 끌어 모았다는 것이 흥미롭다 (ITU 2016). 오늘날 대부분의 국가들은 50~100개의 국제기구의 회원이며 이 기구들은 정치, 안보, 경제, 문화는 물론 국제올림픽위원회(International Olympic Committee) 같이 스포츠를 다루는 기구에 이르기까지 거의 모든 분야를 망라하고 있다. 미국 중앙정보부(CIA: Central Intelligence Agency) 웹사이트는 모든 국제기구들의 역사와 회원 목록이 나와 있는 온라인 리스트를 제공한다. 한 국가가 어떤 기구에 참여하고 있는지 검색 기능도 제공한다. CIA는 북한처럼 일부 특이한 국가들은 이러한 국제기구 및 제도의 망에 들어있지 않다고 밝히고 있다 (CIA, 날짜 미상). 자유주의자들에게 국제 무정부상태는 실제적이고 절박한 관심사이다. 그러나 국가들이 반드시 당구대에 놓인 공들처럼 서로 끊임없이 부딪쳐야 하는 것은 아니다.

현실주의자들은 국제관계에 이러한 자유주의적 요소가 존재하며 그 요

도표 5.1 같은 출발점, 다른 종착점

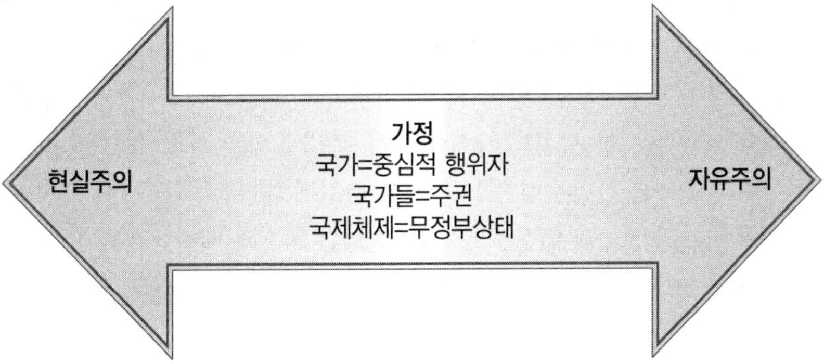

소들이 국가들 간의 상호작용에 유의미한 영향을 미친다는 것을 알고 있다. 그러나 자유주의자들이 그렇듯이 국가 간의 상호작용이 무정부적 상황으로 인해 발생하는 국가안보의 모든 근본적인 문제들을 해결할 수 있다고 믿는 정도까지는 아니다. 현실주의자들은 "국제협력에 대해 비관적이고 국제체제 내의 강대국들 간 경쟁이 정상적인 상태라고 생각한다" (Glaser 1994–1995: 50). 국가들이 자조(自助)를 위해 끊임없이 방아쇠를 당길 태세를 갖추고 있는 상태에서 국제안보란 덧없는 개념이라는 것이다 (Schweller 2011 참조). 두 전통은 국제적 무정부상태 하에서 국가 행위를 설명한다는 같은 지점에서 출발했다. 그러나 그 두 이론이 공유하는 것은 오로지 기본적인 분석 단위와 무엇이 핵심 문제인가에 대한 동의뿐이다. 그리고는 국제관계에 대한 두 전통적 이론은 극명하게 갈리어 서로 다른 결론에 이르게 된다. 자유주의자들은 협력이 가능하다고 결론내린 반면, 현실주의자들은 신뢰부족, 그리고 (또는) 국제체제 지배를 향한 경쟁으로 인해 공포의 사이클에 갇혀버림으로써 항구적인 분쟁과 전쟁의 위협이라는 결론에 도달했다 (도표 5.1). 현실주의는 국제관계 연구에서 가장 자주 접하는 이론인데 이 이론이 국제무대에서 국가와 인간의 생존 가능성에 직접 영향을 미치는 경성안보문제를 다루고 있기 때문이다. 앞 장에서 살펴본 안보딜레마에 대한 허츠의 논문에서 그는 이 두 이론의 차이에 대하여 탁월한 설명을 하고 있다 (Herz 1950: 158).

> 현실주의이론은 안보문제가 가지는 과도한 영향력과 그 결과 (궁극적 결과와 주장이 무엇이든)로 일어나는 권력정치적, 과두정치적, 권위주의적, 그리고 그와 유사한 정치와 사회에 대한 통찰에 의해 결정된다. 반면에, 이상주의적 이론은 단순히 안보와 사익 추구에 대한 고려를 넘어 개인과 집단의 이기적 본능과 입장을 극복할 수 있는 조건과 해결책에 중점을 두는 경향이 있다.

이 두 이론은 출발점이 같음에도 불구하고 왜 종국에는 국제관계에 대해 거의 정반대 시각을 갖게 되었을까? 현실주의 국제관계이론의 기본적 속성을 살펴보면 그 이유를 알게 될 것인데 여기서는 네 부분으로 나누어 알아보고자 한다. 첫째는 현실주의가 인간본성을 어떻게 이해하고 있는가에 관한 것이다. 둘째 부분은 권력에 대한 현실주의의 인식이다. 셋째는 제1, 2차 세계대전 사이 기간인 1919~1939년에 나타난 현실주의 IR의 탄생을 살펴본다. 넷째는 제2차 세계대전 이후 현실주의가 자유주의에 대해 얼마나 큰 승리를 거뒀는지를 소개한다.

현실주의와 인간본성

우리는 지난 장에서 인간이 근본적으로 선하다고 보는 자유주의적 전통이 자유주의 사상의 시금석이 되었다는 것을 보았다. 국가 대 국가 관계를 이해함에 있어서 자유주의자들은 국내정치로부터 이러한 인간본성에 대한 가정을 가져와 국제체제에 적용한다. 그들은 국내정치를 유추해서 국제체제를 설명하고자 한다. 무정부주의적 국제사회 내에서의 국가가 한 국가 내에서의 개인으로 비유되는 것이다. 자유주의자들은 인간은 원래 필요 없이 싸우려하지 않는다고 주장한다. 특히 서로 빈번히 교역을 하는 경우에는 더욱 그렇다는 것이다. 만약 국내정치체제에서 정부가 평화주의적 공론을 택하게 되면 국제적 차원에서 국제기구와 기관들을 통하여 협력하게 될 것이다. 그러나 만약에 인간본성이 근본적으로 선하거나 평화를 사랑하지 않는다면? 권력에 대한 탐욕과 남을 지배하고자 하는 성향을 끊임없이 드러내는 공격적 인간이라면? 인간이 사악한 존재라는 예는 얼마든지 있으며 히틀러가 명백한 실례다. '악한' 인간을 제한하는 법과 질서라는 국내적 장치는 무정부상태 상황에 처한 국가들에서는 훨씬 약해진다. 어떤 국가가 불법을 저

질렀다고 해도 국내에 있는 개인들처럼 감옥에 가둘 수도 없다. 이것이 IR 분야라는 동전의 이면에서 현실주의이론이 행하는 요술이다.

홉스와 자연상태

현실주의 사상의 기본을 파악하기 위한 훌륭한 방법은 영국 정치철학자이며 법철학자였던 홉스(Thomas Hobbes, 1588~1679년)가 정치의 역동성을 어떻게 보았는가를 살펴보는 것이다. 그의 1651년 저서 『리바이어던(*Leviathan*)』은 인간본성에 대한 분석을 담고 있는데 이는 현실주의 IRT의 중심이 되었다. 홉스는 세계가 '자연상태(state of nature)'와 같다고 생각했다. 이는 주권국가라는 개념이 만들어지기 이전의 남녀가 함께 살고 있는 세계를 의미한다.

그러한 세계에서 인간은 동물적 행동으로 되돌아가는데, 이는 타자가 자신을 해롭게 할 잠재적 가능성으로 인해 아무도 안전하지 않기 때문이다. 아무도 신뢰할 수 없고, 타자에 대한 두려움은 만연해 있다. 홉스에 따르면, "두려움은 확산되고 삶의 방식을 규정한다. 전쟁을 일으키기도 하고 동시에 평화의 주된 수단이기도 한 두려움은, 인간의 가장 긴급한 곤궁인 동시에 그에서 벗어날 수 있는 유일한 방법이기도 하다" (Blits 1989: 417). 자연상태에서는 인간의 행동을 규제할 방법이 없고, 타인을 향한 야만적인 행동에 따르는 대가도 없다. 이것이 홉스가 상정하는 바 자신의 안전과 안위를 추구하는 이기적 개인들이 만들어낸 '전쟁상태'로서, 그 속에서 "인생은 외롭고 가난하며 추하고 잔인하고 짧다"는 유명한 주장이 나왔다 (Hobbes 2007: Part 1, Book 13). 이야말로 정치적, 사회적 관계에서 '개가 개를 잡아먹는' 적나라한 접근이다.

심층 분석 5.1 셔터 아일랜드 속에서의 현실주의와 인간본성

루헤인(Denis Lehane)의 2003년 소설을 영화화한 2010년도 작 〈셔터 아일랜드(*Shutter Island*)〉는 테디 대니얼스(레오나르도 디카프리오[Leonardo diCaprio]분)의 이야기를 다루고 있다. 혼돈 상태인 한 인간이 과거의 기억을 되찾으려하지만 실제 과거의 기억과 충돌하는 혼란을 겪는다. 이야기는 정신병을 가진 범죄자들을 수용한 애쉬클리프 정신병원이 무대이며 그곳의 책임자는 사악한 레스터 시핸 박사(벤 킹슬리[Ben Kingsley]분)다. 이 병원은 셔터 아일랜드에 있는데 이 섬은 샌프란시스코 연안에 있는 알카트라즈(Alcatraz) 감옥을 연상시킨다. 이 섬에 갈 수 있는 방법은 오직 배를 타는 것뿐이다. 영화는 격리, 광기, 고통, 통제, 도피, 그리고 현실과 허구의 불분명한 경계를 보여준다. 어떤 면에서 이 영화는 보통의 IR이론 강의와도 너무나 비슷하다. 애쉬클리프에서는 과거 삶에서 나쁜 짓을 저지른 사람들에게 나쁜 일이 일어난다. 영화는 두려움, 긴장감, 불안초조, 끊임없는 폭력의 위협으로 가득 차 있다.

영화의 2/3정도가 지났을 때, 테디는 도대체 무슨 일이 일어나고 있는지를 종합해보기 위한 정보를 얻고자 섬을 탐색하러 간다. 그는 감시관과 우연히 마주치고 감시관은 그를 강제로 병원으로 돌려보낸다. 그 와중에 감시관이 인간본성에 대해 이야기한다. 그는 말한다. "폭력은 신의 선물이며 … 신은 폭력을 사랑한다"고. 테디 (낙관적 IRT 접근을 신봉하는 자유주의자를 상징)는 그러한 감시관의 생각을 이해할 수 없다고 말한다. 감시관은 묻는다. "왜 그렇게 폭력성이 팽배하는 줄 아는가? 그게 우리 내부에 있기 때문이지. 폭력은 우리 내부로부터 나오는 거야. 그러니까 폭력은 우리가 숨 쉬는 것만큼이나 자연스러운 것이라고. 우린 전쟁을 일으키고, 희생제물을 태우고, 형제를 강탈하고 육체를 찢어버리기도 하지. 썩어가는 시체로 들을 가득 메우기도 하고. 왜냐고? 신이 우리에게 보여준 선례로부터 우리가 배웠다는 것을 신에게 보여주기 위해서지"라고 말한다. 놀란 테디가 할 말을 잃자 감시관은 강력한 어조로 "신은 우리에게 욕망과 분노, 탐욕과 더러운 마음을 주셨지. 그러니까 우린 신에게 경의를 표하

계속

심층 분석 5.1 계속

기 위해 전쟁을 일으키는 거야. 우리가 방금 본 것 같은 광풍처럼 순수한 도덕적 질서는 없어. 도덕적 질서라는 것 자체가 없다고. 오직 내 폭력이 네 폭력을 이길 수 있는가 하는 문제만 있을 뿐이야"라고 말한다 (Lehane 2003: 244-245).

루헤인의 감시관은 IR이론으로 보자면 현실주의자인 셈이다. 그는 인간의 가장 나쁜 면, 끝없이 똑같은 과오를 저지를 수밖에 없는 영원한 원죄의 결과물이라고 보는 비관주의자다. 국제관계에 대비하여 추론하자면, 이러한 경향을 가진 현실주의자들은 국가를 욕망이 가득차고 이기적이고 권력에 목마른 인간들이 이끌기 때문에 서로 충돌할 수밖에 없는 결함 있는 존재로 본다.

홉스와 국제적 자연상태

홉스주의자들이 보는 세계는 그리 좋은 곳이 아니다. 안타깝게도 그는 인간들이 이러한 본성을 지닌 채 자연상태에서 사는 이상 상황이 더 나아지긴 어렵다고 주장했다. 서로에 대한 두려움을 극복하는 한 가지 방법은 개인들이 서로 해치지 않는다는 합의하에 국가를 창설하는 것이다. 이러한 국가는 주권을 가진 정부가 '국가 내 무질서와 외부의 적과 위협으로부터 보호하기 위한 절대적 권위와 신뢰할만한 권력'으로 통치한다 (Jackson and Sørensen 2015: 65). 그러나 각기 다른 집단에 속한 사람들이 서로에 대한 두려움을 극복하기 위하여 각각 국가를 형성한다면 결국은 그러한 국가들 사이에 새로운 자연상태가 조성될 것이다. 이전에는 개인들이 자신의 생활과 안전을 위해 두려움 속에 살았다면 이젠 국가들이 똑같은 두려움을 가지게 되는 것이다. 국내 차원의 안보 증진이 국제적 차원의 불안을 조성하게 된다는 것이 고전적 현실주의 안보딜레마다. 분석 단위가 인간에서 국가로 바뀌고, 국가는 마치 개인처럼 취급되지만 문제의 본질은 변하지 않았다.

국가 내의 무정부상태가 정부 간 위계질서로 바뀌었을 뿐이다. 그러나 국제적 차원에서는 무정부상태를 피해갈 수 있는 마땅한 방법이 없다.

> 홉스는 IR이론에 두 가지 핵심 개념을 제시했는데 그것은 자조(自助)와 안보딜레마다. 공부하면서 각각의 이론가들이 어떻게 이 개념들을 사용하고 (혹은 사용하지 않고) 있는가를 눈여겨보라. 그 개념들은 어떻게 적용되며 왜 어떤 이론들에서는 중요한데 다른 이론들에선 그렇지 않은가?

국제적 차원에서 상황이 달라지는 이유는 무엇인가? 왜 국가들은 한 국가 내에서 살아가는 개인들처럼 상호간의 안보문제를 해결하기 위해 협력할 수 없는가? 중요한 이유는 계약에 관여하는 주체가 다르다는 것이다. 개인들은 안보딜레마 해결을 위해 그들이 누리는 독자성의 일부를 포기하여 국가에 넘겨주지만, 국가들이 그렇게 하기는 훨씬 더 어렵다. 방어적 수단으로서 국가 군사력 강화에 대한 '인식의 갭'이 항상 존재하며, 국제 외교의 장에서 이는 잠재적인 공격적 행보로 해석될 여지가 다분하다. 좋은 의도도 악의에 찬 야망으로 쉽게 오인된다. 그러므로 안보딜레마를 이해하기 위한 핵심은 '정책결정자가 타국의 의도를 파악함에 있어서 당면할 수 있는 불확실성'을 인식하는 것이다 (Roe 1999: 184). 안보국가의 등장은 국가들이 잠재적 위협에 대한 방어수단으로 가용한 물리적 수단을 가졌다는 증거다.

> 홉스주의자나 고전적 현실주의자들은 인간의 특성을 국가에 대입한다. 그런 의미에서 그들은 **환원주의자**(reductionist)다. 당신은 국가의 행동을 인간 행동처럼 설명하는 것이 현실적이라고 생각하는가? 인간과 국가의 공통점은 무엇인가? 자연상태는 인간과 국가의 행동 모두에 영향을 미치는가?

현실주의자가 보는 권력

만약 당신이 원초적 자연상태에 살고 있는 인간이거나 자연상태인 국제관계 속에 존재하는 국가라면, 당신이 살기 위해 '권력'을 가지는 것은 확실히 도움이 된다. '권력'을 소유하게 되면 다른 인간이나 국가의 공격으로부터 자신을 보호할 수 있고, 당신이 필요로 하는 것을 타인이나 다른 국가에게서 얻어낼 수 있다. 권력은 타인을 강제할 수 있다. 권력은 그게 없었다면 하지 못했을 무언가를 남에게 강요할 수 있게 해준다. 권력은 또한 타인이 당신을 공격하지 못하게 한다. 권력이 클수록 더 안전하다. 그런데 도대체 얼마나 안전해야 충분한가?

현실주의 IRT에서는 권력에 대한 관심이 어디에서 오는 것이며 어떻게 나타나는가? 우리는 세 명의 현실주의 저자들이(고전주의 저자 한 명과 현대 저자 두 명) IR을 설명하기 위해 권력이란 개념을 어떻게 사용하고 있는지 살펴봄으로써 이 질문에 답하고자 한다.

투키디데스의 '영원한 지혜'

> 국제정치의 지속적인 무정부적 성향은 놀랍게도 세계인들의 삶의 질이 천년 동안 똑같았다는 것을 설명해주며 많은 사람들이 이에 동의한다. (Waltz 1979: 66)

투키디데스(Thucydides)는 『펠로폰네소스 전쟁사(*History of the Peloponnesian War*)』를 저술한 기원전 5세기의 아테네 장군이었다. 이 책은 BC 431~404년에 걸쳐 4반세기 동안 벌어졌던 아테네와 스파르타의 전쟁에 대한 기술이다 (Thucydides 2004). 이 역사책은 수많은 현실주의자들이 '정치에 대한 비극적 견해'를 갖도록 영향을 주었다 (Lebow 2003: 35; Rosenau and Durfee 1995: 9-10). 현실주의자들은 국제정치를 설명함에 있어서 투

심층 분석 5.2 데이비드 미첼의 『더 본 클락스』에 나타난 권력

권력이라는 단어는 모든 정치학 분야와 IR이론에 등장한다. 정치학과 IR이라는 학문은 여러 면에서 권력에 관한 것이라 할 수 있는데, 다양한 형식의 권력에 대한 정의, 권력의 정당성, 특정한 정치적 목적을 달성하기 위해서는 어떠한 방법으로 권력을 사용해야 하는가 등을 다루기 때문이다. 자세히 살펴보면 그 어떠한 종류의 사회적 관계에도 권력은 존재한다. 권력은 우리가 일상적으로 기대하는 곳에는 어김없이 존재한다. 우리는 정부, 정당, 군대나 방위군 등에 권력이 관계되어 있다는 것을 알고 있다. 뿐만 아니라 가족, 종교, 강의실, 스포츠계, 퀴즈쇼, 그리고 할리우드에도 권력관계가 존재한다.

인간관계에 깊숙이 스며들어 있는 권력은 학자들뿐 아니라 소설가들에게도 지속적인 관심거리였다. 미첼(David Mitchell)의 역작 『더 본 클락스(*The Bone Clocks*)』는 권력의 본래 의미를 성찰한 탁월한 소설이다. 등장인물 중 한 명인 휴고 램(Hugo Lamb)은 정치학을 전공하는 케임브리지대학 학부생인데 미첼은 그를 통하여 작품 초입부터 일찌감치 권력의 개념을 도입하고 있다. "권력은 타인으로 하여금 원하지 않는 것을 억지로 하게 하거나 또는 하고자 하는 것을 하지 못하게 하는 능력이다" (2015: 97-98). 이는 권력을 강제 혹은 억지하는 힘으로 보는 매우 표준적인 정의이다. 램은 권력의 의미를 더 확장시킨다. "권력은 강요와 보상, 그리고 당근과 채찍에 의해 이루어진다. 강요란 '복종하지 않으면 후회할 것이다'라는 폭력이나 고통에 대한 두려움 때문에 가능해지고 … 보상은 '복종하면 혜택을 누리게 될 것'을 약속함으로 이루어진다." 이것이 대부분의 IRT에서 보는 권력에 대한 명확한 정의다. 당신이 마주치게 되는 권력에 대한 다양한 정의들을 기록해두라. 왜냐하면 권력이란 매우 가변적인 용어라서 에세이나 시험답안을 쓸 때 신중한 논의가 필요하기 때문이다. 권력을 정의하기 위해서는 IRT는 물론 소설 등의 보다 방대한 자료에서 아이디어를 얻어야 한다.

힌트를 주자면, 램은 결국 불멸성을 얻기 위해 인간으로서의 영혼을 버린다. 소설 초입부터 보이는 권력에 대한 그의 욕망이 결말에 대한 암시는 아니었을까?

키디데스의 작품에 투영된 영원한 지혜를 유용한 선전도구로 사용한다. 그의 역사는 "현대세계의 상황이나 특성을 뛰어넘어 과거 시대에도 적용될 수 있는 핵심적 내용을 갖췄다"고 생각되기 때문이다 (Sterling-Folker 2006e: 15; Little 2005: 46도 참조). 투키디데스 외에도 마키아벨리(Machiavelli), 홉스, 스피노자(Baruch Spinoza), 루소(Jean Jacques Rousseau) 등도 '고전적 현실주의'의 대가들이다 (Forde 1996). 데리안(James Der Derian)은 투키디데스 같은 고전의 재등장을 '유령의 영원한 귀환'이라고 정의하며 길핀(Robert Gilpin 1984) 같은 저자들은 실제 역사적 상황에 입각한 이런 저작들을 '초역사적 권력'이라고 주장한다 (Der Derian 1995: 383).

투키디데스는 '소수의 강대국'과 힘없는 다수 국가가 살던 시대를 이야기해주고 있다. 그 시대에는 국가들이 상황을 바꾸기 위해 할 수 있는 것이 거의 없었고, 그런 상황에 적응해야 하는 삶은 형언할 수 없이 고달팠다. 투키디데스와 그의 작품에 관한 개요를 살펴보려면 나이와 웰치(Nye and Welch 2011: 16-21)의 연구를 참고하기 바란다. 투키디데스의 엄중한 가르침에 의하면 국가의 생존과 번영을 위해서는 타국과 비교되는 자국의 상대적인 규모를 인정하고 자신들이 처해있는 현실에 적응해야 한다. 국제적 힘의 위계질서 속에서 자신의 위치를 인정하고 자국의 안보와 안위를 위해 행동해야 한다는 뜻이다. 바로 여기서 홉스가 보는 국제적 자연상태가 시작된다. 투키디데스는 대외정책 실행에 있어서 도덕성과 정의에 대한 논의의 문을 열었고 이는 후일 모겐소 같은 현실주의자들의 기반이 되었다. 호프만(Stanley Hoffman)이 살펴본 바에 의하면 "국제정치에서 권력에 대한 연구는 놀랍게도 대부분 아테네인들에 의해 이뤄졌다" (Hoffman 1995: 239-240).

IR에서 투키디데스에 관한 연구는 대부분 BC 416년의 '멜로스의 대화(Melian Dialogue)'에 집중돼 있는데, 여기서 강국인 아테네와 약소국인 멜로스 사이에서 힘의 관계가 어떤 작용을 했는지 살펴볼 수 있다. 두 나라 사이에는 근간 갈등의 역사가 있었다. 아테네는 멜로스를 자신들의 제국에 편입시켜 아테네를 더욱 강력하게 만들어 그 지역에서 가장 강력한 적국이었던 스파르타에 대항하고자 했다. 아테네는 "당신들의 나라를 정복함으로써 우리 제국의 규모뿐 아니라 안보에도 도움이 된다"고 했다. 그러나 멜로스는 '공평하고 정당한' 대우를 확립하고자 했고 아테네제국의 노예가 될 것을 염려했다. 멜로스는 중립국으로 남기를 원했고, 중립을 포기할 경우 국제체제 내에서 다른 중립국들에게 나쁜 선례를 남기게 될까봐 우려했다. 그들은 멜로스 침공이 안보딜레마를 줄여주기는커녕 오히려 증가시킨다고 주장했다. 아테네는 그리한 주장에 동의하지 않았다. "이는 공정한 전쟁은 아니다. … 당신들보다 훨씬 강한 국가에 저항하지 않음으로써 당신들의 생명을 구하는 문제이다." 아테네인들은 만약 멜로스가 아테네의 입장이었다면 멜로스도 아테네와 똑같이 행동했을 것이라고 주장한다 (Lygdamus.com 날짜 미상: 2-4). 아테네와 멜로스의 협상은 결렬되었다. 투키디데스의 설명에 의하면, 협상이 결렬된 직후 아테네는 멜로스를 포위했고 "멜로스는 아테네에 조건 없이 항복했고 군대에 나갈만한 나이의 남자들은 모두 학살되었으며 여자와 어린이들은 노예로 팔려갔다" (Lygdamus.com 날짜 미상: 5).

멜로스의 대화는 힘의 행사를 적나라하게 보여주고 있다. 바로 이것이 강요와 폭력으로서의 권력, 당근 없는 채찍이다 (위의 심층 분석을 참고할 것). 그러나 투키디데스가 단지 국제관계에 있어서 힘의 작용만을 말하고자 한 것은 아니다. 그의 역사 저술은 우리를 국제관계이론의 현실주의적 이해로 이끈다. 크레인(Gregory Crane)은 "투키디데스의 『역사』는 다수의 '현실주의' 학파에게서 공통적으로 나타나는 네 가지 특성을 보여주는데, 정치적일뿐 아니라, 문학적, 예술적, 그리고 과학적 특성이다"라고 지적한다 (Crane 1998: 제2장). 다른 모든 IR이론들처럼 현실주의도 그저 대외정책 행동원리를 나열한 것만은 아니다. 그것은 세계를 보는 하나의 방식이며 세계에 대해 저술하는 방법이다. 그러므로 투키디데스에 대한 연구는 값절의 교훈이 된다. 크레인이 관찰한 바를 차례로 살펴보도록 하자.

1. **절차적 현실주의**. 투키디데스는 '고도의 정확성을 기하는 관찰'을 주장하는데 이는 '주의 깊은 관찰과 정확한 서술'을 포함한다. 그는 페르시아전쟁에 관해 쓴 헤로도토스(Herodotus) 등 이전 저자들의 부정확성에 대해 질타했다. 그는 경험할 수 있고 정확히 보고할 수 있는 외부 세계를 전제한다는 점에서 실증주의 전통에 확고히 자리 잡았다. 투키디데스는 자기편의 유리한 진술에만 의존하지 않았을 뿐 아니라, 그에 필적할만한 경쟁적인 접근도 봉쇄해 버렸다. IR이론가들은 그렇게 하기를 좋아한다.
2. **과학적 현실주의**. 이는 절차적 현실주의에서 나왔다. 투키디데스는 펠로폰네소스전쟁의 전개과정을 정확하게 진술하고자 하는 데서 생긴 방법론적 문제들을 정확히 파악하고 있었다. 그럼에도 불구하고 그는 그것이 가능하다고 확신했다. 그는 이 긴 전쟁의 진실을 알기 위해 '사실 자체'를 탐구한 것을 적었다.
3. **이념적 현실주의**. 신뢰가 덜 가거나 정확하지 않은 역사에 대해 설명해야 할 경우에 투키디데스는 오직 자신만이 '진실에 대한 독점권'을 갖고 있다고 주장할 수 있었다. 하지만 그는 자신의 작품을 '관념론'의 정반대쪽에 놓았다. 관념론은 '매력적인, 그러나 궁극적으로는 실체가 없는 세계'를 의미했다. 그는 감정 배제를 강조하고 직접 목격하지 않은 비현실적 역사를 거부함으로써 그의 저서에 특별한 권위를 주장할 수 있었다. 투키디데스는 자신이 그러한 상상된 역사와 달리 '현실 세계'를 다루었다고 말했다.
4. **패러다임 현실주의(paradigmatic realism)**. 크레인은 과학철학자 쿤(Thomas Kuhn)의 유명한 표현을 빌려 투키디데스가 자평한 바 객관적 역사를 향한 진보를 '패러다임' 전환(paradigm shift)으로 보아야 한다고 지적한다(Holsti 1985도 참조할 것). 투키디데스는 역사연구의 새로운 방법을 정착시켰고 역사를 평가하는 새로운 기준을 정립시켰다. 하지만 그런 과정에서 잃은 것도 있고 어떤 방법들은 중단되었고 일부 사실은 간과되기도 했다. 예를 들면, 투키디데스는 군사와 정치적 역사를 특히 중시한 반면, 그리스 사회에서 여성의 역할을 무시했고 전쟁행위와 관련된 윤리적 질문들도 도외시했다. 투키디데스의 새로운 패러다임은 객관성, 완벽성, 공정성을 표

방했지만 사회과학적 연구들이 진정 공정할 수 있는 것인가?

전간기(戰間期)의 현실주의

투키디데스 『역사』책의 서술과 구성요소는 후일 현실주의 IRT의 전통으로 부활한다. 두 저자들이 그 예로서 매우 적합한데 E. H. 카(E. H. Carr)와 모겐소다.

E. H. 카

카의 방대한 정책과 학문적 경험으로 인해 IR에 관한 카의 견해는 매우 높은 평가를 받았다. 그는 1916년부터 1936년까지 영국 외무부 소속 외교관이었다. 우리가 제3장에서 이미 살펴보았듯이 그 시대는 제1차 세계대전이 일어났고 전후의 불안이 팽배하던 비극적 시대였지만 IR이 독립된 학문으로서의 입지를 세운 국제관계학의 형성시기였다. 1936년 카는 외무부를 사직하고 애버리스트위스 대학교(Aberystwyth University) 국제관계학과의 학장을 맡게 되었다. 케임브리지 대학에서 공부할 당시 카가 헤로도토스의 『페르시아전쟁』을 연구했다는 것을 생각하면 투키디데스의 작품도 접했을 것이 분명하다 (Carr 2001a: xi, 81 and 104).

홀리스와 스티브 스미스는 1939년에 초판이 발간된 E. H. 카의 『20년의 위기(*The Twenty Years' Crisis*)』 (2001b)를 '전간기(戰間期) 동안 국제관계를 지배하고 있던 유토피아적 사고에 대한 지속적인 비판'이라고 요약했다 (Hollis and Smith 1991: 21). 카가 언급한 '유토피아적 사고'의 의미는 무엇이고 그가 이를 공격한 이유는 무엇인가? 카는 우리가 4장에서 공부한 자유주의적 사고의 기조에 만족하지 않았다. 보다 '현실적'인 그의 견해 (현실주의)에 대비시키기 위해 그는 자유주의적 사고를 유토피아적이라고 불렀다. 카에 의하면 유토피아적 사고는 인류 발전이 인간의 선량함에 의해 성취되며 민주국가에서는 이러한 선량함이 많이 확보된다고 주장한다. 국제적 차원에서는 이러한 민주적 발전이 국가들 간의 대화를 통하여 갈등이 평화롭게 해결되는 국제기구나 제도들에 의하여 이루어지고 발전된다. 이러한 견해는 투키디데스가 『펠로폰네소스전쟁』에서 묘사한 바 아테네가 멜로스를 쳐부순 것 같은 불안정이나 폭력을 간과하고 있다 (윗부분을 참조할 것).

그러나 카에게 세계평화를 '지향하는' 것하고 이를 '성취하는' 것은 완전히 다르다. 자유주의적 사고의 구체적 결과물인 국제연맹 등은 힘을 당근과 채찍처럼 사용하거나, 외교에서의 교활함과 파괴력을 활용하거나, 분쟁해결을 위해 힘을 사용해야 하는 대외정책 결정의 현실을 고려하지 않았다. 그러므로 카는 자유주의의 모든 것이 잘못됐다고 주장했다. (인간본성과 국제관계에 관한) 이론을 만들고 현실을 이에 맞추는 대신, 자유주의자들은 있는 그대로의 현실을 직시하고 현실을 설명하는 이론을 발전시켰어야 했다는 것이다. 카는 유토피아적 사고가 "사회과학의 발전을 지연시켰다"고 믿었다 (Hoffman 1995: 215).

IR을 공부하다 보면 카가 영국과 미국 고전적 현실주의 전통의 창시자 그 이상으로 소개되는 것을 발견하게 된다. 따라서 2001년 판 『20년의 위기』를 읽어보는 것이 매우 도움이 될 것이다. 콕스(Michael Cox)의 뛰어난 서문은 카를 현실주의 사상자라고 쉽게 가정해버리는 것에 대해 심도 있게 탐구하고 있다.

카의 연구: 현실주의로 본 현실

카가 본 전간기의 현실은 국제적 무정부상태로 인해 국제체제에서 전쟁과 분쟁이 일어났다는 것이다. 제2차 세계대전(1939~1945년)이 발발하기 직전에 처음 발간된 이 책은 정치권과 학계의 독자들로 하여금 1919~1939년 동안 세계의 현실에 대해 자유주의보다는 현실주의가 훨씬 더 제대로 해석하고 있다고 설득했음에 틀림없다. 그에게는 국제정치에서의 힘의 사용에 대한 새로운 생각을 설득하는 데 유리한 뭔가가 있었다.

카가 그의 관점을 설득하는 데 도움이 된 두 가지 이슈들이 있었다. 첫째는 국제연맹이 붕괴되어 국제관계에서 자유주의적 견해가 설득력을 잃었다는 점이다. 윌슨독트린에 따라 1919년에 설립되었던 국제연맹은 (전 장을 참조할 것) 오랫동안 모두가 두려워하던 현실을 확인해주었다. 즉, 연맹은 국가 간 전쟁을 방지할 수 있는 외교적, 정치적, 군사적 힘이 없었던 것이다. 당근은 너무 많고 채찍은 너무 모자랐던 것이다. 추축국인 독일, 이탈리아, 일본의 등장과 행보는 카로 하여금 "강한 자가 옳다"는 투키디데스 원리가 진실이라는 생각을 하게끔 했다. 강자는 원하는 바를 할 수 있고 약자는 할 수 있는 것만 할 수 있다는 사실 말이다. 현실주의자들에게 멜로스의 대화는 영원한 진리인 듯 보인다.

둘째, 미국의 대공황과 그로 인한 전 세계적 불황은 자유무역이 국가들 간의 조화로운 국제경제 관계를 촉진한다는 자유주의 주장을 퇴색시켰다. 이 시기 동안의 경제 통계를 통해 불황의 정도를 엿볼 수 있다. 1929년에 3퍼센트이던 미국의 실업률이 1933년에는 25퍼센트까지 상승했다 (Darby, Schenk 1997-2006에서 인용). 그 4년 동안 미국의 국민총생산은 분기당 1,000억 달러에서 분기당 겨우 500억 달러로 반 토막이 났다 (Moore, Schenk 1997-2006에서 인용). 카는 전간기 동안의 그러한 대규모 국제경제의 난맥이 자유시장이 조화로운 국제경제를 촉진할 것이라는 가정에 오류가 있음을 보여준다고 주장했다. 이에 따라 새로운 경제적 사고방식, 즉 완전고용, 평등과 사회 정의를 실현하기 위한 개입주의 정책이 요구되었다. 카는 1929년부터 시작된 러시아의 5개년 경제계획의 성공을 지켜보며 이

심층 분석 5.3 E. H. 카에서 데이비드 카메론까지: 현대의 현실주의 전통

전간기와 1945년 이후 보편화된 이래로 서구의 외교정책 영역은 대부분 현실주의에 확고하게 기반하고 있다고 주장되기도 한다. 이는 곧 이런 저런 이유로 국제안보와 질서에 관한 현실주의 원리의 핵심이 다수의 서구 정책결정자들을 위한 일종의 초기 설정이 돼버렸다는 의미이다 (그 전환 메커니즘을 정확히 집어내기는 너무 복잡하다). 냉전 이후 다른 IR이론들의 요소가 더해져서 더욱 풍부해진 외교정책 연설들은 이론이 항상 최선의 실천에 도움이 된다는 매우 풍성한 증거로 간주되었다.

그 중에 2010년에서 2016년까지 영국 수상을 역임한 카메론(David Cameron)과 2010년에서 2014년까지 영국 외무장관을 지냈던 헤이그(William Hague)가 있다. 이들은 '자유주의적 보수주의'(liebral conservatism, 4장에서 다룬 허츠의 현실주의적 자유주의와 별반 다르지 않음)를 발전시켰다. 그들은 일련의 연설을 통해 자유주의적 보수주의의 의미를 설명했는데 둘 다 매우 치밀하게 정제된 언어를 사용했다. 아래 두 개의 인용문들 중 밑줄 쳐진 것들은 자유주의적 시각을 보여주고 고딕체로 된 것들은 영국학파가 좋아하는 (제7장에서 영국학파에 관해 다룰 것이다) 것들, 그리고 **볼드체**로 된 것은 현실주의적 입장을 보여준다.

카메론: "나는 신보수주의가 아닌 자유주의적 보수주의자입니다. 내가 자유주의자인 이유는 자유와 민주주의의 전파를 지지하기 때문이며 인도주의적 개입도 지지합니다. 내가 **보수수의자**인 이유는 내가 인간본성의 복잡성을 알고 있으며 **세계를 재창조한다는 거대 구상에 대해 회의적**이기 때문입니다" (Cameron 2006).

헤이그: "최근 몇 년 동안 카메론과 나는 '자유주의적 **보수주의**'에 기반을 둔 외교정책 방법에 대해서 이야기해왔습니다. 우리는 자유, 인권, 민주주의를 신봉하며 다른 나라들에서도 이러한 가치들을 더욱 많이 볼 수 있기를 희망합니다. 그러나 나는 **국민국가의 지속적 타당성**에 대해 확고하게 믿고 있으며 **세계를 재창조할 수 있다는 원대한 유토피아적 구상에**

계속

대해서 회의적이기 때문에 나는 **보수주의자**입니다" (Hague 2009).

간단한 분석이지만 이는 현대 영국 대외정책에서 현실주의가 어떠한 위치를 차지하고 있는가를 보여준다. 2010~2016년 동안 집권한 카메론 정부는 대외정책이 반드시 '양심적'으로 수행되어야 한다는 결론에 도달했다. 그 결과 영국은 2011년 리비아 사태에 개입했고, 헤이그는 개인적으로 지대한 관심을 갖고 있던 전쟁에서의 성폭력 종식을 UN 차원의 국제적 활동 어젠다로 올리는 데 성공했다 (Daddow 2015). 그러나 카메론이나 헤이그는 이라크 민주주의 증진을 위한 블레어의 십자군식 정책에는 동의할 수 없었다. 그들은 카의 방식을 따라 세계가 쉽고 빠르게 재창조될 수는 없다고 믿는다. 우리는 이미 우리가 가진 것들(인간본성과 국민국가들)을 바탕으로 실용적으로 노력해야 하며 문화적, 종교적 차이를 존중함으로써 얻어질 수 있는 것들에 유의해야 한다는 것이다. 그들의 대외정책은 자유주의적 영국학파 쪽으로 기울어져 있는데 궁극적으로는 유토피아적 사상에 대한 비판을 기반으로 하며 국제정치의 현실주의적 이해를 바탕으로 영국의 대외정책을 이끌고 있다. 현실주의 IRT는 용어상으로나 실행에 있어서나 매우 견고한 것으로 확인되었다.

러한 생각을 굳혔는데 이는 같은 기간 자본주의 세계경제가 추락한 것과 극명하게 대비되었다. 그러므로 지금은 카가 현실주의의 원조라고 불리지만 그는 정치적 조직에 있어서는 보다 좌파성향에 동조하는 요소를 가지고 있었다고 볼 수 있다.

제2차 세계대전 이후의 현실주의: 모겐소

처음부터 막았어야 했다. 히틀러를 뮌헨에서부터 막았던 것처럼 그를 놓아줘서는 결코 안 될 일이었다. 그를 그냥 나아가게 놔뒀을 때 그들은 이

> 미 엄청난 재난을 자청한 셈이다. (Puzo 1991: 143)

푸조(Mario Puzo)의 소설 『대부(*Godfather*)』에서 항상 폭력에 폭력으로 맞서는 데 익숙했던 피터 클레멘자(Peter Clemenza)가 이렇게 말한다. 이 장의 앞부분에서 살펴본 바와 같이 힘이 가지는 억지와 강제 효과가 현실주의의 핵심인데 그것이 20세기 세계역사의 특징이다. 로즈노와 더피(Rosenau and Durfee 1995: 10-11)가 설명하듯이 이러한 논리는 20세기 양차 세계대전 사이의 위기 동안 확고히 굳어졌다.

> 영국, 프랑스, 미국의 지도자들이 힘에 대해서 더 주의를 기울이는 한편, 모두가 선의와 포용을 지지한다는 상상을 하지 말았어야 했다. 그랬더라면 1930년대의 침공을 막기 위한 움직임이 제2차 세계대전을 막을 수 있었을 것이다.

그러므로 저비스가 언급한 대로 "그 어떤 학문적 저작보다도 히틀러를 경험한 것이 현실주의의 최대 공헌자다" (Jervis 1994: 855).

카는 현실주의 전통의 핵심 원리를 설명하기 위해 오랜 시간을 보냈다. 하지만 철저한 '과학적' 형식으로 현실주의를 발전시키는 임무는 모겐소에게 넘겨졌고 현실주의는 미국의 정책 결정자들과 학계를 사로잡았다. 모겐소는 제2차 세계대전이 발발하기 2년 전에 독일에서 미국으로 온 이민자였으며 사회생활 초기에는 제네바와 마드리드에서 교편을 잡았었다. 그의 주요 IR 관련 저서들은 미국의 여러 대학들에서 정치학자로서 재직하고 있을 때 저술되었다 (*Encyclopedia of World Biography* 2005-2006). 1948년에 출판된 모겐소의 『국가 간의 정치(*Politics among Nations*)』는 IR을 '과학적'으로 연구하라는 카의 요청에 대한 즉각적인 대답이었다. 모겐소는 IR 연구에서 힘에 대한 이해를 증진시켰고 이를 정치 현실주의의 6가지 원칙으로 정리했다. 호프만(Hoffman 1995: 216-218)은 모겐소를 미국 IR 학계의 진정한 창시자라고 인정하면서, 그의 연구를 제2차 세계대전 이후 새로운 강대국으로 등장한 미국의 정책결정자들에게 소개하였다.

모겐소는(Morgenthau 1985) 국가의 힘은 상호 연관된 다양한 요인들에서 생긴다고 주장했다 (Rosenau and Durfee 1995: 16–17에 있는 내용도 참조할 것). 첫째, 국가의 지리 (규모와 위치)가 중요하다. 예를 들면, 영국이 섬나라라는 현실이 자유무역부터 2016년 EU 탈퇴에 관한 국민투표에 이르기까지 모든 것에 영향을 준다는 것이 드러났다. 둘째, 국가의 힘은 식량과 원자재 등의 천연자원에서 나온다. 자급자족이 가능하면 기본적 생존을 위해 다른 국가에 의존할 필요가 없고, 국가 불안의 원인을 줄여주므로 이상적이다. 셋째, 국가는 소유한 천연자원을 최대한 활용할 수 있는 산업능력이 필요하다. 영국이 산업혁명으로 이를 성취한 것은 좋은 예이다. 넷째, 국가가 선호하는 방향으로 대외정책을 추진하기 위해 준비된 군사력이 있어야 한다. 다섯째, 국민들이 국가의 힘을 실행에 옮길 능력이 있고 이를 위해 준비되어야 한다. 이는 단지 인구 규모를 의미하는 것은 아니다. 여섯째, '국가 특성' 또는 국민들의 공통적 특성이다. 일곱째, '국가의 사기' 또는 평시든 전시든 국민이 정부의 대외정책을 지지할 수 있는 결의다. 여덟째, '가장 중요한 요인'로서 국가 외교의 질이다. 아홉째, 정부의 자원분배 능력과 정책 실행에 대한 국내적 지지를 유지할 수 있는 능력이 국가의 힘을 측정하는 요소가 된다.

국력의 요인이 되는 이러한 요인들은 모두가 중요한 것들이다. 그러나 모겐소가 주장한 대로 (Morgenthau 1985: 4–17) 우리가 다음의 6가지 원칙들을 감안할 경우에만 의미가 있다.

1. **정치는 인간본성에 뿌리를 두고 있다.** 도넬리(Donnelly 1996: 86)가 관찰한 바와 같이 "인간본성이 현실주의의 시발점이다. 현실주의자에게 인간본성의 핵심은 인간을 악하게 만드는 이기적 욕망에 있다." 투키디데스와 홉

> 글로벌 파이어파워 웹사이트(Global Firepower 2016)는 국가의 힘을 측정하는 현실주의적 사례가 될 수 있다. 이 사이트는 125개국을 가장 강한 국가부터 가장 약한 국가까지 '순위'를 정하기 위해 방대한 양의 통계 데이터를 사용했다. 이 데이터에는 지리, 인구 규모에 따른 '병력 자원', 자원, 도로와 철도 보급률과 같은 물류 사안, 군대의 군사장비와 조직, 경제력 등이 포함되었다. 도합 50가지 요인들이 군사력 측정에 사용되었고 국가명으로 리스트를 검색할 수 있어서 데이터를 확인해볼 수 있다. 2016년에 10대 강국으로 선정된 국가들을 1위부터 10위까지 열거하면, 미국, 러시아, 중국, 인도, 프랑스, 영국, 일본, 터키, 독일, 이탈리아다.

스가 묘사한 대로 이러한 본성은 본질적으로 수천 년 동안 변하지 않았다 (이에 대해 모겐소는 아래의 3번째 원칙에서 더 자세히 설명하고 있다). 우리가 이것을 정치의 여러 가지 '객관적 법칙' 중 하나라고 생각한다면 우리는 또한 "이러한 객관적 법칙을 반영하는 합리적 이론을 발달시킬 가능성 또한 믿어야만 한다." 우리가 '진실' (증거로부터 합리적으로 도출된)과 '의견' (사실과는 분리된 주관적 판단)을 구분할 수 있다고 가정하기 때문에 이러한 가능성이 존재하는 것이다.

2. **외교정책 결정자들은 "힘이라고 정의된 이익의 관점에서 생각하고 행동한다."** 국제정치에서는 힘의 정치적 고려가 전부다. 멜로스의 대화가 분명하게 보여주듯이 윤리, 도덕, 경제와 종교적 처방들은 다 힘의 행사보다 부차적이다 (앞의 내용을 참조할 것). 이러한 가정은 "합리적 질서를 정치의 소재에 주입시키고, 그럼으로써 정치에 대한 이론적인 이해를 가능케 한다." 우리는 대외정책적 결정이 제대로 되었는지, 다시 말해 그것이 '합리적' 결정이었는지는 오로지 그로 인해 국가의 안보가 증진되었는지의 여부를 보고 측정할 수 있다. 윤리적 언어가 대중들에게 대외정책을 잘 '포장'해서 알리는 데 사용되기도 하겠지만, 모든 정책들은 국가이익을 위해 결정되어야 한다 (바로 이 점이 위에서 거론한 카메론과 헤이그가 연설에서 말하고자 한 것 아닌가?). 커티스(Mark Curtis 2003)와 같은 저자들은 최근의

영국 대외정책에서 이런 점을 매우 강조했다.

3. 모겐소의 3번째 요소에는 두 부분이 있다. **(i) 인간은 기본적으로 이기적이며 국가도 그렇다.** 인간과 국가 간의 관계는 국내, 대외 각각의 차원에서 정책을 통해 행해지며 여기서 서로 다른 이익이 충돌하기 쉽다. **(ii) 국가의 정의(定義)와 힘의 사용은 그 힘이 행사되는 문화와 정치적 맥락에 달려있다.** 넓게 보면 힘은 "모든 사회적 관계에 해당되며 바로 그 목적으로 사용된다. 이에는 물리적 폭력부터 다른 사람의 생각을 통제하는 아주 미묘한 심리적 관계까지 모두 포함된다." 여기서 모겐소는 힘을 '채찍' 그 이상으로 보는데 힘은 '당근'과 보상이 되기도 한다. 인식과 심리적 요소는 힘의 핵심적이고 근본적 요소이다. 현대 세계를 변화시킨다는 것은 이러한 국제정치의 지속적인 현실, 즉 이익과 권력을 함께 고려해야 함을 뜻한다.

4. **우리는 지도자가 취하는 행위의 도덕성을 특정 시기에 그 지도자에게 허락된 선택들을 면밀히 검증함으로써 판단할 수 있다.** 그러한 행위들을 판단할 수 있는 보편적인 도덕률이란 없다. 모겐소는 결정을 내릴 당시 전체적인 상황 하에서 어떤 것이 가능했는가에 대해 면밀하게 살펴보고 행위를 판단하는 '상황 윤리'를 지지했다 (Molloy 2008: 96).

5. **그 어떤 국가도 자국의 도덕률이 세계의 도덕률이라고 주장하거나 자국의 이념을 타국에 강요할 수 없다.** 그러한 어리석음은 "눈이 멀고 광란에 빠져 국가와 문명을 파괴할 수 있는 왜곡된 판단을 초래할 수 있다." 사실상, 도덕성에 대한 판단은 우리와 다른 타인의 삶과 결정을 우리가 어느 정도나 존중하는가에 달려 있다. 여기서 우리는 지역적 현실을 무시한 대외정책의 막무가내식 접근을 비판하는 현실주의적 근거를 볼 수 있다. 우리는 앞에서 헤이그가 어떻게 현실주의와 자유주의 용어를 섞어서 영국의 대외정책을 설명했는지 보았다. 그의 신념에서는 추가적인 현실주의 요소를 발견할 수 있다. "우리가 남과 더불어 일하면서 우리의 이익과 가치를 더욱 발전시키기를 원한다면 지나친 일반화를 피하도록 조심하는 것이 중요하다. 그들의 목을 조르지 않도록 조심해야 한다" (Gilmore 2014: 31에서 인용). 모겐소의 현실주의 5번째 원칙에 대한 헤이그의 반응은 매우 주목할 만하다.

6. **실제 상황에서 어떻게 작동하는가의 사례를 가지고 정치적 영역의 자율성을 재론한다**. "경제학자는 이렇게 묻는다. '이 정책이 사회 전체나 일부의 부(富)에 어떤 영향을 줍니까?' 변호사는 이렇게 질문한다. '이 정책은 법치에 부합하나요?' 도덕주의자의 질문은 이렇다. '이 정책이 도덕적 원칙에 부합합니까?' 그리고 현실주의 정치학자들은 이렇게 질문한다. '이 정책이 국가의 힘에 영향을 줍니까?' 국제정치는 심약한 사람들을 위한 것이 아니다. 인간본성이 사라지기를 바랄 수는 없기 때문이다." 힘의 증대와 실행으로서의 정치가 바로 현실주의가 서있는 곳이다.

이 장과 앞 장에서는 IR의 현실주의와 자유주의 전통에 대하여 간단한 개요를 살펴보았다. 이것이 IRT의 두 가지 근본원리다. 여러분의 공부에서 이 두 가지를 확실하게 이해하게 된다면 그 이후에 등장한 여러 이론들을 이해하는 데 많은 도움이 될 것이다. 이제 이 근본적 이론들에 관해 가능한 한 많이 읽음으로써 더 깊이 있는 이해에 도달하는 것은 여러분의 몫이다. 요약을 겸하여 핵심 내용들을 다시 살펴보도록 하자. 첫째, 현실주의와 자유주의는 IR의 여러 가지 가정들을 공유한다 (다음 장에서 여기에 대해 다룰 것이다). 둘째, 그들은 흔히 과거의 동일한 사례에서 증거를 구하지만 그러한 역사적 사건의 '의미'를 매우 다르게 해석한다. 그들은 때로는 국제정치의 다른 세계를 '본다' (이는 '거기에' 있는 것이 무엇인지를 설명하는 존재론적 차이를 의미한다). 이는 세 번째 요점과 연결된다. 현실주의자들이 국가 간의 갈등, 불안, 전쟁으로 인한 지속적 공포를 보게 되는 지점에서 자유주의자들은 국제기구와 제도들 간의 협력을 통한 평화와 인류발전의 가능성을 발견한다. 넷째, 이 두 이론들은 역사와 전통에 의거하여 그들이 얼마나 정확하고 신뢰할 만한지를 겨룬다. 마지막으로, 어떤 이론도 한 덩어리가 아니다. 그들에게는 '다른' 가지가 있다. 다음 장에서 우리는 이 두 이론이 어떻게 신자유주의와 신현실주의 형태로 새롭게 등장했는지에 관해 살펴볼 것이다.

현실주의자들은 자유주의자들보다 IR에 대해 보다 비관적 견해를 가지고 있다. 당신의 IR 시각은 어떠한가? 낙관적인가 아니면 비관적인가? 그리고 그러한 견해는 어디에 근거하고 있는가?

생각해 볼 문제들

'현대 국제관계를 연구하기에 투키디데스는 얼마나 적합한가?'

현실주의 IR 학자들에 의해 다루어진 투키디데스 연구가 좋은 출발점이 될 것이다. 한 가지 방법은 투키디데스의 작품을 직접 연구한 모든 저자들 (예를 들어, E. H. 카)에 관해서 적어두는 것이다. 그러면 그 저자들의 견해는 투키디데스가 적절하다는 쪽의 토론 근거를 형성해줄 것이다. 여러분은 아마도 국제관계에 있어서 국가의 행위가 기본적으로 다양한 형식의 힘의 행사라고 주장하고 싶을 것이다. 그렇다면 우리가 위에서 한 것처럼, 투키디데스의 멜로스의 대화를 인용하거나, 혹은 소설들이나 카나 모겐소 같은 현실주의적 사상가들이 다룬 힘과 인간본성에 대한 담론을 추적할 수 있을 것이다.

그러나 동의하지 않는 저자들도 있을 것이다. 그들은 수천 년 전 그리스 도시국가들 사이의 정치적 관계를 가지고 현시대 국제정치를 이해하려는 시도에 의문을 제기한다. 그들은 인간본성, 안보, 권력, 도덕성, 폭력에의 욕망에 대한 일부 현실주의 투키디데스학파 주장을 비판한다. 여기서 우리는 현실주의의 반대파였던 자유주의를 활용하여 단지 투키디데스뿐 아니라 그에게 영향을 받은 모든 전통이 현대 시대의 본성을 잘못 이해했다는 논지로 주장할 수도 있다. 자유주의자들은 힘의 정의는 물론, 국제정치를 힘에 대한 연구로 환원하려는 '고전적' 현실주의 경향에 대해서도 의문을 던진다. 이 책 후반부에서 다루고 있는 여러 이론들도 현실주의에 대한 비판에 도움이 될 것이다.

> 웰치는 "왜 IR 학자들이 투키디데스 연구를 중지해야 하는가" (Welch 2003)라는 논문을 썼다. 당신이 이처럼 도발적인 논문을 접하게 되면 반드시 읽기를 바란다. 이미 확립된 이론적 견해에 도전할 수 있는 새로운 방법을 제공해 줄 것이기 때문이다.

답안 작성 내내 '타당성'에 관한 논쟁이 핵심임을 기억해야 한다. 기준을 정하는 것은 매우 어려운 일이므로 답안을 준비하는 방법 중 하나는 10점 만점을 기준으로 투키디데스의 점수를 매기는 것이다. 당신 생각에 만약 투키디데스가 10점 중 9점이라면 그 이유는 무엇인가? 만약 2점이라면, 그 이유는? 당신이 현실주의자라면 투키디데스에게 주는 점수는 다른 IR이론에 주는 점수보다 더 높을 것이다.

'현실주의 IR이론에서 윤리적 고려는 어떤 역할을 하는가?'

이 질문은 현실주의 IR이 전제하는 가설과 논쟁의 핵심이 무엇인지, 국제정치를 수행함에 있어서 윤리와 정의(正義)에 관한 현실주의 규범에 대한 관심을 묻는 질문이다. '현실주의'가 무엇을 의미하는지 구체화하는 것부터 시작해서, 어떤 학자가 또는 어떤 학자군(群)이 이 전통의 대표적인 학자들인지를 설명해야 한다. 이 장에서 우리는 단지 몇 명의 주요 저자들에 대해 살펴보았지만 그 외에도 해당될만한 학자들이 수십 명 있다.

다음으로는 현실주의 전통의 대표가 될 만하다고 여겨지는 주요 학자들의 도덕적 측면을 부각시키는 것이다. 그들이 국제정치 영역에서 어떻게 도덕성 문제에 접근하는지 다양한 방법으로 평가해 볼 수 있다. 예를 들면, 사적인 도덕성과 공적 도덕성에 관한 그들의 견해를 살펴보고 모겐소와 같은 저자들이 보편적 도덕률은 없으며 특정한 시기 특정한 결정에 대해서만, 그리고 온전히 국가이익의 관점에서 도덕성을 판단할 수 있다고 주장한 것에 대하여 설명할 수 있다.

'보통의' 현실주의 저자들이 어떻게 도덕성을 다루었는지 '보통의' 자유주의 저자들과 비교해볼 수도 있겠다. 이로써 도덕성이 한 가지 이론의 전통에서는 다른 전통에서보다 역할이 적다거나 혹은 좀 더 모호한 역할을 했다고 보는 것이 더 정확하다는 결론에 도달하게 될 것이다. 위에서 살펴본 카메론과 헤이그의 연설은 상당부분 현대 대외정책 사고에서 윤리가 불편한 위치에 있음을 강조하고 있다. 현실주의적 사고는 규범적 이슈들을 억누르기 위해 분투한다. 이미 '되어진' 것들에 대한 공정한 듯 한 묘사 속에 '당위적'으로 되어져야 하는 것들이 암묵적으로 내포될 수도 있다. 현실주의 사고에서 결여된 윤리적 요소들을 추적해보고자 한다면 모겐소의 경우 같은 보충 자료들이 여러분이 발전시키려는 사례연구에 도움이 될 것이다.

추가 읽을거리

현실주의 전통에 관련된 전반적 주제와 이슈들

Gilpin, R.G. (1984) 'The Richness of the Tradition of Political Realism', *International Organization*, 38(2): 287–304.

James, A. (1989) 'The Realism of Realism: The State and the Study of International Relations', *Review of International Studies*, 15(3): 222–226.

Jervis, R. (1978) 'Cooperation under the Security Dilemma', *World Politics*, 30(2): 167–214.

방어적 현실주의적 접근에 대한 설명을 제공한다. 이는 현실주의이론 스펙트럼 중 가장 낙관적인 쪽의 정점에 있다.

Wheeler, N.J. (2014) 'Interview with Robert Jervis', *International Relations*, 28(4): 479–504.
저비스의 경력, 주요 저서들, 그리고 오늘날 IR의 핵심이라고 생각하는 부분들에 영향을 끼친 것들을 포함한 광범위한 인터뷰를 싣고 있다.

Williamson, D. (2003) *War and Peace: International Relations, 1919–39*, 2nd edn. London: Hodder and Stoughton.

Herz, J.H. (1959) *International Relations in the Nuclear Age*. New York: Columbia University Press.
현실주의적 사고와 냉전 초기 동안의 '현장에서' 일어난 사건들과의 관계를 보여준다.

Hirst, P. (2001) *War and Power in the 21st Century*. Cambridge: Polity.
제2장에 있는 1648년 이후 국제체제와 4장 국제체제의 미래에 대한 논의 부분을 보라.

투키디데스와 그의 업적에 관하여

Chittick, W.O. and Freyberg-Inan, A. (2000) '"Chiefly for Fear, Next for Honour, and Lastly for Profit": An Analysis of Foreign Policy Motivation in the Peloponnesian War', *Review of International Studies*, 27(1): 69–90.

Bagby, L.M.J. (1994) 'The Use and Abuse of Thucydides in International Relations', *International Organization*, 48(1): 131–153.
현실주의가 투키디데스를 지나치게 단순화시켜서 이용한다고 주장하고 대외정책 실행자들에게 매우 유용한 대안적 읽을거리를 제공한다.

Monten, J. (2006) 'Thucydides and Modern Realism', *International Studies Quarterly*, 50(1): 3–26.
투키디데스의 현실주의 성향에 대한 심층적 재평가를 다루고 있다.

현실주의 규범에 대한 비판

Beitz, C.R. (1979) *Political Theory and International Relations*. Princeton, NJ: Princeton University Press.
현실주의의 국가중심주의에 대한 비판을 통해 세계주의(cosmopolitanism) 이론, 특히 국가들이 홉스주의적 자조(自助) 환경 속에서 존재한다는 가정에 대하여 상세하게 설명한다. 현실주의 비판에 유용하다.

Cozette, M. (2008) 'Reclaiming the Critical Dimension of Realism: Hans J. Morgenthau on the Ethics of Scholarship', *Review of International Studies*, 34(1): 5–27.
진실, 권력, 학자의 윤리에 대한 모겐소의 저서들을 자세하게 읽음으로써 국제관계학에 대한 비판적 연구가로서의 그의 자격에 대해 재평가한다.

Bain, W. (2000) 'Deconfusing Morgenthau: Moral Inquiry and Classical Realism Reconsidered', *Review of International Studies*, 26(3): 445–464.

Guzzini, S. (1998) *Realism in International Relations and International Political Economy: The Continuing Story of a Death Foretold*. London: Routledge.

현실주의 사상의 이론, 실천, 위기, 그리고 이러한 이론적 위기들에 대한 신현실주의적(Neorealist) 반응을 살펴본다.

Gilpin, R. (2002) 'A Realist Perspective on International Governance', in D. Held and A. McGrew (eds) *Governing Globalization: Power, Authority and Global Governance*. Cambridge: Polity, pp. 237–248.

Waltz, K.N. (2008) *Realism and International Politics*. New York: Routledge.
월츠의 논문 모음집이다. 이론에 관한 1부에 비판에 대한 대응이 포함되어 있는데 매우 유용하다.

6장 신현실주의와 신자유주의

핵심용어

- 무정부상태
- 세력균형
- 정치경제
- 합리성
- 레짐
- 국가
- 체제

신현실주의(Neorealism)와 신자유주의(Neoliberalism) 간의 논쟁은 1970년대에 시작되어 IR의 중요한 이론적 논쟁으로 급부상했다. 각 이론은 우리가 앞의 두 장에서 설명한 '고전적' 현실주의와 자유주의에 단단히 근거한 변종으로 볼 수 있는데, 현실주의와 자유주의에서 기인한 기본 가정과 개념을 새로운 방향으로 발전시켰다. 종종 신-신 논쟁(Neo-Neo debate)으로 일컬어지기도 하는 이 논쟁의 출현으로 우리는 IR 분야에서의 이론적 혁신이 '현실적인' 국제정치, 전략, 경제 전선의 변화로부터 어떻게 지속적으로 영감을 받는지를 보았다. 이 장에서 우리는 월츠와 미어샤이머의 신현실주의를 살펴보는 데서부터 출발하여 다양한 형태로 나타난 신자유주의의 대응을 살펴보는 순으로 진행할 것이다. 그러한 대응은 상당 부분 레짐과 제도를 통한 협력의 문제와 관련이 있다.

신현실주의

앞 장에서 우리는 현실주의의 핵심적 가정과 주장을 E. H. 카와 모겐소의 저작을 통해 살펴보았다. 우리는 전간기(戰間期)에 출현하여 제2차 세계대전 이후 이 분야를 장악한 현실주의라는 사상이 국가 간 전쟁을 두 가지 분석수준(level)에서 설명한다는 것을 살펴보았다.

- **분석수준 1: 인간본성**. 자연상태에 있는 인간의 불안에 대한 홉스 사상의 영향을 받아 모겐소와 같은 저자들은 우리가 인간본성의 결함에 대해 이해한다면 대부분 국제정치의 역동성을 이해할 수 있을 것이라고 주장했다. '저 밖에 있는' 타자에 대한 두려움과 불신이 힘에 대한 갈구로 증폭되고 이는 전쟁의 원인이 될 수 있다.
- **분석수준 2: 무정부상태 속에서의 국가이익**. 홉스의 자연상태(state of nature)를 국제 영역으로 확대해보면, 우리는 국제관계를 이기적이고 영원히 불안에 사로잡힌 국가의 안보 추구라는 점에서 설명할 수 있다. 월츠는 현실주의 사상을 **'방어적' 현실주의(defensive realism)**로 발전시켰으며 일반적으로 국가들이 생존하기를 원하며 이 목적을 성취할 수 있는 정도로 안보를 향상시키고자 한다고 주장했다. 다음에서 살펴볼 미어샤이머의 **'공세적' 현실주의(offensive realism)**는 국가가 자연상태의 인간만큼이나 결함투성이 존재라고 주장한다. 국가는 체제 내에서 상시적으로 힘과 지배력을 추구하기 때문에 외견상 **세력균형(balance of power)**이 작동하고 있는 상황에서도 항상 불안에 시달린다.

IR이론을 진정으로 이해하려면 이 분야의 가장 영향력 있는 저자 중 한 명인 월츠의 저서를 읽어보아야 한다. 월츠는 두 권의 중요한 저서를 출판했는데 그 요지는 그가 수많은 논문에서 주장했던 것이며 월츠를 파악하는데 필수적인 자료들이다. 첫째는 『인간, 국가, 전쟁(*Man, the State and War*)』(1959)이다. 이 책은 무정부상태에 처한 국가들 사이의 끊임없는 전쟁으로 국제관계를 설명한 모겐소, 카와 맥을 같이 하고 있다. 이 책은 대체로 앞에서 언급한 분석의 수준을 논하고 있다.

20년 후인 1979년 월츠는 『국제정치이론(*Theory of International Politics*)』을 펴내며 한 단계 더 나아갔다. 그는 이 책에서 전쟁의 원인을 보다 체계적으로 설명하고자 했다. 그는 "단지 국가의 내부만 봐서는 세계정치를 이해할 수 없다" (p.65)고 주장했다. 인간 또는 국가의 '선량함' 또는 '악함'을 가지고 국제정치의 역동성을 설명하기엔 불충분하다는 것이다. 그는 성공적인 국제관계이론을 발전시키려면 더 높은 세 번째 분석수준에 초점을 맞춰야 한다고 주장했다. "상호작용하는 단위들(분석수준 1, 2)을 검토함으로써 국제관계를 분석적으로 설명하고자 하는 시도가 실패를 반복하는 것은 **체제적 접근의 필요성을 확고하게 보여준다**" (Waltz 1979: 68, 강조는 필자). 국제정치를 주 행위자인 국가 자체만으로는 설명할 수 없고 국제체제 차원에서 나타나는 현상들을 관찰함으로써 알 수 있을 뿐이다. 이 새로운 세 번째 분석수준에 대한 연구는 국가들이 서로 상당히 다르게 구성되어졌음에도 장기간에 걸쳐 상호작용이 상당히 안정적이고 예측가능하다는 것을 이해할 수 있게 도와줄 뿐 아니라 그들의 전쟁 성향에 대해서도 이해하게 해준다. 분석수준 3의 이론은 다음과 같이 구성된다.

1. 국제정치를 국내 상황과는 별개의 경계가 있는 영역으로 인식한다.
2. 국제정치에서 법과 유사한 규칙들을 발견한다.
3. 그러한 관찰된 규칙들을 설명한다.

이러한 과정은 다음과 같은 추가적인 과제도 포함한다.

4. 체제 안에서 단위들을 판별한다.
5. 체제 내의 지속성(또는 변화)을 초래하는 체제적 근거와 체제 하부적 근거들의 상대적 중요성을 파악한다.
6. 체제가 변할 경우 힘과 영향력이 어떻게 변화하는가를 보여준다.

월츠는 국가 행위를 통해 IR을 설명하는 것이 진실한 이론이라고 주장했지만 이론 개발을 저해하는 부족한 차원도 있다. 그는 자본주의 미국과 공산주의 소련을 관찰했는데 둘 다 군사력과 영향력을 추구했고, 라틴아메리카에서의 '대리' 전쟁처럼 전략적 우위를 위해 경쟁했다. 그를 고민하게 만든 질문은 "왜 국가들이 심각한 이념의 차이에도 불구하고 비슷한 행동을 하는가"하는 문제였다. 국제 무정부상태가 존재한다고 해도 현실주의 저자들에 의해 확립된 위의 두 레벨만 봐서는 도저히 국가 행동의 이유를 설명할 수가 없다. 명백하게 엄청난 차이가 있는 두 나라가 전쟁이냐 평화냐 하는 심각한 질문에 봉착할 때 현저하게 같은 양식으로 행동하는 이유를 설명할 부가적인 요인을 찾아야 할 필요가 있었다. 월츠는 그 놓친 연결고리가 국제체제 자체의 구조라고 주장했다. 그것이 국가들로 하여금 끊임없이 힘을 축적함으로써 국가의 안보를 추구하게끔 만든다는 것이다. 월츠의 구조적 현실주의(structural realism)는 '세력균형'이라는 개념에 반영돼 있다 (Rosenau and Durfee 1995: 21-24에서 잘 설명되어 있다). 바로 그것이 국제제체 차원에서 단위들 사이의 상호작용을 규정하고, 구조는 "체제 구성 부분들의 배열과 그러한 배열의 원리에 의해 규정된다" (Waltz 1979: 80).

세력균형과 안정이론

"만약 국제정치에 특별히 고유한 정치학적 이론이 있다면 세력균형이론이 바로 그것이다"라고 월츠는 말했다 (Waltz 1979: 117). 월츠는 국가가 무정부적인 세계 속에 존재하며 자국의 안보에 우선순위를 두는 단일한 합리적 행위자라고 가정한다 (Glaser 1994-1995: 54). 그에 의하면 국제관계를 설명하려면 **체제**의 개념이 가장 중요한데, 체제란 행위적 규칙성을 보여주고 일정한 정체성을 가지면서 상호작용하는 단위들의 집합으로 정의할 수 있다. 달리 말하자면, 체제와 체제 내의 변화는 둘 다 관찰 가능한 국제관계의 요소라는 것이다. 세력균형이론에서 국가들은 자조(自助)를 위해 주로 두 가지 방법을 사용한다. 하나는 경제력과 군사력을 기르고 '현명한 전략을 개발'하는 '내부적 노력'이다. 다른 하나는 동맹을 체결하고 적을 약화시키는 '외부적 전략'이다 (Waltz 1979: 118).

국제체제는 우리가 주목해야 할 대상이다. 왜냐하면 그 구성단위인 개별 국가들이 체제 내의 위치나 주된 이념과 문화에 상관없이 모두 같은 행위를 하기 때문이다. 저비스가 묘사한 대로 (Jervis 2010: 165), 월츠의 입장은 "국제정치의 어떤 결정적인 패턴들은 시간이 가도 바뀌지 않으며, 국가들의 국제적 특징은 상대적으로 덜 중요하다"는 것이다 (9장에서 다루게 될 것이며, 이 입장은 마르크스주의자들의 비판을 받는 부분이다. Rosenberg 2001 참조; Teschke and Cemgil 2014). 국가들은 그들의 상대적 능력 면에서 차이가 있을 뿐이며 그 능력이 변하면 체제도 변한다. 체제적 변화는 위계질서가 이동하며 일어날 수도 있다. 달리 말하면 "단위들 간 능력 분포에 변화가 생긴 결과 체제의 변화가 나타날 수도 있다" (Hollis and Smith 2000: 866).

월츠는 체제의 두 가지 형태를 다음과 같이 정의한다.

- **양극체제(bipolar system)**는 1945년에서 1989년 사이의 미국과 소련처럼 두 개의 양대 강대국이 존재하는 체제이다.
- **다극체제(multipolar system)**는 냉전 이전과 이후처럼 여러 강대국이 공존하는 체제이다.

오늘날 국제체제의 종류는 무엇인가? 월츠의 분류가 오늘날의 국제체제에 대해서도 해당되는가, 아니면 전혀 다른 체제인가? 오늘날의 세계에는 '강대국'이 몇 개국이나 존재하는가? 강대국 지위의 기준은 월츠(Waltz 1979: 129-131)와 모리스(Justin Morris 2011)를 참조하라.

월츠의 견해에 따르면 (Waltz 1979: 161), '국가 수가 적은 것이 많은 것보다 낫고' 양극체제가 다극체제보다 더 안정적이지만 강대국이 많을 경우엔 그다지 안정적이지 않다 (p. 163). 그럼에도 불구하고, 적어도 이론상으로는 "양극체제인 경우에는 현상유지가 두 강대국의 이익에 부합하기 때문에 체제유지를 위해 행동할 것으로 기대할 수 있다" (p. 204). 새로운 강대국의 등장은 장기간에 걸친 양국의 세계질서 지배에 잠재적인 도전이 된다. 다극체제에서는 국가들이 그렇게 행동할 만한 동기가 별로 없기 때문이다. 첫째, 통제할 수 있는 여지가 훨씬 적어진다. 둘째, 어떤 국가 행동에 더 많은 행위자들이 반응할 경우에는 행동의 결과 예측이 훨씬 더 불확실하다.

두 번째 이유는 체제 속에서 그냥 한 가지만 하고 있을 수는 없다는 하딘(Garrett Hardin)의 통찰을 반영한다. 그 결과 하나의 행동은 여러 가지의, 종종 의도하지 않은 결과를 초래하기도 한다 (Jervis 210: 168에서 인용). 선한 의도도 악의적으로 받아들여질 수 있는데, 특히 극심한 안보경쟁 시기이거나 국제적 전환기에는 더욱 그렇다. "각국은 다른 나라들이 취할 것으로 기대되는 전략을 주시하면서 자신의 전략을 선택해야 한다. 더 나아가 체제의 역동성이 어떻게 전개되리라는 신념에 따라 행동해야 한다" (Jervis 2010: 170). 이러한 것들이 간단하지는 않다. 하지만 양극체제가 체제 내에서 국가 행동의 결과를 예측하기 더 쉽고 어떤 강대국의 뜻을 체제 내 다른 국가들에게 부과하기에도 훨씬 편하다.

그렇다면, 요컨대 현실주의와 신현실주의 사이의 연속성과 차이점은 무엇인가?

- 연속성 – 월츠는 국가가 핵심 행위자이며 무정부상태에서 국제관계는 강력정치에 의해 형성된다고 가정한다. 그는 국내 차원의 위계적 질서유지 원칙을 국제적 차원의 무정부상태와 대비시킨다. "국내정치는 행정과 법을 집행하는 권위의 영역이다. 그러나 국제정치는 투쟁과 타협을 해야 하는 힘의 영역이다" (Waltz 1979: 113).
- 연속성 – 월츠는 국가들이 국제적 자연상태에 갇혀있으며, 자조체제 내에서 스스로 안보를 지키고 생존을 위해 움직인다고 가정한다.
- 차이점 – 비록 분석수준 1과 분석수준 2가 『국제관계이론』의 설명과 많이 다르지 않지만 국제관계에 관한 월츠의 이론은 모겐소와 달리 홉스의 인간본성 이론에 근거하지 않는다. 예를 든다면, 그는 "국가도 개인들과 마찬가지로 자유를 누리는 정도에 비례해서 불안하다. 자유를 원한다면 불안도 받아들여야 한다"고 말했다 (Waltz 1979: 112).
- 차이점 – 월츠의 이론은 교활하고 유능한 외교를 원하는 국가 지도자들의 입지를 크게 좁혀준다. 물론 그가 말하는 '현명한 전략 개발'이 그러한 전통에 대한 긍정으로 해석될 수도 있지만 말이다. 국가 대 국가 외교의 인적 측면은 생각의 전쟁이다. 이는 투키디데스가 그의 『역사』 책에서 강조한 바 있고 모겐소가 언급한 대로 지도자의 대외정책 결정의 질을 판단하는 근거가 된다.
- 차이점 – 월츠는 체제적 차원에 대해 충분한 주의를 기울이지 않았던 이전 IR의 (현실주의) 이론을 비판한다. "나는 체제의 상이한 분석수준에 대한 모호한 구분이 국제정치이론의 발전을 저해한 중요한 원인이라고 생각한다" (Waltz 1979: 78). 신현실주의는 단위 차원뿐 아니라 체제 차원도 이론화했으므로 보다 '적합한' 이론이다.

요약으로서 코헤인(Keohane 1986a: 15–16)의 말을 인용하고자 한다. "월츠의 업적은 신현실주의로 일컬어진다. 신현실주의는 모겐소의 고전적 현실주의와 지적인 친밀감을 공유하는 동시에 그것만의 독창성과 차별성의 요소도 갖추고 있다.”

> 코헤인의 책 『신현실주의와 그 비판자들(*Neorealism and its Critics*)』(1986b)은 훌륭한 정보를 제공한다. 각 이론의 기본을 설명할 뿐 아니라 이론에 대한 비판들도 (그리고 비판에 대한 반응도) 담고 있다. 한 권 값으로 두 권, 아니 그 이상의 책을 사는 셈이다.

미어샤이머

미어샤이머(John J. Mearsheimer)의 가장 유명한 저서, 『강대국 정치의 비극(*The Tragedy of Great Power Politics*)』(2001)은 그를 확실히 투키디데스학파로 각인시켰다. 미어샤이머는 방어적 현실주의자에 반대되는 개념으로서의 공세적 (문자 그대로는 아님) 현실주의자다. 월츠와 같은 방어적 현실주의자들은 (윗부분 참조) 국가는 주로 생존에만 관심을 두고 무엇보다도 “안보를 중시한다”고 주장한다. 무정부상태에서는 힘이 생존을 위한 최고의 수단이므로 그들은 힘을 두고 경쟁한다. 하지만 그러한 경쟁은 자국의 이익을 위해 힘을 추구하는 데서 생기는 것이 아니다 (Mearsheimer 2001: 19). 글레이저가 시사한 바와 같이 (Charles Glaser 1994-1995), 일부 현실주의자들은 낙관론자이기도 하다. 철저한 현실주의적 자조체제에서도 협력의 동기가 발생할 수 있다.

카와 모겐소처럼, 미어샤이머도 몇 줄로는 요약하기 힘든 광범위한 저작들을 저술했다. 하지만 공세적 현실주의를 이론화한 5대 ‘기본 가정들’은 그의 사상을 연구할 수 있는 가장 훌륭한 길이다 (Mearsheimer 2001: 30-32).

1. **국제체제는 무정부적이다.** 이 기본원칙은 국가들에게 무엇을 강요할 수 있

는, 국가보다 상위에 있는 권위는 없다는 뜻이다.

2. **강대국들은 군사적 능력을 가지고 있다.** 그들은 이 능력을 서로를 해치고 심지어는 파괴하는 데 사용할 수 있다. 핵무기는 가장 확실한 무기다. 그러나 인류에게는 서로를 해치기 위해 그 정도로 복잡한 무기는 필요 없다. 미어샤이머는 "결국 인간에게는 사람의 목을 조를 수 있는 두 손이 있다"고 침울하게 말하고 있다.
3. **국가는 다른 국가들의 의도를 절대로 정확히 파악할 수 없다.** 국가들이 항상 상대방에게 적의를 가지고 있는 것은 아니다. 그러나 확실하게 알 수는 없다. 우호적이라고 생각되는 국가들도 속으로 동기를 감추거나 새로운 지도자의 등장과 함께 의도를 갑자기 바꿀 수 있다. 어떠한 공격적인 능력(미어샤이머가 가정 2에서 말했듯이 인간들도 포함된다)을 가지고 있다는 것은 언젠가는 전쟁을 일으킬 수 있는 잠재력을 가진 셈이다.
4. **강대국들에게는 생존이 주요 목표다.** 그들은 영토의 온전함과 국내정치 질서의 자치권을 유지하기 원한다. 안보는 그들의 가장 중요한 목적이다.
5. **강대국들은 합리적인 행위자들이다.** 국가 지도자들은 대외환경을 숙지하고 있으며 "그 환경 하에서 생존하기 위해 전략적으로 사고한다." 그들은 끊임없는 권력정치 게임에서 그들의 행동이 다른 국가들에 어떠한 영향을 미치는가에 대해서 생각한다. 이 마지막 두 가지는 상당히 월츠주의적 가정들이다.

미어샤이머는 이러한 기초에서 출발하여 국가들이 서로를 향해 공격적으로 행동하게 되는 원인의 패턴에 근거하여 공세적 현실주의이론을 주장했다. 그 핵심은 두려움, 자조, 그리고 힘의 극대화이다. 책의 나머지 부분은 수세기에 걸친 강대국의 대립관계와 확장에 관한 사례연구를 다루고 있다. 미어샤이머는 국제관계에서 되풀이되는 패턴을 강조하고 있다 (그것이 책 제목 중 비극의 의미이다). 1990년대는 이러한 전반적 패턴에 비교해 볼 때 비정상적이었다. 21세기의 다극적 국제체제 내에서 국가들끼리의 경쟁 심화는 상황을 다시 투키디데스적인 '표준'으로 되돌렸다. 즉 국가들끼리의 안보경쟁이 다시 시작된 것이다.

월츠의 방어적 현실주의와 미어샤이머의 공세적 현실주의 사이에서 그들이 일관성 있고 강력하다고 믿은 IR이론이 탄생했다. 이로써 국가의 특성과 무관한 국가 행동에 관한 일반화가 가능해졌다. IR을 설명하려는 이러한 구조적 접근은 국가 지도자들이 받는 하향식 압박을 강조한다. 지도자의 심리, 신념, 성향, 국가의 외교정책 과정 등은 기껏해야 단역 역할을 할 뿐이다 (Jervis 2013). 이 책에서 국제관계 틀 안에서 이뤄지는 국가의 대외정책 결정의 하급 단계 대안적 이미지를 분석하는 것은 적절치 않다. 그러한 것들은 외교정책 분석 또는 그와 유사한 과목에서 다루게 될 것이다. 그럼에도 불구하고, 1990년대부터 국제관계 분야에 영향을 준 다양한 이론들을 부각시킨 것은 의미가 있다. 그러한 이론들은 말하자면 국가의 외교정책 결정을 추동하는 원동력으로서 추상적인 국체제체와 대비되는 인간의 시각을 '받아들여' 균형을 잡으려는 시도를 반영하고 있다. 이러한 시도 중 몇몇 요소들이 신현실주의에 대한 중요한 경쟁 이론에서 나타났는데 그것이 1970년대를 전후하여 등장한 신자유주의 국제관계이론이다.

신자유주의

신현실주의가 현실주의의 전제를 수용해서 새로운 방향으로 발전한 것처럼 신자유주의(Neoliberalism)도 우리가 4장에서 고찰했던 고전적 자유주의 IRT(이상주의)와 비슷한 관계에 있다. 신자유주의 (여기서는 신자유주의 제도주의[Neoliberal institutionalism]의 약칭으로 사용된다)는 국제정치에 만연한 혼란에 일정 부분 질서를 부여한 국제기구와 제도에 대한 새로운 관심을 바탕으로 1945년 이후 본격적으로 시작된 글로벌 정치경제 현상을 설명하기 위한 시도로 이해될 수 있다. 이러한 움직임은 '공통의 목표를 향한 국가들에게 적합한 사회적 질서를 창조하는 것'을 목적으로 한다(Abbott and Snidal 1998: 6).

이러한 전통에서 특히 영향력이 큰 것이 코헤인과 나이의 연구(Keohane and Nye 1977; Keohane 1982)와 크래스너의 연구(Krasner 1983)이다. 그들이 풀고 싶었던 퍼즐은 "왜 안보딜레마에 빠져서 자국의 이기적 이익만을 추구하는 국가들이 자신들의 권위와 정책결정권 일부를 국제기구에 위임하도록 선택하는가"였다. 다자적 환경에서 협력이 발생하는 이유는 본질적으로 무엇인가? 그들의 이론은 전 세계의 국제경제적 힘의 분배가 불평등함에도 불구하고 국제경제의 협력 패턴에는 상대적인 안정성이 있더라는 관찰에서부터 출발했다. 1970년대 불안정한 국제관계 속에서도 다음의 여러 이유로 그러한 협력이 가능했던 것은 괄목할만한 일이다.

- 글로벌 경제 상황
  - 1971년의 **브레튼우즈(Bretten Woods) 금융체제**의 붕괴
  - 1973년과 1979년에 석유수출국기구(OPEC: Organization of the Petroleum Exporting Countries)가 유가를 급격히 올리자 원유가격이 4배로 상승했다. 그 파급력은 2008년의 글로벌 금융위기에 비견할 만했다. 유로존에서 특히 심각했던 2008년 금융위기는 은행 도산과 외채위기를 야기했으며, 2008년 이후 국제 정치경제 관계에 엄청난 관심이 집중되었다. OPEC의 유가상승으로 인해 '향후 석유 금수조치 위협에 대항하여 서구세계가 협력하기 위하여' 국제에너지기구(IEA: International Energy Agency)가 설립되었다 (Keohane 1998: 85). 즉, IEA는 글로벌 경제위기에 대한 제도적 대응의 증거가 된다.

- 국제정치와 안보
  - 1973년, 중동에서의 욤 키푸르 전쟁(Yom Kippur War)
  - 1959~1975년, 북베트남과 미국이 지원했던 남베트남 간의 전쟁
  - 1979~1988년 소련의 아프가니스탄 침공

– 미국과 소련 간의 핵무기 제한에 관한 지속적인 대화
– 미국 **헤게모니(hegemony)**의 쇠퇴와 일본과 EU 등 세력권의 등장 (Kratochwil and Ruggie 1986: 759 참조).

이 저자들은 국제관계이론의 용어에 **국제레짐(international regime)**이라는 개념을 도입시킴으로써 고전적 자유주의에 중대한 발전을 가져왔다. 이는 글로벌 거버넌스에 있어서 신자유주의 제도들의 역할에 대해 이해하고 설명하고자 하는 노력의 일부이다. "국제레짐은 특정 국제관계 영역에서 행위자의 기대가 수렴되는 사회적 제도라고 정의되어 왔다" (Ruggie 1998a: 63). 국제레짐은 "다양한 이슈 영역에서 그들의 기대를 조율하고 국제적 행위들을 규합하기 위하여 국가들에 의해 구성된 운영체제이다. **이처럼 그들은 규범적 요소들, 국가의 관행, 조직적 역할들을 포함한다**" (Kratochwil and Ruggie 1986: 759, 강조는 필자). 관세와 무역에 관한 일반협정(GATT)과 핵확산방지조약(Treaty on the Non-Proliferation of Nuclear Weapon) 등의 레짐은 (Keohane 1998: 84) 초기 레짐이론에 많은 영향을 주었다 (Kratochwil and Ruggie 1986: 769). 글로벌 거버넌스가 '고전적인' 무역과 금융 관계에서부터 환경, 인권, 에너지 분야에 이르기까지 온갖 종류의 이슈들을 다루는 새로운 차원으로 전개되자 사례연구 숫자가 폭발적으로 증가했다.

이 이론의 핵심을 논하기 전에 레짐이론과 신자유주의 제도들이 하는 일 중 상당수가 현실주의와 신현실주의의 가정들을 공유하고 있다는 점을 지적하고자 한다. 이는 현실주의와 자유주의가 출발점은 같으나 무엇이 국제관계를 "움직이게 하는가"에 대한 해석에서 갈라진 것과 유사하다. 둘의 설명은 상당히 다른데, 이에 대해서는 이전 장을 참고하기 바란다. 코헤인이 언급했듯이 (Keohane 1998: 86), "학자들은 국가들의 상대적 힘과 상반되는 이익이 국제정치의 핵심 요인이라는 현실주의 가정을 채택했다. 그러

나 동시에 그 과정에는 제도들이 영향력을 끼친다는 새로운 결론에 도달했다." 신자유주의 제도주의의 가정은 다음과 같다 (Lamy 2014: 132-133; Viotti and Kauppi 2014: 146에 근거).

1. **국제체제에서는 국가들이 주요 행위자들이다.** 그러나 유일한 행위자는 아니다. "권위의 구조에 대한 다양한 접근을 통해 비록 국민국가의 중요성이 쇠퇴하고는 있으나 여전히 중요한 존재라는, 보다 의미 있는 중간 입장을 추론해볼 수 있다" (Rosenau 1976: 14). 그러나 세계무대에서 수많은 다른 행위자들의 존재와 상호의존의 심화에도 불구하고 국가의 힘은 심각하게 고려되어야 한다.
2. **국가는 이익 극대화에 관심이 있는 합리적 행위자다.** 국가는 다양한 행위에 따르는 잠재적 비용과 혜택을 따져서 가장 순익이 큰 행위를 선택하는 합리적 지도자들이 이끈다. "국제협력은 이타주의, 이상주의, 개인적 명예, 공동 목표, 내재화된 규범, 문화 속에 심겨진 공유된 가치들에만 의존하는 것은 아니다" (Keohane 1995: 281).
3. **국가들은 국제적 무정부상태 속에서 활동한다.**
4. **그러나 무정부적 체제에서도 협력은 가능하다.** "만약 제도들이 호혜적이고 국가의 국제적 이익을 확보할 수 있는 기회를 더 많이 제공한다면 국가는 중점과 자원을 제도로 옮길 수 있다" (Lamy 2014: 133).
5. **국가 간 통합의 범위와 깊이는 지역 차원은 물론 글로벌 차원에서도 증가하고 있다.** 이는 다양한 조직적 상황에서 활동하는 국가 행동의 규칙성을 연구할 수 있게 해준다.
6. **'절대적' 이익이 '상대적인' 이익보다 중요하다.** "진정한 협력은 양측 모두에게 보상을 준다" (Keohane 1995: 281). 이는 월츠의 신현실주의 시각과 상반된다. "상호이익을 위해 협력할 가능성이 있을 경우에 불안하게 느끼는 국가는 협력의 이익이 어떻게 배분될지를 반드시 물어야 한다. '양측 모두 이익을 얻게 되는가?'보다는 '어느 쪽이 더 이익을 얻게 되는가?'가 중요하다" (Waltz 1979: 105).

7. **경제이론과 경제모델링을 위한 방법들은 IR을 설명하는 데에도 사용될 수 있다.** 이는 국제체제 차원에서 IR이론을 발전시키기 원했던 월츠와 맥을 같이 하는 메타이론적(metatheoretical) 문제이다. 그는 국가가 어떻게 결정을 내리는가를 설명하기 위해 체제 내에서의 힘의 배분이라는 개념을 사용했다. 이는 시장 상황을 보며 그에 따라 다양한 전략을 구사하는 경제학의 비즈니스와 비슷하다.

그러므로 신자유주의는 그 가정들과 무엇이 IR의 '적합한' 이론인지에 대한 견해에서 신현실주의와 유사한 점이 있다. 그럼에도 불구하고 신자유주의 학자들은 국제기구, 레짐, 회의체들이 국가의 타산(打算)을 근본적으로 변화시킬 수 있으며, 현실주의와 신현실주의가 '무정부 상황과 전쟁 사이의 필수적인 논리적 연결고리'라고 생각한 것을 타파할 수 있다고 주장한다(Viotti and Kauppi 2014: 146). 특히, 이러한 국제기구들은 국가가 전쟁을 결정할 경우 따르는 물질적, 이념적 상대적 '비용'의 계산을 변화시킨다. 여기에 우리가 8장에서 살펴 볼 구성주의적(Constructivist) 요소가 있다. 이익이라는 요소는 매우 중요하다.

신현실주의 사고에서 국가는 "다른 나라가 상대적인 능력을 향상시키는 것을 막는 데 늘 신경을 쓴다" (Viotti and Kauppi 2014: 146). 신현실주의자들은 이를 다른 나라들이 역량 면에서 자국을 따라잡거나 추월하지 못하도록 '끌어내리기 위한' 끊임없는 전쟁이라고 묘사한다. 신현실주의자들에게 문제는 "국제조약을 통해 양측 모두가 이익을 얻을 것인가?"가 아니고 "누가 더 이득을 얻는가?"이다. 냉전 당시 군비경쟁 시나리오가 이와 상당히 유사한데 이는 현실주의 사상에서 안보딜레마의 중심적 위상을 더욱 부각시켰다.

신자유주의는 상대적 이익이 국가에게 가장 중요하고 최종적 목표라는 주장에 반박한다. 그들은 합리적인 국가는 국제협력을 통해 상대적으로 적은 이익도 수용할 것이라고 주장한다. 왜냐하면 거기에는 다른 요인들도 작

심층 분석 6.1 절대적 이익 대 상대적 이익

신자유주의와 신현실주의 간의 근본적인 차이는 세계라는 장에서 국가들이 서로 협력할 때 얻는 절대적 이익과 상대적 이익 계산에 대한 접근법이다. 이익이란 "협력 참여자들이 얻는 혜택이다" (Jackson and Sørensen 2015: 121).

신자유주의자들은 국제레짐(국제기구와 제도를 초월해서 결합하는)이 국가들로 하여금 협력의 잠재적 결과에 대해 보다 합리적인 선택을 할 수 있도록 도와줌으로써 협력을 촉진한다고 주장한다. 그 이유는 무엇인가? 이러한 제도에 참여한 국가들은 상대방에 대한 의무에서 속일 확률이 적고 그러기도 어렵기 때문이다. 예를 들어, 현재 평균 연 1퍼센트의 경제성장을 하고 있는 A라는 국가가 있다고 하자. 만약 국제경제기구에 가입하면 연 5퍼센트 성장을 이룰 수 있다고 예상되면 A국가는 당연히 기구에 참여할 것이다.

신현실주의자들은 국제체제 내에서 국가들의 상대적인 위치보다 중요한 것이 있다고 주장한다. 만약 자국보다 다른 국가가 얻는 혜택이 더 클 것이라고 우려한다면 그 국가는 협력을 꺼리게 될 것이다. 위에서 들었던 예로 돌아가 보자면, 신현실주의자들의 주장에 따르면 만일 현재 1퍼센트 경제성장을 하고 있는 B라는 국가가 국제조직에 참여하여 연 8퍼센트 성장한다고 예상된다면 A국가는 협력하지 않을 것이다. 왜냐하면 객관적으로는 자국도 성장하는 것이지만 기구 내에서는 상대적 박탈감을 느낄 것이기 때문이다. 그것이 신현실주의자들에게 핵심이 되는 비교 또는 예측 요소이며 상대적인 '힘'이라는 의미에서 뒤쳐진다는 두려움이다. "국가는 타국에 더 유리하게 이익이 배분될 가능성에 대해 염려한다. 이것이 국제정치 구조가 국가들끼리의 협력을 제한하는 첫 번째 방법이다" (Waltz 1979: 106). 신자유주의를 비판하는 신현실주의자 입장에서 코헤인은 항상 무정부상태가 협력을 방해한다고 생각한다. "국가들은 자국의 힘과 지위를 방어하기 원하며 상대방이 더 많은 이익을 취할 가능성이 커지면 상호 유익한 협력일지라도 반대할 것이다" (Keohane 1998: 88).

동하기 때문이다. 경제적 통합으로 다른 나라들에 비해 특정 국가들만 명확하게 혜택을 받는 EU를 보라. 그 예가 유로존 위기 속에서 독일 대 그리스, 스페인, 이탈리아 관계다 (Viotti and Kauppi 2014). 신현실주의 견해에 따르면, 후자 3국은 유로존에서 탈퇴하여 자기 나라 통화를 다시 사용하는 것이 상대적 의미에서 더 좋을 것이다. 환율과 기타 조건들에 대해 자신들의 통제권이 더 강해지기 때문이다. 그러나 그 나라들은 유로존 내에서 경제적 이익의 불평등 분배도 수용하고 있다. 긴급 지원의 조건으로 긴축재정을 엄격하게 이행해야 함에도 불구하고 아마도 유로존의 긴급지원 안전망의 보호를 받지 못하는 결과에 대한 두려움 때문일 것이다.

신자유주의 견해는 조금 다르다. 이 이론은 경제를 EU 내에서 오랜 시간에 걸쳐 형성된 보다 광범위한 다자관계의 장으로 본다. 여기서 국가는 일방적으로 행동해서는 해결할 수 없는 문제들이 있다는 것을 받아들여야 한다. 전쟁과 평화가 그런 것들 중 하나이며, 환경도 그런 예이다. EU는 국가들이 최대한 자국의 이기적 이익을 추구하는 장이라고 할 수 있다. 왜냐하면 신자유주의자들에게 제도와 레짐은 '그것들이 없다면 **할 수 없었던** 일들을 하게 해주기' 때문이다 (Viotti and Kauppi 2014: 147, 강조는 원본). 간단히 말해, 신현실주의자들은 제도, 국제기구, 레짐이 국가 행동을 제한한다고 보는 반면, 신자유주의자들은 그것들이 호혜적 결과를 실현하게 해준다고 믿는다. 무엇이 국제정치를 실제로 '돌아가게' 하는가의 문제는 훨씬 더 복잡하다. 그러한 협력적 관계에 참여하게 되면 자국의 이익확보에 도움이 되고 다른 나라들과 무엇을 나누어야 하는지 알게 됨으로써 자국의 이익을 재평가할 수 있다.

그러므로 국가들은 국제 포럼들을 다양한 방법으로 활용한다 (Kratochwil and Ruggie 1986: 796, Krasner에서 인용). 첫째, 국제적 행동의 원칙('사실, 원인, 공정에 대한 신념')을 정립하기 위해서다. 둘째, 그러한 '좋은' 원칙 ('권리와 의무라는 의미로 규정된 행동 기준들')을 추구하는 것과 관계된 행동의 규범을 정립하기 위해서다. 셋째, 클럽의 회원국들이 반드시 지켜야만 하는 규칙('행동을 위한 특별한 규정들과 금지조항')에 동의하기 위해서다. 마지막으로, 의사결정 과정 ('집단적 선택을 결정하고 수행하기 위한 전반적 관행')을 수립하기 위해서다. 이는 국제적 무정부상태의 전면적인 효과에 대항하는 국가들에 의한 위계 형성의 형태를 띠고 있다. EU와 UN 같은 일부 기구는 제재와 벌금 등 '나쁜' 행동에 대한 제재수단을 갖고 있는데, EU의 경우는 유럽사법재판소(ECJ: European Court of Justice)가 이를 시행한다. 그 정도가 아니다. 신자유주의적 견해에서 국가들은 '세계의 좋은 시민'으로 보여지는가 하는 평판에도 신경 써야 한다. 그들은 또한 그들이 해준 것만큼 대우를 받는 호혜성도 기대한다. 이러한 상황에서는 상대방을 향해 호전적이고 위협적인 행동보다 긍정적이고 건설적인 행동이 모든 국가들에게 명백하게 유익하다. 심지어 위기시나 잠재적 갈등의 시기에도 그렇다 (평판과 호혜성은 Viotti and Kauppi 2014: 146-147에서 다루고 있다). 그러므로 신자유주의가 신현실주의와 명백하게 분리되는 지점은 국가들이 자국의 이익을 최대한 추구할 수 있으나 경제안보와 국가안보를 도와주는 정보와 규범들을 위해 레짐과 국제기구에도 의존한다고 보는 점이다.

신-신 의제에 대한 비판: 국제관계이론을 열다

4장과 5장에서 살펴본 저자들이 채택한 가정들과 그들이 연구한 이슈들을 들여다보면, IR의 주제를 정의하는 문제에 있어서는 최소한의 논쟁만 있었다는 것이 분명하다. 그들이 안보딜레마에 처한 현실을 발견했을 당시에는 온통 국가 상호작용의 본질에 관한 관심뿐이었다. 자유주의들과 신자유주의자들은 이러한 무정부적 세계질서 안에서 왜 국가들이 서로 협력해야 하는가에 대해 설명한 반면, 현실주의자들과 신현실주의자들은 왜 갈등이 국제관계의 일상사인지에 대해 설명했다. 홀스티가 관찰한 바와 같이 “국가와 국가들의 체제는 (핵심 행위자인 그들의 행동, 그리고 분석의 단위) 17세기부터 1970년대까지 국제정치학 연구의 중심이었다” (Holsti 1985: 23). 현실주의자들과 신현실주의자들은 국가들이 자조체제를 초월하여 질서 있는 상호작용을 하는 것에 대해 자유주의자들 및 신자유주의자들보다 훨씬 더 비관적이었다. 그러나 그들이 결과에 대해서는 동의하지 않았지만 국제관계를 연구하는 가정과 과정에 대해서는 많은 것을 공유했다.

신현실주의는 내부 논리적 모순은 말할 것도 없고, 특히 이론적 빈곤과 도덕적 붕괴로 인해 많은 공격을 받았다. 신현실주의의 구조적 분석이 구조적 차원에서 매우 불충분한 분석이라고 비판한 많은 사람들 중에서 특히 애쉴리(Ashley 1986)가 잘 알려져 있다 (Hollis and Smith 2000도 참조할 것). 이는 1990년대 동안 IRT의 ‘수준’에 대한 불만을 고조시키는 데 한 몫을 했다. 이제 냉전은 끝났고 세계질서는 상당히 극적이면서도 예상치 못한 방향으로 재편되었다. 당대의 국제적 현실과 보조를 맞추지 못하고 쓸데없는 논쟁으로 전락해버린 IRT의 진보를 요구하는 목소리가 커졌다. 그렇게 IR이론을 재정리하는 방향으로 나아간 한 예가 스티브 스미스이다. 그는 1995년에 신-신(Noe-Neo) 논쟁에 대해 다음과 같이 말했다. “이 논쟁은 서구적인 것, 심지어 북대서양 것이라고 해도 무방하다. 논쟁은 나머지 대부분 인류의 관심사를 다루지 못하고 있으며, 국제정치에 대해 미국적 견해와 다른 사람들을 아주 효과적으로 침묵하게 만든다” (p. 24).

2001년에 브라운은 정통파 신현실주의와 신자유주의에 집중된, 갈수록 협소해지는 IR 의제들에 대해 스미스의 우려를 되풀이했다 (이 책의 전[前]판에 대해 한 익명의 비평가가 지적한 것처럼 ‘논쟁’이 더욱 가열됐을 수도 있다). 브라운은 코헤인과 같은 신자유주의 학자들이 신현실주의의 모든 가정들을 다 받아들였고, 그저 무정부적 국제환경 속에서 협력 가능성의 범위만 좀 다르게 해석했을 뿐이라고 지적했다. 그는 이 둘 사이의 논쟁을 다음과 같이 요약했다. 신자유주의에게 도전은 협력을 유지하는 것인 반면, 신현실주의에게는 애초에 협력이 시작되도록 하는 것부터 도전이다 (Brown 2001: 49-50). 그들은 국제관계의 서로 다른 세계를 '보며' 꽤나 서로 다른 말을 하곤 한다.

스미스와 브라운의 결론은 두 세트의 '신(新)' 이론이 IR의 학문적 의제를 지나치게 제한했다는 것이다. 이들은 당시 정책결정자들이 논쟁하고 글로벌 매체에서도 관심거리였던 흥미로운 사건, 주제, 이슈들 중 많은 것들을 IR이론 의제에서 삭제해버렸다. 신-신 논쟁에 대한 비판은 1980년대 이후 이 분야에서 다른 것들, 즉 IR에서 문제가 되는 주제들을 밝혀내고 연구하는 새로운 방법들이 진행되었다는 사실을 강조한다. 이어지는 장들에서는 여러분들이 과목에서 마주치게 될 다른 이론들도 모두 살펴볼 것인데 영국학파부터 시작할 것이다.

생각해 볼 문제들

"월츠의 신현실주의이론이 성공적으로 '적합한' IR이론을 만들어냈다고 생각하는가?"

이 질문에 답하기 위해서는 세 가지 이슈를 언급할 필요가 있다. 우선, 월츠의 신현실주의가 무엇인지 하는 것이다. 이는 그의 『국제정치이론』의 핵심 주제들, 즉 국제체제와 세력균형 같은 개념들과 무정부상태에서의 국가 상호작용에 대한 그의 구조주의적 서술에 대한 간단한 설명을 통해 알 수 있다. 그 책의 원본을 참고하지 않더라도 (읽어보면 더욱 이상적이지만), 월츠가 신현실주의 입장에서 저술한 학술저널 논문들을 꼭 읽어보아야 한다. 교재를 통해서도 일부 알 수는 있겠지만 월츠의 원본에 담긴 지식들을 거론하면 훨씬 좋은 점수를 받게 될 것이다. 학문의 핵심이 되는 것은 깊이 있는 이론 연구에 의해 나오기 때문에 위키피디아(Wikipedia)에서 몇 줄 따오는 정도로는 좋은 평가를 받기 어렵다.

월츠의 이론을 이해했다면, 그 다음엔 월츠가 이것을 '적합한' IR이론이라고 주장한 근거를 설명하는 조금 더 어려운 일이 기다린다. 그는 왜 그렇게 말했는가? 그 근거는 무엇인가? 이 모든 것이 정치과학(science of politics)이라는 학문을 만들어 내고자 하는 그의 목표로 집약되며, 그의 1979년 지서부터 시작해 그의 다른 저작들을 인용해 답안을 작성할 수 있을 것이다. 특히 체제 차원(system level)과 세력균형이론을 다루면 좋을 것이다.

그 다음에는, 이 모든 것에 비추어 보아 월츠가 그의 이론을 '적합한' 이론이라고 한 것이 타당한지를 판단해야 한다. 이 질문에서 "적합하다"라는 말이 함축하는 것은 무엇인가? 그리고 우리는 어떤 이론이 '적합한지' 그렇지 않은지 어떻게 판단할 수 있는가? 최선의 답은 월츠가 제시한 바와 같이 이론의 본질과 IR을 과학적으로 연구할 수 있는지 여부에 대해 메타이론적 논쟁의 요소들을 활용하는 것이다.

'신자유주의와 신현실주의 국제관계이론의 비교와 차이점'

이런 질문에서는 하나의 이론을 설명하고 나서 다른 질문의 핵심을 언급하지 않은 채 설명하게 되는 함정에 빠지기 쉽다. 질문은 비교하고 차이점을 대조해보라는 것이다. 반드시 각 이론에 대해 정확하게 알고 있어야 하지만, 얼마나 세밀히 분석할지는 여러분 스스로가 판단할 일이다. 너무 많은 설명은 유사점에 대한 분석뿐 아니라 명확한 차이점에 대한 검토 여지까지 제한한다. 그러므로 첫째, 신자유주의이론, 둘째, 신현실주의이론, 셋째, 그 두 이론의 중복되는 부분과 구별되는 부분을 비교해보도록 구성한다. 여기서 일어날 수 있는 한 가지 문제는 각 이론을 설명하는 데 너무 공을 들이면 시간 부족 (시험의 경우)이나 공간 제약 (에세이 경우)으로 인해 여러분이 이 두 이론의 유사성과 차이점을 알고 있다는 점을 채점자에게 제대로 보여주지 못할 수도 있다는 것이다.

두 번째 접근은 에세이 구조를 두 부분으로 나누어 첫째는 유사성을 다루고 두 번째는 차이점을 다루는 것이다. 이렇게 하려면 보다 세밀하게 계획하고 조직적이어야 하며 각각의 이론에 대해 더 많은 지식을 필요로 하지만, 문제의 핵심을 즉각적으로 파악하게 된다는 이점이 있다. 최선의 답안은 유사성과 차이점을 바탕으로 어느 이론이 더 우세한지 여부까지도 판단하게 될 것이다. 이러한 접근법은 1990년대 동안 IR 분야의 다른 이론들에 비교해서 이 두 이론이 좋지 않은 면들을 공유하고 있다고 주장한 애쉴리, 스미스, 브라운 등의 학자들이 제기한 신-신 논쟁에 대한 메타이론적 비판에 대해 생각하게 할 것이다.

추가 읽을거리

신현실주의

Berridge, G.R. (1997) *International Politics: States, Power and Conflict since 1945*, 3rd edn. New York: Prentice Hall.

베리지는 pp. 166-183에서 현실주의적 '세력균형' 개념에 대해 연구하였으며, 마지막 장에 훌륭한 참고서적 리스트가 수록되어 있다.

Kreisler, H. (2003) 'Theory and International Politics: Conversation with Kenneth N. Waltz', Institute of International Studies, University of Berkeley, http://globetrotter.berkeley.edu/people3/Waltz/waltzcon0.html (2016년 8월 25일 접속).

월츠는 교육적 영향력에 대하여, 정치학 이론가가 된다는 것에 대하여, 그리고 국제정치학에 대한 신현실주의자로서의 비전에 대하여 이야기하고 있다. 인터뷰 원고를 읽어볼 수 있으며 웹캐스트나 팟캐스트로도 시청할 수도 있다.

Mearsheimer, J.J. (1990) 'Back to the Future: Instability in Europe after the Cold War', *International Security*, 15(1): 5–56.
냉전 이후 국제관계의 흐름을 예견하기 위하여 월츠의 신현실주의 세력균형이론을 업데이트하였다.

University of California Television (2002) 'Conversations with History: John J. Mearsheimer', 8 April, www.youtube.com/watch?v=AKFamUu6dGw (2016년 10월 24일 접속).
현실주의 전통과 미국의 대중(對中) 정책과 미중관계에 관한 논의를 다루고 있다.

University of California Television (2008) 'Conversations with Histor Stephen M. Walt', 3 November, www.youtube.com/watch?v=FSXZNm2jGVE (2016년 10월 24일 접속).
국제체제 내에서의 세력균형과 미국의 헤게모니에 관한 논의를 다루고 있다.

Jervis, R. (1976) *Perception and Misperception in International Politics*. Chichester: Princeton University Press.
IR에서 합리적 행위자 모델에 대한 편견에 대해 논의하고 있으며, 그러한 것이 본 장에서 다루기 시작한 바와 같이 체제 차원 설명에 대한 훌륭한 수단이 된다. 이는 월츠와 미어샤이머의 신현실주의를 비판하기 위한 강력한 증거가 된다.

Ashley, R.K. (1986) 'The Poverty of Neorealism', in R.O. Keohane (ed.) *Neorealism and its Critics*. New York: Columbia University Press, pp. 1–26.

Review of International Studies (2004) 'Forum on the State as Person', 30(2): 255–316.

James, P. (1993) 'Neorealism as Research Enterprise: Toward Elaborated Structural Realism', *International Political Science Review*, 14(2): 123–148.

Lapid, Y. and Kratochwil, F. (1996) 'Revisiting the "National": Toward an Identity Agenda in Neorealism?', in Y. Lapid and F. Kratochwil (eds) *The Return of Culture and Identity in IR Theory*. London: Lynne Rienner Publishers, pp. 105–126.

Linklater, A. (1995) 'Neo-Realism: Theory and Practice', in K. Booth and S. Smith (eds) *International Relations Theory Today*. Cambridge: Polity Press, pp. 241–261.

신자유주의

Goldstein, J. and Keohane, R.O. (eds) (2014) *Ideas and Foreign Policy: Beliefs, Institutions, and Political Change*. Ithaca, NY: Cornell University Press.

Keohane, R.O. (1984) *After Hegemony*. Princeton, NJ.: Princeton University Press.

Keohane, R.O. and Nye, J.S. (1977) *Power and Interdependence: World Politics in Transition*. Boston, MA: Little Brown and Co.

Clark, I. (1999) *Globalization and International Relations Theory*. Oxford: Oxford

University Press.
세계화가 어떻게 기존의 IR이론 범주들을 뒤흔들었는가를 보여주며 세계화의 개념과 그 분야의 준거틀에 대해 재고하도록 도와준다.

Mitrany, D. (1975) 'A Political Theory for the New Society', in A.J.R. Groom and P. Taylor (eds) *Functionalism: Theory and Practice in International Relations*. London: University of London Press, pp. 25–37.
히스코트(Nina Heathcote) (신기능주의[Neofunctionalism]), 호지스(Michael Hodges)와 버튼(John Burton)이 쓴 장들을 참조할 것.

Nye, J.S. (1975) 'Transnational and Transgovernmental Relations', in G.L. Goodwin and A. Linklater (eds) *New Dimensions of World Politics*. London: Croom Helm, pp. 36–53.
국가중심이론들에서는 간과되고 있는 국제관계에서의 행위자들에 대해 검증하고 통합이론과 상호의존을 소개한다. 로즈크랜스(Richard Rosecrance) 챕터도 참조하라.

Ruggie, J.G. (2000) *Constructing the World Polity: Essays on International Institutionalization*. Abingdon: Routledge.
특히 1부가 유용한데 지배적인 신자유주의 주제와 메타이론적, 방법론적 도전에 대해 조사하고 있기 때문이다.

7장 영국학파

핵심용어

- 정의
- 규칙
- 국가
- 질서
- 사회
- 체제
- 다원주의(pluralism)
- 연대주의(solidarism)

영국학파의 논리는 국제질서의 현격한 변화에 대한 사회 구조적 평가의 기준을 제공한다. 영국학파는 시간과 공간을 망라한 비교를 가능케 하는 분류학을 제시했고 결과에 대한 예측과 설명을 제공한다. (Buzan 2004: 25)

에세이나 시험에서 당신이 서술하고자 하는 핵심 이슈들에 평가자의 관심을 끌기 위해서는 적절한 인용문들로 시작하는 것이 좋다. 그러한 인용문들은 당신의 핵심 주장 틀을 만드는 데 유용하다. 강력한 단어들이라면 더욱 좋다. 평가자의 관심을 집중시킬 수 있는 생생하고 기억에 남는 글이 될 것이다. 인용문을 사용하려면 서론에서 인용하고 이를 에세이 내용에 통합해야 한다.

이 장과 다음 장에서 우리는 어떤 면에서는 서로 비슷하지만 매우 다른 두 개의 IR이론들을 살펴볼 것인데 그것은 영국학파(English School)와 구성주의다. 이 두 이론은 한편으로는 실증주의(positivist), 과학과 유사한 이론들인 현실주의, 자유주의, 신현실주의, 신자유주의에, 그리고 다른 한편으로는 비판이론(Critical Theory), 페미니즘, 탈식민주의(Postcolonialism), 녹색국제이론(Green International Theory) 등 포스트-실증주의이론들에 걸쳐 있다 (이들의 차이점에 대한 유용한 개요는 Griffiths 2011: 11-12를 참조할 것). 국제관계이론 계보에서 차지하고 있는 그들의 '위치'에 대해 생각한다면, 영국학파와 구성주의가 이전에는 무시되고 간과되던 주제와 이슈들을 끄집어내는 것을 발견하게 될 것이다. 그럼으로써 이 이론들은 국제관계이론에 대한 더욱 근본적 재평가의 길을 열었다.

영국학파에 대한 입문

이 이론은 실은 다양한 국적의 학자들에 의해 형성된 것이므로 이름이 좀 이상하다고 할 수 있다. "이름과는 달리, 영국학파는 특별히 영국적이었던 적도 없었고 오늘날에는 더욱 그렇다" (Dunne 2016: 108). 최근에 한 대표적인 영국학파의 학자는 영국학파라는 명칭이 그것이 "표방하는 것과 잘 맞지 않는다"고 언급하였다 (Buzan 2014: 5). 영국학파는 신현실주의 사고와 어울린다고 생각되는 자연과학적 언어로 포장된 '이론'을 제공하지 않는다. 오히려 영국학파에는 세계사에 대하여 절충적 방법론으로 실증에 근거한 설명을 하는 학자들이 모여 있다. 그들은 국제관계의 진보적인 요소들에 대해 확인하고 설명하고자 하였고, 일관적이지는 않지만 종종 그 요소들을 '체제'라는 개념 대신 국가들의 '사회'라는 의미로 해석한다 (Suganami 2005: 42). '사회'라는 요소는 근본적인 것이며 다음에서 다룰 것이다.

제프리(Renée Jeffery) 같은 저자들이 분명히 보여주듯이, 영국학파 내에서도 잘 알려진 (Buzan 1993: 328) 인물인 16~17세기 네덜란드 변호사이자 도덕철학자였던 그로티우스(Hugo Grotius)는 영국학파에 큰 영향을 끼쳤다. '그로티우스적 합리주의(Grotian rationalism)'란 말이 바로 그로티우스를 지칭하며, 극단적 국제적 갈등을 어떻게 국제법을 적용하여 완화할 수 있는가에 관한 그의 생각을 의미한다. 와이트(Martin Wight)가 묘사한 대로, "합리주의자들은 국제적 무정부상태가 팽배한 상황에서 국가 간의 교류라는 요소가 갖는 가치를 믿고 그것에 집중하는 사람들이다. 그들은 인간이 명백히 죄인이고 피에 굶주린 존재이면서도 합리적이라는 것을 믿는다" (Jeffery 2006: 116에서 인용). 우리는 불(Hedley Bull)의 합리주의를 예로 들어 국제사회라는 개념을 논의하고자 한다.

영국학파는 국제관계이론 과목에서 다루는 이론들 중 특히 현실주의, 자유주의, 구조주의와 유사점을 공유하고 있다. 이 학파의 저자들은 국제정치에 대해 눈에 띄게 '계보적(genealogical)' 접근을 하고 있는데, 이는 더욱 비판적 성향의 포스트-구조주의이론을 연상시킨다 (Reus-Smit 2002: 494). 혹자는 영국학파가 국제체제 같은 현실주의적 국제 현실을 인식하고 있으면서도 광범위한 자유주의적 의제를 진척시켰다고 주장하기도 한다. 그들은 방법론적으로 매우 다양한 방법들을 사용하고 있으며 마치 실증주의 '정치학' 외양을 취하고 있으나 역사, 철학, 국제법 등에서도 영감을 얻는다 (Buzan 2014: 21-38의 검토). 불과 같은 권위 있는 저자들도 언급했듯이, 영국학파 저자들은 때때로 같은 저서나 논문 내에서도 자유주의적 낙관론과 현실주의적 비관론 사이를 오간다 (Wheeler and Dunne 1996).

영국학파가 다루는 주제 (시대적으로 다양한 국제사회들) 내용과 방법론이 매우 폭넓다는 점을 감안하면, 1950년대부터 발전하기 시작한 이 학파를 대표하는 최고의 저자가 누구라고 꼭 집어 말하기는 어렵다. 역사적으로 영국학파의 연구는 미국 내 학계보다는 미국 밖에서 더 유명했다. 영국학파는 그 이름에서부터 1945년 이후 미국 학계의 이론 편향적 연구와는 구분됨을 시사한다. 존재론, 인식론, 방법론적 문제에 대해서 항상 미국과 세계 '나머지' IR 학계 사이의 단절이 있어왔는데 영국학파의 접근법은 이러한 단절을 확연히 줄여주었다. 영국학파의 초기 주창자들 중에서 와이트와 불(둘 다 그로티우스적 분석 전통을 매우 강조한다), 빈센트(R.J. Vincent)와 왓슨(Adam Watson)은 살펴볼 가치가 있는 핵심 학자들이다. 매닝(Charles Manning)은 다소 간과되고 있는 인물이지만 알버츠(Tanja Aalberts 2010)는 오늘날의 영국학파가 구조주의를 만나는 경계지점에서 중요한 역할을 한 사상가에 매닝을 포함시키고 있다. 1990년대 동안, "영국학파는 중요한 '비(非)미국'계 연구 계보로서 활기를 되찾았다" (Reus-Smit 2005: 82). 최근에 영국학파 이론을 발전시킨 학자들로는 부잔(Barry Buzan), 리틀(Richard Little), 던(Tim Dunne), 윌러(Nicholas Wheeler), 벨라미(Alex Bellamy), 잭슨(Richard Jackson), 윌리엄스(John Williams), 머레이(Robert Murray) 등을 꼽을 수 있다. 세계주의(cosmopolitanism)에 대한 링클레이터(Andrew Linklater 2010, 2016)와 갤러거(Adrian Gallagher 2016)의 연구는 '휴머니티(humanity)' 그 자체의 개념을 이론화했으며 두 명 다 고전적 영국학파 의제를 발전시켰다. 이처럼 영국학파는 다양하면서도 파악하기 어려운 그룹으로 남아 있다 (Jeffery 2006: 114). 이 학파의 다양한 연구를 살펴보면 차이점에도 불구하고 "영국학파는 스스로의 정체성을 역사적으로 구성되었고 (자신들의 유사성과 차이점에 대하여) 다수의 그럴듯하고 서로 연관되는 스토리를 말해주는 진화하고 있는 일군의 학자들 집단이라고 밝히고 있다" (Suganami 2005: 29를 참조할 것). 영국학파 이론가들은 주권, 개입, 힘의 사용, 글로벌 거버넌스 등 IR의 다양한 관심사를 연구한다. 요약하면, IR의 다른 모든 이론들과 마찬가지로 영국학파는 이 분야의 다른 '동향'과는 구별되는 정체성을 부여하는 특정한 일관성 있는 접근법으로 경쟁한다.

영국학파가 국제관계이론에서 어떤 위치에 있는가를 알아보는 한 가지 방법은 이 학파의 주류 역사학자이며 전문가 중 한 명을 조명해보는 것이다. 그에 의하면 영국학파는 '이것 아니면 저것' 식의 이론화를 지양한다. 영국학파는 '이론과 역사, 도덕과 힘, 그리고 **행위자(agency)**와 구조'가 결합된 '다양한 이론과 개념들의 종합'이라는 것이다 (Dunne 2016: 108). 안타깝게도 지면의 제약상 여기서 영국학파의 모든 이론들을 다 깊이 있게 검증할 수는 없다. 그러나 우선 현존 IRT 내에서 불(Hedley Bull)이 어떠한 위치를 차지하고 있는가를 살펴보고 국가, 체제, 사회, 질서 등 그가 중시하는 주요 개념들을 분석함으로써 영국학파에 대해 탐구해 보고자 한다. 그리고 탈냉전 이후 등장한 이 이론의 다른 '분파'들을 조명해보기 위해 **다원주의자(pluralists)**와 연대주의자(solidarist)들 간에 전개된 내부적 토론에 대해 검토하고자 한다.

헤들리 불: 『무정부적 사회』

영국학파의 뛰어난 저서인 불의 책(1977) 제목은 그가 기존 IRT를 어떤 방향으로 인도하려고 했는지 알게 해준다. 그는 국가들이 무정부상태인 국제체제 안에 놓여 있다는 입장을 온전히 수용했다. 이는 현실주의, 자유주의, 그리고 4~6장에서 살펴본 바와 같은 새로운 변형, 즉 신현실주의와 신자유주의의 시발점이다. 복습을 해보자면, 국내 차원에서는 정부가 (민주정부든 아니든) 국민들을 다스리지만 무정부적 국제체제에는 국가 행동을 규제할 수 있는 '대장'이 없다. 우리가 살펴본 바와 같이, E.H. 카와 모겐소 같은 현실주의자들은 지시자가 없는 상태에서 이기적 국가들 사이에는 전쟁의 위협이 상존하며, 국가들은 쉽게 탈출할 수 없는 안보딜레마에 갇혀 있다고 주장했다.

월츠와 미어샤이머 같은 신현실주의자들은 세력균형이라는 개념 위에 자신들의 이론을 세웠다. 그들은 인간본성과 국가지도자들의 정책결정에서 초점을 돌려, 갈등의 원인이 단위 (국가)의 행동에 있는 것이 아니라 체제 차원에 있다고 주장한다. IR에 있어서 신현실주의자들이 중요시하는 것은 물리적 힘의 분배다. 자유주의와 신자유주의이론가들도 무정부상태의 존재에 대해서는 견해를 같이 하지만 결론은 다르다. 그들은 갈등이 국제관계의 고질병도, 영원하거나 불가피한 것도 아니라고 주장한다. 초기 자유주의자들은 탈냉전 이후 부활한 민주평화론의 주제였던 민주주의와 좋은 거버넌스의 확산에 찬사를 보냈다. 제2차 세계대전 이후의 자유주의이론가들은 국제기구, 제도, 레짐의 발달에 집중하여 이것들이 효용극대화를 원하는 이기적인 국가들이 다극적 상황에서 협력함으로써 얻어지는 긍정적인 혜택의 계산에 어떤 영향을 미칠 수 있는지를 보여준다. 불과 영국학파는 이러한 이슈들을 어떻게 연구했는가?

불의 연구는 현실주의적 발상으로 자유주의적 목표를 지향했다고 생각하면 옳을 것이다. 그의 착상이 현실주의적이었다고 하는 것은 IR이론의 두 가지 근본적인 가정, 즉 주권국가가 주 행위자라는 것과 그 국가들이 무정부적 세계 안에 존재하고 있다는 전제를 수용함으로써 그 함의에 대한 논의를 개시하고자 했던 점이다. 리틀이 주장한 바와 같이, "국제체제에 대한 불의 개념은 월츠에 의해 형성된 것과 거의 일치한다" (Little 2005: 48). 그러나 그는 이러한 현실주의적 출발점으로부터 무엇이 국제정치를 실제로 '작동하게' 하는가에 대해서는 지극히 자유주의적 입장을 취했다. 우리는 "특정한 공동이익과 가치에 대한 인식을 공유하는 국가들이 자신들이 서로에 대한 관계 안에서 일련의 규범들에 의해 묶여있고 공통의 제도를 통해 일한다는 생각으로 형성된 사회"라는 그의 핵심 주장을 통해 이를 알 수 있다 (Bull 1977: 13). 이 주장의 주요 용어에 불의 자유주의적 어젠다가 담겨 있다.

- 공동 이익
- 공동 가치
- 사회
- 규범
- 공유
- 제도

불과 자유주의 또는 신자유주의이론의 주된 차이점은 '사회'라는 용어를 이론화하고자 노력했다는 점이다. 세계역사에 대한 연구를 통해 그는 "질서는 국제관계 역사 기록의 한 부분이다. … 현대 국가들은 국가들의 체제뿐 아니라 국제사회를 형성했고 지금도 여전히 형성 중이다" (Bull 1977: 22-23)라는 결론은 내렸다. 혹은, 벨라미가 말한 것처럼, 영국학파의 저자들은 "국가들이 경중의 차이는 있으나 모두에게 공통적인 이념, 가치, 정체성, 그리고 규범으로 이루어진 국제사회를 형성한다"는 구성주의적 신념을 가지고 있다 (Bellamy 2005: 2). 국제체제는 '논리적으로 더 기초적이고 선험적 개념'이며, 그 체제 내에서 일어나는 국가 간 상호작용은 다소 제한적이고 기능적인데, "전쟁, 외교, 통상, 이민, 생각의 이동 등이 그 속에서 일어난다" (Buzan 1993: 331).

벨라미의 저서 『국제사회와 그 비판자들(*International Society and its Critics*)』 (2005)은 또 하나의 일거양득을 주는 책이므로 필독을 권한다. 이 책은 영국학파 이론을 이해하는 데 도움을 줄 뿐 아니라 비판하는 데에도 도움을 줄 것이다.

신현실주의자들은 안정을 세력균형이 정착된 결과라고 본다. 그러나 불은 국가들이 국제적 힘의 순위에서 그들이 차지하는 상대적인 위치를 계산하느라 모든 시간을 다 쓴다고 생각하지는 않는다. 도구적이고 합리적인 이러한 종류의 계산에 수반되는 것은 국제제도나 레짐 같은 상황에서 만들어지는 공동의 이익이라는 개념이다. "안정과 질서는 무정부적 국제체제의 산물이 아니고 국제사회의 특성을 규정짓는 공동의 이익, 제도, 규범, 가치의 산물이다" (Little 2005: 48). 비록 두 개의 짧은 단어에 불과하지만 '사회'와 '질서'에 대한 불의 개념은 영국학파 사상의 발전에 결정적인 영향을 주었다. 이제 불이 어떻게, 그리고 왜 사회와 질서에 그렇게 집중했는지, 또한 그것이 그의 세계사 이해에 어떤 영향을 주었는지 살펴보도록 하겠다.

체제에서 사회로

불은 네 가지 핵심 용어를 위주로 자신의 이론을 정립했다. 국가, 체제, 사회, 질서가 그것이다. 그는 이 용어들을 특별한 방식으로 사용함으로써 국제관계가 현실주의나 신현실주의가 생각하는 것보다 더 질서 있으며 자유주의 및 신자유주의가 생각하는 것보다 더 사회에 가깝다고 주장했다.

국가

불의 '국가'에 대한 정의는 현실주의, 자유주의, 신-신 사상과 일치한다. 그는 국가가 세 가지 특성을 가진다고 주장했다. 첫째, 국가는 인간 집단에 대한 주권을 가진다. 둘째, 국가는 명확하게 규정된 영토를 가진다. 셋째, 국가는 국민 간의 관계를 규율하는 정부를 가진다. 주권국가를 존재하게 하는 역할에 있어서 이러한 정부의 성격보다는 그 존재와 기능 자체가 더 중요하다. 이러한 견해에 기반해 불은 IR 연구에 구조주의를 접목하여 국가라는 '블랙박스'를 여는 작업을 할 수 있도록 도움을 주었다. 구성주의 (다음 장에서 공부하게 될 것이다)는 IR을 사회적 영역으로 보는데 이는 국가 내 시민과 조직들이 가지고 있는 신념이 국제체제 차원에서 중요하다는 뜻이다. 왜냐하면 그 신념들이 국가의 대외정책과 국방정책에 물리적으로 영향을 주기 때문이다. 국제제도와 레짐이 이러한 과정에 도움이 될 수 있다. 그러므로 불은 월츠가 주장한 것처럼 영향력이 위에서 아래로 (국제체제에서 국가로) 작용하는 것이 아니라 아래에서 위로, 즉 국가의 행동이 국제체제에 영향을 주는 보다 복잡한 상호작용이 있다고 주장했다.

'체제'와 '사회'의 차이를 이해하기 위한 보다 흥미로운 방법은 간단한 단어 연상 게임을 해보는 것이다. '체제'라는 용어를 떠올릴 때 제일 처음 떠오르는 단어나 이미지를 생각하라. 그리고 '사회'라는 단어를 가지고 그렇게 해 보라. 세 명의 친구에게 같은 것을 하게 하라. 여러분은 그 반응에서 어떤 패턴을 발견할 것이며, 이는 불이 왜 국제관계를 체제보다는 사회라는 관점에서 받아들이게 되었는지를 이해하는 데 도움이 될 것이다.

체제

불이 생각하는 국제 차원의 체제라는 개념은 근본적으로 월츠식의 개념이다. '체제'라는 용어는 우리가 국제사회에서 찾아볼 수 있는 공동의 목적이나 이익이라는 의미를 배제한, 단위들 간의 기능적 협력이라는 의미를 함축하고 있다 (아랫 부분 참조). 예를 들면, 태양계에서 행성들은 예측가능한 방식으로 (뉴턴[Isaac Newton]과 그의 후계자들이 행성의 움직임에 대한 것을 알아냈다) 태양 주위를 돈다. 그러나 행성들이 선택해서 태양 주위를 도는 것이 아니라 태양계에서 가장 무거운 행성인 태양의 중력이 그들을 끌어당기기 때문이다. 체제 내에서는 사회적 관계를 규정하는 선택적 요소가 전혀 없다. 이를 고려하여 불은 "국가들 사이에 충분한 접촉이 있고, 상대 국가의 결정에 어느 정도 충분한 영향을 줄 수 있을 때 국가들이 전체 중 일부로서 행동할 수 있게 하기 위해" 둘 혹은 그 이상의 국가들이 체제를 형성한다고 주장한다 (Bull 1977: 9). 그러므로 국가 간 체제적 상호작용은 상당히 제한적이고 "외교적 동의와 이해를 도모하는 실질적 이익보다는 이익을 조작하고 통제하는 기술적 측면에 대한 국가의 인식 문제로 귀착된다" (Linklater 1995: 256).

그러나 월츠와는 달리, 불은 체제의 개념을 다양한 경험적, 이론적 연구에 적용하였다. 그는 한 체제에서 다른 체제로의 변화가 국제사회의 존재 가능성에 대해서 무엇을 말해주는지를 질문했다. 영국학파의 이론가들은 과거에는 무엇이 국제체제를 규정했는가에 관한 증거를 찾기 위해 대개 역사를 살펴보았는데 그 중 주목할 만한 것이 '서구 그리스-로마와 춘추전국시대의 중국'이다 (Watson 1990: 100). 이는 영국학파가 '체제'라는 용어에 대해서 유럽중심 또는 냉전을 넘어선 관점과 내용을 얻도록 도와주었다. 왓슨은 또한 체제의 다양한 양식들을 '독립, 헤게모니, 지배, 제국'이라는 '통제' 수준에 따라 분류해 볼 수 있다고 주장한다 (Watson 1990: 104–106). 그러므로 영국학파 이론은 여러 가지 체제를 이해할 때 체제라는 것이 무엇을 의미하는지를 명확하게 이해하고 시간의 변화에 따른 변화를 이론화할 수 있게 도와준다.

사회

'체제(system)'라는 단어는 자연과학적인 함의를 가지고 있는데, 이는 체제 내의 모든 것이 어떻게 질서 있게 자리 잡고 있으며 다양한 부분이나 단위들이 작동하는 전체를 구성하고 유지하기 위해 어떻게 서로 상호작용하는가를 설명할 수 있게 도와준다. 태양계의 행성들이나 혹은 컴퓨터 시스템의 구성요소들을 예로 들어 생각해 보자. 이 경우 시스템은 '최소한의 기능적이거나 효용적 면을 시사하는 놀랍도록 기계적인' 함의를 가질 뿐이다 (James 1993: 282). 불은 국제관계가 생각도 느낌도 없이, 행위자가 앞으로 나가도록 압박하는 능력도 없이, 이렇게 추상적이고 냉정한 방법으로 분류될 수 있다고는 생각하지 않았다. 무엇보다도, 국가 간 관계는 국가 안에 살고 있는 개인들의 행동에 의존하고 있으며 그에 의해 수행된다. 국제체제라는 개념은 국가 간 외교에 있어서 인간적 요소를 간과하고 있으며, 특히 '인류의 선천적 사회성'이라는 근본적 가정을 간과하고 있다 (Jeffery 2006: 121).

불에게 있어 국제사회는 체제보다 넓은 의미이지만 체제의 선행적 존재를 전제로 한다 (Jeffery 2006: 128). 그러나 우리가 이전 시대의 그리스로마 문명이나, 갈수록 경계가 모호해지긴 하지만 오늘날의 '서구' 문명을 지칭하는 의미로 보면, 사회는 문명보다 좁은 개념이다. 사회는 문명보다는 좀 더 실용적인 이유로 탄생한, 그보다는 덜 유기적으로 조직된 개념이라고 말할 수도 있겠다. 그러나 국가 간 교류의 깊이와 규모를 생각하면 현실주의가 말하는 체제보다 확실한 한 단계 위라고 말할 수 있다. 모리스(Justin Morris)는 "국제사회는 국내사회 못지않게 그것을 지탱하는 가치와 목표에 대한 만장일치적 동의를 필요로 한다. 또한 다루기 힘든 국가들의 행동에 대항해서 사회의 존재가 확고하게 유지되어야 한다는 회원국들 사이의 광범위하고 충분한 동의가 필요하다"고 썼다 (Morris 2005: 206). 연대주의적 형태 (아랫부분 참조)로 보면, 국제사회란 "주권국가들로 구성된 국제사회라는 낡은 허구에 의해 방해받고 좌절된 인류공동체에 지나지 않는다" (Wight 1987: 223). 이 전형적인 국제관계 패러독스는 영화 〈어라이벌(*Arrival*)〉 (2016)에서 외계인의 착륙선들이 한꺼번에 지구에 도착하는 장면에 나타난다. 전체적인 조율 메커니즘 없이 (UN은 보이지 않는다), 주권국가들은 외계인들이 지구에 온 이유를 찾아야 하는 공동의 관심사를 표명하지만 결국 외계인보다는 자기들끼리 논쟁만 하다 끝난다. 사회는 국가의 행동을 규정하는 합의된 법률과 규칙 위에서 발생한다. 그리고 사회는 체제에서는 발견할 수 없는 '어떠한 공식적 또는 전체적 일관성이 결여된 연대적 관계'를 함축하고 있다 (James 1993: 284 and 279).

영국학파 이론가들은 오랫동안 국제사회의 개념에 대해 세 가지 질문을 갖고 씨름해왔다 (Buzan 1993: 332). 첫째, 체제가 사회로 바뀐 것을 언제 알게 되는가? 둘째, 어떤 특정한 시기에 누가 국제사회의 일원이라고 볼 수 있는가? 셋째, 국제체제의 전부 또는 부분이 반드시 부상 중인 국제사회에 포함되는가? 류스 스미트(Christian Reus-Smit)는 더 나아가, 영국학파는 현대 국제사회의 본질에 중요한 개입을 제공할 수 없으며, 이를 구성주의의 전체론적 접근에 넘겨야 한다고 주장했다 (Reus-Smit 2005). 리틀(Little 2005)과 같은 저자들은 그 정도는 아니지만 불의 연구에서 다소 모호한 체제와 사회 사이의 구분에 대해 다섯 가지 질문을 제기했다 (Buzan 1993: 332-336). 첫째, 우리는 사회(세계적이든 혹은 지역적 의미에서든)를 어떻게 식별할 수 있는가? 그리고 가치에 기반하여 단합된 사회들, 예를 들면, '서구'와 '중국'이 공존할 수 있는가? 둘째, 실제로 사회와 체제를 구분하는 것은 무엇인가? 셋째, 체제와 사회의 경계는 무엇인가? 그리고 언제 전환되었는지, 혹은 전환되고 있는지 어떻게 아는가? 넷째, 왜 그리고 어떻게 국제사회의 관념적인 '경계'가 시기에 따라 변하는가? 마지막으로, 사회와 제국의 관계는 무엇인가? 이 문제는 우리가 9장에서 다루게 될 마르크스주의 시각에 반영된다.

왓슨은 고대('고대 국가체제')로부터 '유럽 국제사회'와 '글로벌 국제사회'에 이르기까지의 진화를 추적하는 연구를 통해 이 질문에 답하고자 한다 (Watson 2001). 이는 오늘날의 국제체제에서 '새롭게' 보이거나 인식하지 못한 것처럼 보이는 역사의 계보를 보여주며 세계역사를 통해 다양한 형태의 국제사회를 추적할 수 있게 한다 (Buzan 2014: Part II도 참조할 것). 이러한 연구의 상세한 내용은 흥미롭고 통찰력을 주기도 하지만 이 장에서 다루기엔 무리가 있다. 결정적인 문제는 영국학파 국제관계이론이 초기 국제관계이론들이 가진 요소들과 혼합되어 있다는 점이다. 현실주의자들은 철저한 국가이익의 계산을 제도와 레짐을 발전시킨 사회적 가치와 규범에 관한 자유주의적 연구와 결합하여 무정부적 국제체제에서도 일군의 국가들이 국제사회의 일부분으로서 공동의 목표를 성취하기 위해 함께 노력할 동력을 창조한다는 이론을 세운다. 국제사회의 형성 이면에 있는 두 가지 추동력에 대한 부잔의 개요는 (Buzan 1993: 336) 풍성한 생각거리를 제공한다. "국제사회가 존재하기 위한 두 가지 확실한 방법이 있는데, 하나는 '문명적'(*gemeinschaft*) 모델이고 다른 하나는 '기능적'(*gesellshaft*) 모델이다" (Pasic 1996: 90–95의 비평을 보라). '문명적' 모델은 '기능적' 모델보다 훨씬 깊은 유기적이고 정체성에 근거한 연대성을 함축하고 있으며, 이는 공통의 정체성과 목적 또는 일련의 가치에 근거한 공동체를 실현하는 것보다는 질서를 창조하는 것에 더 중점을 둔다. '세계사회(world society)'는 더 깊이가 있는 것이며 아래의 다원주의-연대주의 논쟁에서 다시 검토할 것이다.

질서

국제관계에서 질서는 어떻게 진화했고, 어떻게 유지되는가? 불은 외교와 국제법에 대한 존중 (국제제도에서 합의된 대로)이 국제질서의 토대이며 국제 법치를 도모하기 위한 전제조건이라고 본다. 더욱이, 이러한 질서는 다양한 국가들, 심지어는 정치적, 경제적, 사회적 전통이 상반되는 경우에도 창조되고 유지될 수 있다는 것이다. 여기서 핵심은 이념과 국내정치적 조직이 다르더라도 협약에 참여한 모든 관계국들이 이를 준수하고 다른 국가들의 권리를 존중해야 한다는 것이다.

1945~1989년 사이의 냉전기간을 생각해보자. '공산주의' 소련이 이끄는 측과 '자본주의' 미국이 이끄는 두 경쟁 진영이 국제체제 내에서의 경제

적, 정치적, 사회적 패권을 두고 경쟁했다. 그 당시에도 냉전의 주도 세력들이 UN 같은 공동 제도에 참여하고 있었기 때문에 일부나마 '열전(熱戰)' 위협이 완화될 수 있었다. 그들은 UN 안전보장이사회(Security Council) 안팎에서 정기적으로 소통하고 나란히 다른 UN 회원국들과 함께 세계의 정치적, 경제적, 전략적 주요사안의 결정에 참여했다. 혹자는 이러한 견해가 상당부분 우리가 볼 수 있는 '현장'에 의존한다는 것과 남아메리카 등 다른 대륙에서 싸운 '대리' 전쟁을 무시하고 있다고 주장할 수도 있다. 그러나 요점은 서로 극명하게 다른 이념을 가진 두 국가가 공통의 관심사를 구현하기 위해 국제기구에 참여하게 되면 그런 분명한 차이가 반드시 전쟁으로 이어지지는 않는다는 것이다. 미소 양국은 1945년에서 1989년까지 글로벌 패권을 두고 경쟁했지만 자신들이 국제사회의 일원임을 깨달았던 것이다.

연대주의와 다원주의

> 두 입장 간의 이견은 어느 정도는 현대적 상황에서 국제질서라는 기본적인 목표를 훼손하지 않으면서 세계적 인권보호라는 더 상위의 목표를 추구하는 것이 얼마나 가능하겠는가 하는 경험적인 차이에 근거한다.
> (Suganami 2005: 39)

냉전이 종식된 이후, 미국, 영국, 캐나다, 호주 등 국가들과 UN, EU, 북대서양조약기구(NATO: North Atlantic Treaty Organization) 등의 국제기구들은 인도주의나 기타 안보적 목적으로 다른 국가에 개입해도 되는지, 그리고 개입한다면 어떤 방법으로 하는 것이 옳은지에 대한 강도 높은 논의를 전개했다. 이러한 논의들은 대체로 이들 국가와 기구들이 경제제재와 군사개입을 증가시키는 추세를 배경으로 등장했다. 유고슬라비아가 소규모 영토에 기반을 둔 국민국가들로 해체된 1989년 이후 무력분쟁은 증가했다. 보

심층 분석 7.1 전시(戰時) 규범과 법

국가들이 전쟁에 참전하거나, 또는 오늘날의 경우처럼 인도주의적 개입에 관여하게 될 경우, 적어도 이론상으로 이러한 개입은 국제규범의 적용을 받는다. 전시라고 해서 '아무 일이나 일어나도 되는 것'은 아니다. 대부분의 국가들은 「전쟁에 관한 UN 헤이그협약(UN Hague Convention on the Law and Customs of War)」과 '전시 개인, 전투원, 비전투원의 권리'에 집중하고 있는 「제네바협약(Geneva Convention)」에 서명했다. 여기에는 「제노사이드와 고문에 관한 협약(Convention on Genocide and Torture)」과 전쟁포로에 대한 대우가 포함되어 있다 (UN 1997). 지난 수년간 '전시 성폭력 방지를 위한' 국제 규범과 법을 성문화하기 위한 강력한 요구에 따라 UN 차원의 조치가 취해졌다 (UN 2013). 2013년 9월까지 국제사회 2/3의 국가들이 이 성명을 지지했다. 2014년 6월에는 런던이 '전시 성폭력 종식을 위한 세계정상회의(Global Summit to End Sexual Violence in Conflict)'를 개최하여 (Gov. UK 2014) 전시에 여성 권리를 증진하고 그러한 범죄의 가해자들을 처벌하는 기제를 강화하기 위한 압박을 지속했다. 아무리 '열전' 중일지라도 국가들은 그들의 상호작용을, 심지어 전시와 같이 혼란스럽고 폭력적인 상황 하에서도, 전체 국제사회의 복리를 위한 규범에 따라 어느 정도 질서 있게 유지하고자 한다.

아마도 이것이 왜 오늘날 전쟁포로에 대한 대우가 중대한 관심을 끌고 있으며, 2003년 3월 미국 주도의 이라크공격 이후 아부그라이브(Abu Ghraib) 포로수용소에서와 같은 이라크전쟁 포로 학대사건이 그렇게 폭넓은 비판을 받은 이유일 것이다. 그러한 포로학대는 이미 논란이 많던 이라크 개전에 대한 지지를 더욱 줄어들게 했다. 더욱이 미군이 학대에 가담한 사실은 이라크 포로들의 기본적 인권 유린으로 비춰졌다. 테러용의자에 대한 고문과 용의자 해외인도(extraordinary rendition)에 더하여 (Gaskarth 2011), 포로들을 아부그라이브에 수용한 것은 전쟁법 위반으로서 이는 우리가 살고 있는 국제사회를 지탱하는 공식적 법과 비공식적 규범들을 훼손한 것으로 평가된다.

스니아, 코소보, 시에라리온, 동티모르, 그리고 리비아와 시리아 내전은 국제사회의 개입에 관한 탈냉전시대의 생각과 실행에 영향을 미쳤다. 또한 이라크, 아프가니스탄, '대테러 전쟁', 그리고 이슬람국가(Islamic State)의 등장은 국가들이 어떻게 국제안보를 지켜야 할지에 관해 딜레마를 초래했다.

타국의 문제에 군사적, 또는 기타 방식으로 개입하는 것은 정치가들은 물론 국제관계이론가들에게도 심각한 딜레마를 제기한다. 왜냐하면 이는 국제적 국가체제가 가진 법적, 윤리적 기준들 중 핵심적인 한 가지, 곧 주권을 훼손하는 것이기 때문이다. 개입 행위는 곧 국가의 주권과 영토보전에 대한 위반이므로 강력한 저항을 받는다. 세계화된 세상에서 국내문제는 국내문제로만 남겨둬야 하는가? 국가가 극심한 혼란에 빠져있는 경우에는 외부 개입이 바람직한가? '엄중한 인도주의적' 위기란 무엇이며 제노사이드와 인도주의적 잔학행위와는 어떻게 관련되는가? 개입이 실행되는 것이 윤리적인지 여부에 대한 판단은 누가 내리는 것인가? 어떠한 형태의 개입이 윤리적이고 효과적인가? 개입의 윤리적 목적이 수단을 정당화할 수 있는가? '개입' 과정이 끝난 후의 사태를 수습할 책임은 어느 국가 또는 조직에게 있는가?

영국학파 이론은 이러한 질문들을 다루기에 특히 적절하다고 볼 수 있는데 (Williams 2005), 이는 영국학파가 한편으로는 '국제사회'와 '세계사회'를 창조하는 인간 상호작용에, 그리고 다른 한편으로는 인간적 정의와 국제질서 사이의 긴장에서 발생하는 규범적 문제들에 관심을 갖기 때문이다. 인권과 개입의 문제는 "질서와 정의 사이의 긴장관계를 극명하게 보여준다" (Wheeler and Dunne 1996: 92). 현대적 인도주의 요구의 급증은 "사회 체제를 향상시키고자 하는 공약이 어떻게 국가 차원을 넘어서는가를 보여주고 있다" (Linklater 2010: 170-171). 이는 다원주의와 연대주의 간의 내부적 논쟁에 반영돼 있으며 "현실주의와 영국학파가 관련된 다양한 활동의 차이점을 더욱 부각시킨다" (Dunne 2005: 74). 류스 스미트(Reus-Smit 2002: 490)가 설명한 바와 같이 "영국학파 학자들은 주권국가들로 구성된 세계 속에서 도덕적 행위의 여지를 끊임없이 탐구했으며, 다원주의와 연대주의 사이의 논쟁에 불을 붙였다." 불(Bull)은 국제사회에서 국가들 간 연대의 가능성을 '법의 집행에 대한 존중'에서 발견했다 (Wheeler and Dunne 1996: 95에서 인용). 법에 대한 이러한 최소한의 존중은 최근 몇 년 사이에 더 강력한 것들에 자리를 내주었다. 예를 들면, 윌러 같은 연대주의자들은 '더 부유하고 강한 국가들이 그보다 못한 국가들의 곤궁을 돌봐주어야 할 의무'가 있다고 믿는다 (Suganami 2005: 39). 이러한 견해에서 보자면 개입이 규범이 아니라 예외가 되는 한 국제체제의 질서는 유지될 수 있다. 그러므로 연대주의자들은 영국학파 이론의 세계주의 전통과 '세계사회'적 접근과 연결되어 있다 (14장에서 세계주의에 대해 살펴볼 것이다).

부잔(Buzan 1993: 337)은 '세계사회'가 영국학파 이론을 따른 자유주의의 이상이라면 '국제사회'는 영국학파 이론의 현실주의 쪽 갈래라고 주장한다. 국제사회(international society)는 국가 (또는 국제체제를 구성하는 어떠한 정치적 단위이든) 간의 관계에 초점을 맞추고 있다. 세계사회(world society)는 개인과 비국가행위자, 그리고 궁극적으로는 세계의 대중들을 글로벌 차원 사회적 합의의 중심으로 간주한다. 현실주의와 자유주의, 다원주의와 연대주의 구분처럼, 이제 IRT의 언어를 이해하는 것이 얼마나 조심스럽고 어려운 것인가를 알 수 있을 것이다.

이와는 대조적으로, 잭슨 같은 다원주의자들은 영국학파 사상의 '국제사회' 쪽에 관련되면서 좀 더 현실주의로 경도돼 있다. 그들은 개입이 '국제질서를 훼손할 가능성이 있기 때문에 반대하며, 심지어는 인도주의적 개입조차도 도덕적으로 거부해야 할 가부장제의 한 형태'라며 반대한다. 다원주의자들은 '국가들의 평온, 재건, 발전'을 위한 개입을 배제하는 것은 아니지만 반드시 개입당하는 국가의 동의하에 이루어져야 함을 강조한다

(Suganami 2005: 39). 마얄(James Mayall)의 말대로, 주권국가는 '그럭저럭 함께' 살아가게 해주는 '실질적' 연합 (제도와 국제기구 안에서) 상태에 있다. 이렇게 깊숙이 뿌리박힌 국제사회의 '규범'을 위반하는 것은 강자가 약자에게 새로운 개입주의적 규범을 강요하게 될 때 불안정을 초래할 수도 있다.

부잔은 다원주의적 견해가 윤리를 무시하는 것은 아니라고 지적한다. 오히려 그 반대로, 각각 다른 성향과 이념을 가진 다양한 다른 국가들의 다양성을 존중하는 것이 국제문제에 있어서 질서와 정의의 관계를 이해하는 데 있어서 핵심이라고 주장한다 (Buzan 2014: 91). 그러므로 "보수주의자들에게는 정의의 추구보다는, 만일 그것이 국제사회의 핵심 원칙과 충돌할 경우, 질서가 더 우선시된다" (Williams 2005: 23). 따라서 연대주의와 다원주의의 이견에서 핵심은 존재론적 문제다. 주권국가 체제에서의 도덕적 책임감의 소재에 대한 관심인 것이다. 연대주의자들은 비록 인위적으로 국가라는 단위로 쪼개지기는 했으나 인류는 통일된 도덕 공동체를 형성한다고 믿는 반면 다원주의자들은 자국민의 안위는 주권국가의 책임이라고 믿는다 (Suganami 2005: 40).

생각해 볼 문제들

"헤들리 불이 '국제사회'의 존재를 인정한 이유는 무엇인가? 그렇게 한 것이 옳았는가?"

이 질문은 여러분에게 불의 논리를 설명하고 (불에 관한 당신의 지식을 보이라) 그로부터 무엇을 배웠는지 묻는 질문이다 (평가는 주로 이것에 집중될 것이다). 에세이를 이렇게 두 부분으로 구성하는 것이 논리적일 것이다.

심층 분석 7.2 연대주의와 다원주의의 행동: 블레어독트린에서 보호책임(R2P)으로

IRT의 발전은 종종 국가와 국제기구, 혹은 기타 행위자들에 의해 행해진 국제관계 행위를 반영하기도 한다. 특히 그 행위들이 기발하거나 예상치 못한 것일 경우에 더욱 그렇다 (그 예로, 냉전의 종식과 그로부터 겨우 10년 후 일어난 9·11 테러 공격이 어떻게 21세기의 질서, 정체성, 안보에 대한 생각을 바꾸었는지를 생각해 보자). 영국학파 이론 내에서 나누어진 연대주의-다원주의는 글로벌 상호의존의 시대에 있어서 '개입'과 '보호책임'에 대한 논쟁에서 서로 평행선을 달린다 (Smith 2016 참조). NATO군이 코소보에 개입하던 1999년 시카고에서 행해졌던 블레어의 연설은 개입과 주권에 관한 생각을 급진적으로 바꾸어놓았다. 그 연설은 국제체제가 심각한 불안정을 겪는 상황에서의 '정당한 전쟁'에 대한 확고한 사례를 거론한 것이다. 그는 코소보에서 일어나고 있는 '인종 청소, 계획적 강간, 집단학살' 등 '차마 말로 할 수 없는' 일들에 대해 언급하며 유럽 또는 그 근방에서 "인종 청소라는 악을 그냥 둘 수는 없다"고 목소리를 높였다. 왜 그래서는 안 되는가? "이제 좋든 싫든 우리는 모두 국제주의자들(internationalists)이다. 우리가 안전하기를 바란다면 우리는 다른 나라에서 일어난 전쟁과 인권 유린에 등을 돌릴 수 없다" (Blair 1999). 블레어는 글로벌 상호의존으로 인해 세계사회라는 개념이 그 어느 때보다도 가까워졌다고 했다. 우리는 이제 기본적인 안보, 존엄성, 복지라는 인간적 가치들을 지키려면 주권처럼 시대에 뒤떨어진 개념을 고수하는 것이 정당한지 다시 생각해야 한다 (Blair 2001도 참조할 것, 블레어의 시카고연설에 대한 재평가는 Daddow 2009를 참조할 것). 블레어는 비록 국민국가가 여전히 국제무대에서 중요한 행위자이긴 하지만 어느 정도 개입에 관한 연대주의적 입장을 지지했다고 생각할 수 있다.

행동을 촉구하는 블레어의 요구에 대해 당시 국제사회는 블레어가 제기한 윤리적 사안에 대하여 무엇이 최선의 대응 방안인지에 관해 심사숙고했다. 2001년, 개입과 국가주권에 관한 국제위원회(ICISS: International

계속

심층 분석 7.2 계속

Commission on Intervention and State Sovereignty)는 잔학행위에 대한 보고서를 발행했다. 당시 UN사무총장이던 코피 아난(Kofi Annan)은 "이러한 잔학행위는 모든 인류공동체에 영향을 끼치며, 만약 블레어와는 '반대로' 인도주의적 개입이 국가주권에 관한 용납할 수 없는 침해라고 믿는다면, 이는 인류공동체에 관해 우리가 얻은 모든 교훈에 영향을 미치게 될 것이다"라고 말했다 (Evans 2004에서 인용). R2P(Responsibility to Protect)라고 알려진 보호책임은 세 가지 면에서 개입 독트린에 이의를 제기했다 (Evans 2004). 첫째, 관심의 초점을 개입하기 위한 계획에서 도움받는 측의 필요성으로 전환했다 (블레어의 개입을 위한 '조건'에 대한 주관성은 Ralph 2011에서 잘 다루고 있다). 둘째, R2P는 개별 국가가 자국 내에서 대량 학살이나 잔혹행위를 저지르지 말아야 한다는 것과, 해당국가가 의무를 수행할 수 능력이나 의지가 없는 경우에만 개입을 고려해야 한다는 원칙을 수립했다. 셋째, R2P에는 관련된 의무인 '예방'과 '재건'이 포함되어 있으므로 개입주의 독트린보다 더욱 포괄적이다. 특히 예방은 R2P가 강조하는 것이다. R2P는 예외적 상황을 제외한 국가주권의 근본적 불가침성에 대해 재확인함으로써 개입 상황과 개입에 의한 주권 침해 전후의 국가 책임에 대해 다원주의적 입장을 취한다고 볼 수 있다.

블레어독트린(Blair Doctrine)에 따라 영국, 미국, 그리고 의지동맹이 이라크에 개입한 것을 보면 다원주의와 R2P 주창자들의 견해가 설득력이 있다고 생각되는가?

분명하게 불에 집중하는 것이 좋지만 영국학파와 그 전통에 있는 다른 저자들의 입장에 대해 언급하고 싶다면 그것도 좋다. 그러나 서두엔 반드시 불의 사상을 적도록 하라.

첫 번째 부분에서는 불이 체제, 힘, 이익에 관한 고찰에 집중한 IRT에서 왜, 그리고 어떻게 이러한 관계들이 국제사회를 형성한다는 개념으로 이끌고 갔는지를 설명해야 한다. 그리고 불의 사상이 가진 핵심 측면을 요약해야 하며 그것이 이전의 IRT (예를 들면, 현실주의와 신현실주의)와 맥을 같이 하다가 어디서 갈라졌는지에 대해 언급해야 한다. 여러분의 에세이를 한 가지 주된 텍스트 (『무정부적 사회』)에 초점을 맞출 수도 있고, 불의 전체 저작에 흐르는 생각들을 골라도 된다. 첫째 옵션은 상대적으로 범위가 한정된 작업이기 때문에 더 쉬울 것이다. 시기에 따른 불의 사상 전개를 평가자들이 알 수 있게 쓰면 되는데 이 특별한 질문에 답하는 것을 목표로 주제에 관한 그의 첫 번째 주요 작업에 집중해야 한다. 『무정부적 사회』를 장 별로 요약해도 된다. 그러나 에세이 분량 제한을 어기지 않으려면 여러분이 불을 읽었다는 것을 보여주기 위해 기본적인 인용구들을 사용해서 주제별 접근을 하는 것이 효과적일 것이다. 여기서 핵심 문제는 불의 '국제사회' 정의를 여러분이 어떻게 생각하느냐 하는 것이다.

두 번째 부분에서는 불의 '국제사회' 개념에 대한 여러분의 의견, 즉 그것이 얼마나 정확하고 적절하다고 생각하는지를 피력해야 한다. 여기서 그 개념에 대한 비판도 있다는 것을 보여주어야 하며 (예를 들면, James 1993) 후속 논의들도 소개하면 좋겠다 (예를 들면, 위에서 살펴본 리틀의 비판). 이러한 비판에는 첫째, '체제'와 '사회' 간의 차이에 대한 모호성이 포함되어야 한다. 언제 체제가 사회가 된다는 말인가? 둘째, '국제적'이라는 용어가 사실은 '유럽적'이라는 의미인가? 이 이론의 적용가능성이 '유럽'이나 '서구'에 한정되는 것은 아닌가? 셋째, 불의 이론은 국가의 반대 개념으로서 인류에게 존재하는 '세계사회'적 가치를 간과하고 지나치게 국가중심적인 것은 아닌가? 현실주의이론가들은 불이 불충분한 현실주의자라고 비판한다. 자유주의자들은 그가 너무 현실주의적이라고 비판한다. 그러므로 이러한 면에서 그를 평가해도 좋을 것이다. 여러분은 그들의 비판을 어떻게 생각하는가? 현실주의와 자유주의로부터의 비판에 대한 불의 대응을 예상하여 이에 답할 수도 있을 것이다.

'영국학파 이론은 현실주의, 자유주의 국제관계이론과 어떻게 다른가? 가장 설득력 있는 답은 무엇이며 이유는 무엇인가?'

이 마지막 질문은 단 한 개의 이론에 집중되어 있지만 그 답은 세 개의 이론에 대한 지식을 요구하고 있는 도발적인 문제다. 여러분이 다뤄야 할 범위가 넓기 때문에 답을 구성하기가 더 어렵다. 그래서 답을 잘 계획하고 구성하는 것이 핵심이다. 또한 질문의 두 부분을 효과적으로 다루려면 시험시간을 잘 관리해야 한다.

첫 질문을 살펴보자. 얼핏 보기에는 처음에는 각 이론들의 핵심 내용을 설명하고 마지막 부분에서는 서로 비교, 대조하면 좋을 듯 보인다. 하지만 문제는 여러분이 필요로 하는 모든 정보를 적는 것이 불가능할 수도 있다는 점이다. 만일 에세이 분량이 예를 들어, 2,500단어라면 이 제한된 분량에 어떻게 세 이론을 요약하고 평가할 것인가? 이 문제가 영국학파에 중점을 둔 질문이라는 점을 명심한다면, 다른 두 개의 이론보다 영국학파 이론에 대해 더 잘 알고 있다는 점을 교수에게 부각시켜야 할 것이다. 그렇다면 영국학파 이론에 대한 분석에 더 집중하고 필요한 경우에만 다른 두 개의 이론을 다루는 것이 좋을 것이다. 예를 들어, '체제'와 '이익'과 같이 현실주의의 영향을 받은 용어와 '제도'와 '사회'처럼 자유주의의 영향을 받은 용어들을 쓸 때 불과 그 외 인물들을 거론할 수 있다. 최고의 답 중 하나는 상당수 영국학파 학자들의 구성주의적 성향을 대비시켜 그들 간의 논쟁을 중심으로 풀어가는 방법이다 (다음 장에서 검토할 구성주의 내용을 참조할 것). 이 접근법은 견실한 지적 토대를 요구하고 있으므로 비교적 다루기가 어렵지만 이 과목의 학습 목표 중 높은 단계를 충족시키는 능력을 보여줄 수 있다는 점에서 보람이 있다.

두 번째 부분에서는 여러분이 가장 좋아하는 이론을 선택한다 (만일 그런 게 있다면). 채점자는 여러분의 선택이 두 개의 다른 표준 이론들에 비추어 제대로 정당화되고 있는가를 볼 것이다. 첫째, 이론이 이론으로서의 일관성이 있는가 여부다. 이론의 가정은 타당한가? 그 인식론의 근거, 즉 이론이 제공하는 지식이 효과적으로 들어맞는가? 이론이 해당 이론가들에 의해 연구된 국제관계적 '사실들'에 들어맞는가? 둘째, 시간이 흘러도 타당한 이론인가를 자문함으로써 이론이 오늘날에도 적용되는가를 검토할 수도 있을 것이다. 그 이론은 현대 국제관계의 주요 국면들을 설명하고 있는가? 다원주의-연대주의의 논쟁을 활용하는 것도 정의, 질서, 국가주권에 관한 현대 논쟁의 역사적 역동성을 이해하기 위한 광범위한 시도로서 1990년대 이후 영국학파의 발전을 보여주는 데 도움이 될 것이다.

추가 읽을거리

Dunne, T. (1998) *Inventing International Society: A History of the English School*. Basingstoke: Macmillan.

영국학파 역사를 명확하게 보여준다.

Wight, M. (1991) *International Theory: The Three Traditions*. Leicester: Leicester University Press.

1950년대에 와이트가 LSE에서 했던 강의로 그의 유작으로 출판되었다.

Bull, H. (1966) 'The Grotian Concept of International Society', in Herbert Butterfield and Martin Wight (eds) *Diplomatic Investigations: Essays on the Theory of International Politics*. London: George Allen and Unwin, pp. 51–73.

Bull, H. and Watson, A. (eds) (1985) *The Expansion of International Society*. Oxford: Oxford University Press.

유럽의 성장 및 발전과 16세기 이후 점차 진행된 글로벌 '사회'에 대한 분석을 다루고 있다.

Manning, C.A.W. (1962) *The Nature of International Society*. London: London School of Economics.

이 저서는 요즘은 매우 찾기 어려우니 다음 자료들을 참고하기를 바란다.

Murray, R.W. (ed.) (2015) *System, Society and the World: Exploring the English School of International Relations*. Bristol: E-IR Publishing.

Suganami, H. (2000) 'C.A.W. Manning and the Study of International Relations', *Review of International Studies*, 27(1): 91–107.

Robson, B.A. (ed.) (1998) *International Society and the Development of International Relations*. London: Cassell.

주요 영국학파 저자들의 논문을 모아놓은 것으로 '국제사회'라는 개념이 IR 연구에 어떤 영향을 미쳤는지를 평가하고 있다.

Brown, C. (2002) *Sovereignty, Rights and International Justice*. Cambridge: Polity Press.

Buzan, B. (2001) 'The English School: An Under-Exploited Resource in IR', *Review of International Studies*, 24(3): 471–488.

IR이론가들이 영국학파를 경시한 사례에 대해 위험을 무릅쓴 강력한 반박을 하고 있다.

Epp, R. (1998) 'The English School on the Frontiers of International Relations', *Review of International Studies*, 24(special issue): 47–63.

Finnemore, M. (1996) *National Interests in International Society*. Ithaca, NY: Cornell University Press.

Buzan, B. (2005) *From International to World Society? English School Theory and the Social Construction of Globalisation*. Cambridge: Cambridge University Press.

1장과 2장은 영국학파 이론의 장점과 약점에 관한 내용이고 6장은 '국제사회'를 구성하는 제도에 관한 내용이다.

Little, R. (2000) 'The English School's Contribution to the Study of International Relations', *European Journal of International Relations*, 6(3): 495–522.

Groom, A.J.R. (1975) 'Functionalism and World Society', in A.J.R. Groom and P. Taylor (eds) *Functionalism: Theory and Practice in International Relations*. London: University of London Press, pp. 93–111.

영국학파와 자유주의 사상의 유사성을 보여준다.

Little, R. and Williams, J. (eds) (2006) *The Anarchical Society in a Globalized World*. Basingstoke: Palgrave.

Gong, G.W. (1984) *The Standard of 'Civilization' in International Relations*. Oxford: Clarendon Press.

중국과 일본 같은 비서구 사회를 살펴봄으로써 시대에 따른 '국제사회' 모습의 변화를 연구했다. 그리고 탈식민주의(postcolonialism)의 선구적 연구로서 가치가 있다 (이 책의 13장).

Hoffman, S. (2000) *World Disorders: Troubled Peace in the Post-Cold War Era*. Lanham, MD: Rowman and Littlefield Publishers Ltd.

2장에서 헤들리 불을 다루고 있다. 4장은 현실주의와 자유주의적 견해를 뛰어넘는 세계질서에 관한 내용이다.

Review of International Studies (2001) 'Forum on the English School', 27(3):

465–513.
일련의 짧은 논문 6편이 실려 있다. 같은 저널의 (2002) 영국학파 관련 5편도 참고할 것, 28(4).

Hjorth, R. (2011) 'Equality in the Theory of International Society: Kelsen, Rawls and the English School', *Review of International Studies*, 37(5): 2585–2602.

Reus-Smit, C. (1997) 'The Constitutional Structure of International Society and the Nature of Fundamental Institutions', *Review of International Studies*, 51(4): 555–589.

Zhang, Y. (2003) 'The "English School" in China: A Travelogue of Ideas and their Diffusion', *European Journal of International Relations*, 9(1): 87–114.

Edkins, J. and Zehfuss, M. (2005) 'Generalising the International', *Review of International Studies*, 31(3): 451–472.
불의 무정부사회에 대한 포스트-구조주의자들의 견해를 소개하고 있다. 이 책의 12장도 같이 읽으면 유용하다.

연대주의와 다원주의에 관한 자료

Jackson, R. (2000) *The Global Covenant: Human Conduct in a World of States*. Oxford: Oxford University Press.

Linklater, A. (2009) 'Human Interconnectedness', *International Relations*, 23(3): 481–497.

Weinert, M.S. (2011) 'Reframing the Pluralist-Solidarist Debate', *Millennium: Journal of International Studies*, 40(1): 21–41.

Wheeler, N.J. (1992) 'Pluralist or Solidarist Conceptions of International Society: Bull and Vincent on Humanitarian Intervention', *Millennium: Journal of International Studies*, 21(3): 29–34.

Wheeler, N.J. (2000) *Saving Strangers: Humanitarian Intervention in International Society*. Oxford: Oxford University Press.

Williams, J. (2005) 'Pluralism, Solidarism and the Emergence of World Society in English School Theory', *International Relations*, 19(1): 19–38.

Williams, J. (2015) *Ethics, Diversity and World Politics: Saving Pluralism from Itself?* Oxford: Oxford University Press.

8장 구성주의

핵심용어

- 무정부상태
- 정체성
- 이익
- 규범
- 규범주창자(norm entrepreneurship)
- 안보딜레마
- 국가

> 세계의 형태를 이해함에 있어, 우리의 생각이 머릿속에서 이 세계를 현실로 만든다. 세계는 우리가 느끼는 정도만큼 우리 마음 밖에서 실제로 존재하는 것처럼 보인다. (Onuf 2009: 194, 강조는 원본)

이 책을 쓰고 있는 지금, 내 남자 조카는 7살이고 여자 조카는 5살이다. 지난 몇 년 동안 나는 너그럽고 충실한 삼촌이 되기 위해 상당한 돈을 쓰며 그들에게 다양한 선물을 해주었다. 최근에 여름 티셔츠를 사주고 싶어 옷가게에 갔다. 남자 조카에게는 파란색 셔츠를, 그리고 여자 조카에게는 분홍색 셔츠를 샀다. 내 선택은 부분적으로 남자아이는 파란색, 여자아이는 분홍색이라는 선입견에 근거한 것이었다. 이는 또한 옷가게 안의 소년 소녀 옷 칸에 걸려있는 색을 반영하는 것이기도 했다. 소녀 옷 칸에는 더 밝은 톤이 진열되어 있었고 분홍색과 노란색이 많았다. 반면 소년 옷 칸에는 더 어두운 톤의 옷들과 주로 푸른색, 검은색이나 갈색 옷이 많았다.

그들이 자라는 동안 나는 그들의 옷과 장난감을 고르며 즐겁다. 조각 퍼즐이나 보드게임처럼 둘 다 가지고 놀 수 있는 장난감도 많다. 그렇지만 물총, 액션 맨, 축구공처럼 남자 조카에게 주고 싶은 장난감들이 좀 더 많다. 여자 조카는 인형, 드레스, 화장품용 반짝이 같은 것을 더 좋아한다. 스티커 책만 해도 남자 조카는 글레디에이터를, 여자 조카는 요정, 공주를 더 좋아한다. 서로의 장난감을 바꿔서 준다고 해서 불법이거나 부도덕한 것은 아니다. 그리고 그렇게 해도 아이들은, 특히 그 나이에는 별 상관하지 않는다. 다만 흔한 일은 아니라고 생각될 행동일 뿐이다. 여러분은 내가 무슨 말을 하려는지 짐작이 갈 것이다. 그 동안 내가 여자 조카와 남자 조카에게 준 선물들은 그들이 무엇을 원하는지에 대해 내가 읽어온 것들에 영향을 받은 것이다. 그리고 의심할 여지도 없이 그들이 무엇을 원할 것이라는 것에 대한 내 예상은 어린 남자애들과 여자애들이 무슨 옷을 입고 무슨 장난감을 좋아하는가에 대해 주어진 사회적 기대(*social expectation*)에 근거한 것이다.

이 예는 의도적으로 단순화시킨 것이지만 (그리고 젠더 구별을 한 것이다. 11장을 참조) 상호주관적(intersubjective) 사회적 현실의 본질을 잘 보여주고 있다. 상호주관적이라는 말은 우리를 둘러싸고 있는 세상에 우리가 의미를 부여하는 것인 언어와 그 외의 상징 속에 반영된 공유된 의미의 본질과 관계되어 있다. 상호주관적 의미들은 "자기 해석과 자기 정의, 그리고 그 의미들이 뿌리를 두고 의미들을 구성하는 사회적 관행으로부터 나온다" (Kratochwil and Ruggie, Reus-Smit 2013: 231에서 인용).

위에서 든 예에서 본 것처럼 내 행동은 인식의 다양한 차원에서 작동하고 있는 온갖 종류의 결정들에 의해 만들어진다. 나는 어린 조카들(대대로 전해진 '어린이'에 대해 사회적으로 구성된 정의에 근거하여)에게 '좋은 삼촌' (나의 자기 해석이며 자기 정의[定義]임) 역할을 하고자 했다. 나는 '선물 구

참고로 위에 인용한 크라토치윌(Friedrich Kratochwil)과 러기(John Ruggie)의 인용문을 찾아보라. 버칠과 링클레이터가 편저한 책 중 류스 스미트가 쓴 장(章)에서 이 인용문을 발견했다. 류스 스미트는 그가 쓴 장에 크라토치윌과 러기에 대한 풍부한 참고문헌을 넣었고 그것이 필자에게 좋은 자료가 되었다. 환언하면, 내가 연구에 참고할 원본 문헌들이 있는데 구태여 류스 스미트를 언급한 이유는 무엇인가? 류스 스미트가 이미 읽고 정리해 놓았기 때문에 나는 그 인용문을 찾기 위해 실제로 크라토치윌과 러기의 논문을 읽지는 않았다. 그의 노력 덕분에 나는 '상호주관적 의미'의 개념을 알 수 있었고, 그 중요한 개념에 대해 나의 일차적 정보원이 된 류스 스미트에게 감사한다. 인용문의 페이지 숫자까지 포함하여 류스 스미트가 제공한 크라토치윌과 러기의 모든 문헌들을 내 연구에 포함함으로써 나는 독자들에게 크라토치윌과 러기의 논문 원문을 직접 읽었다는 것을 넌지시 암시했는지도 모르겠으나 읽지 않았음을 밝힌다. 선량하고 정직한 학자인 류스 스미트가 오리지널 자료에서 정확하게 인용했음을 믿으며 공을 그에게 돌린다.

교훈: 에세이와 과목 숙제에 당신이 얻은 정보의 **일차** 출처를 밝히라. 만약 당신이 증거 자료를 발견한 곳에 A저자가 있다면 A저자의 자료를 B저자의 자료로 복제하면 안 된다. 이는 단지 직접적 인용의 경우에만 해당되는 것이 아니고 학문적 작업에 나타나는 모든 증거 자료, 주장, 해석에 해당된다. IR 원본 자료를 전혀 읽지 않고 해당 책이나 논문에 관한 온라인 요약에서 몇몇 인용을 따오더라도 그 정보를 어디서 찾았는지에 대해 정직해야 한다. 출처를 정직하게 밝히지 않을 경우 옳지 않은 학술행위로 비난받을 위험이 있다. 이 책의 3부에서 연구와 저술 요령에 대해서 자세히 검토하겠지만 여기서는 다만 이것이 흔히 범하는 실수라는 경종을 울리고자 한다.

입'이라는 사회적 행위에 익숙해져 있었고 그 행위는 다양한 상점에 있는 상품들을 얻기 위해 화폐를 교환하는 일련의 관습에 의해 만들어진 것이다. 그러한 관습은 '시장'이 좋은 판매자로 평가하는 특정한 물건들을 내게 제공함으로써 나의 구매 결정을 통해 상호주관적으로 나의 선택을 제한하고 형성했다. 선물 사는 일이 이렇게 많은 의미를 내포하고 있다는 것을 누가 생각이나 하겠는가?

이러한 종류의 상호주관적 의미들은 우리의 일상생활 어디에나 있다. 그것들은 너무 당연해서 우리가 미처 깨닫지도 못하는 특성을 내포하고 있다. 돈, 재산권, 주권, 결혼, 풋볼, 발렌타인데이 등과 같은 '제도적 사실' (Searle 2005)의 예를 생각해 보자 (Ruggie 1998b: 856). 또는 구찌니(Stefano Guzzini)와 린더(Anne Leander)의 언급대로 "예를 들어, 우리는 사회과학자로서 빨간색 신호등을 볼 때 전기회로 같은 기타 문제에는 관심 없고 이 신호가 해석해주는 규범에만 관심이 있다" (Guzzini and Leander 2006: 79). 이 경우 규범이란 대부분의 나라에서 교통신호 체제로서 빨간색 등은 '정지'를 뜻한다는 것이다. 이 규칙을 범하는 사람에게는 제재가 따르고 위반자에게 온갖 법적 조치가 취해질 수 있다. 1912년에 발명된 빨간색 신호등의 의미는 (Badon 2010) 이제 확고하게 정착되었고 모든 운전연습자들이 배워야 하는 명확한 상호주관적인 의미다. 그것은 사회적 합의이자 규범으로서 이를 뒷받침하는 규칙에 의해 효과적으로 유지된다. 만약 내일 갑자기 우리 모두가 교통신호의 빨간색-초록색 체제를 거부한다면 그 이후에 일어날 혼란을 상상해 보라. 그렇지만 아무도 그러지 않는다. 왜냐하면 모두가 빨간색-초록색 신호는 도로가 제 기능을 하게 하는 일부라고 생각하기 때문이다. 전 세계에서 매일 수백 만 번씩 작동하는 이 간단한 상호주관적 의미의 근거 위에서 우리 모두는 더욱 효과적이고 안전하게 일상을 살아갈 수 있다. 구성주의(Constructivism)는 이미 시행되고 있는 것이다.

IR에서 구성주의 (종종 사회구성주의라고도 알려진)의 의제는 "학문의 정확한 개념에 대해 질문하고 개념이 가진 본연의 뜻을 알아보는 것이다" (Aalberts 2010: 253). 혹은 러기의 설명에 의하면

> 구성주의 연구는 상대적으로 편협한 이 분야의 이론적 제한을 확장하는 것을 목표로 한다. 이 목표는 행위자들이 얻는 이해관계와 그들의 정체성에 의문을 제기함으로써 이루어질 수 있다. 이러한 탐구는 사회적 행동과 사회질서의 상호주관적 근거까지 깊숙이, 기든스(Anthony Giddens)의 용어에 의하면, 사회적 행동을 제약하면서도 계속 (재)창조되고 그럼으로써 변형되기도 하는, 구조의 '이중성'을 정립하기 위한 시공간 차원으로까지 들어가야 한다. (Ruggie 1998b: 862)

이 장은 이러한 IR의 광범위한 접근을 네 부분에 걸쳐 다룰 것이다. 첫 부분에서는 구조주의의 핵심을 학문적으로 이해하기 위한 개요를 다룰 것이다. 두 번째 부분에서는 선구적 '옅은(thin)' 구성주의자인 웬트(Alexander Wendt)를 검토하고자 한다. 세 번째 부분에서는 규범주창자(norm entrepreneurship)와 규범의 수명주기에 대한 연구를 통해 '두터운(thick)' 구성주의를 살펴 볼 것이다. 마지막 부분은 '안보공동체'에 대한 구성주의의 개념을 분석할 것이다.

맥락

> 설사 실제라고 해도 이는 여전히 구성된 것이다. (McCarthy 2015: 44)

구성주의는 사회과학에서 오래되고 생산적인 지적 운동으로서 냉전이 종식될 무렵의 IR에 중요한 영향을 미쳤다. 신현실주의와 신자유주의가 국제체제에서 이기적인 국가들이 펼치는 게임을 이해하기 위해 기존의 미시경제학 이론에 의존했다면, 구성주의는 '실제(the real)'로서의 특성을 갖는 세계정치의 상호주관적 의미의 사회화 및 창조 과정에 대한 그들의 이해를 위해 뒤르켐(Emile Durkheim)과 베버(Max Weber)와 같은 사회학자들이 끼친 영향력을 연구했다. 달리 말하자면, "구성주의는 국제적 삶에 있어서 인간의 의식 문제에 관심을 갖는다" (Ruggie 1998b: 857 and 878). 여기에 핵심이 있다. "구성주의자들에게 관건은 우리의 생각으로부터 독립적인 존재로서의 세계가 아니라 우리가 중간 매개체 없이 세계에 직접 접근할 수 있는가의 여부이다" (Guzzini and Leander 2006: 79). 구성주의는 '뭐든지 좋은' 상대주의(relativism)가 아니라 우리 주위의 세계를 어떻게 해석할지에 관한 인식론적 평가(epistemologically-aware appreciation)이다.

그러므로 구성주의 국제관계이론은 자기 완결적인 이론이나 단 한 가지로 정의될 수 있는 간단한 '이론'이 아니다. 그것은 모든 방법론적 견해와 인식론적 연구를 섭렵하는 IR의 특별한 존재론을 도모하는 운동이다. '구성주의는 국제정치학 이론'이라기보다는 '감성'에 더 가까운 것이다 (Wendt 1999: 7). 다른 두 명의 대표적 학자들도 동의하듯이 "구성주의는 현실주의, 자유주의 또는 마르크스주의와는 다른 종류의 이론이며 그것들과는 다른 추상의 차원에서 작동하는 것이다. 구성주의는 정치학의 실질 내용에 관한 이론이 아니라 사회적 삶과 사회변화의 본질에 관한 사회이론이다" (Finnemore and Sikkink 2001: 393).

구성주의는 '국가이익', '무정부상태', '주권', '세력균형' 등의 개념에 관한 IR의 이론적 구조를 비판하는 데 쓰일 수 있을 뿐 아니라 (예를 들어, Kratochwil 1982) 이 분야 지식생산 방식에 대한 비판에도 사용될 수 있다. '옅은' 형태의 구성주의는 (이 장에서는 웬트의 유명한 연구에 초점을 둘 것이다) 신현실주의의 국가중심적 접근과 강력한 연결고리를 공유하고 있다. '두터운' 구성주의는 비판이론(Critical Theory)과 IR 내의 일부 포스트-구조주의 접근뿐 아니라 영국학파의 자유주의 및 신자유주의이론과 상당한 유사성을 가진다. 근래에 이루어진 이 이론의 다양한 범주화는 모두가 동의하는 정의에 합의하기가 얼마나 어려운지를 잘 말해 주는데, 특히 구성주의의 '두터운' 쪽 접근이 그렇다 (구성주의의 연구를 분류하는 다양한 방법에 대해서는 Lupovici 2009: 198; Reus-Smit 2002: 493; Ruggie 1998b: 880–

882를 참조할 것). 그러므로 구성주의의 위치를 규정하기는 매우 어렵다. 구성주의가 다른 이론들과 분리되는 뚜렷한 인식론적, 방법론적 의제를 충분히 가지고 있으면서도 보다 '정돈된' 이론적 전통들도 함께 다루기 때문이다.

규범적 전환

우리는 이 책의 전반부에서 실증주의적 이론과 규범적 이론 간의 사회과학적 논쟁에 대해 검토했다. 실증주의자들은 사회적 세계가 자연과학에서 도출되는 방법으로 연구될 수 있으며, 사실(fact)과 가치는 분리될 수 있다고 믿는다. 또한 자연과학이 자연세계의 규칙성을 발견하는 것과 똑같은 방법으로 사회적 세계의 규칙성을 발견할 수 있고, 우리의 가치중립적 사실에 호소함으로써 진실을 판단할 수 있다고 믿는다 (실증주의의 배경 철학에 대해 더 알고 싶으면 Giddens 1974를 참조할 것).

규범이론 연구자들은 실증주의자들의 모든 가정들 하나하나에 대해 의문을 갖는데, 그럼으로써 실증주의이론의 인식론적 위상과 (정확하고 검증가능하며 객관적인 지식을 제공한다고 주장) 실증주의 연구의 방법론적 기초 (자연과학적 접근)를 검토할 수 있는 든든한 근거를 제공한다. 우선, 규범이론 연구자들은 세계에 대한 연구가 반드시 있는 그대로의 세계에 관한 것이어야 한다는 (혹은 그런 것일 수도 있다는) 의견에 동의하지 않는다. 그들은 이러한 입장이 기존 권력구조에 대한 도전이라기보다는 오히려 그것을 공고히 하는 소극적 보수주의라고 지적한다. 둘째, 규범이론가들은 모든 이론, 심지어는 단순히 현상을 설명한다고 주장하는 이론에서조차 그 안에 내재된 가치에 대해 의문을 제기한다. 이러한 이론은 '있는 그대로'를 말한다고 주장하지만 사실은 있는 그대로에 대한 당신의 해석인 셈이다. 어쩌면 내 해석이 아닐 수도 있고, 분명히 빅토리아 베컴(Victoria Beckham), 루퍼트 머독(Rupert Murdoch) 또는 도널드 트럼트(Donald Trump)의 해석과도 같지 않을 것이다.

> 규범이론가들은 우리가 사회적 세계의 실체를 '보거나', 부분적이고 왜곡됐으며 우리 자신의 이론에 상대적인 면에서만 말할 수 있는, 세계와 그 작동방식에 대한 예상에 대해 단 하나의 입장이 존재한다는 점에 의구심을 갖는다.

규범적 국제관계이론

IR에서 규범이론가들은 1980년대까지 현장에서 가장 인기 있는 연구들에 나타났던 IR 연구방법에 관한 몇몇 가정들에 대해 도전함으로써 실증주의 방식에 대한 우려를 표명하기 시작했다. 따라서 구성주의와 더불어 우리가 다음 몇 장에서 다룰 기타 규범적 이론들은 현실주의, 자유주의, 그리고 그들의 신-신 분파에 대한 반작용이라 할 수 있다. 구성주의 저자들은 IR이 이들 이론가들이 우리로 하여금 믿게 했던 것보다 훨씬 더 복잡한 분야라는 전제 위에서 연구한다 (Onuf 1998). 그들은 세계에 대한 우리의 이해에서 언어학적, 소통적 근거를 강조하며 다음과 같이 흥미로운 생각을 밝힌다.

> 어느 누구도, 가장 열렬한 구성주의자나 실용주의자일지라도, 세계가 우리의 생각과는 독립적으로 존재한다는 것을 의심하지 않는다. 문제는 그 사실을 우리가 순수하고 직접적인 방법으로, 즉 아무런 '설명' 없이 깨닫는가, 또는 우리가 깨달은 바가 항상 특정한 범주적, 이론적 요소들에 의해 이미 조직되고 형성되었는가 여부이다. (Kratochwil 2000: 91)

다양한 요인들로 인해 IRT에서 우세한 기존의 이론적 공감대에 대한 불만이 생겨났다. 이러한 불만은 다른 방법론을 통해 새로운 질문을 하고 새로운 답을 찾도록 장려했다.

- **신현실주의의 갑작스런 취약성**. 1989년에 냉전이 종식되자 제2차 세계대전 종전 이후 우세하던 양극체제가 국제정치의 최종 형태라고 주장하던 신현실주의의 주장은 크게 약화되었다. "주류 IR이론이 갑자기 탈냉전을 설명하기 어렵게 되었고, 좀 더 일반적으로 말해 체제적 변화가 일어났던 것이다" (Wendt 1999: 4). 세계에 대한 '사실(fact)'을 자신들이 보는 대로 설명했던 이론가들은 갑자기 소련과 그 위성국가들에 대한 무수한 새로운 '사실'들뿐만 아니라 팽배하던 신현실주의 사상이 예상치도 못하고 제대로 설명할 수도 없는 국제체제의 전반적 변화를 설명해야만 했다. 로즈노는 "1980년대 IR 교과서들 중 냉전의 가능성은 물론 소련의 붕괴에 대해 한 단락은 고사하고 한 문장이라도 거론하고 있는 것을 찾기 어려웠다"고 당시 상황을 묘사했다 (Rosenau 2003: 10). 국제체제 변화의 원인과 동기에 대해 새롭게 등장한 불확실성에 자극받은 구성주의자들은 다음과 같이 질문했다. "구조는 진짜인가? 정말 세계 속, 거기에 있는 것인가?" (Onuf 2009: 184). 신현실주의가 국제관계를 설명하면서 그토록 많은 인과적 영향력을 구조에 전가한 것이 옳았다면, IR은 체제적 변화를 어떻게 이해해야 할까?
- **세계화**. 우리는 이 현상에 대해 책 한 권을 다 할애하더라도 여전히 세계화의 모든 면들을 상세히 설명할 수는 없다. 필자는 세계화가 전 세계 사람과 국가들 사이의 정치적, 경제적, 기술적, 문화적 상호연결성이 점차 증가하는 현상을 의미한다고 말한다. 더 공식적으로 정의하자면, "세계화는 인간, 무역, 금융, 생각이 한 나라에서 다른 나라로 발생하는 현대적 이동의 결과 국가 간의 통합과 상호의존이 증가한 것이다" (Bishop et al. 2011: 117). 1980년대까지는 IR이론은 국가중심적이었고 이러한 비국가적 활동의 점진적 증가를 설명하기에는 적합하지 못했다. 그러한 행위들은 정의상 국가를 분석의 주요 단위로 하는 어느 이론에서도 연구의 범위를 벗어날 수밖에 없다. 그러므로 1980년대가 끝날 무렵에는 핵심적 국제관계학 이론들이 국제적 활동의 중요한 여러 부분들을 설명할 수 없다는 사실이 드러나기 시작했다. 특히 국가정체성의 정립과 그것이 국가의 대외활동에 미치는 영향력에 대한 이론화가 미비했었다 (Lapid and Kratochwil 1996).

- **다른 이슈들의 무시.** 세계화는 전 세계 개인, 조직, 국가 사이의 상호연결성의 증가를 의미할 뿐 아니라 그러한 연결성을 강화하고 그럼으로써 지구상의 온갖 종류의 이슈와 문제들에 관한 관심도를 높여주었다. 프리드만(Thomas Friedman)의 말을 빌리면, 현재의 세계화는 상호의존이론이 주장하는 것보다 '더 멀리, 더 빠르게, 더 저렴하게, 더 깊이' 진행되고 있다(Nye and Welch 2011: 258에서 인용). 1980년대의 IR이론은 여성운동, 인권, 환경주의, 테러리즘, 세계 불평등, 억압, 착취, 인종문제 등 초국경적이고 정치사회적인 운동을 탈냉전 시대의 정체성 형성과 갈등의 원인으로 여기지 않았다. 구성주의는 여러분이 공부하게 될 여타 규범이론과 마찬가지로 이러한 문제들에 있어서 IR 지식의 간극을 메우는 방법을 제공했다.

구성주의 사상이 출현한 배경을 연구했으면 이제 그 사상이 어떻게 IR에 포함되었는가에 대하여 알아보도록 하겠다. 이를 위해 우선 초기, 또는 '엷은' 구성주의를 살펴본 후, 후기 구성주의 혹은 '두터운' 구성주의로 이동할 것이다.

> 구성주의, 페미니즘, 녹색국제이론(Green international theory) 등 규범이론 학자들은 '전통적' IR이론이 해결하지 못한 채 남겨둔 간극을 메꾸어야겠다는 취지로 출현하게 되었다. 이 점은 당신에게 IR 분야 이론과 실천 간의 관계에 대해서 무엇을 말해주는가?

'엷은' 구성주의

1992년 웬트는 미국의 주요 학술저널인 『국제기구(*International Organization*)』에 "무정부상태는 국가가 만드는 것: 권력정치의 사회적 구성(Anarchy is What States Make of It: The Social Construction of Power Politics)"

이라는 제목의 논문을 실었다 (Wendt 1992). 이는 그의 저서 『국제정치의 사회적 이론(*The Social Theory of International Politics*)』(1999)의 예고편이었다. 웬트의 저서는 크라토치윌(Kratochwil 1989)과 오너프(Onuf 1989)를 포함한 초기 연구에 더하여 IR의 구성주의로 알려지게 된 이 이론을 알리는 데 기여했다. 웬트는 "여러 종류의 구성주의가 있다"는 것과 이 분야의 다른 접근법에 따른 기준에 의하면 그의 이론은 '온건한 이론' (Wendt 1991: 1)이라고 평가한다. 따라서 필자는 구성주의에 대한 웬트의 버전을 '엷은' 구성주의라고 칭하려 한다. 이는 웬트가 IR 연구에서 신현실주의적 접근을 과도하게 뒤집어엎지 않으면서도 '정체성' 문제를 이 분야 연구에 끌어들이려 했기 때문이다 ('정체성'에 관한 웬트의 미흡한 이론화에 대한 비판은 Zehfuss 2006을 참조할 것). '엷은' 구성주의는 '현실주의적' 구성주의라고도 부를 수 있는데, 이는 웬트가 스스로 주장하듯이 그의 이론은 몇 가지 면에서 월츠의 주장과 경쟁적 관계지만, 동시에 '다른 면에서는 월츠를 지지하며' 무엇보다도 '월츠의 가능성에 대한 문화적 조건을 설명'하고자 노력하기 때문이다 (Wendt 1999: 15).

국제관계이론과 실천의 범위를 아우르는 웬트의 논문은 구성주의의 입지를 발전시켰다 (Wendt 1996을 참조). 그렇다면 그의 입장을 어떻게 요약하면 될까? 아랫부분에 나오는 자료들의 페이지 출처는 모두 웬트의 것이다 (Wendt 1992).

신자유주의와 신현실주의 입장에서 합리주의에 대한 애착

합리주의(rationalism)는 '행위자의 정체성과 이해관계를 외생적으로 주어진 것'으로 생각하는 사회적 이론이다 (즉, 행위자에 의해 만들어진 것이 아니라 그냥 주어진 것이다). 그러므로 합리주의는 행동에 영향을 주는 것으로서 정체성과 이해관계가 아닌 과정과 제도들에 대해 설명한다 (pp. 391-

392). 웬트는 국가행동에 대한 설명과 세계무대에서 국가 간 상호작용의 결과를 설명하기 위해 정체성과 이해관계의 구성 관련 내용을 좀 더 언급하고 싶어했다.

다른 이론가들도 IR 분야에서 정체성과 이해관계를 다룸으로써 우리를 도울 수 있다

페미니스트와 포스트-구조주의를 포함하여 규범이론 학자들은 (이 책에서 그들 모두를 다루고 있다) 그들의 이론에서 정체성과 이해관계의 형성에 초점을 두고 있다. 이러한 '성찰주의자(reflectivists)'들은 '구성주의자'라고도 알려져 있으며 웬트가 주목한 것은 바로 이들의 견해였다 (p. 393).

월츠와 같은 신현실주의자들은 체제적 설명 요인을 너무 중시한다

그들은 국가가 '외생적 과정으로 생겨난 무정부적 구조' (p. 394)에 의해 불가사의하게 주어진 자조(自助)체제 속에서 움직인다고 잘못 생각했다. 그 속에서 국가는 마치 어떻게 생각하고 행동할지 아무 발언권이 없는 것처럼 행동한다. 웬트는 IR의 이러한 구조적 견해가 지나치게 **결정론적(deterministic)**이라고 느꼈다. 예를 들면, 정권교체나 이념 변화로 인해 국가가 체제에 대해 행사할 수 있는 상향식 효과를 배제했기 때문이다 (이 점은 구성주의가 탈냉전에 빚지고 있는 부분이다).

웬트에게 자조와 권력정치는 고정적인 것도, 불변하는 확실성도 아니다

그것들은 '논리적으로나 인과적으로 무정부상태로부터 온 것이 아니며' (p.

394), "무정부상태의 본질적 모습이 아니라 하나의 제도일 뿐이다" (p. 395). 만약 국가들이 자조적 세계에 존재한다면 이는 국가들이 이를 실현시킨 과정 때문에 존재하게 된 것이다. "무정부상태는 국가가 만들어 내는 것이다" (p. 395, 고딕체는 원본).

힘의 배분은 중요하지만 그 효과를 예측하기는 어렵다

IR에서 국가들이 어떻게 '존재'하고 '행동'할지를 계산하는 것은 체제 내 다른 국가들의 역량과 비교한 자국의 절대적 국력에 대해 지도자들이 내리는 합리적인 평가에만 국한되는 것이 아니다. 국가지도자들은 자신들의 인식과 타국의 정체성 및 장래 행동까지, 즉 '나와 너의 인식' 모두를 고려한다. 국가는 때로는 힘의 증대 혹은 국가안보 수호와는 무관한 이유로 행동하기도 한다. 정체성에 대한 이러한 인식은 그냥 주어지는 것이 아니라 동태적이고 상황적인 것이며 타국의 행동에 상대적인 것이다 (p. 397). 달리 말하자면, 국제체제는 체제이론이 말해주는 것보다 훨씬 더 유동적이다. 이는 국가들이 국제무대에서 진행되는 일에 대해 다양한 입장을 갖기 때문이다.

무정부상태를 구체화하다 보면 국제관계의 불확실성을 간과하게 된다

추상적 실체를 **구체화(reify)**하는 것은 그것을 마치 사람이나 기타 살아있는 존재인 것처럼 취급하는 것이다. 하지만 "사회적 인공물을 자립적인 실체로 간주해 거기에 권력의 속성과 성향을 부여하는 것은 오류다" (Rosenberg 2013: 189). 웬트는 월츠 같은 IR 학자들이 무정부상태라는 추상적 개념을 너무 쉽게 다룬다고 믿는다. 웬트에 의하면 "행위자가 사회적 맥락과는 무관하게 항상 간직하는 이익의 '포트폴리오(portfolio)'를 갖고 있는 것은 아니다." 오히려 국가는 상황을 규정하는 과정에서 그들의 이익도 규정하는 것이다 (p. 398). 이익과 정체성은 국가에게 그냥 주어지는 것이 아니라 과거 경험으로부터의 학습, 최근 행위의 경험, 그리고 미래에 대한 기대 등에 근거해 국가가 구성하는 것이다.

구조에 대한 월츠 정의의 부실한 본질

자조적 국제체제는 여러 형태의 체제 중 한 가지일 뿐이다. 웬트는 세 가지의 안보체제를 구분하고 있다. '경쟁적' (현실주의 버전), '개인주의적' (신자유주의 버전), 그리고 '협력적' (자유주의 버전) 체제다 (p. 400). 그의 후속 저서에서 (Wendt 1999: 6장) 이들은 홉스주의, 로크주의, 칸트주의 버전이라고 이름이 붙여졌다. 지난 수 세기 동안 여러 형태의 안보체제가 생겼다가 사라졌다면 미래에는 우리가 어떤 형태의 체제에서 살게 될지 어떻게 예측할 수 있을까? 웬트에 의하면 이 문제에 대해 월츠는 아무런 도움이 안 된다. 구조에 대한 그의 정의가 정체성과 이해관계를 간과하고 있기 때문이다.

어라이벌: 외계인과의 조우

웬트는 우리를 원래의 '자연상태'로 데리고 간다 — 현실주의이론에서 홉스가 어떻게 다뤄지는지를 기억하라 (5장 참조). 웬트는 한 국가 ('자아')가 처음으로 다른 국가 ('알터[alter], 또 다른 자아, 혹은 분신 – 역자 주')를 처음 만날 때를 상상하는데 이는 이러한 조우(遭遇)와 이후 조우의 본질이 무엇인가에 대해 고정된 것은 없다는 주장을 보여주기 위해서다 (pp. 404–405). 그는 외계 문명을 처음 접촉할 경우 우리가 어떻게 반응할지 질문한다. 그의 주장에 따르면 우리의 반응은 상황에 따라 상당히 다를 것이며 우리를 향한 그들의 다양한 제스처(언어나 행동)를 우리가 어떻게 읽느냐에 따라 다를 것이다 (p. 405). 또한 우리가 그들의 언어와 제스처를 효과적으로 해석할 수 있는가의 여부에 따라 상호작용이 달라질 것이다. 다시 말하지만, 이러한 최초의 조우에서 일어날 우리의 반응 중 사전에 결정될 수 있는 것은 없다 (pp. 404–407). 2016년에 나온 영화 〈어라이벌(*Arrival*)〉은 정확히 이러한 시나리오를 다룬다. 이는 양측이 기본적인 공통 언어체계도 공유하지 못했을 때 일어나는 커뮤니케이션과 의사전달 문제를 다룬 영화다.

1980년대 국가행동에 관한 이론들은 근원 문제를 간과했다

이 논문의 초반부에서 웬트가 언급한 (윗부분을 참조할 것) 무정부상태를 구체화하는 위험에 대한 지적이다. 웬트는 신현실주의가 무정부상태를 '그것을 창출하고 유지시키는 실행과는 동떨어진 것으로 취급'함으로써 이를 구체화한다고 주장했다 (p. 410). 무정부상태는 인간과 그들이 통치하는 국가가 만든 것이 아니라 원래부터 있던 것이 우리에게 주어진 것으로 간주된다. 웬트는 이러한 견해에 반대한다. 무정부상태는 국가에 의해 만들어진 것이며 그러므로 사회적으로 구성된 것이다. "무정부상태는 국가가 스스로 만든 것이다" (ibid.). 그러면 상황이 매우 달라질 수 있다. 국가가 반드시 무정부상태에서 움직일 필요가 없는 것이다.

사례연구 자료: 권력정치의 제도적 변형

웬트의 논문 중 주권, 협력, 비판적 전략적 사고에 대해 연구한 2부의 제목이다. 그는 국가가 모든 것보다 우위이고 모든 것을 구성하는 홉스적 자연상태를 면할 수 있는 이론적 방법을 강조하며 그러한 회피가 1945년 이후 글로벌 정치에서 어떻게 실천되고 있는가를 밝히고 있다 (pp. 410–421).

체제전환의 다양한 가능성

웬트는 소련 대통령 고르바초프(Mikhail Gorbachev)의 '신사고(New Thinking)'를 예로 들어 국가지도자들이 어떻게 비판적이고 자아성찰적인 학습을 통해 세계정치 '게임'의 본질을 변화시키는 역량을 가질 수 있는지 설명한다. 뿌리 깊은 태도, 제도적 관행, '자아'와 '타자'의 정체성에 대한 인식을 변화시키기 위해서는 국내, 국제 차원의 행동이 필요하다 (pp. 419-422).

> 웬트가 소련 고르바초프의 경험을 거론한 것은 IR이론의 상황 의존적 특성을 보여준다. 고르바초프의 행동은 냉전의 종식과 양극체제의 종말로 이어졌다. 정치학자 등 학자들은 IR의 변화를 설명할 수 없게 되자 갑자기 경험적 오류로 전락해버린, 시대에 뒤떨어진 구식 이론인 신현실주의 같은 이론들을 대체할 새로운 이론을 급히 찾기 시작했다.

국제관계이론들은 사회 이론들과 긴밀히 연관돼 있다

결론적으로, 웬트는 자신의 입장을 재천명하면서 몇몇 중요한 논점을 보탰다. 논문 전체를 신-신 이론의 저자들이 제기한 수많은 가정과 설명들을 비판하는 데 할애하면서 웬트는 마치 자신이 '포스트-구조주의'의 기반 위에 서기를 원치 않는 듯, 급진적인 일부 관점들에서 후퇴했다 (이 책의 12장을 참조할 것). 그는 자신이 언급한 체제전환의 가능한 경우는 모두 주권국가를 통해 이뤄질 것이라고 말한다. 국제관계의 본질에 대한 궁극적 책임은 주권국가들에게 달려있다 (p. 424). 웬트의 논문은 IRT에서 구성주의 사고의 초석으로 환영받았다. 그러나 '나는 국가주의자(statist)이며 현실주의자'라는 (ibid.) 그의 주장은 실증주의와 규범이론 간의, 또는 합리주의와 성찰주의이론 간의 실제적이고 영구한 다리를 놓았다는 그의 주장을 비판하는 데 이용되었다.

'두터운' 구성주의

웬트의 연구는 국제적 차원에서 국가 간 상호작용의 사회적 측면을 이론화하고자 시도했다는 점에서 IR 연구에 일종의 획기적 전환점이 되었다. 그러나 일부 저자들은 웬트가, 특히 정체성 부분에 있어서 충분히 나아가지 못했다고 생각한다. 그러한 논자들을 우리는 '두터운' 구성주의자라고 부른다. 이들은 웬트처럼 신현실주의자들의 눈을 통해 연구에 접근하지 않았고 정체성 형성과 관련하여 다른 자료들을 사용했다. 이들은 정체성이 국가이익에 대한 부가물이 아니라 그에 선행하거나 혹은 그것과 멀어지게 하는 국제적 행동의 동기를 형성하는 방식으로서의 국제정치에 관심을 갖는다.

우리는 이러한 입장을 자유주의적 구성주의라고 부를 수도 있는데, 이들은 비국가행위자들이 국제체제의 규범을 발전시키고 확산시키는 데 있어서 어떻게 국가만큼이나 결정적인 기여를 할 수 있는지에 관심을 갖기 때문이다. 그 과정에서 국제체제는 세계사회나 국제사회 정도는 아닐지라도 국제사회 내의 핵심 공동체 정도까지는 발전할 수 있다. 다양한 형태의 공동체는 국제기구와 제도 안팎에서 복합적인 방법으로 서로 중첩된다. 이러한 규범들은 자기 나라가 세계 무대에서 어떻게 보일까 하는 지도자들의 인식형성을 통해 국가행동에 영향을 줄 수 있다. 이러한 정교한 합리성의 개념은 지도자들이 대외정책을 결정할 때 그들의 가치와 이익의 균형에 영향을 미친다. 이러한 접근이 실현된 좋은 예를 보려면 1945년 이후 포경(捕鯨)금지 담론과 실천의 등장에 대한 엡스타인(Charlotte Epstein 2008)의 연구를 참고하라. 우리는 '두터운' 구성주의를 두 부분으로 나누어 검토할 것이다. 첫째, 우리는 규범주창자(norm entrepreneurship)에 대해 살펴보고, 둘째, '안보공동체' 개념에 대해 살펴볼 것이다.

규범주창자

핀모어(Martha Finnemore)와 시킹크(Kathryn Sikkink)는 그들의 탁월한 논문 (Finnemore and Sikkink 1998: 888)에서 국제관계의 규범에 대한 명제를 정립하기 위해 신자유주의 레짐이론을 원용하였다. 이들은 규범의 근원, 즉 국제문제에서 어떻게 규범이 영향력을 행사하고 어떤 조건하에서 영향력이 있는지를 탐구하고자 했다. 이들은 사실상 국제문제에서 사회화 과정을 관찰함으로써 규범이 규제적 (이미 정립된), 구성적(비공식적이고 관습적인) 제도의 작동을 설명하는 데 어떤 작용을 하는지를 질문한 것이다. 이들의 연구는 웬트의 업적에 빚진 바 있지만, 그를 뛰어넘고자 하는 열망도 담고 있다. "제대로 사용된다면 … 규범이라는 언어는 학자들로 하여금 사회제도 내부를 들여다 볼 수 있게 해주고, 사회제도의 구성요소와 그러한 요소들이 시간이 지나면서 새로운 정치 패턴을 창출하는 새로운 협약으로 재조정되게끔 해준다" (Finnemore and Sikkink 1998: 891; Searle 2005도 참조).

4장에서 자유주의를 다룰 때 보았던 EU의 예를 들어 보자. 기능주의자들(Functionalists)은 EU가 통합을 통해 긴밀한 협력으로 국가 혜택을 성장시키는 기술관료적(technocratic) 프로젝트라고 본다. EU 가입은 이러한 지역기구 속에서 다른 국가들과 협력할 때 발생하는 상대적 비용과 혜택에 관한 회원국들의 계산을 변화시켰다. 그러나 구성주의를 통해 들여다보면 기능주의이론은 이와는 조금 달라 보인다. 이에 의하면 기능주의이론은 완전히 사회화에 관한 이론이며 공동 프로젝트에 참여한 국가들의 공동체에서 '신뢰의 습관'을 형성하는 문제로 귀착된다. 적어도 2008년부터 시작된 유로존 위기까지는 그렇게 여겨졌지만, 2016년 영국의 브렉시트 국민투표 이후 결국 영국이 EU로부터 탈퇴하게 되면서 상황이 복잡해졌다. 하지만 다시 이론으로 돌아가 보자. 통합적 과정 속에서 신뢰가 형성되자

(심지어는 10년 전만 해도 서로 전쟁을 하던 국가들 간에도) "신뢰는 내재화되고 내재화된 신뢰는 이제 참가자들 간의 정서를 변화시켰다. 변화된 정서란 다른 나라들에 공감하는 정체성의 변화, 규범의 변화를 의미했다" (Finnemore and Sikkink 1998: 905).

그러므로 우리는 협력에서 발생하는 이익에 대한 국가 계산의 변화라는 관점에서 EU를 설명할 수 있다 (이는 현실주의/신현실주의적 접근이다). 그러나 우리는 유럽 건설이라는 '프로젝트'를 위한 타국과의 정규적이고 공식, 비공식적인 상호작용을 통해 국가들이 '유러피언'으로 생각하고 행동하게 되는 사회적 과정에 관해서도 매우 흥미로운 스토리를 말할 수 있다. 국가 지도자들은 유럽통합 규칙과 규범들에 서명함으로써 정보를 나누고, 목표에 동의하고, 미래 행동을 예측가능하게 만들기 위해 온갖 종류의 제도적 무대에서 서로 만나게 된다. 구성주의적 견해를 통해 보면, 동남아시아국가연합(ASEAN: Association of Southeast Asian Nations), 걸프협력회의 (GCC: Gulf Cooperation Council), 아프리카연합(Africa Union) 등 다른 국제적 조직들도 같은 맥락으로 해석될 수 있다. 그러나 IR에서 규범은 보다 분리된 이슈나 주제를 중심으로 발전할 수 있다. 이 과정을 설명하기 위해 핀모어와 시킹크는 규범주기(norm life cycle)이론을 발전시켰다.

규범주기

핀모어와 시킹크는 여성 권리와 인권 증진에 사용된 사례연구 기법을 사용하여 국제체제에서 규범의 기원과 전파를 설명하는 데 규범주기이론을 활용하였다 (아래에 나오는 모든 자료들은 별도 표시가 없는 한 Finnemore and Sikkink 1998: 896-909에서 인용).

첫 번째 단계는 '규범의 출현'으로서 두 가지 요소를 필요로 한다. 첫째, 규범주창자가 등장해 어떤 이슈를 어젠다로 부각시킨다. 규범주창자는 정치가 등 개인이 될 수도 있고, 정당, 압력단체, 싱크탱크 같은 집단일 수도 있으며, 로비스트, 국제기구와 기관들 또는 국가 자체가 될 수도 있다. 규범 주창자들은 제안된 새로운 규범에 대한 합의를 형성할 수 있는 조직화된 플랫폼을 필요로 한다. 이는 기존의 정치적 토론에 새로운 아이디어를 주입하는 새로운 플랫폼일 수도 있고 기존 플랫폼의 재설정일 수도 있다. 규범 주창자들은 이슈를 명명하고 해석하고 극화하는 언어를 만들어냄으로써 이슈들을 '창조'해낸다. "규범을 발전시키고 전달하고 추진하기 위해서는 해당 공동체 내에서 특정한 물리적 실천의 의미 변화를 창출해낼 세력이 있어야만 한다." 규범주창자들은 변화를 공약하는 신호보내기, 협력을 위한 연대 형성, 규범 위반에 따르는 값비싼 대가('창피 주기'), 그리고 새로운 규범을 따르는 것이 더 혜택이 많다는 것을 보여주는 방식 등을 통해 사회적 변화를 이끌어 낸다 (Wexler 2003: 565; Finnemore and Sikkink 2001: 400-401도 참조할 것). 이 모두는 IR에서 무엇이 적절한 행동으로 간주되는가에 관한 계산이 포함된 사회적 과정이다.

두 번째 단계는 임계점(tipping point)을 지난 뒤에 이어질 규범의 확산(norm cascade) 과정이다. 이 단계에 오면 국제체제에서 두 가지 일 중 하나가 일어나게 된다. 상당한 수의 국가들이 이 새로운 규범을 채택하기로 결정하거나 (체제 내 국가의 1/3 이상), 또는 다른 국가들의 결정에 '결정적인' 영향을 줄 능력이 있는 충분한 숫자의 국가들이 새로운 규범을 받아들이는 경우이다. '결정적인 국가들'은 체제 내에서 그들의 리더십 위치 (미국이 좋은 예다) 또는 '도덕적 평판'에 의해 정해질 수 있다. 어떤 국가가 도덕적 평판을 가지고 있는가를 일반화하기는 어려우며 당면한 이슈에 따라 달라질 것이다. 어떤 경우이든, 특정 규범이 채택되면 그 규범은 처음엔 망설이던 국가들도 타당하고 합법적으로 것으로 받아들일 가능성이 커진다.

최근 국제관계에서 있었던 임계점의 예로는 2015년 11월 미국과 중국의 파리기후협약 비준을 들 수 있다. 실제로 파리협약은 전체 온실가스의 55

퍼센트를 배출하는 국가들과 전세계 인구 55퍼센트에 해당하는 국가들이 서명해야 발효되는 것이었다 (Phillips et al. 2016). 미국과 중국은 세계의 양대 경제대국이며 온실가스를 가장 많이 배출하는 국가들이다 (37퍼센트를 차지한다). 역사적으로 양국은 그러한 협약에 스스로 구속되는 것을 주저해왔다. 글로벌 경제에 있어서 그들의 물리적, 관념적 위치에 비춰볼 때 양국의 협력은 이 논쟁적인 이슈에서 매우 의미 있는 협력관계를 창출하는 것으로 비칠 것이고, 아마도 이야말로 파리협약이 발효될 수 있는 유일한 방법이었을 것이다.

임계점을 지나고 나면 규범 확산이 가속화된다. 규범 확산은 '규범 위반자를 규범 준수자로 유도하는 국제적 사회화' 과정이다. 국가들은 자신들이 국제공동체에 속한다는 것을 보여주기 위해, 혹은 역으로 '불량' 국가가 아니라는 것을 보여주기 위해 새로운 규범을 수용하기를 원한다. 북한 같은 나라는 국제사회의 개념 자체를 거부함으로써 자신들이 불량국가임을 적극적으로 드러낸다. 또한 국가들은 '또래 압력(peer pressure)'이나 다른 국가들로부터 '존중'을 받기 위해, 또는 이전에는 비용, 관심, 이념적 이유로 거부했었지만 국제기구나 제도의 회원이 되면서 새로운 규범을 수용하게 되기도 한다.

세 번째 단계는 규범의 내재화이다. "규범은 행위자들에게 광범위하게 수용되고 내재화됨으로써 '당연한 것'으로 인식되어 행위자가 거의 자동적으로 규범에 순응하게 한다." 이 단계에서 규범에 대한 논란은 규범 수용으로 대체된다 (그 예로, 현대 국제관계에서 노예제도 반대 규범을 생각해보라). 처음에는 신생 규범이었던 것이 이제 지배적인, 혹은 패권적인 규범이 된다. "규범이 일단 내재화되면 규범 위반에 따르는 제재의 두려움 때문이 아니라 내적 확신 때문에 그 규범을 준수하게 된다" (Ullmann-Margalit 1977: 172).

심층 분석 8.1 실패한 규범주창자

규범주창자에 대한 거의 모든 연구는 규범들이 왜, 어떻게 성공하게 되었는가에 관한 것들이다. 그러한 연구들은 규범들이 국가에 의해 발전하고 수용되고 내재화되는 메커니즘에 대해 설명한다. 그러면 쓸데없는 규범주창자들은? 때로는 예외적인 것에 대한 생각이 이론을 실험하고 개선해주기도 한다 (그 예로 Bailey 2008을 참조할 것).

『새로운 노동당과 유럽연합(*New Labour and the European Union*)』(Daddow 2011: 66–76)이라는 책에서 필자는 1997년과 2010년 사이에 블레어 정부와 고든 브라운(Gordon Brown) 정부가 EU 개념에 대해 '설득'하고자 했던 사례에 대해 규범주기이론의 틀을 적용했다. 필자는 구성주의 학자들 사이에서 꽤 인기 있는 방법인 담론분석을 사용했다. 노동당의 새 지도자들은 영국인들에 '규범' (지배적, 직관적, 습관적인 인식)이란 EU가 '어색한', 혹은 '꺼려지는 파트너'라고 (그리고 그런 역할을 할 것이라고) 말해야 하는 것으로 인식했다. 그들은 여론조사에서 영국이 EU 회원국들 중 EU에 대한 지지도가 가장 낮을 만큼 팽배한 불만을 뒤집고 '친유럽적' 규범을 발전시키고 정당화시키기를 원했다. 블레어는 주도적 '주창자'였으며 유럽 속의 영국(Britain in Europe) 그룹과 같은 조직화된 플랫폼을 사용하였고 그의 메시지를 전달하기 위해 수많은 연설을 했다. 불행히도 재무상 브라운은 총리와 입장이 달랐다. 고든은 단일 화폐 같은 핵심적 통합 이슈에 대해 매우 회의적이었다. 두 사람 모두 목소리 높고 영향력 있는 EU 통합에 회의적인(Eurosceptical) 언론, 특히 머독 (Rupert Murdock)이 발행하는 신문인 『선(*Sun*)』과 『더 타임즈(*The Times*)』로부터의 강력한 후폭풍을 두려워했기 때문에 진정한 의미에서 조율된 '주창자'가 없었다. 이러한 결과는 규범주창자는 때로는 자기 평판이 위험해질 위기를 감수해야 하며 자신들의 명분을 강력한 의지로 관철시킬 리더십을 보여야 한다는 핀모어와 시킹크의 주장을 뒷받침해 준다. 실패에 대한 두려움은 규범주창자를 방해하는 요소다.

계속

심층 분석 8.1 계속

신노동당(New Labour)은 그 임계점이 무엇을 필요로 하는지 확인하는 것이 가능했음에도 불구하고 규범 확산이 가능할 정도의 임계점에 결코 도달하지 못했다. 핀모어와 시킹크 모델로 추론해보자면, 두 가지 방법 중 한 가지에 의해서 임계점에 이를 수도 있었다. 첫째, 여론조사에서 상당한 다수가 EU 회원자격을 유지하자고 주장하는 경우다. 둘째, 몇몇 '결정적인' 신문들이 (가장 많이 읽히는) EU 통합 회의론에서 EU 지지 혹은 최소한 보다 균형 잡힌 시각을 유지하는 입장으로 바뀌는 경우다 (이 정책 영역에서의 '머독효과'에 대해서는 Daddow 2012를 참조할 것). 첫 번째가 성취되려면 반드시 두 번째가 전제되어야 한다. 신노동당 시절 동안 내내 언론의 EU 통합 회의론이 약해진 적은 없었고 영국민의 전반적인 EU 통합 반대는 늘었다. 그 결과, 비록 새로운 규범을 창조하고 확산시키기 위한, 결정적이지만 매우 산발적인 움직임은 있었으나, 유럽에 대한 신노동당의 야심적 추진은 결코 새로운 규범을 정립하지 못했다. 결국 2016년 투표에서 영국민은 EU와 결별하기로 결정했다. 이는 처음부터 그랬고 신노동당 정부 13년 이후로 지속적으로 확고했던 EU 통합 반대를 국민들이 보여준 것이었다. 보수연합당은 EU 통합 회의론에 도전할만한 아무 일도 하지 않았다.

이러한 국내적 (국가 내) 사례연구는 규범주기모델을 시험하고 정치적 의사결정의 배경이 되는 사회적, 문화적, 심리적 근거들을 설명하는 데 유용하다는 것이 입증됐다. 신노동당은 세계 안에서 영국의 어떤 정체성과 역할을 생각했으나 언론과 대중들은 그와는 완전히 다른 생각을 했던 것이다. 블레어와 브라운은 영국의 새로운 대외정책을 발전시키기 위해 노력했다 (그렇게 주장했다). 그러나 실제로는 그들이 거의 통제할 수 없는 구조적 제약 (미디어 소유권과 이념과 같은)의 희생물이 되었을 뿐이다. 실패한 규범에 대한 연구는 국가가 두려움으로 인해 세계무대에서 협력하기를 꺼리지 않도록 도움을 줄 것이며, 국가행동을 형성하는 이익과 정체성의 상호작용을 분석하는 데도 도움이 될 것이다.

안보공동체

안보공동체라는 개념은 1950년대에 정치학과 역사학 분야에서 도이치(Karl Deutsch)와 그의 동료들이 행한 연구에서 시작되었다 (Deutsch 1957). 그들은 제2차 세계대전 이후 출현한 북대서양 안보공동체를 연구하면서 그러한 공동체가 전쟁을 막을 수 있으리라는 자유주의 가설을 시험하고자 했다. 도이치의 연구는 우리가 이 책의 앞부분에서 다룬 기능주의적 통합에 관한 연구와 상승작용을 하며 긴밀히 관련된다 (4장 참조, 5장의 신자유주의 제도주의도 참조할 것). 도이치의 안보공동체 개념은 후일 이 이론의 경험적 근거를 전 세계의 새로운 사례들로까지 확장한 아들러(Emanuel Adler)와 바넷(Michael Barnett)을 포함하는 구성주의 IR이론에 의해 발전되었다 (예를 들면, Adler and Barnett 2008). 지역기구와 거버넌스는 안보공동체 시각에서 빈번하게 다루어지는데 초점은 정체성과 규범 생성이다 (예를 들면, Lopez-Lucia 2015). 이 개념은 정의(定義)를 둘러싼 끊임없는 논쟁의 과정에 있다. 이 개념은 영국학파와 민주평화론(Democratic Peace) 이론가들의 필요에 의해 변용되기도 했음을 지적하는 것이 중요하지만 지면이 허락되지 않는 관계로 여기서는 다루지 않겠다 (이에 대해서는 Koschut 2014를 참조할 것). 우리는 아들러의 '상상된 (안보) 공동체' 논문에 초점을 맞추어 이 개념이 어떻게 IR의 '두터운' 구성주의와 연관이 되는지 예시하고자 한다. 별도 표기가 없는 한 아래의 모든 참고자료들은 아들러의 것이다 (Adler 1997a).

이 장에서 살펴본 다른 구성주의자들과 마찬가지로 아들러는 국가의 사회적 정체성에 대한 논의를 폐쇄해버린 현실주의와 기타 IR이론에 만족하지 않았다. 이들은 국가를 안보에만 관심을 가지고 있을 뿐 국제적 차원에는 아무 관심도 없이, 경계선이 쳐진 주권적 영토라는 상자에 갇혀진 존재로 간주했다.

나는 구성주의적 시각에서 국가의 사회적 정체성과 이해관계는 고정적인 것이 아니라 국경을 넘는 인과적 이해와 규범적 이해의 수렴과 확산, 높은 수준의 의사소통, 경제적 상호의존, 그리고 협력적 관행 등을 통해 진화하는 것이라고 주장한다. 더 나아가, 정체성과 이해관계는 진화할 뿐만 아니라, 수렴될 잠재력도 갖고 있다. (p. 252)

현실주의 견해에서 보자면, 각 국가들은 일련의 이익과 정체성을 가지고 있다. 그러나 사실 정체성은 이익의 함수이다. 국제체제에서 국가는 안보를 최우선시하는 행위자이기 때문에 국가의 정체성이란 곧 안보이익일 뿐이다. 따라서 정체성은 적절한 분석의 대상이 아니다. 아들러는 '안보, 경제적 복지, 인권' 등의 영역에서 국가 권위가 적극적으로 확산되는 것에 초점을 맞추는 쪽으로 방향을 전환했다. 러기(Ruggie 1993)에 의하면 아들러는 국가들이 같이 모여 공통 문제를 개념화하고, 정치적 도전들을 파악하고, 대응을 조율하는 '비영토적 공간'이 있다고 주장했다 (p. 252). 국가들이 이런 '선택'을 할 수 있다는 것은 국제적 영역에서 현실주의적 이해관계를 넘어서는 무언가가 국가의 정책결정에 영향을 미친다는 것을 의미한다. 이 점이 기존 IRT와의 큰 차이점이다. 이는 "사회적으로 구성되고 공간적으로 구별되는 초국가적 **공동체-지역**(*community-regions*)을 향해 진화한다는 것을 시사한다. 이러한 공동체-지역은 흔히 뛰어난 개인들의 리더십 덕분에 형성되는 국가적, 초국가적, 국제적 엘리트 집단과 제도로 구성된다" (p. 253, 강조는 원본). 이러한 공동체의 발생을 돕는 개인과 집단들이 바로 핀모어와 시킹크의 말하는 규범주창자들이다. 이러한 공동체-지역에서 세 가지 일들이 일어난다. 첫째, 사람들이 기꺼이 국경을 넘어 소통한다. 둘째, 그들은 지역적 목적을 가진 지역 정치에 적극적으로 참여한다. 셋째, 그들은 국가의 시민으로서 국가가 지역 이익을 위해 행동하게 하고 거버넌스에 관한 한 지역적으로 사고한다 (p. 253).

안보공동체의 최초 개념은 회원국들이 서로 물리적으로 싸우지 않고 그들 사이의 분쟁을 다른 방법으로 해결하는 데 동의한 국가들의 공동체를 의미했다 (p. 255). 도이치는 두 가지 형태의 안보공동체를 제안하였다.

- 융합된 안보공동체: 둘 이상의 주권국가가 하나의 확대된 국가로 공식적으로 합병되는 것.
- 다원적 안보공동체: 주권국가들이 서로 독립을 유지한 채 '평화로운 변화에 대한 신뢰할 수 있는 기대'를 갖는 수준까지 통합되는 것 (p. 255, 도이치를 인용).

다원적 안보공동체는 회원국들이 상호 정체성과 서로에 대한 충성심에 근거한 연대감이나 '우리라는 의식(we-feeling)'을 공유할 때 생겨난다. 아들러와 바넷은 다원적 안보공동체의 개념을 더욱 세밀하게 정의하여 첫째, 해당 국가 간에 전쟁이 없는 상태, 둘째, 같은 공동체 내에서 일부 국가가 다른 국가들에 대해 전쟁을 준비하는 일이 없는 상태를 의미한다고 했다 (Acharya 2014: 15).

오랫동안 다듬어진 이러한 정의는 국가행동에서 안보딜레마의 본질과 영향력에 대해 현실주의와 구성주의 (특히 자유주의 분파)를 나누는 기준이 되었다. 이는 유토피아적 판타지 랜드가 아니다. 왜냐하면 안보공동체 개념이 주권국가가 전쟁을 할 가능성을 부정하는 것은 아니기 때문이다. 안보공동체를 다른 안보 관계와 구별짓는 것은 다원적 공동체 내에서 국가 간 전쟁이 없다는 것이 아니라 그러한 분쟁이 평화적으로 분출되도록 관리할 수 있는 의지와 방법의 존재 여부이다. 안보공동체 내에서 국가들은 공동체 정신에 따라 공동의 가치와 이익을 추구하고자 협력한다. 안보공동체는 공동체가 겨냥할 '타자'를 미리 판별하도록 요구하지 않으며, 그러한 외부 위협 발생에 대해 어떻게 대처해야 하는가에 대한 생각도 별로 없다 (ibid.: 15–16). 정체성 관점에서 보면 공유된 긍정적인 '우리'라는 느낌이 안보공동체 구상의 본질적 요소이다.

아들러는 다원적 안보공동체의 여러 사례를 들었다. 국가들이 '범지역적 이익을 이해 국지적 행위자처럼 행동하는' EU (p. 265; '상상된 지역공동체'로서의 EU에 대한 논의를 위해서는 Hobolth 2011도 참조), 북대서양 공동체(North Atlantic Community – NATO, EU, 유럽평의회[Europe Council]를 아우르는 비지리적으로 정의된 느슨한 집단으로서), 스칸디나비아, 미국-캐나다 등이 그러한 예들이다. 그는 ASEAN과 다른 집단들도 조만간 안보공동체를 이루게 될 것이라고 예측했다 (p. 256). 아들러는 과거 유럽안보협력회의(CSCE: Conference on Security and Cooperation in Europe)였던 유럽안보협력기구(OSCE: Organization for Security and Cooperation in Europe)가 이상적 형태의 안보공동체에 가장 가깝다고 주장하는데, 그것은 배타적이 아닌 포용적 정체성 위에 설립되었고 '안보공동체의 기준과 규범을 준수하려는 정치적 의지를 표방하는 모든 국가들'에게 개방돼 있기 때문이다 (p. 257).

아들러는 안보공동체의 사회적으로 구성된 본질이 그들의 정체성이자 그들이 주창하는 자유주의 프로젝트 성공의 열쇠라고 주장했다. 그들은 물

심층 분석 8.2 안보공동체로서의 OSCE

유럽안보협력기구(OSCE)는 NATO와 같은 군사조직이 대처하기 어려운 문제들인, 조기 경보, 전쟁 예방, 위기관리, 전후 재건을 다루는 정부간 기구다. 이 기구는 1975년 유럽안보협력회의 헬싱키의정서(Helsinki Act at the Conference on Security and Cooperation in Europe)에 의해 설립되었다. OSCE는 원래 동유럽 국가들과 서유럽 국가들 사이의 대화를 도모하고자 설립되었으며 10개 조항의 '행동원칙'을 채택했다. 냉전이 종식되자 CSCE는 '제도적 구조를 결여한 제도화된 외교 회의체'에서 '완전히 제도화된 기관'으로 변모했다 (Adler 1997a: 269). OSCE가 되

계속

자 이 기구는 중·동유럽 신생 독립국들의 민주주의와 자유시장경제 전환을 위해 일했으며, 그들의 안보와 안정을 위협하는 대내외적 위협에 대처하는 데도 도움을 주었다. 이 점 때문에 OSCE는 안보라는 특정한 목적을 가진 최대의 국제기구가 되었다. OSCE에는 북미, 유럽, 아시아, 세 대륙에 걸쳐 57개 회원국이 참여하고 있다 (2016년 5월 기준) (OSCE 날짜 미상). 결정적으로 중요한 것은 이 기구가 UN을 제외하고는 유일하게 미국과 러시아가 같이 참여하고 있는 기구라는 점이다.

아들러는 OSCE가 탁월한 안보공동체이며 "회원국의 엘리트와 대중들로 하여금 그들이 인식적으로 공유된 지역에 살고 있다고 상상하게 만들었다"고 적었다 (ibid.: 268). 조직 인프라도 성장하여 사무국, 외무장관 평의회, 전쟁예방센터, 그리고 지금은 민주제도와 인권 사무소(Office for Democratic Institutions and Human Rights)라고 알려진 조직도 보유하고 있다 (p. 269). 이들은 일곱 가지 공동체 형성 기능을 한다. (1) 회원국들 간의 정치적 협의와 양자/다자 협정을 촉진한다. (2) OSCE 국가들 간에, 예를 들면, 인권 같은 자유민주주의 기준을 설정하고 감독한다. (3) 폭력적인 분쟁이 일어나기 전에 예방한다. (4) OSCE 내에서 평화로운 분쟁해결 기법을 개발한다. (5) 군사적 투명성과 협력을 제고해서 상호 신뢰를 구축한다 (이론상으로는 군비 수준에 대해서는 '추측'이란 없으며 이것이 두려움과 군비경쟁을 유발시킬 수 있다). (6) 민주적 제도 구축과 시장경제로의 원활한 전환을 지원한다. (7) 무력 분쟁 이후에 법치와 제도의 복구를 지원한다 (p. 270).

종합해 보면, 2014년 러시아가 우크라이나를 침공했을 때처럼 군사적 공격 행위에 대한 OSCE의 원칙과 공약의 약점에 대한 온갖 비판에도 불구하고 (Permanent Mission of Ukraine 2016), OSCE는 이러한 행동을 통하여 제도 내에서, 그리고 제도를 통해서 '긍정적이고 역동적인' 상호작용을 고취한다는 평가를 받고 있다. 이러한 것들이 쌓여 회원국들 사이에서 뚜렷한 '우리 의식' 형성은 물론, '집합적 정체성 형성과 평화로운 변화에 대한 믿을만한 기대를 만드는 신뢰'를 창출하였다 (Adler 1997a: 276–277).

리적 환경뿐 아니라 커뮤니케이션, 담론, 해석에도 의존하고 있다 (1997a: 258). 분쟁을 해결하는 방법에 대해 실용적으로 공유된 지식은 공동체의 근본이 된다. 이는 '신뢰를 창출하는 법치나 규제의 구조로 제도화'될 필요가 있다 (pp. 258–259). 그러므로 신자유주의 제도주의자들이 오랫동안 지적해온 바와 같이, 제도 건설은 문명화 기능 때문에 매우 중요하다 (pp. 259–260). 이러한 제도와 시민사회 조직 내에서의 일상적 활동은 기술적 지식, 지원, 충고를 제공하며 십중팔구 안보공동체 참여 없이는 부족하기 쉬운 행동규범의 내재화를 촉진시킨다. 아들러는 그러한 방식으로 '민주주의'라는 자기 정체성을 가진 국가들이 서로 단결한다면, 인권에 대한 관심 등 특정한 행동이 합당해지는 반면 고문과 같은 것들은 적절치 않거나 불법적인 것이 된다고 주장한다. "그 후로는 단지 국민들이 민주주의를 신봉하기 때문이 아니라 '민주국가'라는 범주가 국가정체성을 규정하기 때문에 국가들이 민주적 규범을 따르게 된다" (p. 264). 이렇게 사회적으로 구성된 공동체에 대한 설명에서 이익은 국가의 대외 행동에서 유일하거나 가장 중요한 동인이 아니다. 구성주의 IR에서 확고한 핵심은 정체성이다.

생각해 볼 문제들

"'무정부상태는 국가가 만드는 것이다'라는 웬트의 주장을 비판적으로 평가해 보라"

이 문제에 성공적으로 답하는 것은 두 가지에 달려 있다. 첫째는 웬트의 1992년 논문을 확실하게 이해하는 것이며 (그리고 원한다면 그와 관련된 연구들도), 둘째는 그의 연구에 향해진 일부 핵심 비판들을 익히는 것이다. 웬트에 대한 지식은 웬만큼 있지만 그를 비판하지 못하는 학생들은 점수를 잘 받지 못할 것이다. 보통 학생들은 웬트의 주장을 자세히 다루느라 시간을 많이 할애하고 비판은 생략하거나 에세이 마지막 부분에서 아주 간단히만 언급할 것이다. 그러므로 좋은 점수를 받기 위해서는 웬트의 주 입장에 대해 예리한 이해를 보여주고 그만큼 충분한 시간을 비판에 할애해야 할 것이다. '비판적 평가'라는 용어는 단지 비판들을 나열하는 것이 아니라 비판의 경중을 평가할 수 있어야 함을 의미한다 (마치 저자들이 웬트 논문의 장점을 평가하듯이). 이렇게 하려면 여러분은 웬트 자신을 향한 비판에 대한 반응을 포함하여 여러 저자들의 논문을 주의 깊게 찾아내야 한다 (예를 들면, Wendt 2000). 웬트 자신의 말을 인용하는 것이 주제를 두루 살피며 읽었다는 것을 보여주는 좋은 방법이 될 것이며, 시간이 지나면서 웬트의 입장이 어떻게 변화했는가에 대한 여러분의 이해를 강화시켜줄 것이다.

'규범에 초점을 두는 것이 어떻게 국제체제에서의 국가행동을 설명하는 데 도움이 되는가?'

이 에세이에서 여러분은 '두터운' 구성주의 학자들에 의한 규범 사용에 강조점을 둘 수도 있다. '규범'의 의미를 우선 검토하고, 어떻게 규범들이 국제체제 내에서 정체성과 변화에 대한 광범위한 구성주의 연구의 일부분으로 이론화되었는가를 평가하는 것으로 에세이를 시작할 수 있다. 여기서 핀모어와 시킹크의 규범주기를 활용할 수도 있다. 또한 구성주의가 규범을 '발명'한 것은 아니며 신자유주의 레짐이론을 발전시켜 국제적 행위의 사회적 근거로 우리의 관심을 전환시킨 것이라는 점을 지적하는 것이 도움이 될 것이다. 답의 서두에서 규범연구의 기여에 대해 여러분이 생각하는 것을 분명하게 밝힐 필요가 있다. 무엇을 주장하든 그 주장을 확고하게 발전시키게끔 답을 구성해야 하고 합당한 이론적 문헌에 대한 지식에 근거해야 한다. 쉬운 것 같지만 결코 쉽지 않다!

여러분이 규범에 대한 개념과 구성주의 사례연구에서 규범이 어떻게 다루어졌는지에 대해 잘 알고 있다는 것을 피력해야 한다. 그리고 한 걸음 물러나 '두터운' 구성주의와 웬트 같은 '엷은' 구성주의자들, 그리고 가능하면 신현실주의자들과 IR에 대한 그들의 구조주의적 접근을 대조하고 비교할 가치가 있다. 한 편으로는 월츠와 웬트, 그리고 다른 한 편으로는 핀모어와 시킹크 사이에 경계선이 있다. 월츠는 기본적으로 정체성이 국가 행동의 원인이라고 생각하지 않는다. 웬트는 분명히 그렇다고 생각하지만 신현실주의의 핵심 견해에 근본적으로 도전하지는 않는다. 반면에 핀모어와 시킹크는 월츠와 웬트의 국가 중심 시각 모두에 도전한다. 그들 간의 대화에서 우리는 현실주의와 자유주의 간의 '해묵은' 논쟁이 다른 형태로 되풀이되고 있음을 볼 수 있다. IR 내에서 새로운 우선 관심사가 나타났고 이는 여러 가지 결정적인 방법으로 21세기 국제관계의 틀을 형성했다.

추가 읽을거리

Gallemore, C. (2011) 'Theory in Action: Constructivism', www.youtube.com/watch?v=kYU9UfkV_XI&feature=relmfu, 10 June (접속일: 2016년 8월 7일).

영화 〈매트릭스(*Matrix*)〉 시리즈 비유를 포함한 일반적 개요

Adler, E. (1997) 'Seizing the Middle Ground: Constructivism in World Politics', *European Journal of International Relations*, 3(3): 319–363.

Biersteker, T.J. and Weber, C. (eds) (1996) *State Sovereignty as a Social Construct*. Cambridge: Cambridge University Press.

Checkel, J.T. (1998) 'The Constructivist Turn in International Relations Theory', *World Politics*, 50(2): 324–348.

Gergen, K.J. (2003) *An Invitation to Social Construction*. London: Sage.

Hopf, T. (1998) 'The Promise of Constructivism in International Relations Theory', *International Security*, 23(1): 171–200.

Weldes, J. (1996) 'Constructing National Interests', *European Journal of International Relations*, 2(3): 275–318.
웬트의 구성주의를 사용하여 '국익'의 개념을 이론화하고 이러한 IR 접근의 적용가능성을 보여주기 위해 1960년대 미국 대외정책 사례인 쿠바 미사일 위기를 활용한다.

Gaskarth, J. (2006) 'Discourses and Ethics: The Social Construction of British Foreign Policy', *Foreign Policy Analysis*, 2(4): 325–341.
웰즈(Jutta Weldes)처럼 구성주의를 IR 연구에 적용할 수 있음을 보여주기 위해 사례를 활용했다.

Katzenstein, P.J. (ed.) (1996) *The Culture of National Security: Norms and Identity in World Politics*. New York: Columbia University Press.
중요한 이론적 질문이 언급되어 있는 제2장 (특히 웬트와 공저한 부분), 12장과 13장을 참조하라.

Jepperson, R.L., Wendt, A. and Katzenstein, P.J. (1996) 'Norms, Identity, and Culture in National Security', in P. Katzenstein (ed.) *The Culture of National Security: Norms and Identity in World Politics*. New York: Columbia University Press, pp. 33–75.

Price, R.M. and Reus-Smit, C. (1998) 'Dangerous Liaisons: Critical International Theory and Constructivism', *European Journal of International Relations*, 4(3): 259–294.

Cederman, L. and Daase, C. (2006) 'Endogenizing Corporate Identities', in S. Guzzini and A. Leander (eds) *Constructivism and International Relations: Alexander Wendt and his Critics*. London: Routledge, pp. 118–139.

Fierke, K.M. and Jørgensen, K.E. (eds) (2001) *Constructing International Relations: The Next Generation*. Armonk, NY: M. E. Sharpe.

Smith, S. (2001) 'Foreign Policy is What States Make of It: Social Construction and International Relations Theory', in V. Kubálková (ed.) *Foreign Policy in a Constructed World*. Armonk, NY: M. E. Sharpe, pp. 38–55.

Sterling-Folker, J. (2000) 'Competing Paradigms or Birds of a Feather?: Constructivism and Neoliberal Institutionalism Compared', *International Studies Quarterly*, 44(1): 97–119.

Suganami, H. (2002) 'On Wendt's Philosophy: A Critique', *Review of International Studies*, 28(1): 23–37.

Zehfuss, M. (2002) Constructivism in International Relations: The Politics of Reality. Cambridge: Cambridge University Press.

Prügl, E. (1998) 'Feminist Struggle as Social Construction: Changing the Gendered Rules of Home-Based Work', in V. Kubálková, N. Onuf and P. Kowert (eds) *International Relations in a Constructed World*. Armonk, NY: M. E. Sharpe, pp. 123–146.
이 책의 11장의 내용인 젠더(gender)의 구성성에 대해 소개하고 있다.

규범과 규범주기에 관하여

Cortell, A.P. and Davis Jr., J.W. (2000) 'Understanding the Domestic Impact of International Norms: A Research Agenda', *International Studies Review*, 2(1): 65–87.

Keck, M.E. and Sikkink, K. (1998) *Activists Beyond Borders*. Ithaca, NY: Cornell University Press.

Klotz, A. (1995) *Norms in International Relations: The Struggle Against Apartheid*. Ithaca, NY: Cornell University Press.

Klotz, A. (2002) 'Transnational Activism and Global Transformations: The Anti-Apartheid and Abolitionist Experiences', *European Journal of International Relations*, 8(1): 49–76.

Legro, J.W. (1997) 'Which Norms Matter? Revisiting the "Failure" of Internationalism', *International Organization*, 51(1): 31–63.

Tarrow, S. (2003) *Power in Movement: Social Movements and Contentious Politics*, 2nd edn. Cambridge: Cambridge University Press.

Tarrow, S. (2007) *The New Transnational Activism*. Cambridge: Cambridge University Press.

Towns, A.E. (2012) 'Norms and Social Hierarchies: Understanding International Policy Diffusion "From Below"', *International Organization*, 66(2): 179–209.

규범에 관한 응용 연구

Goertz, G. and Diehl, P.F. (1992) 'Toward a Theory of International Norms: Some Conceptual and Measurement Issues', *Journal of Conflict Resolution*, 36(4): 634–664.

탈식민지화에 대한 사례연구를 활용하여 규범을 받아들이고자 한 국가 중심적이면서 친 핀모어와 시킹크적인 시도이다.

Bratberg, Ø. (2011) 'Ideas, Tradition and Norm Entrepreneurs: Retracing Guiding Principles of Foreign Policy in Blair and Chirac's Speeches on Iraq', *Review of International Studies*, 37(1): 327–348.

Krook, M.L. and True, J. (2012) 'Rethinking the Life Cycles of International Norms: The United Nations and the Global Promotion of Gender Equality', *European Journal of International Relations*, 18(1): 103–127.

Skarbek, D. (2012) 'Prison Gangs, Norms and Organizations', *Journal of Economic Behavior and Organization*, 82(1): 96–109.

Stevenson, H. (2011) 'India and International Norms of Climate Governance: A Constructivist Analysis of Normative Congruence Building', *Review of International Studies*, 37(3): 997–1019.

Wapner, P. (1996) *Environmental Activism and World Civic Culture*. Albany, NY:

State University New York Press.

안보공동체에 대해서

Deutsch, K. (1978) *The Analysis of International Relations*, 2nd edn. Englewood Cliffs, NJ: Princeton University Press.

Lebow, R.N. (2014) 'Karl Deutsch and International Relations', *International Relations*, 28(3): 288–295.

Mouritzen, H. (2001) 'Security Communities in the Baltic Sea Region: Real and Imagined', *Security Dialogue*, 32(3): 297–310.

Ruzicka, J. (2014) 'A Transformative Social Scientist: Karl Deutsch and the Discipline of International Relations', *International Relations*, 28(3): 277–287.

Ulusoy, H. (날짜 미상) 'Revisiting Security Communities after the Cold War: The Constructivist Perspective', http://sam.gov.tr/wp-content/uploads/2012/01/Hasan-Ulusoy3.pdf (2016년 8월 6일 접속).

9장 마르크스주의

핵심용어

- 자본주의
- 역사적 유물론
- 불평등
- 계급
- 제국주의
- 세계체제

자본주의가 뭔 줄 알잖아, 빌어먹을 것! (스카페이스[*Scarface*]에서 토니 몬타나[Tony Montana] 1983)

지금까지 우리가 이 책에서 다룬 이론들은 이 분야의 '핵심'이라고 부를 수 있는 것들이다. 길거리에서 사람들에게 국제관계에 대해서 생각나는 것들을 말해보라고 하면 그 답에는 아마도 권력정치, 테러리즘과 안보, 외교, 개입, 전쟁과 분쟁, 국제기구들이 하는 일 등이 포함될 것이다. 그들이 말한 세계는 4~7장에서 우리가 살펴본 이론들 중 많은 부분과 부합된다. 현실주의자들은 전쟁이나 분쟁의 요소에 공감할 것이고, 자유주의자들은 협상, 조약, 다자적 행동에 공감할 것이며, 그리고 영국학파 학자들은 개입이라는 말에 귀를 기울일 것이다.

바로 앞 장에서 우리는 구성주의 학자들이 이러한 전통적 IR 의제가 다루지 않는 몇몇 주제들과 씨름하고 있는 것을 보았다. 구성주의자들은 IR의 주류 연구에 '정체성' 관련 연구를 포함시키려고 노력했지만, 동시에 그들은 최소한 '엷은' 구성주의 속에서는 국가를 분석의 중심 단위로 하여 국제관계를 '만들어내는' 주체가 누구인가에 대한 우리의 이해에서 국가의 위치를 강조했다. 사실상 우리는 초기 구성주의가 주류 IR과의 결별을 주장하면서도 약속만큼 결정적 기여를 하지 못한 것을 발견했다. '두터운' 구성주의는 규범과 안보공동체에 초점을 두면서 주류 이론으로부터 더욱 멀어졌다. 몇몇 다른 이론들은 주류 IR로부터의 더욱 철저한 분리를 시도했다. 이 장과 다음 두 장에서는 그러한 시도 중 가장 잘 알려진 마르크스주의, 비판이론, 페미니즘에 대해서 살펴보고자 한다.

이 장은 마르크스주의(Marxism)가 어떻게 IR이론에 '부합'되는가에 대한 논의로 시작하려 한다. 그런 다음, 마르크스주의 세계화와 제국주의 설명의 기저를 이루는 자본주의, 제국주의, 착취에 대한 레닌(Vladimir Lenin)의 이론을 살펴볼 것이다. 세 번째 부분에서는 세계체제론(WST: World System Theory)에 등장하는 발전 이슈들에 대해 살펴볼 것이다. 마지막 네 번째 부분에서는 비교적 최근 이론인 불평등 결합 발전(Uneven and Combined Development)을 다룰 것이다.

마르크스와 마르크스주의

> 마르크스, 레닌, 스탈린(Joseph Stalin)은 국제이론에 아무런 체계적 기여도 하지 못했다. (Wight 1995: 24)

마르크스(Karl Marx)의 핵심 저작들은 IR이라는 학문이 정립되기 한참 이

전에 나왔기 때문에 이 분야의 '핵심'과 마르크스 및 신마르크스주의 의제들 간의 관계는 다소 어색했다 (Holsti 1985: 61–80). 특히 현실주의는 마르크스주의가 실제 국제정치의 역동성, 즉 주권을 가진 정치적 실체들 사이의 권력과 안보를 위한 투쟁을 간과했다는 이유로 이를 무시해왔다. 와이트(Martin Wight, 위의 인용문을 참조) 같은 IR이론가들은 마르크스주의 연구의 존재론적 입장에 대한 이러한 비판에 공감했다. 그가 말했듯이 "마르크스주의는 인간사의 경제적 측면에 집착한 탓으로 국제관계학 분야에 유의미한 기여를 하지 못했다" (Linklater 2013: 113). 그러나 마르크스의 이념은 정치경제적 접근이라는 틀 안에서 1980년대의 비판이론에 통찰력을 제시해주었으며 (다음 장 참조) 동시에 국제정치를 형성하는 국가와 시장에 대한 새로운 관심을 자극했다. 냉전 종식 후 자본주의의 '승리'가 마르크스주의의 조종(弔鐘)을 울린 것 같았다. 특히 항상 좌파 IR이 우세했던 유럽 학계보다는 미국 IR 학계에서 더 그러했다 (ibid.: 114). 그 결과 마르크스는 이 학문 분야에서 독특한 위치를 차지하고 있으며 세계화 시대의 억압과 착취에 대한 비판적 연구에 특히 잘 부합된다.

여러분이 들어봤음직한 마르크스의 두 핵심 저서는 모두 19세기에 출판되었다. 엥겔스(Friedrich Engels)와 공저한 『공산당선언(*The Communist Manifesto*)』은 1848년에 출판되었다 (Marx and Engels 1998 참조). 세 권으로 구성된 『자본론(*Capital*)』은 각각 1867년, 1885년, 1894년에 출판되었다 (Marx 2008 참조). 『자본론』에서 마르크스는 자본주의 경제생산 체제의 진화를 설명하고 그 폐단에 대해 진단하고자 했다. 그의 규범적 목표는 대중(그는 '프롤레타리아'라고 불렀다)에 대한 소수 특권층('부르주아')의 착취를 부각시킴으로써 혁명적 변화를 가져오는 것이었다. 마르크스와 그에게 영감을 받은 학자들, 그리고 IR 사이의 삼각관계를 이해하려면 이 연구의 네 가지 특징을 염두에 두는 것이 도움이 된다.

1. **자본주의는 그 자체가 '체제'다.** 우리는 앞에서 IR이론가들이 '체제'라는 용어를 어떻게 사용하는지 보았다. 예를 들면, 신현실주의자들은 무정부적 국제체제 내에서 국가 간 관계를 설명하기 위해 체제 차원의 설명을 했었고, 구성주의자들은 국제체제가 실제로 '거기에' 있는 것이 아니라, '우리 머릿속에' 있는 것이라고 (물론 그렇다고 덜 실제적인 건 아니지만) 설명했다. 마르크스는 자본주의 속에서 완전히 다른 체제를 보았다. 특히 글로벌 자본주의의 역동성 안에서 국가 상호작용을 구성하는 세력들을 보았는데 이는 현실주의와 자유주의 모두가 간과한 것이었다. 이러한 체제 내에서 역량과 이익은 현실주의와 신현실주의이론에서처럼 원색적인 힘의 의미가 아니라, 당신이 부르주아 (생산 수단을 소유하고 이윤을 뽑아내는) 계급의 일원인가 아니면 프롤레타리아 (노동을 팔지만 제공하는 노동만큼의 가치를 보수로 받지 못하는) 계급의 일원인가 하는 의미다. 세계체제론은 경제구조주의적 의미에서 국제관계를 설명하는 데 이 용어를 사용한다 (아래 참조).
2. **정치로서의 경제.** 마르크스는 경제적 발전과 그러한 발전을 지배하는 사회적 관계가 역사를 움직이는 원동력이라고 생각하는 유물론적 역사 관념을 지녔다 (Rupert 2016: 130). 기술의 발전은 생산과정의 본질을 변화시킨다. 이는 생산 수단의 변화를 촉진하고 생산자는 신기술에 편승하여 생산능력을 극대화한다. 더 큰 이윤을 추구하게 되면, 특히 시장에서 기업들 간 경쟁이 심할 경우, 생산과정의 효율성을 제고하는 방법을 찾게 된다. 그렇게 되면 인간노동을 기계가 대신하게 되어 인간은 부차적이거나 생산과정에서 별로 중요하지 않은 위치로 밀려나게 된다. 마르크스주의 학자들은 경제와 정치가 서로 얽혀 있어서 서로가 영향을 줄 수밖에 없으며, 더 나아가 경제를 '세계정치를 움직이는 원동력'이라고 생각했다 (Sterling-Folker 2006c: 200). 우리가 현대의 정치적 삶에서 보는 사회적 조직과 형태를 형성하는 것은 기본적으로 경제 분야의 발전이라는 것이다. 마르크스주의 학자들에게는 경제관계가 국내외 정치적 행동의 내용과 수행을 결정짓는 것이다.

마르크스주의 학자들이 IR의 중심 문제가 무엇인가에 관한 우리의 견해를 어떻게 변화시키는가를 주목하라. 무정부상태의 정치와 안보로부터 글로벌 자본주의체제 하에서의 경제관계로 말이다. 이는 존재론의 변화와, '주제의 문제'를 새로운 차원으로 이동했음을 강력히 말해준다.

3. **규범이론**. 마르크스주의자들은 공공연히 실증주의와 규범적 의제의 요소를 뒤섞는다. 자본주의체제의 발전을 추적하면서 마르크스는 어떻게 체제가 변화될 수 있는가에 대해서도 생각했다. "마르크스는 공정한 해설가는 아니었으며 자본주의에 대한 우리의 이해가 깊어지면 궁극적으로 이 체제를 전복시키기 쉬워질 것이라는 희망을 품었다" (Smith et al. 2011: 17). 그는 공장주에게 자신의 노동력을 팔고 그에 대한 대가를 충분히 받지 못하는 억압받는 노동자들에게 혜택이 돌아가기를 원했다. 이것이 바로 매우 국지적 차원, 즉 인간 개인 차원의 안보와 불안에 대한 그의 견해였다. 일반적으로 마르크스주의자들은 변화라는 목적을 가진 의제를 선호한다.
4. **학문 분야로서의 발전**. 마르크스주의 사상은 1970년대 IR 분야에서 점차 인기를 얻었다. 당시는 '동'과 '서' 사이의 양극적 대치상태가 지배하는 속에서도 체제 차원에서 극도로 분열적인 사건들을 감추기 어려웠던 시기였다. 로즈노(James Rosenau)의 『초국가적 세계의 국제연구(*International Studies in a Transnational World*)』는 그 당시의 다소 혼란했던 상태를 잘 보여주고 있다. "사실상 매일의 뉴스는 놀람의 연속이었다. 사태의 전개는 우리가 오랫동안 의존했던 그 어떤 것으로도 설명되지 않는, 갈피를 잡을 수 없는 일들로 가득 차 있었다" (Rosenau 1976: 2). 아랍의 석유 금수조치 등의 경제적 이슈들과 통제 불능 수준의 인플레이션이 체제적으로 중요한 변화 목록의 상층부를 차지했다. 더군다나 국제통화체제가 '붕괴 직전까지 요동치며' 정부가 국가자원을 동원하고 국경을 넘는 거대한 예측불허의 자본이동에 직면하여 공동으로 대응할 능력이 있는가를 시험했다. 2008년 이후의 글로벌 금융위기는 바로 이러한 맥락에서 볼 수 있다. 그것

은 영향력 있는 비국가행위자의 경제적 선택에 따른 심각한 정치적 결과를 (국가 및 다자적 조직의 '체제'에 미치는) IRT에서 진지하게 연구하도록 촉구하는 자극제였다.

핵심 포인트는 마르크스의 경제 초점이 1919년 이후 이 이론의 발전이 보여주듯이 주류 IRT의 이념 및 목표와 극명하게 대립했다는 점이다. 마르크스주의자들에게 전쟁은 근본적으로 안보딜레마 또는 무정부상태의 국제무대에서 국가들 사이에서 일어나는 군비경쟁 같은 문제들의 결과로 일어나는 것이 아니라 자본주의체제 내에서 전 국가에 걸친 대립관계의 산물이다. 매우 다른 종류의 안보, 즉 경제안보가 작동하고 있는 것이다. 자본주의는 끊임없이 새로운 시장과 자원을 찾아 나선다. 자본주의 기업들은 이윤 확대를 위해 새로운 길을 찾아 세계를 훑고 다니다가 본의 아니게 국가를 분쟁으로 끌어들일 수도 있다. 이것이 레닌의 연구 주제였고 세계화에 대한 마르크스주의적 해석으로 커다란 반향을 불러 일으켰다. 레닌부터 시작해보자.

자본주의와 제국주의에 관한 레닌의 시각

레닌은 정치가이며 정치학자로서 1917~1924년까지 러시아공화국(Russian Republic)과 그 후신인 소련(Soviet Union)을 이끌었다. 이 시기는 레닌의 마르크스주의 이념 경도에 따라 러시아가 공산화된 시기였다. 그 당시 쓰여진 레닌의 저서는 자본주의에 대한 마르크스주의적 해석에 대해 탁월한 통찰을 준다. 레닌은 참신한 발상으로 자본주의와 제국주의를 연결했다. 여기서 우리는 1916년 출판된 그의 저서 『제국주의: 자본주의의 최고 단계(*Imperialism: The Highest Stage of Capitalism*)』에 나오는 그의 논리에 초점을 맞추고자 한다. 별도의 언급이 없는 한 뒤따르는 모든 자료들은 레닌의 것이다 (Lenin 2010).

레닌이 이 책을 지은 이유를 설명하기 위해 쓴 러시아판 서문에 이 책의 'IR'적 요소가 분명하게 명시되어 있다.

> 나는 이 책자가 독자들로 하여금 근본적인 경제학적 질문, 즉 제국주의의 경제적 핵심에 관한 질문을 이해하게 도와준다고 확실하게 믿는다. 이것을 살펴보지 않으면 현대의 전쟁과 정치를 이해하거나 평가할 수 없을 것이다.

레닌에게 있어서 국제정세의 동인은 자본주의 경제와 제국주의이며 그는 자신의 저서를 통해 이 둘 간의 연결성에 대해 설명하고자 했다.

> 레닌 시대의 자유주의 저자들은 글로벌 자유무역이 국제체제에 있어서 평화와 안정의 근원이라고 생각했다. 제1차 세계대전 이후 평화의 여건이 아직 조성되지 않은 상황이었고, 국제체제는 오히려 퇴보하여 제2차 세계대전이 일어나게 될 지경이었기 때문에 이 시대의 현실주의자들은 불리한 상황이었다. 국제관계(IR)에 대한 레닌의 '비전'은 이러한 두 '서구' 전통들과는 상당히 다른데, 이는 저자들이 모든 종류의 근거, 특히 지리적 근거 및 그와 관련된 정치 경험에 대해 다른 시각으로 국제관계를 '보려는' 경향이 있다는 것을 보여준다.

레닌은 이 책을 산업성장과 더불어 생산이 점점 더 소수의, 보다 대형 회사로 집중되는 경향에 대해 설명하는 것으로 시작한다. 그는 미국, 영국, 독일, 프랑스, 네덜란드의 경제통계 데이터를 사용했다. 그는 이러한 생산 집중을 '독점(monopolies)의 등장'이라고 불렀으며, '자본주의 발전의 현 단계에서 전반적이고 근본적인 법칙'이라고 생각했다 (Lenin 2010: 19). 그는 이러한 독점 자본주의가 20세기 초부터 등장했으며 "카르텔이 경제생활의 토대 중 하나가 되었다. 자본주의는 제국주의로 전환되었다"고 했다

(p. 21). 이 단계에서 레닌이 국내 제국주의, 즉 자본가들에 의해 국민국가의 국경 내에서 운영되는 제국주의의 원인을 밝혀냈다는 점에 주목해야 한다. 2장에서 레닌은 이 과정에 연루된 은행 및 은행가들의 공모와 금융기관들이 독점의 주역이 되었다는 내용을 다루고 있다. "그러므로 20세기의 시작은 구자본주의에서 신자본주의로, 일반적 자본의 지배로부터 금융자본의 지배로 전환되는 시점이었다" (p. 53). 그러나 자본주의는 그 시점에서도 여전히 국민국가 내부에서 독점적 지위를 굳건히 하고 있었다.

여기서 레닌은 1910년까지 어떻게 4개국이 (영국, 미국, 프랑스, 독일이 순서대로) 세계 금융자본의 80퍼센트를 소유하게 되었는지를 보여주며 관심을 글로벌 영역으로 옮긴다. "어떤 식으로든 전 세계가 세계 금융자본의 '네 기둥'인 이 4대 국제 은행국가들의 채무자가 되고 속국이 되어버렸다" (p. 73). 4장에서는 서구 제국주의를 설명하기 위해 국민국가 내 자본의 독점적 성향을 해외수출과 연관시켰다. 그의 주장에 따르면 '초과잉' 자본이 국경이라는 장벽을 넘어서기 위한 출구가 필요했다. 그리고 자본과 자본주의 기업의 본질상 잉여가치를 사회적으로 선하게 사용하는 것을 제한하는 특성이 있다. "자본이 그 상태로 있는 한, 잉여자본은 대중의 삶의 기준을 향상시키는 목적으로는 결코 사용되지 않을 것이다." 왜 안 될까? 왜냐하면 그것이 "자본가에게는 이윤의 축소가 되기 때문이다." 그 대신, "자본은 뒤처진 나라들에 수출되어 이윤을 증가시키는 목적으로 사용될 것이다" (p. 75). 이러한 방식으로 서구의 자본은 다른 나라에 침투하기 시작했고 국제적으로 그들을 단단히 죄어놓은 손아귀 안에 잡아두게 되었다. "금융자본은 **실제로** 세계를 나누었다" (p. 80; 강조는 원본).

5장에서 레닌은 '핵심적' 자본주의 국가들에 의한 세계의 분할을 설명했다 (아래에서 설명하겠지만 이것은 후에 세계체제 모델이라 칭해졌다). 그는 자본의 국제화가 '자본주의 하에서 국가들 간의 평화에 대한 희망을 줄 것'이라는 자유주의 경제이론을 '불합리'하다며 반박했다 (p. 90). 그는 대신, 남아프리카공화국 광산업계의 거물이자 정치에 적극 관여했고, 1890~1896년 동안 케이프 식민지의 수상이었던 로즈(Cecil Rhodes) 같은 영국 정치가를 인용했다. 1895년의 연설에서 로즈는 해외로 눈을 돌리면 국내의 여러 문제들이 해결될 수 있다고 천명했다.

> 사회문제를 해결하기 위해서 내가 마음에 품고 있는 생각은 … 우리 식민지 정치인들이 잉여 인구를 해결하고, 그들이 공장과 광산에서 생산한 상품들을 팔 새로운 시장을 개척하기 위해 새로운 영토를 인수해야 한다는 것이다. 내가 항상 말해왔지만, 제국이란 생계에 관한 문제다. 내전을 원치 않는다면 제국주의자가 되어야 한다. (Rhodes, 레닌 p. 97에서 인용)

이것이 바로 레닌이 발견한 독점 자본주의, 산업소유권과 은행의 집중, 국가가 후원하는 제국주의 간의 연결성이다. 레닌 책의 뒷부분은 이러한 체제가 어떻게 그 내부로부터 부패하게 되는가에 대한 평가이다. "제국주의는 결국 영토합병, 국민 탄압의 증가, 그리고 결과적으로 저항의 증가로 이어진다" (p. 154). 이는 제1차 세계대전 시기의 국제정치 흐름에 대한 매우 설득력 있는 평가이며, 세계화에 대한 마르크스주의적 이해에 반영되고 있다. 이에 대해서는 다음 부분에서 살펴볼 것이다.

세계화 또는 제국주의?

수많은 저서와 논문들이 '세계화' 현상을 규정하기 위해 쓰였지만 우리는 아직도 결정판이라 할 만한 설명에 조금도 다가가지 못했다 (Scholte 2008). 이 용어를 둘러싼 문제를 더 자세히 다루기 위해 2004년에 『글로벌리제이션스(*Globalizations*)』라는 새로운 저널이 창간되었다. 제목이 복수형으로 쓰인 것은 학문 간(interdesciplinary) 이해의 복잡성과 이 기표대상(signifier)

에 수많은 정의가 시도되었다는 것을 보여준다 (Rosenau 2004). 혹자는 특히 이 용어를 단수로 씀으로써 그 의미를 일반화시키는 것의 위험성을 지적하기도 한다. 마르크스주의 시각에서 저술된 로젠버그의 저서는 (Rosenberg 2000: Part 1, and 2005) 이 용어가 IR에서 어떻게 나쁜 의미로 사용되었는가에 대해 탁월한 논의를 보여주고 있다. 로젠버그는 세계화이론의 장점에 대해 숄티(Jan Scholte)와의 생산적 논쟁에 참여했다 (Scholte 2005 참조). 여기서 양측의 광범위한 경험적, 메타이론적 논쟁을 평가하는 것은 적절치 않으나, 이 용어가 무엇을 가져다주는지, 그리고 마르크스주의 학자들에 의해 어떻게 "읽혀졌는가"에 대해 생각해보는 것은 가치 있는 일이다.

세계화는 여러 가지 차원을 포함한다. 정치, 경제, 기술, 사회, 문화적 차원이 우리가 세계화로 인해 세계가 좁아진다고 말할 때 흔히 떠올리는 것들이다. '지구촌'이라는 용어는 세계화의 누적되는 영향력을 묘사하기 위해 탄생했다 (McLuhan and Powers 1989). 지구 전체를 동네라는 작은 개념과 결합시키는 명백한 역설은 오늘날 우리가 전 세계에서 일어나는 사건들에 대해 이전보다 훨씬 더 많이 알고 있다는 점을 부각시킨다. 우리는 지구상에서 일어나는 사건들에 의해 훨씬 더 많은 영향을 받고, 그러한 사건들을 보다 강렬하게 경험하며, 우리의 행동과 생각이 전 세계에 전달되게 할 수 있는 능력이 훨씬 더 커졌다. 이는 24시간 운영되는 뉴스매체 및 전 세계의 사건현장에서 사진을 전달해주는 휴대용 위성과 휴대전화, 긴급 뉴스에 대한 실시간 반응을 가능케 하는 인터넷과 소셜미디어 같은 새로운 기술들의 치명적 결합 때문이다.

2010년 7월 현재 5억 명의 회원을 가진 페이스북(Facebook)은 만약 국가로 치면 이는 세계에서 세 번째로 큰 국가에 해당된다 (*The Economist* 2010). 5년만인 2015년 1월에 페이스북은 13억 9,000만 사용자들이 로그인을 하는, 세계에서 가장 큰 나라인 중국보다도 인구가 많은 가장 인기 있는 '국가'로 성장했다 (*The Huffington Post* 2015). 마이크로블로 그(microblogging) 사이트인 트위터(Twitter)는 그만큼 큰 규모는 아니지만 빠른 속도로 성장하고 있다. 2010년에 활발한 사용자가 분기당 3,000만 명이었다. 2016년에는 3억 명이 넘어 적극적 사용자가 10배나 증가했다(Statista 2016). 이제는 엘리트, 인기 연예인들이나 공인(公人)들이 정치적, 문화적 뉴스와 스포츠에 대해 한마디 하지 않고 지나가는 날이 드물고, 그들의 반응은 특정 이슈들에 대한 의제를 형성한다. 옛날에는 『더 타임즈(*The Times*)』나 『워싱턴포스트(*Washington Post*)』와 같이 여론을 주도하는 신문사로 편지를 보내는 것이 그러한 기능을 했다. 지금보다는 매우 느리긴 했지만 말이다.

심층 분석 9.1 은행가와 글로벌 금융위기

2008년 글로벌 금융위기는 왜 터졌는가? 우선 은행가들과 더불어 그들의 대출사업과 펀드 손실에 대비해 보유해야 하는 유동자산(현금)에 대한 규제를 느슨하게 했던 정치인들에게 엄청난 비난이 쏟아졌다. 영화 〈빅쇼트(*Big Short*)〉 (2015)가 탁월하게 설명한 것처럼, 문제는 신용이 불량하거나 채무반환 요구를 받을 경우에 상환능력이 없는 사람들에게 빌려준 주택담보대출이었다. 불량 채무를 건전한 금융자산으로 인정해서 대출을 해줌으로써 채무불이행이 일단 터지자 '주택 거품' 속에서 체제 전체로 전염병처럼 퍼졌다. 결국 미국의 리먼브라더스(Lehman Brothers)처럼 일부 은행이 파산하게 되었다. 영국은 노던록(Northern Rock)과 스코틀랜드로열은행(Royal Bank of Scotland) 같은 은행들에게 구제금융을 지원하였다. 결국 이 '책임 전가' 게임은 자본주의 그 자체에 문제가 있다는 것으로 끝을 맺었다. 즉, 이면의 거대한 구조적 요인이 체제의 신용을 잠식했다는 것이다. 그러나 구조주의자들(structuralist)의 이런 설명은 자본주의체제와 세계화와 관련된 현상이 다 인간이 만든 것이라는 것을 알게 해주었을 뿐이다. 그것이 대기업이든, 국가든, 또는 국제기구이든 간에 개인

계속

으로서의 인간이 집단으로 내린 결정의 뒤에서 진행된 것이었다. 자본주의와 세계화는 어딘가에서 온 것이며, 어떤 외생적 힘에 의해 주어진 것이 아니었다.

IR의 구조-행위자(structure-agency) 논쟁에서 흥미롭게 볼 것은 금융위기 이후 등장한, 세계 경제에 들이닥친 재앙에서 개별 은행가들의 역할에 관한 논쟁이다. 바디(Clive Boddy)는 은행업에 뛰어든 개인들 중에 특정 '사이코패스(psycopathy)'가 있다는 떠도는 가설에 대해 짤막한 이론적 논문을 하나 썼다. "사이코패스는 사람들 중 1퍼센트 정도를 차지하는데, 이들은 양심과 공감능력이 없고 자신 외에는 그 누구에 대한 관심도 없는 자들이다" (Boddy 2011). 그리고 기업형 사이코패스는 은행과 같은 조직에서 일하는 사람이며, 그들은 대체로 거짓말, 속임수, 남 윽박지르기에 능하고, '조직적 효율성의 많은 영역에서 부정적 영향을 끼치는' 사람들이다 (ibid.: 256). 그들은 나쁜 의미에서 강력한 행위자이다. 바디의 '글로벌 금융위기의 기업형 사이코패스 이론'은 일군의 기업형 사이코패스가 대형 금융조직에서 힘을 쓸 수 있었던 근거를 보여주었다. "다른 어떤 고려사항들보다 오직 자신의 부와 권력의 확대만을 추구하는 그들의 집착이 노블레스 오블리주(noblesse oblige), 평등, 공정함, 그리고 진정한 기업의 사회적 책임 같은 전통적 가치를 버리게 만들었다" (ibid.: 257; 14장의 녹색국제이론에서 기업의 사회적 책임에 대해 다시 논할 것이다). 세계화와 느슨한 규제와 감독, 체제 내의 구조적 약점이 이러한 사이코패스들을 걸러내지 못한 채 '양심에 의해 구속받지 않는 탐욕'을 허락한 셈이고 이는 대규모 '기업형 사기, 금융 허위보고, 탐욕과 비행'으로 이어졌다 (ibid.: 258).

만약 입증만 된다면, 바디의 이론은 자본주의체제의 병폐에 대한 마르크스주의자들의 진단에 엄청나게 참신한 차원을 더해줄 것이다. 바디가 묘사하는 디스토피아적(distopian) 세계는 초자본주의(hyper-capitalism)다. 자본주의는 미쳤고, 인간 가치의 위기에 따라 경제 몰락이 온다는 것이다. 반 후른(André van Hoorn) 같은 학자들은 바디의 이론을 경제의 다른 분

계속

심층 분석 9.1 계속

야에 종사하는 사람들과 비교하여 금융기관 종사자의 윤리와 가치관을 테스트하는 설문조사에 적용하여 실험했다 (van Hoorn 2015). 냉정한 경험적 평가에 의해 그는 다른 직업에 있는 사람들과 금융직에 종사하는 사람들의 윤리와 가치, 즉 그들이 일하고 생활하는 기준이 되는 도덕률 간에는 아주 근소한 차이만 있을 뿐이라고 주장했다. 반 후른은 기업형 사이코패스 이론이 그럴듯하게 들리지만 글로벌 금융위기는 이에 종사하는 사람들의 역기능적 가치관에 의해 생긴 일이 아니라고 결론지었다 (ibid.: 266). 그럼에도 불구하고 그들은 규제와 투명성의 구조가 너무 취약한 부문에서 일하고 있었다. 따라서 금융위기를 설명해주는 것은 행위자라기보다는 구조라고 말할 수 있다. 마르크스주의자들은 (또한 모든 IR 전공 학생들도) 이 논쟁에서 많은 시사점을 발견할 수 있다. 이 논쟁이 구조와 행위자, 분석의 수준, 행동 규범, 제도적 장치, 그리고 국가와 시장 및 대외정책 결정을 이끄는 사람들의 의사결정에 대한 연구 방법 등, IR 연구의 중요한 주제들을 다루기 때문이다 (그 예로, Teschke and Cemgil 2014를 참조할 것).

다행스럽게도 우리는 여기서 세계화의 경제적 함의만을 다루면 된다 (다른 차원들은 Sachs 1998에서 논의되었다). 어떤 사람들은 세계화가 현대 국가들이 적응하고 그 이점을 활용해야 하지만 환경훼손, 글로벌 금융위기, 국제 테러리즘과 사이버테러리즘 등 초국경적 문제들을 해결하기 위해 함께 대처해야 할 현상이라고 생각한다. 전 영국 수상이었던 블레어가 2006년 3월에 대외정책센터(Foreign Policy Centre)에서 언급한 바와 같이, "오늘날의 세계를 규정짓는 특징은 상호의존이다." 그러나 이제 경제적 세계화가 '성숙한' 단계에 들어선 반면 정치의 세계화는 뒤처져 있다. "세계화는 팩트다. … 현대는 상호 연결되어 있는 시대다. 우리 모두는 경제, 커뮤니케이션, 문화가 연결돼 있다는 것을 깨닫는다. 정치도 마찬가지다" (Blair 2006). 이러한 주장에 동조하는 블레어나 오바마(Barak Obama) 같은 신자유주의자들에게 세계화는 실제로 존재하는 사실이다. 우리는 그 효과를 실제로 보고 느낄 수 있으며 세계화를 받아들여 함께 일하거나 또는 무시해버리는 선택을 할 수 있다. 오바마는 2016년 6월 기자회견에서 세계화가 "여기에" 있으며 "이미 이루어졌다"고 말했다. 이는 세계화가 우리 모두가 인정할 수밖에 없는 국제적 삶의 현실이라는 의미다. 우리가 할 수 있는 것은 그 안에서 허용되는 것들뿐이다 (Naylor 2016).

세계화는 정치학과 IR에서 유행어 중 하나다. 에세이나 시험 문제에 이것이 나오면 그 의미에 관한 핵심 논쟁에 대한 지식을 보여줘야 한다. 이미 확립된 자료에서 나오는 정의(定義)를 사용하는 것이 도움이 된다.

마르크스주의 저자들은 세계화를 상당히 다르게 받아들인다. 블레어나 오바마가 세계화를 도전을 야기하는 본질적으로 좋은 것일 뿐 아니라 해결의 희망도 있다고 본 반면, 마르크스주의 저자들은 세계화가 그저 우리에게 일어난 일이 아니라 우리가 만들어낸 것이며 완전히 유익한 사업도 아니라고 본다. 구성주의적 사고에 경도된 마르크스주의자들은 세계화가 서구적인 것, 또는 세계체제론 용어로 '중심(core)'이 만들어낸 현상이라고 주장하기도 한다. 외형상 경제적 현상이지만 세계화는 실상 다국적기업과 해외 금융거래의 확산에 의해 주도되었고, 이 모든 것을 지원한 것은 IMF와 세계은행 같은 국제기구에 의한 국제금융과 규제레짐이라는 것이다.

마르크스주의와 비판이론은 (비판이론에 대해서는 다음 장에서 다룰 것이다) 세계화가 "초국가적 해악의 가능성과 사례를 증대시키고, 국가가 국민들에게 치안이나 사회적, 물리적 안보 같은 기본적 필요를 제공하지 못하게 만든다"고 주장한다. 미시라(Vijay Mishra)와 하지(Bob Hodge)는 탈식민주의적 관점에서 "'포스트-모던' 세계화는 새로운 형태의 식민화를 초래했는데 이는 과거의 행태 위에 세워진 것이고 이미 알려진 용의자들에 의해 채택되었다"고 분명하게 밝혔다 (Mishra and Hodge 2005: 398). 그들은 문제의 해결책에는 이견이 있을지 모르지만 무엇이 문제인지에 대해서는 동의한다. 마르크스주의자들은 세계화에 대해 비관적인 반면 신자유주의자들은 대체로 긍정적이다. 이 차이점을 보여주기 위해 마르크스주의자들이 블레어의 세계화 주제에 어떻게 반응했는가에 관한 세 가지 예를 살펴보기로 한다.

세계화는 새로운 것이 아니다

정책결정자들이 세계화에 대해서 말하는 것을 들으면 우리는 세계화 과정의 시작을 알리는 어떠한 기준 연도나 사건(뭔지는 모르나)이 있었다는 인상을 받게 된다. 마르크스주의자들은 묻는다. 우리는 세계화가 시작된 정확한 '시점'을 지적할 수 있는가? 그럴 수 없다. 현대에 나타나는, 장기간에 걸친 그 어떤 과정도 그 기원을 정확히 알기는 어렵다. 이것이 핵심이다. 왜냐하면 세계화이론을 신봉하는 정책결정자들은 이 세계화의 시대를 이전의 시대와는 다른 '새로운' 또는 '다른' 시대라고 주장하고 싶겠지만, 마르크스주의자들은 수백 년에 걸친 현대 자본주의의 진화라는 긴 스토리 속에다 세계화를 위치시키고자 한다. 더 나아가, 세계화가 다수의 국가들에서 국내외적 정책의 원동력이 되었기 때문에 세계화는 국가 기업의 경쟁력 제고라는 명분하에 근로자들의 권리를 축소시키는 수단으로 사용되고 있다. 이러한 견해에서 보면, 자본주의는 급여와 근로조건에 있어서 밑바닥을 향한 경쟁과 진배없다.

세계화는 새로운 형태의 제국주의다 (보편화된 '서구화')

촘스키(Noam Chomsky)는 세계화가 국가와 기관들이 연대하여 '서구'를 특권적으로 만드는 수사적 위장에 불과하다며 세계화에 대한 자유주의적 견해를 비난했다. "자유시장 자본주의가 가진 파괴적인 힘에 종속되는 것은 제3세계이며 그럼으로써 힘 있는 국가들은 이들을 더 효율적으로 강탈하고 착취할 수 있다" (Chomsky 1991). 영국, 프랑스, 네덜란드, 그리고 기타 유럽 국가들이 제국을 힘으로 정복했듯이 (위에서 살펴본 레닌의 책에서도 이들 국가를 지목) 마르크스주의자들은 주도적 서구 세력에 의한 현시대의 군사적 개입을 제국주의적 착취의 다른 이름일 뿐이라고 보았다 (Scholte 2008: 1476-1478에서 비판된 해석). 탈식민주의 저자들이 (이들에 관해서는 13장을 참조할 것) 종종 세계화의 착취적인 행태 비난에 가담하기도 한다. 예를 들면, 후건(Graham Huggan)과 티핀(Helen Tiffin)은 예전에 식민지였던 국가들이 세계화로 인해 여전히 '유럽적 또는 유럽-아메리카적 세계관'에 갇혀있다고 주장했다. "식민지들이 유럽 산업에 원자재를 제공했듯이 탈식민 국가들은 이제 다국적기업에 의해 착취당하는 일이 흔하다 (때로는 독립 이후 정치인들의 부패와 결탁하여)" (Huggan and Tiffin 2008: 2).

이러한 비판들이 주장하듯이, 자유무역 경제원칙이란 실상 주변에 대한 중심의 경제적 착취를 덮는 가면이며, 인도주의적 명목이나 민주주의 증진을 위한 개입 (피상적, 수사학적으로)도 그와 같은 맥락으로 읽혀진다. 특히 1999년에 일어난 코소보 사태의 경우는 (Cafruny 2006) 에너지안보가 (송유관, 가스관과 러시아, 중앙아시아, 중동에서 오는 중요한 천연자원의 유입을 지키기 위한) 개입 결정에 큰 역할을 한 것으로 평가된다. 실제로, 카푸르니(Alan W. Cafruny)는 코소보 개입이 중동 석유 수출업자들의 도전에 대항하고 "국제 석유시장을 계속 장악하겠다"는 의도에서 석유 공급원을 다변화할 필요로 인해 미국과 유럽의 정책결정자들의 장기간에 걸친 생각이 반영된 결과라고 주장한다 (Cafruny 2006: 217). 테러와의 전쟁도 같은 맥락으로 해석될 수 있다. 미국이 자국 기업의 진출을 위해 세계를 더 안전한 곳으로 만들겠다는 시도로서 "전쟁 비즈니스는 돈벌이가 된다"는 생각을 반영한 것이다 (Weigley 2013).

> 개입에 대한 이러한 설명 중 당신은 어떤 편을 믿는가? 꼭 하나를 선택해야 하는가? 이에 대한 마르크스주의 설명의 요소와 정책결정자들의 다원인적 설명을 섞을 수는 없는가?

국제기구는 국가 간의 불평등을 제도화했다

우즈(Ngaire Woods)는 UN, 세계은행, IMF 등 국제기구들에 대한 마르크스주의자들의 생각을 다음과 같이 표현했다.

> 현존하는 다자적 기관들은 아직도 위계적으로 편제되어 있다. 그들의 권위와 효율은 가장 강력한 회원국의 의지와 행동에 의존하고 있으며, 이들은 혹시 있을지도 모를 통제와 주권 손실에 대비하여 강력하고 효율적인 제도의 이익을 벌충하는 역할을 반복한다. (Woods 1999: 9)

표면상으로는 이러한 단체들이 빈곤을 감소시키고 저개발국들을 글로벌 경제에 통합시키는 것 같지만 마르크스주의자들은 완전히 다르게 본다. 이 은밀한 대리자들은 저개발국들을 자본주의체제의 착취적인 구조로 더욱 빠져들게 한다는 것이다. 마르크스주의에 동조하는 탈식민주의 IRT 저자들도 이들 단체들이 "부유한 국가들에게 엄청난 혜택을 주고 있다"고 같은 주장을 편다 (Vasquez 2002: 191). 이들은 모두 '공정함'의 개념에 관심을 가지고 있으며, 권력관계가 국제체제의 글로벌 경제 제도 내에서 어떻게 '공정함'을 강화하거나 혹은 훼손하는지에도 관심을 가지고 있다. 세계무역기구(WTO: World Trade Organization)도 그렇게 특혜를 받은 기관 중 하나이다 (Dunoff 2003을 참조할 것).

세계화는 실제로 존재하며 현대 세계를 만들어내는 선한 힘이라는 대중적 생각과는 반대로 마르크스주의자들은 매우 다른 견해를 갖고 있다. 그들은 주변지역 국가들에 대한 중심의 경제, 정치, 군사적 개입이 우리가 흔히 듣는 것처럼 인도주의적 재난을 예방하고 자유주의적 민주주의 이상을 진척시킨다는 도덕적 수사학과는 매우 거리가 먼 것이라고 해석한다. 마르크스주의 시각에서 세계화라는 주제는 해석상의 이견의 여지가 너무 크다. 세계화가 '팩트'가 아니라 '개념'이기 때문이다. 국제관계라는 '현실 세계'에서 본 이러한 관점을 가장 잘 요약한 것은 1974년의 「코코욕선언(Cocoyoc Declaration)」일 것으로 생각되는데 다음 절에서 이에 대해 좀 더 살펴볼 것이다. 널리 인용되는 이 문서의 거의 끝부분(Cocoyoc Declaration 1974) 구절은 무산자(無産者)들이 국제체제 내에서 부유한 국가들과 사람들에게 아무런 혜택도 되지 못하는 처지가 된 것은 국가, 시장, 국제기구들의 공모 때문이라는 마르크스주의자들의 비판을 완전하게 반영하고 있다.

> 이 방향으로 나아가지 못하게 하는 국제적 권력구조가 있다. 그 방법은 잘 알려져 있다. 기존의 국제시장 편향적 메커니즘의 인위적 유지, 다른 형태의 경제적 조작, 신용 철회나 보류, 통상금지, 경제제재, 정보부서 전복, 고문을 포함한 탄압, 대게릴라 작전, 심지어는 대규모의 개입까지 포함한다. 그러한 방법들을 사용할 것을 고려하는 자들에게 우리는 "손을 떼라. 다른 나라들이 국민의 풍성한 삶을 위한 길을 스스로 찾게 놔두라"고 말한다. 또한 그런 도구로 사용되는 사람들 (때로는 내키지 않을지라도), 즉 학자, 사업가, 경찰, 군인 등에게는 "다른 나라들이 스스로 발전해 나갈 권리를 부정하는 목적에 봉사하는 것을 거부하라"고 말해줄 것이다. 억압의 도구를 고안해 내는 자연과학 및 사회과학자들에게는 "세계는 환경을 훼손하지 않으면서도 인류에게 혜택을 가져다줄 새로운 기술의 발전이라는 건설적인 목적을 위해 당신들의 재능을 필요로 한다"고 말해줄 것이다.

다음 장은 '헤게모니'의 도구로서의 국제기구와 제도들에 대해 살펴보면서 이 주제에 대해 다시 검토할 것이다. 이제, 국제관계에 대한 마르크스주의적 접근법에서 본 글로벌 경제의 모습과 특히 국제관계의 경제학에 대해 생각해보고자 한다.

세계체제론

1974년 10월, 멕시코 코코욕에서 경제발전과 환경에 대한 UN 그룹 회의가 열렸다.

발전이라는 개념은 조심스럽게 살펴볼 필요가 있는 매우 논쟁적인 개념이다. 발전이란 대체로 만족스러운 경제적 목표를 향해 국가가 단선적 형태로 움직인다는 자유주의적 의미로 사용된다. 그러나 힘의 분배같이 발전에 대한 인간적, 사회적 차원과 결부된 정의도 있다. 이러한 개념은 UN 차원에서 하부 실무에 이미 반영되고 있다. 발전의 정의에 대한 여러 가지 의견들을 보려면 뮈르달(Karl Gunnar Myrdal 1974)을 참조하라.

이 회의의 결과물인 「코코욕선언」은 지속가능한 발전 관련 국제적 행동의 역사에 반영되어 있다 (이 책의 뒤에서 녹색국제이론 장에서도 다루고 있다). 그러나 이 문서 중 많은 부분은 자유주의 발전이론에 대한 비판적 맥락에서 저개발 국가들이 국제적 차원에서 보다 공평한 활동 여건을 만들어야 할 필요성에 대해 언급하고 있다 (Stiglitz 1998). 이처럼 「코코욕선언」은 국제적 실행과 학문적 논쟁이 결합된 훌륭한 사례로서, 그 당시 전 세계 IR 학자들에 의해 이론화되었던 주제와 이슈들에 관해 사람들의 큰 관심을 끌었다. 다음 두 구절에 나오는 모든 참고자료들은 모두 「코코욕선언」에서 나온 것들이다 (Cocoyoc Declaration 1974).

글로벌 경제의 도전은 처음부터 분명했다. "오늘날의 문제는 기본적으로 절대적인 물리적 결핍의 문제가 아니라 경제적, 사회적 불균형 배분과 오용의 문제이며, 인류의 곤경은 기본적으로 국가 내 또는 국가 간의 경제적, 사회적 구조와 행동에 기인한다." 문제는 가용한 자원의 양이 아니라 그 자원이 글로벌하게 분배되는 방법과 체제 내에서 어떤 국가군과 다른 국가군 간의 경제적 관계를 규정짓는 사회적 구조의 문제라는 것이다. 이어서 선언문은 불평등한 분배는 5세기에 걸친 식민통치 기간 동안 체제에 깊이 스며들었으며, "경제력이 소수의 국가들에게 압도적으로 집중되었다"고 지적했다. 자유시장 메커니즘과 자유무역 체제는 가장 필요로 하는 국가들에게 자원을 할당해야 하는 문제를 전혀 해결하지 못했고, 적절한 재분배 방식이 요구되었다. 더군다나 부유하고 힘 있는 나라들이 가난한 나라들의 원자재를 사들여 그것으로 만든 최종재를 가난한 나라들에 비싼 값에 되판다. 자본의 잉여가치가 부자들을 위해 보다 많은 이익을 창출하기 위해 사용된다는 마르크스와 레닌의 이론이 명백하게 작동하고 있는 것이다.

코코욕 그룹은 "부자들의 힘과 부, 그리고 가난한 자들의 상대적 박탈감을 증가시키는 세계시장체제가 지속적으로 작동되었다"는 것을 발견했다. 그러나 이러한 상황은 영원한 것이 아니었다. 이는 아득한 옛날부터 존재한, 자연 발생적으로 구성되거나 국제적으로 주어져서 국제관계를 규정한 그런 것이 아니었다. 이는 인간이 만든 것이므로 인간에 의해 없어질 수도 있는 것이며, "불변하는 물리적 조건이 아니라 본질적으로 심한 역전과 변형을 겪을 수도 있는 정치적 관계에 근거하는 것이다." 선언은 지구상의 자원이 인간의 기본적 필요성을 충족시키는 데 효율적으로 사용되기 위해 재고되어야 할 세 가지 영역을 다루고 있다. 발전, 각각 다른 국가들에 대한 다양한 도전, 약소국이든 강대국이든 간에 자국의 미래를 스스로 결정할 수 있는 국가 역량의 증대다. 그러한 병폐를 고치기 위한 일련의 제안들이 선언문에 포함되었다.

우리는 코코욕선언과 현시대 국제체제의 불평등한 관계를 모델로 연구한 학자들의 연구 사이에 차이점이 있음을 쉽게 알 수 있다. 그 중 가장 유명한 것은 세계체제론이다. 발전이론과 주변지역의 저개발에 관한 연구에서 영감을 받은 세계체제론은 (Puntigliano and Appleqvist 2011) 월러스틴(Immanuel Wallerstein)의 3권으로 된 『현대 세계체제(*The Modern World System*)』라는 저서를 중심으로 발전했다 (Wallerstein 1974, 1980, 1989). 월러스틴은 국가 간 상호작용이 보이지 않는 체제적 힘에 의해 조성된다는 새로운 개념을 도입했다. 그에 의하면 체제는 물리적 힘의 상대적 수준에 의해서 형성되는 것이 아니라 세계 자본주의 경제의 작동의 산물이다. 세계체제론에서 국가 행동은 그 국가가 세계 자본주의 경제에서 차지하고 있는 위치에 의해 결정되며, 그 위치가 '국가 능력, 정체성, 관심사'에 영향을 미친다 (Freyberg-Inan 2006: 225).

국가 내의 정치적 삶은 부르주아(착취자)와 프롤레타리아(착취당하는 민중) 간의 악의로 가득한 관계에 의해 규정된다는 마르크스 이념을 기억하라 (도표 9.1). 마르크스의 해석에서는 자본주의체제에서 부가 창조되는 것은 프롤레타리아에서 부르주아로의 부의 이동이다. 도표 9.1에서 색이 더 진

도표 9.1 마르크스의 계급체제

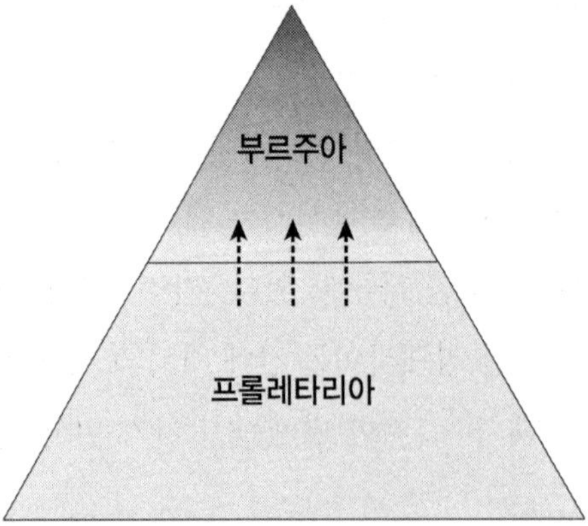

할수록 더 부유한 계층인데 여기서 부가 소수의 자본가들에게 집중되어 있는 것을 볼 수 있다. 사회에서 자본은 다수의 희생으로 소수가 독점하게 되므로 피라미드 구조가 된다는 것을 눈여겨 볼 필요가 있다. 국내사회 차원에서 글로벌 자본주의체제의 국제적 차원으로 이동하며 국가들은 마르크스가 국내 영역에서 밝힌 계급 분할처럼 세 개의 그룹 중 하나에 속하게 된다(도표 9.2).

세계체제론에서 고전적 마르크스 모델의 '부르주아'는 '중심' 국가, '프롤레타리아'는 '주변' 국가로 변용된다. 그러나 결정적인 차이점은 둘 사이에 존재하는 '반주변'이라고 불리는 국가군이다.

- **중심 국가** – 이 국가들은 경제적 의미에서 가장 발전한 국가들이다. 이들 국가에서는 소비지상주의(consumerist), 거대시장 산업과 기술적으로 진보된 농업생산의 소유권이 '토착 부르주아'의 손에 결합되어 있다. 여러분은 그들이 '제1세계(First World)'로 불린다는 것을 들어봤을 것이다. 이들은 경제적 의미로 세계에서 "가장 유복하고 강력하다" (Sterling-Folker 2006c: 202). 미국은 오늘날 중심 국가의 가장 좋은 예다. 대표적인 라틴아메리카 발전경제학자인 프레비쉬(Raúl Prebisch)는 "실제로, 현재의 선

도표 9.2 마르크스의 국제적 차원의 계급체제

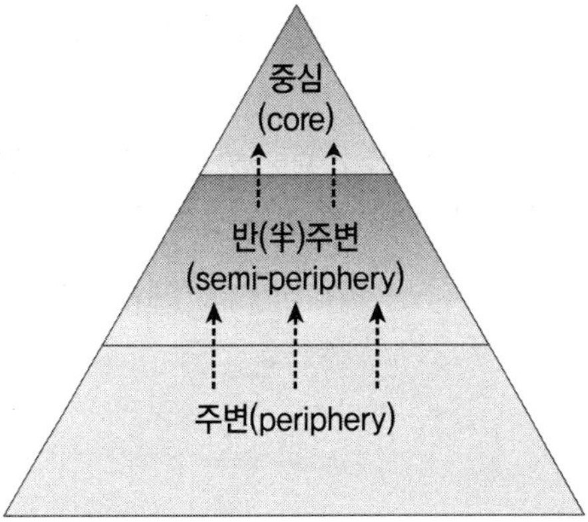

진국들은 역사적 발전과정에 있어서 예전에도, 그리고 지금도 지속적으로 구심점 (중심으로 빨아들인다는 뜻)이고 주변국들은 종속되어 의존적 역할을 한다"고 했다 (Prebisch 1981: 434). 프레비쉬의 주장은 위에서 언급한 국제경제기구에 내장된 구조적 불평등에 그대로 반영되고 있으며 아래에서 살펴볼 불균등 결합 발전이론(Theory of Uneven and Combined Development)의 전조가 되었다.

세계체제론의 중심-주변 모델은 동태적이라는 점에 유의하는 것이 중요하다. 시간이 흐르면서 국가들은 그들의 정치적, 경제적 구조 변화에 따라 속하는 범주가 달라질 수 있다.

- **주변 국가** – 스펙트럼의 반대편 끝에는 원자재, 즉 제조과정에서 사용되는 가공되지 않은 물자를 수출하는 국가들이 있다. 주변국들은 또한 중심국가 생산자들에게 비숙련 노동력을 제공한다 (Sterling-Folker 2006c: 202). 중심 국가들은 주변국에서 온 원자재를 사용하여 상품을 제조하고 완제품을 주변국 소비자들에게 되판다. 주변국들 — 흔히 '제3세계(Third World)'라는 이름으로 불리는 — 이 당면한 역설은 그들이 제공한 노동력과 재료로 만든 상품들을 중심 국가에서 사온다는 점이다. 뿐만 아니라 그들이 그럴 능력이 있어서 스스로 제조할 경우보다 훨씬 비싼 값으로 상품을 되산다. 말라위와 같은 아프리카, 라틴아메리카의 빈국들이 오늘날 주변국으로 분류된다.
- **반주변 국가** – 이 국가들은 중심국과 주변국 사이에 위치하고 있으며 경제, 정치, 사회적 측면에서 양 쪽 모두의 특성을 가지고 있다 (Sterling-Folker 2006c: 202). 주변국과 중심국 간의 불평등한 교환 과정에서 반주변국들은 완충지대로서 중요한 역할을 한다. 오늘날 반주변국에는 브라질과 인도가 들어간다고 볼 수 있다.

세계체제론의 세 범주에 들어가는 나라들의 목록을 만들어 보라. 당신이 나눈 집단의 공통점은 무엇이며, 그러한 분류를 뒷받침할 통계를 찾을 수 있는가?

요약하자면, 세계체제론은 세계무대에서 경제적 착취에 대한 구조적 설명을 제공한다. 이는 체제 내에서 다양한 국가들의 위치를 알 수 있게 도와주고, 각국이 자기 위치를 찾는 과정을 이론화해준다. 세계체제론은 국제관계의 경제적 측면을 심각하게 고려했던 신자유주의 제도주의자들조차도 간과했던 글로벌 경제질서 연구에 대한 좋은 모델을 제공한다. 마르크스주의자들에게 영감을 받은 저자들은 대체로 국제정치경제 발전에 대해 긍정적인 견해보다는 부정적 견해를 많이 가지고 있으며, 이 장의 초반부에서 보았듯이 '세계화' 현상에 대한 마르크스주의자들의 시각이 이를 잘 보여주고 있다.

심층 분석 9.2 주변국에서의 아동 노동착취

'노동착취공장(sweatshop)'이라는 용어는 비숙련 노동자들이 쥐꼬리만한 임금을 받으면서, 임금, 노동시간, 노동조건, 권리(노동조합 등의) 등의 면에서 열악한 처우를 받는 곳을 뜻한다. 그 용어는 흔히 중심 국가에 본부를 두고 있으면서 주변국의 값싼 자원과 노동에서 이윤을 내는 다국적기업과 연관된다 (예를 보려면 Fuller 2006을 참조할 것). UN의 국제노동기구(ILO)는 연구를 통해 노동착취공장을 노동자가 강제나 속임수에 의해 갇혀 그곳을 떠날 수 없는 상황에 처한 '강제노동'으로 규정하고 있다. ILO에 따르면, 2012년에 약 2,100만 명이 강제노동을 당하고 있으며 그 중 절반이 아시아 태평양 지역에 있고 아프리카와 라틴아메리카도 높은 비중을 차지하고 있다. 그 2,100만 명 중에 1,870만 명(90퍼센트)이

계속

심층 분석 9.2 계속

민간 경제에 속한 강제노동이었다. 이 숫자는 다음과 같이 분류된다. 성적 착취(450만 명), 그리고 농업, 건설, 제조업, 가사노동(때로는 노예로)에 1,420만 명이다. 나머지 220만 명은 국가가 부과한 강제노동인데, 예를 들자면 감옥이나 군대 및 반군에 의한 노동이다 (ILO 2012).

마르크스주의 전통의 저자들은 강제적이고 착취적이며 불공정하고 값싼 노동을 감시하는 기관에서 이론을 위해 제공한 이러한 비참한 통계와 스토리에서 영감을 받는다. 그들은 그것들을 빈자와 약자에 대한 부자와 강자의 교묘한 형태의 강제에 대한 우리의 이해를 증진시키기 위해 사용한다. 이것이 국내외에서 작용하는 경제적 힘이다. 노동착취공장과 인신매매 같은 '보이지 않는' 글로벌 네트워크의 존재는 IR의 핵심적 위치를 차지하고 있는 국가중심적 접근에 대한 도전이 된다. 어쨌거나 경제적 불평등 지표 등은 세계체제론의 국제관계 이해와 부합하는 측면이 있다. 이는 중심국이 주변국을 착취하는 것에 대한 경험적이고 가시적인 표현이다.

추가: 서구에도 노동착취공장?

2016년 7월, 영국 전역의 스포츠 다이렉트(Sports Direct) 공장 노동자들의 근로 여건을 조사한 영국의회는 '불편한 사진'을 발표했다. 소유주인 애쉴리(Mike Ashley)는 노동자들에게 국가 최저임금 이하의 임금을 지불했다는 점을 시인했고 이후에 피해 노동자들에게 보상하기로 합의했다. 조사 결과 물을 마시기 위한 짧은 휴식이나 병가에도 벌칙을 부과하는 등 노동자 학대의 비참한 실상이 드러났다. 일부 근로자는 "성적 호의를 제공하는 대가로 평생 고용을 약속받은 경우도 드러났다." 한 여성이 화장실에서 출산을 한 사건을 포함하여 심각한 보건상, 안전상의 위반도 밝혀졌다 (모든 인용은 Commons Select Committee 2016, 보고서 전문 링크 제공). 마르크스주의와 페미니스트 학자들은 (이어질 11장을 참조할 것) 이러한 사례연구를 경제적, 성적 불평등과 억압을 부각시키는 데 활용했다. 세계화가 심화되고 인간과 자본이 신속하게 이동하는 이 시대에 얼마나 많은 유사 사례들이 더 밝혀질지 궁금하다.

불균등 결합 발전이론

불균등 결합 발전(U&CD: Uneven and Combined Development)이론은 마르크스주의자들이 인간 발전과 세계사에 대한 사회학적 설명을 사용하여 '국제관계'를 이론화하고자 시도한 것이다. 그러므로 이는 '고전적' 세계체제론 넘어서기를 지향하고 있으며 국제체제에 대한 현실주의적 이해에 대해 강력한 비판을 제기한다. 불균등 결합 발전은 영국학파의 역사적 사회학과 연결되고, 대표적인 불균등 결합 발전이론가인 로젠버그(Justin Rosenberg)의 저서들을 통해 부잔(Barry Buzan)과 리틀(Richard Little) 등의 저자들과도 이어진다 (Rosenberg 2010). 불균등 결합 발전은 복잡하면서도 매혹적이다. 여기서는 로젠버그의 국제이론 개요를 살펴봄으로써 IR 학생들을 위해 고전적 마르크스주의 주제를 다시 검토하게 될 것이다.

불균등 결합 발전은 국제관계의 모든 이론적 전통을 시험하는 일련의 질문에 대답하고자 시도한다. "왜 이렇게 많은 사회들이 있는가?" 사회 발전의 어떤 모습이 이러한 결과와 우리가 '국제적'이라고 이해하는 모든 현상들을 설명할 수 있는가? (Rosenberg 2010: 166 강조는 원본, 그리고 2013: 191). 로젠버그는 마르크스주의이론가들이 이러한 질문들을 제기했지만 아직 아무도 만족스런 답변을 내놓지 못했다고 지적한다. 이러한 결함을 시정하기 위해 로젠버그는 발전과 국제관계에 대한 다단계 모델을 개발했는데 (Rosenberg 2010), 1, 2단계의 마르크스주의 설명에서의 약점으로 인해 새로운 3단계의 이론화가 필요하다는 점을 발견했다.

1. **1단계 – 외부 요인들**: "정치적 다양성의 동력이 불균등 결합 발전의 과정을 **밖으로부터** 과잉 규정한다" (Rosenberg 2010: 167, 필자의 강조). 이것은 트로츠키(Leon Trotsky)의 자본주의적 산업화의 역사적 확산에 대한 연구조사다. 트로츠키의 사례연구는 19세기 러시아의 발전을 다루고 있

다. 그는 왜 러시아가 경제적, 정치적으로 영국, 프랑스, 독일과 명백하게 다른 길인 후기산업화로 갔는지 질문했다 (ibid. 2013: 195-201). 그는 권력이 분리된 세계에서 국가들의 상호작용을 형성하는 것은 발전 단계, 사회 형태, 영토의 규모, 인구, 역사적 경험 같은 요인들이라고 지적했다. "그러나 정치적 다양성이라는 현실은 결코 그 자체가 분석 대상이 될 수 없으며, 불균등에 의해 설명되는 것도 아니다" (ibid. 2010: 168). 그러므로 이론화 과정은 2단계에서 시작된다.

2. **2단계 – 본연적 요인들**: "정치적 다양성은 영구적이며 불균등하고 결합된 발전의 내적인(그러나 이론화되지 않은) **측면**이다" (ibid.: 167, 필자의 강조). 이 단계에서는 정치적 다양성이 불균등한 발전에 외적인 영향을 많이 주지 않으나 불균등 발전의 한 특성을 구성한다. 인간사회가 항상 불균등한 속도로 발전해왔다는 것은 잘 알려져 있다. 사회들 사이에서 뿐 아니라 사회 내에서도 그랬다. 그러나 사회 내의 다양성이 항상 사회를 분열시키는 것은 아니다. 불균등한 발전과 사회들 사이의 다양성을 연결시키는 것은 무엇인가? (ibid.: 169-170). 3단계를 깊이 탐구하면 그 답이 나올지도 모른다.
3. **3단계 – 신생 요인들**: "정치적 다양성은 사회발전의 불균등하고 결합된 성질에서 **나온다**" (ibid.: 167, 필자의 강조). 이 단계는 1단계 설명을 그 근본으로부터 뒤집는다. 즉, 서로 발전의 속도가 다른 것은 국제체제 내의 단위들, 즉 국가들 간의 정치적 분리 때문이라는 것이 이제까지의 설명이다. 이는 또한 2단계에서 설명되지 않은 한 가지 가정, 즉 정치적 다양성이 불균등한 발전의 영구한 모습이라는 가정을 넘어서고자 한다.

여기서 로젠버그는 3단계를 설명하기 위해 부잔과 리틀의 연구로 되돌아간다. 그들은 불균등 발전이 IR과 세계사에 관한 우리의 이해에 여러 가지 함의를 준다고 주장한다. 이는 국제체제가 성격이 다른 단위를 가지고 있음을 의미하며, 국제체제는 세계경제의 특징을 반영한다. 이는 중심-주변 과정 형성과 밀접한 관련이 있고, 보다 일반적인 역사적 과정의 모습이다.

"역사는 지구의 모든 곳에서 같은 속도로 움직이지 않는다" (Rosenberg 2010: 172, Buzan and Little을 요약하여 인용). 그러나 로젠버그처럼 정치적 다양성이 불균등한 발전 탓이라고 돌리는 대신 부잔과 리틀은 이를 사회적 분화를 통해 설명하고자 했다. 인간사회가 작은 사냥무리에서부터 위계질서적 힘의 관계에 의한 구조화된 계층 공동체로 변화하면서 자기 의존성이 강화되었고 안정된 영토를 획득함에 따라 다른 공동체와의 상호작용에 대한 기본적 필요성이 줄어들었다. 물리적 힘과 안보의 추구도 더 보편적인 현상이 되었다 (Rosenberg 2010: 174). 그러므로 낮은 단계의 정치적 단위가 국가가 되었을 때, 사회 내에서 강화된 수직적 계층화가 사회들 사이의 구분도 더 강화시켰다는 설명이 가능하다. 국제체제에서의 정치적 다양성의 출현에 대한 이러한 설득력 있는 묘사를 고려해볼 때, 불균등 결합 발전이론을 위한 여지가 더 남아있을까?

첫 단계는 발전이라는 개념을 마르크스주의 용어로 재정의하는 것이다. 로젠버그는 마르크스가 인간과 자연의 관계를 근본으로 삼았다는 점을 상기시킨다. 처음에는 자연이 인간에게 생존 수단을 제공했고 사회가 새로운 생산 기술들을 발전시키게 되자 결국에는 자연이 인간의 필요를 위해 봉사하게 되었다 (초기에는 기본적 욕구, 이후에는 대부분 자본주의 소비자들이 원하는 것들로). 이러한 관점에서 인간 역사는 세대에서 세대로 과거의 사회적, 자연적 관계를 물려받고 계승하는 것으로 이해된다. 각 세대는 사회적 힘을 집결시킨다는 명목으로 '자연과의 생산적인 상호작용'을 더 확대하고 심화시켰다 (Rosenberg 2010: 179).

두 번째 단계는 인류가 본향인 동아프리카에서부터 퍼지던 그 시대에는 자연세계가 '불균등 발전의 가장 큰 유일한 원인'이었다는 점을 깨닫는 것이다. 즉, 기후, 지형, 생태환경이 모두 지구상 다양성의 원인이었다. 지구상에 사람이 퍼진 것은 본질적으로 사회적, 생태학적 조건에 다양한 형태로 적응하는 과정이었다. '결합' 요인들은 다양한 인간 집단들 사이에서 발달한 인간관계와 교역을 뜻하며, 불균등한 자원 배분에 적응하는 것이 그러한 교환의 동력이 되었다 (ibid.: 180).

세 번째 단계는 불균등 결합 발전이론이 어떻게 현실주의와 영국학파 이론보다 정치적 다양성을 잘 설명할 수 있는가를 보여주는 것이다. 만일 그렇게 되면, 이 이론은 국제적 영역이라는 것이 '하나 이상의 사회가 공존하는 데서 나온 사회적 현실의 차원'이라고 사회학적으로 규정되는 국제정치학의 진정한 이론이 될 것이다 (Rosenberg 2013: 185). 로젠버그는 불균등 발전 그 하나만으로는 정치적 다양성을 설명할 수 없다는 것을 강조한다. 국제적인 것의 구성에 지정학적 압력이라는 '결합' 요인이 더해진다는 것이 결정적으로 중요하다 (ibid.: 196). 불균등 결합 발전은 '국제적인 것'의 지속적인 모습이며 원인이다 (ibid. 2010: 186-187). 이러한 방향으로 나아가며 로젠버그는 무정부상태를 신현실주의 지정학과 사회 및 인간발전의 역동성에 대한 고전적 마르크스주의적 시각의 산물로 보는 마르크스적 견해를 접었다 (ibid. 2013: 187). 그에 의하면 사회의 본질이 사회적 팩트로서의 '국제적인 것'의 존재를 근본적으로 설명하는 근거가 된다 (ibid.: 193).

로젠버그는 계속하여 IR의 큰 이슈들을 설명하기 위해 어떻게 불균등 결합 발전의 이론적 방법을 사용할 수 있는가를 보여준다. 그 좋은 예가 그의 제1차 세계대전 연구다 (ibid.: 205-224). 그는 첫째로, 1914년에 전쟁이 발발하기 이전 시대는 '대체로 세계적 과정으로서 역사적으로 불균등한 자본주의 산업화에 의해 형성'되었고, 둘째로, 이 시기 동안 트로츠키의 '결합 발전'의 결과로 나온 도전에 의해 독일 역사가 형성되었으며, 셋째로, 아마도 세계대전의 가장 그럴듯한 원인은 '우리가 재건한 불균등 결합 발전의 과정에 유기적으로 내재한' '독일의 두려움과 야망'을 일깨운 탓이라고 주장했다 (ibid.: 207-208). 이 동일한 이론이 다른 사례의 전쟁과 분쟁에 '적용'될 수 있으며, 따라서 '국제적' 영역이 돌아가게끔 해주는 체제와 단위 수준의 특징을 설명하는 뚜렷한 마르크스주의 IR 전쟁이론을 제시해준다. 로젠버그는 IR이 연구의 목표와 방법에 대해 확신이 없거나 위기의 시기를 지나가고 있음이 분명할 때에, 불균등 결합 발전이 이 학문에 새로운 생명을 불어넣을 수 있다고 믿는다 (Rosenberg 2016). 그 이론이 정치학이라는 족쇄를 벗기고, 그리고 경계를 넘는 '큰 생각'을 제공할 수 있을 것이다.

생각해 볼 문제들

"마르크스주의 저서들은 그들의 뚜렷한 '위치'를 감안할 때 IR에 타당한 이론적 기여를 제공할 수 있는가?"

이 질문이 제기하는 근본적인 이슈는 이 책의 1부에서 우리가 논의했던 이론적 타당성의 문제다. 이론의 질을 평가하는 방법은 많다. 이론들은 신빙성이 있어야 하고, 충분한 증거가 뒷받침되어야 하며, 오류 검증을 받을 수 있어야 하며, 예측가능성이 있어야 한다. 이 질문을 다루는 한 가지 방법은 위에서 논의했거나 수업 중에 읽었던 다른 핵심 주창자들에 관하여 마르크스주의의 기본적 입장을 펼치는 것이다. 바람직한 답안은 마르크스주의 사상에 영향을 받은 다양한 저자들이 추구한 다양한 의제들에 대해 (그 중 어떤 것들은 다른 것들보다 더 긍정적이고 더 '과학적'이다) 명확히 밝힘으로써 오직 한 가지 일관성 있는 '마르크스주의' 전통만이 존재한다는 가설에 도전하는 것이다. 광범위한 독서와 준비가 이 분야에서 당신의 경쟁력을 높여줄 것이다.

이 질문은 또한 당신에게 '위치(positioned)'라는 표현에 대해서 생각하도록 해준다. 에세이나 시험 문제의 인용부호 안에 있는 단어에 대해서는 조심할 필요가 있다. 어떤 이론이 '위치'를 차지한다고 말할 때 그게 무슨 의미인지 생각해보라. 당신은 이론이 '위치를 차지하는' 것 이상의 것이라고 생각하는가? 우리가 아무리 과학적이고 객관적인 것을 목표로 한다 해도 정말 그렇게 될 수 있는가? 마르크스와 그에게 영감을 받은 저자들이 '기존 질서'를 전복(또는 도전)하기를 원한다고 공개적으로 주장한다면 그것이 단지 '팩트'를 본다고 주장하는 이론가들보다 더 위치를 더 뚜렷하게 만드는가?

"로젠버그의 불균등 결합 발전이론은 '국제적인 것'에 대한 진정한 이론인가?"

로젠버그의 연구는 IRT에 있어서 새로운 진전이며 경험적, 이론적, 메타이론적으로 풍부한 생각거리를 담고 있다. 그의 2016년 논문은 특히 새로운 생각거리를 제공한다는 면에서 강력한 논문인데 학문 분야로서 IR에서 감지된 위기에 대해 언급하고, IR을 정치학의 하위 분야로 남겨두자고 주장한 라이터(Dan Reiter 2015) 같은 저자들의 견해를 재검토하고자 저술되었기 때문이다.

당신의 첫 번째 과제는 불균등 결합 발전이론을 설명하는 것이다. 로젠버그의 연구를 충분히 숙지하는 것은 필수적이다. 채점자가 당신이 로젠버그를 이해했다는 것을 명확하게 알 수 있도록 '불균등'하고 '결합된 발전'의 개념에 대한 당신의 논의를 구별할 수도 있다. 그의 연구를 세계사의 사회적 근거와 사회에 끼친 자본주의 산업화의 영향에 대해 마르크스주의적 맥락에서 요약할 수 있다면, 당신은 로젠버그가 영향 받은 이론적 전통을 충분히 이해했음을 입증하게 될 것이다.

이는 메타이론적 질문이므로 답안에도 메타이론적 사고가 담겨 있어야 한다. 로젠버그는 월츠와 같은 신현실주의자들의 연구를 개선하고 그에 도전하기 위해 이론을 정립했다. 그러므로 그의 책과 논문 중에서 '국제적'인 것에 대한 진정한 이론의 필요조건을 다루는 부분과 불균등 결합 발전이 어떻게 그러한 필요조건들을 충족시키는지에 대해 특별한 관심을 기울여야 한다. 로젠버그는 여러 연구에서 신현실주의이론의 부족함에 대해 설명하고 어떻게 불균등 결합 발전이 그 간극을 메울 수 있는가에 대해 설명한다. 그는 불균등 결합 발전에 의해 제공된 참신한 이론과 그것이 국제관계학의 '적합한' 이론을 위해 어떻게 월츠의 기준을 충족하는지를 잘 보여주고 있다. 답을 쓸 때, 불균등 결합 발전이 정말 이 기준을 충족하고 있는지 여부에 대한 당신의 입장을 정하고 방어함으로써 핵심 논쟁을 다루도록 해야 한다.

추가 읽을거리

Marx, K. (2008) *Capital: A New Abridgement*. Oxford: Oxford University Press.
마르크스의 연구는 여러 차례 출판되고 재판되었기 때문에 전체 내용을 담고 있거나 요약된 판본을 쉽게 찾을 수 있을 것이다. 가장 잘 알려진 것은 『자본론』인데, 첫 권은 1권의 거의 전체 내용과 3권에서 발췌한 부분을 담고 있기 때문에 매우 유용하다.

Di Marco, L.E. (ed.) (1972) *International Economics and Development: Essays in Honour of Raúl Prebisch*. New York: Academic Press.

Cox, R.W. (1987) *Production, Power and World Order: Social Forces in the Making of History*. New York: Columbia University Press.
우리는 이 책의 비판이론에 대한 장에서 콕스(Robert W. Cox)의 연구를 접할 것이다.

Teschke, B. (2009) *The Myth of 1648: Class, Geopolitics, and the Making of Modern International Relations*, 2nd edn. London: Verso.
현대 국가체제가 국가 간 경쟁으로만 형성된 것은 아니며 계급분쟁과 경제발전을 포함시켜서 이해할 때에만 제대로 설명할 수 있다고 주장한다. 그러므로 이 장에서 다루었던 불균등 결합 발전이론에 찬사를 보내고 있다.

Burbach, R. (2001) *Globalization and Postmodern Politics: From Zapatistas to High-Tech Robber Barons*. London: Pluto Press.
특히 세계화에 대한 신마르크스주의 해석과 반응을 다루고 있는 1부를 추천한다.

Bieler, A. and Morton, A.D. 'Poststructuralism and the Randomisation of History', in C. Moore and C. Farrands (eds) *International Relations and Philosophy: Interpretive Dialogues*. London: Routledge, pp. 157–171.

Callinicos, A. (2002) 'Marxism and Global Governance', in D. Held and A. McGrew (eds) *Governing Globalization: Power, Authority and Global Governance*. Cambridge: Polity, pp. 249–266.

Davidson N. (2016) *Nation-States: Consciousness and Competition*. London: Haymarket Books.

Kubálková, V. and Cruickshank, A.A. (1980) *Marxism-Leninism and the Theory of International Relations*. London: Routledge.

Obama, B. (2008) Speech on globalization, www.youtube.com/watch?v=7owMXrLu2d8 (접속일: 2016년 8월 9일).

van der Pijl, K. (1998) *Transnational Classes and International Relations*. London: Routledge.

Bush, R., Johnston, G. and Coates, D. (eds) (1987) *The World Order: Socialist Perspectives*. Cambridge: Polity.
'세계 자본주의체제'의 존재에 대한 경험적 지지를 보내고 있는 후그벨트(Ankie Hoogvelt가 쓴 장을 볼 것. 그는 이 논문을 A. Hoogvelt (1997) *Globalisation and the Postcolonial World*. London: Macmillan에서 더욱 발전시켜 업데이트했다.

Aronowitz, A. and Gauntney, H. (eds) (2003) *Implicating Empire: Globalization and Resistance in the 21st Century World Order*. New York: Center for the Study of Culture, Technology and Work, Graduate School and University Center of the City University New York.

Gill, S. (ed.) (2015) *Critical Perspectives on the Crisis of Global Governance: Reimagining the Future*. Basingstoke: Palgrave Macmillan.

종속이론(Dependency Theory)과 세계체제론에 관하여

Sens, A. (2012) 'Dependency Theory', www.youtube.com/watch?v=JN6LlMY2ApQ&feature=related (접속일: 2016년 8월 9일).
세계체제론과 신마르크스주의에 대한 좋은 개요이다.

Kontext TV (2015) Interview, 'Immanuel Wallerstein: The Global Systemic Crisis and the Struggle for a Post-Capitalist World', 8 June, www.youtube.com/watch?v=riK3dlgusrI (접속일: 2016년 8월 9일).

Wallerstein, I. (2004) *World-Systems Analysis: An Introduction*. Durham, NC: Duke University Press.
세계체제이론의 업데이트 버전으로서 이 이론의 기본과 오늘날의 적용에 대해 알려준다. 3권으로 구성된 원본에 빽빽하게 적힌 긴 역사적 자료를 살펴보는 시간을 절약해 준다!

Chang, H. (2003) 'Kicking Away the Ladder – Globalization and Economic Development in Historical Perspective', in J. Michie (ed.) *The Handbook of Globalization*. Cheltenham: Edward Elgar, pp. 385–394.

Dykema, E.R. (1986) 'No View without a Viewpoint: Gunnar Myrdal', *World De-*

velopment, 14(2): 147–163.
발전경제학의 대가 중 한 명의 사상에 대한 것이며 메타이론적 이슈들에 대해서도 탐구하고 있다.

Axford, B. (1995) *The Global System: Economics, Politics and Culture*. Cambridge: Polity.
2장의 마르크스주의, 제국주의, 월러스틴의 세계체제론을 볼 것.

Jenkins, R. (1970) *Exploitation: The World Power Structure and the Inequality of Nations*. London: MacGibbon and Kee.

불균등 결합 발전에 관하여

D'Costa, A.P. (2003) 'Uneven and Combined Development: Understanding India's Software Exports', *World Development*, 31(1): 211–226.

Fouad, M. (2015) 'Reframing Development Theory: The Significance of the Idea of Uneven and Combined Development', *Theory and Society*, 44(5): 471–497.

Glenn, J. (2012) 'Uneven and Combined Development: A Fusion of Marxism and Structural Realism', *Cambridge Review of International Affairs*, 25(1): 75–95.

Green, J. (2012) 'Uneven and Combined Development and the Anglo-German Prelude to World War I', *European Journal of International Relations*, 18(2): 345–368.

Kiely, R. (2012) 'Spatial Hierarchy and/or Contemporary Geopolitics: What Can and Can't Uneven and Combined Development Explain?', *Cambridge Review of International Affairs*, 25(2): 231–248.

10장 비판이론

핵심용어

- 자본주의
- 의사소통행위(communicative action)
- 해방(emancipation)
- 헤게모니
- 역사
- 정당성
- 질서
- 국가

비판이론(CT: Critical Theory)은 우리가 앞 장에서 살펴본 마르크스주의 이론과 연결되어 있다. 이 이론은 또한 이 책의 후반부에서 다루게 될 포스트-구조주의 접근과 유사한 부분이 있으며 우리가 8장에서 다룬 구성주의의 감수성도 갖고 있다는 점에서 흥미롭다. 전반적으로 비판이론이 독립된 IR이론이라고 보기는 어렵다. 다루는 범위와 방법 모두에서 대부분의 IR이론들을 넘어서기 때문이다. 다음은 IR 학자들이 비판이론의 위치를 바라보는 시각의 단면을 보여준다.

- 루퍼트(Mark Rupert)는 비판이론을 마르크스주의와 크게 동일시하여 두 이론을 책의 같은 장에서 다루고 있다 (Rupert 2007).

- 스털링-폴커(Jennifer Sterling-Folker 2006d)는 비판이론을 IR이론 스펙트럼에서 포스트-구조주의와 가깝게 다루어 같은 장에 분류했다.
- 허칭스(Kimberley Hutchings 1999: 88)는 우리가 이 장에서 살펴볼 마르크스주의, 또는 신마르크스주의 부류를 언급할 때에만 비판이론이라는 용어를 사용하지만, 다른 어떠한 '비정통파' 이론적 견해를 다룰 때도 사용될 수 있음을 상기시킨다. 이점이 바로 비판이론도 '국제정치이론'이 될 수 있는 이유다. 그 방법론이 국제정치, 사회, 정치이론 (즉, 국가론) 연구에 보다 일반적으로 사용될 수 있기 때문이다.

요약하자면, 허칭스는 이러한 일련의 비판적 견해들을 언급할 때 사용되는 비판이론이라는 용어가 '다소 혼란스러울 수도 있음'을 (Hutchings 1999: 88, 주석3) 지적한다. 에세이나 시험에서 당신이 비판이론이라는 용어를 쓸 때에 그것이 무슨 의미인지에 대해, 그리고 그것이 IR의 다른 실증주의적, 규범적 이론들과 어떻게 연결되고 있는가에 대해 정확하게 기술해야 한다.

이 장은 비판이론의 기원을 소개하는 것부터 시작하려 한다. 이해를 돕기 위해 이를 '1세대' 비판이론이라고 부를 것이다. 그런 다음, 하버마스(Jürgen Habermas)를 예로 들어 '2세대'를 살펴볼 것이다. 마지막으로, 콕스(Robert Cox)와 링클레이터(Andrew Linklater)의 연구를 통해 '3세대'에 대해 논의할 것인데, 이 저자들은 1, 2세대 사상가들로부터 나온 핵심 개념과 접근법을 훨씬 더 철저한 방법으로 IR 속에 끌어들였다.

비판이론 소개

우리가 이 책을 통틀어 사용하려고 노력해온 용어인 비판이론은 사회 문제를 연구하기 위한 행동주의적 접근을 구현하는 데 목적이 있다. 홉슨(Christopher Hobson 2011a: 1919)은 "우리 연구의 규범적, 정치적 차원에 대해 인정하고 그것이 연구 대상인 세계에 어떤 영향을 미쳤는가에 대해서도 심각하게 생각해야 할 책임이 있다"고 쓰고 있다. 데브탁(Richard Devetak)은 맥클린(John Maclean)을 인용하여 이러한 자극을 다음과 같이 말하고 있다. "비판적 국제이론 뒤에는 '국제관계는 이론적이고 실천적인 차원에서 다른 어떤 것일 수도 있다'는 확신이 놓여 있다" (Devetak 2001: 145). 여기서 우리는 만일 우리가 관습, 관례, 사회 규범에 반하여 생각하고 행동한다면 모든 것이 달라질 것이라는 생각 속에서 빛나는 구성주의 사상을 발견할 수 있다. 마르크스주의, 페미니즘, 포스트-구조주의와 같이 이 장의 후반부에서 데브탁은 비판이론이 소외의 개념에 주목하여 어떻게 이를 발견하고 극복할 것인가에 집중한다고 썼다. 비판이론은 "세계정치에서 해방될 수 있는 조건을 이해하는 임무에 매진했다" (ibid.: 166).

1세대 비판이론

1세대 비판이론은 제1차 세계대전과 제2차 세계대전 사이에 호르크하이머(Max Horkheimer), 아도르노(Theodore Adorno), 벤야민(Walter Bemjamin), 마르쿠제(Herbert Marcuse), 프롬(Erich Fromm), 뢰벤탈(Leo Lowenthal) 등 다양한 사상가를 포함하는 독일의 일명 프랑크푸르트 학파(Frankfurt School)에서 나왔다 (Peoples 2009: 7-18 참조).

이 저자들의 목적은 오로지 경제관계에 관한 논쟁에만 집중함으로써 해방을 위한 잠재성을 스스로 제한해버린 '마르크스주의 사상을 그 정통인 영국에서는 E.H. 카 같은 학자들이 자유주의보다 현실주의의 장점을 소상하게 설명하던 똑같은 시기에 어떻게 비판이론이 출현하게 되었는지에 주목하라. 비판이론 자체가 IR 분야로 자리 잡기까지 그토록 오랜 시간이 걸린 이유가 무엇이라고 생각하는가?

정치적 매니페스토로부터 구출하는 것'이었다 (Sterling-Folker 2006d: 158). 프랑크푸르트학파의 관심은 "사회의 역사적, 사회적 발전을 이해하고 현재의 모순을 추적함으로써 현 사회와 그 속에 뿌리박힌 병리와 지배 형태를 극복할 가능성을 열어줄 현대 사회의 핵심적인 특징을 이해하고자 했다" (Devetak 2001: 146). 그들은 생산은 경제관계의 기능 이상의 것으로서, 본질적으로 구성되고 뿌리내려진 사회관계라고 주장한다. 이러한 견해는 우리가 앞 장에서 살펴본 로젠버그의 불균등 결합 발전이론에서도 발견된다. 이념, 상호주관적 의미, 규범, 제도, 사회적 이행 등 모든 것이 어디서, 언제, 어떻게 물리적 상품들이 생산되는가에 영향을 준다 (Sinclair 1996: 9). 달리 말하자면, 프랑크푸르트학파는 마르크스주의의 이상(理想)을 취하면서 그 근거 위에 국가라는 것이 사회가 조직되어야만 하는 자연적이고 규범적인 토대라는 견해에 도전하는 새로운 방향으로 나아가고자 했다.

2세대 비판이론: 하버마스

2세대 비판이론은 하버마스의 '정당성(legitimacy)'에 대한 연구와 관련된다. 그의 논리는 다음과 같다 (모든 자료는 별도 언급이 없으면 모두 Lynch 2006: 183-184에서 인용).

1. 두 가지 형태의 행위가 있다. '전략적' 행위와 '의사소통적' 행위다.
2. 전략적 행위는 '위협, 보상, 혹은 설득'을 통해 다른 사람이나 국가를 조종

하는 것이다. 예를 들면, 국가가 강제로 군사력을 사용할 때 (그렇게 하지 않으면 상대편이 하지 않을 무엇인가를 강요하는 것) 또는 억제할 때 (그렇지 않으면 상대방이 했을 무엇인가를 하지 못하게 막는 것) 전략적 행위를 하는 것이다. 이는 '제재 위협, 혹은 보상 가능성을 통해 타자에게 영향을 주는 것'을 의미한다 (Crawford 2009: 188).

3. 의사소통적 행위는 "행위자가 자신들의 관심사, 상대적인 힘, 심지어는 정체성까지도 떠나 진실을 추구하거나 최소한 올바른 행위의 과정에 대한 합의를 위해 행동할 때 발생한다." 의사소통적 행위는 '이해하는 것에 관심을 두며' 위협과 약속보다는 합의 구축에 더 중점을 둔다 (Neal 2009: 188). 국제제도들은 IR에서의 의사소통적 행위가 구현된 것이다. 국제적 분쟁의 해결을 위해 전쟁, 침략, 혹은 무력사용 위협보다는 이해하고 중재하는 데 중점을 두기 때문이다.
4. 전략적 행위는 한 행위자가 다른 행위자에게 부과하는 것이므로 단지 일시적인 합의만 만들어낼 수 있다. 이에 비해 의사소통적 행위는 양쪽 행위자가 '영향을 받는 모든 행위자들이 효율적으로 말하고 들을 수 있는' 환경에서 합리적 주장을 하기 때문에 정당성이 더 크다. 충분히 작동만 한다면, 국제제도를 통해 영향력을 발휘하는 의사소통적 행위는 구성주의적 맥락에서 이해관계에 대한 국가의 계산을 바꿀 뿐만 아니라 그들의 정체성을 국제적 행위자로 변화시킨다.

하버마스는 국제적 영역에서 특정 행위의 정당성은 그 행위 (예를 들면, 군사적 개입)에 의해 영향을 받게 되는 모든 행위자들 간에 사전에 충분하고 솔직한 토의가 이루어졌을 경우에만 발생할 수 있다고 믿었다. 이 토의에서 승리를 거두는 쪽은 현실주의적 힘이나 세력이 아니고 '합리적으로 보다 설득력 있는 주장을 한 쪽'이다 (Sterling-Folker 2006d: 164). 하버마스에 의하면, 그러한 '이상적인 언어적 행위'는 충분히 가능하다. 그리고 그러한 언어적 행위들은 내려진 결정이 무엇인가뿐 아니라 어떻게 그러한 결정에 이르게 되었는가를 기반으로 해야 하기 때문에 그러한 행위들은 우리가 국가행동을 판단하는 기준을 설정해준다. 의사소통적 행위에 대한 하버마스의 연구는 광범위하고 복잡하다. 그의 연구는 철학, 윤리학, 정치학, 언어학이 혼합된 사회이론 형태를 띠고 있어서 순수한 국제적 공적 영역의 출현을 위한 잠재성을 보게 해준다. 비판이론은 단순히 세계를 설명하고자 할 뿐 아니라 세계를 비판하고 당시대의 주요 현안들에 대해 국가와 사람들 간의 공개적이고 평등한 소통을 장려함으로써 인류의 발전에 공헌하기를 원한다. 이제 그러한 다양한 비판이론이 어떻게 IRT에 적용되었는가에 대해 3세대 사상가인 콕스와 링클레이터의 연구를 통해 살펴보도록 하자.

국제관계에서의 비판이론: 3세대 사상가들

최소한 첫 20년 동안에는 비록 다른 방식이긴 하지만 1세대와 2세대 비판이론이 모두 국제관계 내에서 인지되었다. 우리는 그러한 영향력에 대해 알아보기 위해 두 학자의 업적을 조명해볼 것이다. 첫째, 콕스는 그의 사상 주요 부분을 마르크스에게 빚지고 있다. 둘째, 링클레이터는 국가체제에 대한 현실주의적 논리를 극복하기 위해 의사소통적 행위에 대한 하버마스의 이론을 이용했다 (Hutchings 1999: 66, 70).

사회, 국가, 질서에 대한 콕스의 이론

싱클레어(Timothy Sinclair)가 묘사한 바와 같이, 콕스의 연구 의제는 두 가지 요소를 가지고 있다. 한편으로 그는 일상에서 어떻게 관계, 제도, 과정이 작동되는가를 이해하고자 했다. 다른 한편으로 콕스는 이러한 것들을 작동시키는 과정의 광범위한 분맥(分脈), 즉 '본질적으로 사회구조 안에 있는 반목과 갈등 … 그리고 가능한 구조적 변화의 본질과 범위'에 대해 이해하기를 원했다 (Sinclair 1996: 8).

> 여기서 콕스가 어떻게 실증주의를 (관계, 제도, 과정의 본질을 설명하는) 규범적 의제(우리가 어떻게 미래의 관계, 제도, 과정을 바꿀 수 있는가)와 연결시키는지에 대해 유의하라.

비판이론은 사회를 지배하는 질서의 여러 측면들을 이해하는 것에 중점을 두고 있지만, '한 부분을 단 하나의 구성요소'로만 봤던 초기 관점에서 '부분과 전체가 모두 포함되는 변화의 과정을 이해'하고자 하는 훨씬 더 광범위한 관점으로 발전했다. 이는 '기존 질서를 유지하는 전술적인 행위'로 유도하기보다는 '대안적 질서를 가져오는 전략적 행위'로 이끄는 길잡이다 (Cox 1996a: 89-90).

1981년에 출판된 그의 논문 "사회세력, 국가 그리고 세계질서(Social Forces, States and World Order)"에서 콕스는 그가 편협하고 지나치게 결정론적이라고 생각한 마르크스의 '구조' 개념을 재검토했다. 그는 구조가 개인의 행위를 완전히 결정하는 것은 아니며 사람들이 운신할 수 있는 여지가 그보다는 크다고 주장했다. 개인이 구조를 무시할 수 없는 것은 분명하지만 구조에 저항하거나 반대함으로써 구조적 변화를 초래할 수도 있다. 이 점이 콕스 사상의 구성주의적 요소다. '구조'란 무엇인가? 콕스에게 구조는 '구조 내에서 상호작용하는 세 가지 범주의 세력'인데 (모두 Cox 1996a: 98-99에서 가져옴), 상호작용의 방향과 강도는 경우마다 다르다.

1. **물리적 능력** - 마르크스주의적 요소로서 천연자원과 그것을 지배하는 부를 포함한 '기술적, 조직적 능력'을 말한다.
2. **관념(Ideas)** - 두 가지가 있다. 우선, 우리는 근본적 차원에서 우리의 세계관을 형성하는 상호주관적 의미들을 가지고 있다. 이 의미들은 세계가 국

가들로 이루어져 있다는 개념과 같이 역사적으로 '내구성'이 있어서 IR 연구와 실제에서 상당부분 사회적 제도가 된 의미들이다. 또한 우리에게는 사회 내의 다양한 집단이 가지고 있는 세계에 대한 관념도 있다. 첫째 관념이 특정한 역사적 구조 전반에 걸친 공통적인 개념인 반면, 둘째 관념은 사회에서 지속적으로 새로운 구조의 확립이나 기존 구조의 변형을 통한 변화를 기대하는 사람들이 가지고 있는 관념이다.

3. **제도** – 제도는 사회적, 정치적 질서를 유지하고 영속화하기 위해 사용된다. 제도는 처음부터 뚜렷한 모든 힘의 관계가 구체화된 것이다. 제도는 "특정 관념과 물리적 힘의 혼합물이며, 관념과 물리적 능력의 발전에 영향을 준다." 제도에는 사회적, 이념적, 물리적 차원이 있다.

콕스는 구조의 요성요소들을 밝히고 나서, '역사적 구조'를 이해하는 방법론을 시작한다 (ibid.: 100–101). 그는 '인간 활동 영역과 관계된 역사적 상황에 대한 연구'에서부터 인간 활동 영역의 본질을 정립하는 것으로 시작해서 그 안에서 '발전의 대안적 가능성을 나타내는' 대항적 구조를 살펴본다. 이는 상호 연결된 세 가지 차원으로 나타난다.

1. **사회세력** – 생산 조직과 생산 과정에서 생긴다.
2. **국가 형태** – 특정한 역사적 시점의 국가 및 사회의 본질에 대한 연구에서 나온다.
3. **세계질서** – 국가들 간의 상호작용을 형성하는 힘의 구조다.

각 단계 간의 연결성은 한 영역의 발전이 다른 두 가지 영역의 발전에 영향을 준다는 뜻이다. 비판이론 학자들의 임무는 각 단계에서 현재의 구조적 모습을 초래한 역사적 과정 전체를 파악하고, 각각의 단계뿐만 아니라 '거시적' 세계질서 단계에서 가능한 구조적 변화에 의한 미래의 변화가능성을 알아내는 것이다. 도표 10.1에서 보는 바와 같이, 콕스 자신의 다이어그램 (ibid.: 98 and 101)을 변용하여 우리는 각 단계 사이와 각 단계 내 관계의

도표 10.1 콕스의 단계들과 그 내부적 구조

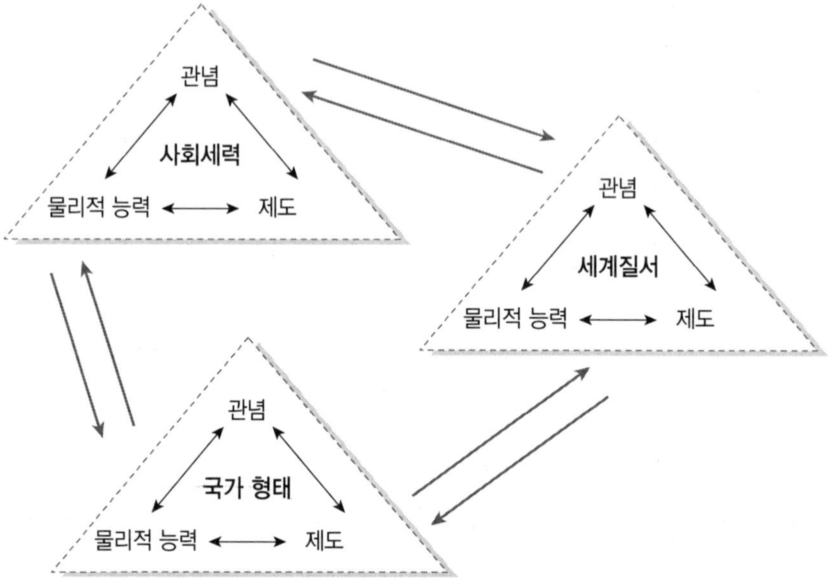

전반을 보여줄 수 있다.

아래에서 우리는 콕스가 역사적 구조 방법을 이용하여 발견할 수 있다고 주장한 세 가지 활동 영역이 서로 미치는 영향력의 흐름을 볼 수 있다. 각각의 단계에서 그 구성요소 구조는 (관념, 제도, 물리적 능력) 끊임없이 서로 상호작용한다. 각 단계 사이의, 그리고 각 단계 내에서의 관념, 제도, 물리적 능력의 순환을 보면 인간 활동의 변환 가능성은 끝이 없다.

콕스는 IR 전공 학생들을 초청하여 유능한 규범이론가가 되기 위해 유능한 실증주의자가 되도록 하는 야심찬 연구 프로그램을 시작했다. 이 프로그램은 그 두 이론 간의 관계에 대한 흥미로운 질문을 제기한다.

논문의 나머지에서 콕스는 **팍스 아메리카나**(Pax Ameicana) 하의 국제질서를 이해하기 위해 역사적 구조 방법을 어떻게 적용하는가를 보여주고 있다 (ibid.: 102–113). 이에 대해 자세하게 설명하기보다는 직접 읽어보기를 권하며, 1983년에 출판된 그의 두 번째 핵심 논문인 "그람시, 헤게모니, 국제관계(Gramsci, Hegemony and International Relations)"로 넘어가고자 한다. 이 논문에서 콕스는 IR에서의 '헤게모니' 개념을 두 단계로 발전시켰다.

논문의 첫 부분은 마르크스주의 사상가인 그람시(Antonio Gramsci) (그에 대해서는 Gill 1993; Ruppert 2009를 참조할 것)의 연구를 통해 헤게모니 개념을 재검토했다. 콕스는 헤게모니는 "'한 나라가 다른 나라들을 지배하는 것'이 아니며, '제국주의'의 다른 표현도 아니다"라는 말로 시작한다 (Cox 1996b: 135). 첫째 정의는 지나치게 국가 대 국가의 관계에 초점을 두고 있다. 둘째는 그람시가 생각한 의미와는 너무 다르다. 헤게모니에 대한 그람시의 저서들을 읽게 되면 우리의 생각은 다소 적나라하고, 강압적이며 거칠게 정의된 '국가의 힘'이라는 '위로부터의 권력'식의 접근에서 멀어진다. 그람시는 권력이란 '아래로부터 위로' 향하여 조성된 합의를 다루는 방식으로서 '지배집단이 사회를 통해서 행사하는 것'으로 보았다. 그람시의 저서들에서 힘은 국가행동 부분에서는 분명하지만 '시민사회'에서는 더욱 분산되고 상부구조에서 작동한다 (Gramsci, Ramakrishnan 1999: 143에서 인용).

> 자료를 읽으면서 '헤게모니'에 대한 다양한 정의의 리스트를 만들어보라. 글로벌 질서와 글로벌 정치경제에서 합의의 조성에 대한 에세이나 시험 답안에 유용하게 활용될 것이다.

콕스에 따르면, 우리가 '헤게모니'의 의미를 이해할 수 있는 유일한 방법은 헤게모니 시대가 언제 시작해서 끝났는지 (따라서 '비[非]헤게모니 시대'

라고 부를 수 있는 역사적 시기가 언제인지)를 연구하는 것이다. 그는 세계 역사 속의 헤게모니를 다음과 같이 식별하고 있다.

- **1845~1875년**: 헤게모니 시대 – 영국 중심의 세계경제와 유럽 세력균형을 장악한 시기 (Milner 1998: 114도 참조할 것).
- **1875~1945년**: 비헤게모니 시대 – 1시기의 역전. 독일 등 다수의 세력이 영국의 지배에 도전하여 두 번의 세계대전이 발발하고 글로벌 자유무역체제가 붕괴했다.
- **1945~1965년**: 헤게모니 시대 – 미국 중심의 세계경제로 질서가 회복되었으나 1시기 같이 안정적이지는 못했다 (Milner 1998: 114–115도 참조할 것).
- **1965~1983년**(콕스의 첫 논문이 출판되었을 때 그가 말한 '현재'): 비헤게모니 시대 – 미국 중심의 헤게모니가 1945년 이후 균열되었다.

콕스에게 있어서 핵심은 헤게모니 시대가 약소국에 대한 강대국의 적나라한 착취나 강요에 기반하는 것이 아니라 창조된 질서가 '보편적 개념'이 되었을 때 형성된다고 보는 점이다. 더 나아가, 헤게모니는 국가 대 국가 관계 이상의 것으로서 '세계적 규모로' 작동되는 시민사회에 관한 것이다 (Cox 1996b: 136). 지배적인 생산 방식의 뒤에서 정당성을 창출해내는 중요한 도구는 '헤게모니 제도들과 그 이념의 발전과정'을 도와주는 국제기구들이다 (ibid.: 137). 국제기구들은 다섯 가지 방법으로 헤게모니를 촉진시킨다 (ibid.: 138–139).

1. **규칙** – 국제기구들은, 특히 통화정책과 무역관계의 영역에서 규칙을 만들고 집행하며 바꾼다. GATT와 IMF, 세계은행과 '세계 4대 회계법인 (Big Four)'이 오늘날 글로벌 차원에서 운영되는 그러한 기구들이다 (Ernst and Young, Deloitte Touche Tohmatsu, KPMG, PricewaterhouseCoopers가 세계 4대 회계법인이다 – 역자 주). 지역 차원의 예로는 유로존을 관리하는 유럽중앙은행(European Central Bank)이 있다.

2. **정책결정** – 국제기구들은 일반적으로 헤게모니를 확립한 국가에 의해 세워지거나 전반적 지원을 받는다. 이렇게 영향력을 행사하는 비공식적 구조는 IMF의 의사결정에서 미국의 역할과 UN 안전보장이사회 의사결정에서 5개 상임이사국(미국, 러시아, 중국, 프랑스, 영국)의 역할에서 볼 수 있다. IMF 투표권의 61퍼센트를 국제체제에서 가장 강력한 14개국이 차지하는 반면, 39퍼센트의 투표권은 나머지 172개 회원국이 나눠 갖는다. 14대 회원국들 중 미국은 20퍼센트 조금 못 미치는 부분을 차지하고 있으며, 그 다음으로 강력한 회원국인 일본, 독일, 영국, 프랑스가 각각 5~6퍼센트를 차지한다 (BBC 날짜 미상).
3. **이념** – 국제기구들은 정치적 토의를 위한 조건을 설정하여 '사회적, 경제적 지배세력'의 접근과 관행을 정당화한다. IMF의 신자유주의적 의제가 국제기구에 의해 수행된 이념적 정당화 기능의 한 예다. 그것이 9장에서 살펴본 국제기구에 대한 마르크스주의의 비판과 연결된다.
4. **엘리트** – 때로는 주변국 출신이기도 한 엘리트들은 이념적 현상(*status quo*)을 변화시키기 원하지만 결국은 현상에 흡수된다. 그러므로 콕스는 (Cox 1996b: 139) "헤게모니는 마치 베개와도 같다. 충격을 흡수하고 조만간 공격자는 그 위에서 편히 쉬게 된다"고 적고 있다. 국경을 초월하는 사회계급을 창조하는 과정의 일부가 글로벌 자본이 확산되기에 안전한 세계를 만든다.
5. **반(反)헤게모니적 이념의 흡수** – 엘리트를 충원하는 것과 유사하게 새로운 이념이나 접근이 기구의 체제에 흡수되어 선언된 의도와는 달리 헤게모니를 지지하는 정책으로 재생산된다.

콕스의 모델을 오늘날에 적용시켜 1983년 이후 시대를 헤게모니, 비헤게모니 시대로 분류해 보자. 냉전의 종식은 어떤 쪽에 해당되는가? 당신은 오늘날의 세계를 헤게모니 시대로 규정할 것인가, 비헤게모니 시대로 규정할 것인가? 국제질서를 도모할 책임은 어떤 국가(들) 또는 초국가행위자(들)에게 있는가?

사회적 힘, 질서, 헤게모니에 대한 콕스의 연구를 통해 우리는 국가가 하는 일의 내부를 들여다보며 국가의 내적 역동성과 IR 관점에서 그들 간의 상호작용을 보다 잘 이해할 수 있게 되었다. 콕스는 '역사적 구조' 방법을 사용하여 국가처럼 우리가 '원래 그냥 있는 것'이라며 그 존재를 당연하게 생각해온 많은 것들이 실은 사회적 '팩트'가 아니며 우리 스스로 만들어낸 것이라는 점을 보여주기를 원한다. 콕스가 마르크스에게 큰 영향을 받았음에도 우리는 그의 사고에서 강력한 구성주의적 전환이 일어난 것을 볼 수 있다.

현실주의와 마르크스주의를 넘어서: 링클레이터

링클레이터는 '현실주의와 마르크스주의의 주요 업적을 수용하면서도 그것을 넘어서기 위해 노력하는 비판적 국제이론'이라는 글로 시작한다 (Linklater 1990: 7). 그의 논리적 근거는 그 당시까지 IR의 세 가지 지배적 전통이 주도해왔지만 그 중 어떤 것도 독립적으로 국가와 체제 간의 상호작용을 충분히 설명하지 못했다는 점을 내세운다. 링클레이터에게 각 전통의 약점은 분명했다 (ibid.: 10–27).

- **현실주의**. 무정부적 체제 내에서의 전쟁의 원인과 결과에 초점을 두고 있지만 경제관계와 같은 국가들 간의 복잡한 관계를 간과하고 있다. 해방을 위한 의제는 모두 결여되어 있으며, 국제체제를 투키디데스에서부터 현재에 이르기까지 힘의 관계라는 맥락에서 영속적으로 재생산되는 것으로 이해한다.
- **영국학파(링클레이터는 그 당시의 언어를 사용하여 이것을 합리주의 [Rationalism]라고 불렀다)**. 이 학파는 갈등과 질서를 설명하는 큰 틀에서 현실주의의 가장 좋은 점들을 수용한다. 영국학파 이론에서 세계정치는 국가들 간의 '전략적 경쟁' 이상의 것에 의해 움직인다. 스스로가 국제사회의

일원이라고 믿는 국가들을 통해 결속이 생기기 때문이다 (ibid.: 15; 이 책의 7장에 나오는 다원주의와 연대주의를 참조). 그러나 이 이론은 서구중심적이고 글로벌 가치나 질서와 무질서의 다른 근원이 존재할 가능성이 있다는 점을 간과하고 있다.

- **마르크스주의(또는 그 당시의 언어로, 혁명주의)**. 국제체제 내의 갈등을 국민국가들의 불안정의 결과라고 보지 않고 국경을 초월하는 자본주의적 경제생산으로 인한 국제체제 내 갈등의 결과라고 본다. 혁명주의는 군사적 불안과 갈등의 비경제적 원인을 과소평가하기 때문에 우리는 다시 현실주의의 장점에 대해 생각하게 된다. 또한 이 이론은 '사회주의' 세계 국가체제를 형성할 가능성을 꺾어버린 냉전의 종식에 의해 큰 타격을 받았다.

국제관계학의 현 상황을 검토한 링클레이터는 첫 번째와 세 번째 접근의 요소들이 (현실주의: 지정학, 마르크스주의: 자본주의) IR에 대한 포괄적 이해에 결정적으로 중요하다는 결론을 내렸다. 그러나 각 전통은 그 자체로는 의도했던 설명력을 갖기에 충분할 정도로 글로벌 역사에 주의를 기울이지 않는다. 그가 말한 바와 같이 "비판적인 IR이론은 현실주의와 마르크스주의적 견해를 넘어서야 발전할 수 있다" (ibid.: 165).

> 링클레이터가 생각하는 '세계'는 마르크스주의자들이나 현실주의자들이 생각하는 세계가 아니다. 세계는 더 복잡한 개념으로서 그 안에서 국가들이 국경을 초월하는 온갖 종류의 사회적 세력과 함께 세계무대를 공유하는 곳이다.

링클레이터가 생각하는 비판이론의 '핵심적' 요소는 되살아난 마르크스주의를 통하여 '공동체'에 대한 우리의 이해를 확장시켰다는 점이다. 이렇게 정제된 마르크스주의는 단지 계급투쟁에만 관심을 갖는 것이 아니라 사회들 간의 모든 인간규범과 관계에서 나온 동인(動因)들을 고려한다 (ibid.:

171). IR에 대한 그의 광범위한 개념은 이 장에서 다룬 비판이론의 배후에 있는 일반적 동인과 훌륭하게 일치하고 있다. 그의 이론은 낡은 개념들을 새롭게 재조명한다. 그리고 우리가 당연하게 생각하던 세계가 실상 자연스런 것이 아님을 상기시키며, 소수의 기득권자들이 아니라 세계의 모든 자들을 위한 새로운 국제 윤리에 대한 희망을 가지게 해준다.

생각해 볼 문제들

"우리는 미국 헤게모니 시대에 살고 있는가? 세계질서에 관한 콕스의 연구를 토대로 답하라."

이 질문에 설득력 있는 답안을 위해서 최소한 두 단계를 거쳐야 한다. 우선, 헤게모니에 대한 정의를 내려야 한다. 이 장에서 다룬 콕스의 두 논문에 대한 지식이 중요하지만 질문에 적합한 범위에서 그의 다른 논문이나 책을 언급해도 좋다. 콕스는 '헤게모니'에 대한 포퓰리스트적 정의를 일축하고 그가 선호하는 정의를 사용하기 시작한 점에서 의미가 크다. '헤게모니'에 대한 다른 중요한 정의들, 특히 현실주의에서 나타나고 있는 정의도 언급하여 콕스의 연구를 보충하면 더 바람직한 답변이 될 것이다. 만약 여러 정의들에 대해 파악하여 리스트를 만들었다면 크게 도움이 될 것이다. 그람시와 그의 제자들의 글을 읽었으면 '사전 동의(informed consent)'로서의 헤게모니, 즉 은밀한 헤게모니에 대한 가장 미묘한 이론적 구성에 대해 상당히 알고 있다는 것을 보여줄 수 있다.

콕스가 '헤게모니'를 어떻게 이해했는지에 대해 설명한 다음에는 오늘날의 세계가 헤게모니 시대인지를 판단해야 한다. 만약 그렇다면, 누가, 혹은 무엇이 헤게모니인가? 두 가지 방법 중의 한 가지 방법으로 판단해야 한다.

한 편으로는 역사에서 헤게모니 시대, 혹은 비헤게모니 시대를 만든 특징에 대한 콕스의 분석을 활용하여, 오늘날의 세계가 그러한 시대와 비교해서 어떻게 보이는가에 대해 평가한다. 다른 한 편으로는 과거와 비교하는 것이 아니라 오늘날의 세계에 만연하는 사회적, 물리적, 관념적, 제도적 힘에 대해 직접적으로 분석하고 그러한 힘들이 헤게모니 형태에서 어느 정도 거리에 있는가를 분석한다. 당신의 주장에 맞는 '팩트'들만 고르고 선택할 위험이 있으므로 당신이 선택한 시대가 시작되는 시점과 국제정세에서 정치적 경제적 관행의 네트워크에 표현되는 이념적 기반과 조직적 구성에 주의를 기울여야 한다. 최상의 답안은 헤게모니가 강요나 힘이 아닌 합의에 의한 것이라는 콕스의 생각과 가까운 것이 될 것이다. 그러므로 전 세계에서 진행되는 미국의 군사적 행동에 대해 설명하는 것은 삼가는 게 좋다. 헤게모니는 어느 정도는 국가의 산물이지만 그람시파에 있어서는 제도와 기구가 명분에 흡수된, 훨씬 파악하기 어려운 것이다.

"비판이론은 이론가들 사이의 차이로 인해 'IR이론'이라고 부르기 어려운가?"

IR에 대한 탐구의 형태로서 비판이론의 본질에 대해 숙고하도록 만들고, '이론'의 본질에 대해 보다 전반적으로 생각하게 하는 교묘한 질문이다. 답안의 초반에서는 몇 가지 기본적 내용에 집중함으로써 답안의 범위를 잘 설정해야 한다. 비판이론에 대해 당신은 비판이론 이론가들 간 내부논쟁의 사례로 두세 명의 저자들을 선택할 것이다. 이론에서도 마찬가지다. 비판이론이라는 용어에 많은 관점들이 포함되어 있으므로 IR이론이 무엇을 '해야' (이론이 어떤 기능을 수행해야)하는가를 알려주는 이론의 정의에 답안의 기초를 두어야 한다.

구조에 대해서는 예, 아니오 접근법으로 가도 좋다. 우선, 각 이론적 전통 내의 분열로 인하여 IR 연구에 대해 일관성 있고 통일된 가정을 주장하기 어렵다는 점을 제시하라 (신현실주의가 아마도 가장 통일된 이론으로서 하나의 기준이 될 것이다). 그 다음에는 IR의 다른 이론적 전통들로부터 비판이론을 구별하기 위해 비판이론 전통의 저자들이 공유하는 반대 견해를 살펴보라. 예를 들어, 그들은 모두 마르크스에게서 영향을 받았고, 모두 국제관계에서 국가행위자뿐 아니라 비국가행위자도 살펴보며, 현실주의에 이의를 제기한다. 최상의 답안은 모든 이론적 전통들이 다른 가지들을 가지고 있으며 다른 이론들과 상호작용한다는 점을 언급하는 것이다. (구성주의적 접근이 어떻게 범주화되었으며, 예를 들어, 영국학파와 어떤 부분이 중복되고 있는가에 대한 논쟁을 참조하라. 포스트-구조주의, 탈식민주의, 페미니즘도 그렇다) 그러므로 전체적으로, 당신의 주장은 IR의 어느 이론이든 얼마나 통합을 기대할 수 있는가에 대한 당신의 의견에 근거하게 될 것이다. IRT 교과서에 나오는 이론 중 다수가 사실은 이론이 아니고 '감수성(sensibilities)' 즉, IR 연구에서 무엇을 (존재론적으로 말해서) 어떻게 (방법론적으로) 연구해야하는가에 관한 일련의 느슨하게 연관된 명제라는 주장을 쉽게 설명할 수 있을 것이다. 만약 이러한 관점을 발전시킨다면 '이론', '전통', '감수성 또는 마음가짐' 등의 단어들 사이의 개념적 관계에 대해 토론할 필요가 있을 것이다. 그러므로 국제관계 철학도 활용할 준비가 돼 있어야 한다.

추가 읽을거리

전반적인 비판이론에 관하여

Stanford Encyclopedia of Philosophy (2005) 'Critical Theory', http://plato.stanford.edu/entries/criticaltheory/ (접속일: 2016년 8월 17일).

비판이론 전통의 저자들 간의 분류에 대한 통찰력이 있는 뛰어난 비판이론 개요.

Giddens, A. (1985) *A Contemporary Critique of Historical Materialism, Vol. 2: The Nation-State and Violence*. Cambridge: Polity.

Held, D. (1980) *Introduction to Critical Theory: Horkheimer to Habermas*. *Berkeley*, CA: University of California Press.

국제관계이론 내의 비판이론에 관하여

Ashley, R.K. (1981) 'Political Realism and Human Interest', *International Studies Quarterly*, 25(2): 204–236.

Mittelman, J.H. (2004) 'What is Critical Globalization Studies?', *International Studies Perspectives*, 5(3): 219–230.

Neufeld, M. (1995) *The Restructuring of International Relations Theory*. Cambridge: Cambridge University Press.

Keyman, E.F. (1997) *Globalization, State, Identity/Difference: Toward a Critical Social Theory of International Relations*. Atlantic Highlands, NJ: Humanities Press.

비판이론을 세계화 연구에 적용하고 있으며, 페미니즘, 포스트-모더니즘, 탈식민주의에 관해서도 다루고 있다.

Wyn Jones, R. (ed.) (2001) *Critical Theory and World Politics*. Boulder, CO: Lynne Rienner.

마르크스주의와 하버마스에 더 기울어진 이론들에 대한 연구를 소개한 종합 모음집이다.

Worth, O. (2011) 'Recasting Gramsci in International Politics', *Review of International Studies*, 37(1): 373–392.

Review of International Studies (2005) 'Forum on Habermas', 31(1): 127–209.

페미니스트 비판이론과 프랑크푸르트학파에 대한 논문들을 포함하고 있다.

Review of International Studies (2007) 'Critical International Relations Theory after 25 Years', Special Issue, 33.

YouTube (2007) 'Jürgen Habermas interview', 1 February, www.youtube.com/watch?v=jBl6ALNh18Q (접속일: 2016년 8월 17일).

하버마스가 그의 연구의 핵심 주제들과 그것들이 어떻게 현시대의 세계문제에 연관되는지를 요약해놓은 단편.

11장 페미니즘

핵심용어

- 젠더(gender)
- 남성(masculine)/여성(feminine)
- 가부장제
- 합리성
- 안보
- 주권

> 페미니즘은 섣부르게 결론을 내리려는 시도를 거부한다. 페미니즘에는 정치적-이론적 버전들이 있는데, 마르크스주의적, 자유주의적, 심리분석적 페미니즘이 있으며, 페미니스트 포스트-모던이론들뿐 아니라 구조주의적 페미니즘의 변형, 세계체제이론, 페미니스트 관점이론 등 보다 추상적이고 개념적 시각이나 버전들도 있다. (Elshtain 1995: 342–343)

페미니즘(Feminism)이 IR 분야에 등장한 것은 1980년대와 1990년대 무렵이다. 우리가 이 책의 앞 몇 장에서 다루었던 다른 규범이론들처럼 페미니즘 학문도 IR에서 생긴 학문은 아니다. 페미니즘은 1960년대부터 시작되어 정치, 학문, 사회 전반에 걸쳐 중대한 영향을 준 광범위한 사회적, 지적 운동의 한 부분으로 IRT와의 대화에 참여하기 시작했다 (Young 2016:3). 페미니즘 학자들은 IR의 언어에 젠더(gender)이라는 결정적인 새로운 용어를 추가했다. 모든 경우는 아니지만 상당수 경우에, 이는 IR 학자들이 전쟁, 안보, 무정부상태 같은 학문적 근본 문제들을 포함한 핵심 사안들을 좀 더 잘 이해하기 위한 방법론적인 철저한 재평가와 맞물려 있다. 페미니즘 연구는 젠더이론(gender theory)이라고 불리기도 한다.

페미니즘 학자들은 국제관계이론에서 두 가지 중요한 업적을 성취했다. 첫째, 이전에는 국제문제 연구에서 간과되거나 눈에 띄지 않았던 여성문제를 '추가'했다. 둘째, 그보다 훨씬 더 중요하게는, 국가, 안보, 주권과 같은 IR의 핵심 개념의 정의에 대해 재평가하고, 그 개념들을 연구하는 방법을 재고하게 되었다는 점이다. 그럼으로써 페미니즘의 주류는 '두터운' 구성주의 및 포스트-구조주의와 유사점을 공유하게 되었고, 그 안에서 IR을 특정 방식으로 '실행하는' 힘의 관계를 규명하기 위해 IR을 연구하고 규정하는 고루한 방법을 벗어나고자 했다. 이에 비해 탈식민주의 페미니스트들은 유럽과 북미 학자들의 글로벌 정치와 역사 설명에서 간과된 '비서구' 여성들의 경험과 기타 이슈들을 부각시킨다. 이 장은 젠더의 개념 소개부터 시작하여 IR 과목에서 접할 수 있는 페미니즘 학문의 다양한 부류를 검토하는 순으로 전개될 것이다.

페미니즘에 대해 읽을 때 주제 사안, 방법론, IR의 전통에 대한 지식 면에서 현실주의, 자유주의 등의 초기 이론들과 페미니즘 간의 유사성과 차이점에 대해 주목하라.

젠더

페미니즘 학문의 모든 핵심용어 중 가장 먼저 이해해야 할 것은 '젠더'라는 용어이다. '젠더'의 이론적 근거에 대해 이해해야 페미니즘 학문을 이해할 수 있다. 우리가 여권이나 학생증을 만들기 위한 신청서에 기입하거나 혹은 여론조사에 답할 때, 우리는 남과 여, 두 개의 '젠더' 칸 중 하나에 체크하도록 요구받는다. 우리 모두 남녀의 차이에 대해 알고 있으므로 쉽게 체크할 수 있다. 남자는 '남성(male)', 여자는 '여성(female)'이라고 말이다. 그러나 생물학적 차이를 넘어서 보면, 남성성(masculinity)과 여성성(femininity)을 구별하는 것은 무엇인가? 바로 이것이 페미니즘 학자들이 IR이론과 실천에서 각 젠더 범주의 구성과 그들의 일상을 분석하여 답하고자 하는 질문이다.

> 페미니스트들은 IR이 여성을 경험적으로 (그들을 연구의 주제로 보지 않음으로써), 그리고 이론적으로 (남성성과 관련된 개념에 대해서만 학문의 개념을 형성함으로써) 배제하고 주변화시켰다고 주장한다.

젠더 개념의 핵심을 이해하기 위한 수많은 정의 중 두 가지를 보자.

- **피터슨**(V. Spike Peterson, 1992: 8): "사회적으로 구성된 남성적-여성적(남자-여자[man-woman], 남성다움-여성다움[maleness-femaleness])이라는 이분법적 구분은 생물학적으로 해석된 남자-여자 차원의 일부만을 반영할 뿐이다."
- **티크너와 쇼버그**(J. Ann Tickner and Laura Sjoberg, 2016: 180): "남자와 여자는 어떠해야 한다는 사회적으로 구성된 일련의 특징적 묘사다." 남성성은 '힘, 합리성, 독립성, 보호자, 공적인' 등의 특성과 관련되고, 여성성은 '허약, 정서, 관계 지향적, 보호받는, 사적인' 등과 관련된다.

우리가 '자연적'으로, 또는 주어진 것으로 받아들인 우리의 세계관 속의 젠더 범주의 구성을 피터슨 및 티크너와 쇼버그가 어떻게 풀어냈는지에 주목하라. 페미니즘 학문은 이와 같이 주어졌다고 생각되는 것들의 인위성을 강조하고, 어떻게 IR에서 남성적 특성이 우대되거나 여성적 특성보다 호의적으로 간주되었는가를 보여주고, 어떻게 국제관계가 여성의 희생을 대가로 (실제로 경제적 의미와 안보의 의미에서) 남성을 위한 **가부장적** 체제로 운영되는가를 보여준다. 자비스(Darly Javis)는 젠더는 '국제체제의 체제적 근거뿐 아니라 그러한 관계에 뿌리박고 있는 힘의 구조를 이해하는 수단으로서 국제정치 연구의 필수적인 요소'라고 말했다 (Javis 2001: 105).

피터슨은 그가 편집한 저서인 『젠더드 스테이트(*Gendered State*)』(Peterson 1992: 9-10)의 서론에 젠더 시각이 IR에 유용한 이유에 대해 네 가지로 설명하고 있다.

1. **생물학적 설명의 탈중심화** – 남성됨과 여성됨의 개념은 시간적으로 (즉 역사적으로 입증된) 고정된 것이 아니며, 특정 시점에 나라마다 같은 개념도 아니다. 젠더 형성을 '만들어진 것'이 아닌 '주어진 것'으로 보는 시각은 IR 연구와 실천의 섬세하지만 강력한 부분에 대한 우리의 이해를 방해한다. 후퍼(Charlotte Hooper)는 이 점에 대해 "역사적, 인류학적 연구조사에 의하면 단일한 '남성성'이나 '여성성'은 없으며 두 가지 모두 수없이 빠르게 변화하는 역사적, 문화적 변종이 있다"고 설명한다 (Hooper 2006: 377).
2. **핵심 단어의 상호의존성** – 피터슨은 '남성적(masculine)', '여성적(feminine)'이라는 용어의 상호관계성과 '합리성'(남성적) 대 '정서'(여성적) 같은 그와 관련된 특성들에 주목한다. 피터슨은 그것들이 상호배타적이지 않고 상호의존적이라고 주장하는데, 그 의미는 그 중 한 쪽에 대한 우리의 이해는 필연적으로 다른 쪽에 속했다고 우리가 생각하는 특징들에게 의존하고 있다는 뜻이다. 대개 여성의 특징은 남성의 특징보다 덜 중요시된다. 이는 남성적인 것을 위해 여성적인 것을 비하하는 언어 속에 내재한 힘을 부각시킨다. '자기' 정체성을 규정하도록 돕는 개념적인 '타인'을 대변하는 힘의 관

계에 대한 탐구는 젠더 이론가 또는 탈식민주의이론가들이 IRT에서 포스트-구조주의적 접근을 활용한 주요 방법 중 하나다.

> 페미니즘은 단지 여성과 여성의 관심사에 관한 것만은 아니다. 우리가 남성이든 여성이든 이 세계 속에서 우리의 '존재 양식'에 관한 사회적 이론이며 질문이다.

3. **구조와 행위자** – 페미니즘 학문은 '매일, 주관적'이라는 것에 관한 질문에 대해 연구하며 그러한 질문들을 일상의 경험에서 느끼는 역사적, 구조적 맥락에 연결시킨다. 단위 차원(예를 들어, 국가지도자에 의해)에서 결정되는 국가행동의 구조적 결정요인을 강조하는 현실주의이론처럼 한 차원만을 분석하는 것은 도움이 안 된다. 국가 자체의 정체성, 신념, 개성을 경시하는 것은 신현실주의가 영국학파, 구성주의, 비판이론, '포스트' 이론의 학자들이 흥미롭게 생각한 IR의 인간적, 사회적, 이념적 측면을 무시한다는 것을 의미한다.
4. **다양성** – 페미니즘 학자들은 힘, 정체성, 안보, 외교, 문화, 성관계, 담론, 국제적 노동분업, 빈곤, 군국주의 등 모든 이슈들을 다룸으로써 IR의 중심 사안에 포괄적으로 접근한다. 이 책의 3장에서 살펴보았듯이, 이렇게 광범위한 의제들이 페미니즘 학자들에게 학문으로서의 IR의 거대한 존재론적, 인식론적, 방법론적 모든 질문들을 독특하게 다룰 수 있게 해주었다. 이 이론이 말하고자 하는 주제의 다양한 범위에 대한 좋은 예로는 엔로(Cynthia Enloe, 2001)를 참조하라.

페미니스트 시각

페미니즘 사상에는 여러 다양한 갈래가 있다고 말하는 것이 그들이 상호 배타적이거나 서로 반대 입장에 서있다는 뜻은 아니다. 그러나 주목할 가치가 있는 뚜렷한 페미니즘 IR의 접근도 있다. 그들은 이 책에서 다루었던 이론들 간의 투과성 있는 본질과 하나의 이론적 전통이 다양한 견해를 수용할 수도 있다는 점을 강조하고 있다. 그러한 복잡성 중 일부를 도표 11.1에서 볼 수 있다.

페미니즘 학자들은 IR뿐만 아니라 사회과학 일반 분야에서 광범위한 연구들을 발전시켰다. 여기서는 어떻게 페미니즘 학문이 이렇게 많은 영향을 끼쳤는지를 자세히 살펴본 티크너와 쇼버그의 연구를 살펴보고사 한다(Tickner and Sjoberg, 2016: 182-187). 그러나 다양한 이론적 전통들 간의 중복되는 측면을 찾아내는 것은 해결해야 할 숙제이며 여기가 이를 위한 좋은 출발점이다.

도표 11.1 국제관계이론 속의 페미니즘

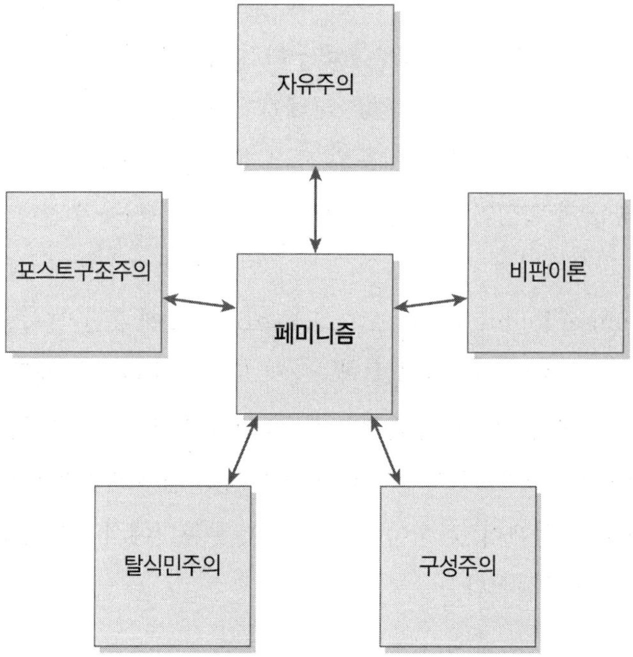

페미니즘 학문 분야를 어떻게 하면 가장 잘 파악할 수 있는가에 대해 저자들의 의견이 분분한 것은 이 분야 관심의 폭과 깊이를 말해준다. 에세이나 시험에서 '페미니즘'이나 '젠더이론'에 대해 정의를 내려야 할 경우에는 다양한 모든 변종에 대해 숙지하고 있어야 한다.

자유주의적 페미니즘

자유주의적 페미니즘은 기본적으로 현재의 IR 의제에 여성과 여성들의 이슈를 추가하고자 시도함으로써 IR의 전통적인 틀을 받아들인다. 이처럼 '여성을 추가해서 섞어 넣는' 접근은 기존 주제 연구방법을 취하면서 이전에는 보이지 않거나 잊어버리거나 대충 얼버무렸던 곳에 여성을 소개한다. 이를 위해 그들은 경제, 정치, 법, 사회, 보건 (예를 들어, 남성에 비교한 신체적, 정신적 학대의 정도) 분야에서 '여성의 다양한 종속적 측면' (Tickner and Sjoberg 2016: 182)에 대한 증거를 소개한다. 자유주의적 페미니스트들은 보다 평등하고 공정한 대우를 요구하기 위해 사회에 대한 여성의 공헌을 발굴하고 부각시킨다. UN 같은 국제기구들과 휴먼라이츠워치(Human Rights Watch) 등의 압력단체들은 전 세계에 걸쳐 방대한 양의 양성평등(또는 불평등)과 여성인권에 관한 데이터, 통계, 보고서를 수집했고, 이러한 자료들은 자유주의적 페미니즘의 명분에 힘을 실어줄 것이다 (UN 1997–2010; Human Rights Watch 2012). 2016년 8월에 휴먼라이츠워치 웹사이트가 수집한 자료들은 이러한 맥락에서 토의된 수많은 주제들을 보여주고 있다. 리오 올림픽경기에 출전한 사우디아라비아 여성선수들, 오만에서의 여성이민자들에 대한 학대와 착취, 캐나다의 원주민 여성에 대한 폭력, 레바논의 여성 성매매, 러시아의 가정폭력, 부룬디에서 갱단에 의한 강간 등이 그러한 사례들이다.

비판적 페미니즘

비판적 페미니즘 학자들은 기존 IR의 학문과 실천에 단지 여성을 추가해서 섞어 넣는 방식을 넘어서기를 원한다. 마르크스주의자들과 콕스(Robert Cox, 이 책의 10장을 참조할 것) 같은 비판이론 학자들의 연구에서 영감을 받은 이들은 국제체제 내의 사회적, 국가적 관계를 형성함에 있어서 '젠더'라는 핵심 용어가 한 역할에 대한 인식을 강조한다. 비판이론에서의 젠더는 남성과 여성의 상호작용에서, 그리고 국가적, 국제적 차원에서 모든 종류의 사회적 관계에 스며든 힘의 불평등을 형성하는 (흔히 무의식적으로) 또 하나의 구조다. 비판이론 페미니스트들은 이 모든 것들이 어떻게 여성에 대한 물리적 (경제적) 불평등과 학대, 그리고 착취의 형태로 구현되는지 보여준다. 이러한 구조적 불평등을 조명한 후에, 비판이론과 마르크스주의에 영향을 받은 이론가들은 미래에는 이러한 것들이 변화될 수 있고 해방을 위한 역할을 할 것이며, 허칭스의 말대로, '국제정치학이 어떻게 이해되어야 하고 판단되어야 하는가에 대해 생산적인 영향을 줄 것'이라는 희망을 피력한다(Hutchings 1999: 83). 이러한 시각에서 보면 '젠더'는 신현실주의 같은 이론들에 아무런 영향도 주지 않으면서 국제정세를 돌아가게 만드는 또 하나의 보이지 않는 '구조'다. 또한 젠더는 세계 각처에서 문화적으로 상대적인 의미를 가지는, 시간에 따라 변화하는 사회적 제도일 뿐 아니라 어디서 어떻게 국제관계에 영향을 미치는지를 우리가 알아야 할 상존하는 현상이다.

구성주의적 페미니즘

이 책의 8장에서 살펴본 구성주의를 따라 현실의 사회적 구성에 관심을 가지고 있는 페미니즘 학자들은 글로벌 정치의 물리적인 측면보다는 이념적 측면에 초점을 두고 있다. 그들은 "젠더에 대한 개념이 글로벌 정치를 형성

심층 분석 11.1 젠더와 영화

2014년 11월부터 체말리(Soraya Chemaly)는 미디어와 젠더에 대한 지나 데이비스 연구소(Geena Davis Institute on Gender in Media)의 연구결과를 블로그에 발표하기 시작했다. 이 연구는 세계적으로 가장 높은 수익을 거둔 10개 영화사의 영화 120편을 평가하면서 영화 속에서 여성들의 역할을 살펴보았다 (이하의 모든 자료들은 Chemaly 2014 참조). 체말리에 의하면 이 결과들은 '사회적 역할과 힘에 대한 주류 문화적 가설의 위상'을 보여주고 있는데, 특히 영화에서 여성들이 상대적으로 '덜 보이는' 현상이 그러했다. 이는 영화의 배역과 무대 뒤의 작업 모두에 해당되었다. 체말리는 "아주 근소한 변화는 있었지만, 1946년 이후로 영화에서의 남녀 비율은 근본적으로 변화되지 않았다"라고 결론지었다. 이 연구는 우리에게 현대 사회에서 젠더 역할에 대해 많은 것을 시사해주며, IR과 그 외의 분야에서 자유주의적 페미니즘 연구를 뒷받침해주고 있다.

다음은 영화에서 여성에 대한 주요 통계 중 일부다. 전 세계적으로, 여성 등장인물 한 명당 남성 등장인물은 2.24명이다. 대사가 있거나 이름이 있는 등장인물 중 여성은 세 명 중 한 명꼴인데, 이는 아동 영화도 포함된 비율이다. 여성이 주연을 맡은 영화는 1/4 이하이고, 영화제작자 중 여성비율은 1/5에 불과하다. 여성은 영화감독 중 7퍼센트, 극작가의 20퍼센트, 프로듀서 중 22퍼센트 이하이다. 프랑스가 성비가 가장 안 좋아서 10:1의 비율로 남성 편향적이다. 이러한 직설적 통계로 인한 부정적 인상은 영화에서 여성에게 할당된 역할에 의해 더욱 증폭된다. 예를 들면, 여성 등장인물들이 섹시한 의상이나 성적 특징을 나타내는 의상을 입고 있을 확률은 남자에 비해 두 배 이상이다. 비쩍 마른 여성 등장인물의 비율도 남성의 두 배 이상이며, 여성 등장인물이 벌거벗고 나오거나 일부 벗고 나오는 비율도 거의 두 배의 비율이다. 영화에서 여성과 남성에게 부과된 직업 역할에도 분명한 불균형이 존재해서 남성들은 변호사, 판사, 학자와 의사 등으로 묘사된 경우가 많다. 여성이 힘 있는 정치지도자로 묘사된 영화는 오직 3편뿐이었는데 "한 명은 대사가 없었고, 다른 하나는 코끼리였으며, 마지막은 대처(Margaret Thatcher)였다."

하고 글로벌 정치에 의해 형성되기도 하는 방식에 초점을 둔다" (Tickner and Sjoberg 2016: 184). 그들은 젠더화된 세계를 형성하는 그러한 신념의 본질을 발견하고 국제적 실천에 영향을 주는 그러한 믿음에 사용되는 언어를 발견하는 데 관심을 쏟는다. 구성주의적 페미니스트들은 그러한 구성의 이면에 있는 생각들에 대해 탐구함으로써 젠더 간의 구별을 비(非)당연시(de-naturalizing)하려고 노력하며 질문한다. "젠더에 관한 우리의 생각은 어디서 왔을까? 그 생각들은 공정한가? 어떻게 바뀔 수 있을까?"

심층 분석 11.2 국회의 여성 대표: 르완다의 사례

앞의 '심층 분석'에서 우리는 영화 속의 여성에 대한 부정적 통계에 대해 논의했다. 여기서는 정치 속의 여성에 대해 국제적 관점에서 평가하고자 한다. 비록 현재 상황이 전체적으로 긍정적이지는 않으나 보다 진보적인 신호도 있는데 르완다는 아주 좋은 사례이다.

전 세계 국회의 여성대표에 관한 UN통계에 의하면, 정치적 의사결정에서 엘리트 등급의 여성 비율은 암울한 상황이다 (UN Women 2016 참조). 현재 영국의 총리는 두 번째 여성 총리인 메이(Theresa May)이고, 미국도 2016년에 최초의 여성 대통령으로 힐러리 클린턴(Hillary Clinton)이 거의 선출될 뻔 했다. 그들은 세간의 이목을 끌 수 있는 인재들이지만 정치 분야에서 여성들에게 지도자 자리는 여전히 불균형하게 배타적이다. 긍정적인 쪽을 보면, 1995년부터 2015년까지 국회의원 중 여성 비율은 거의 두 배가 되었다. 하지만 2015년 8월 기준으로, 세계적으로 국회의원의 겨우 22퍼센트가 여성이다. 국가수반 중 여성은 11명, 정부수반 중 여성은 10명에 불과하다. 여성이 하원의 10퍼센트도 안 되고 내각에 여성이 전혀 없는 국가가 37개국이나 된다. 지역적 편차도 뚜렷하다. 노르딕 국가들은 국회의원의 40퍼센트 이상이 여성인 반면 미주지역은 25퍼센트 이하이다. 노르딕을 제외한 유럽국가들은 25퍼센트를 밑돌고, 사하라사막이남 아프리카는 23퍼센트, 아시아는 18퍼센트, 중동과 북아프리카는 17퍼

계속

심층 분석 11.2 계속

센트, 그리고 태평양 국가들은 15퍼센트가 조금 넘는다. 2016년 센서스에 근거해서 하원의 여성의원 비율을 나라별로 보자면 (Women in National Parliaments 2016) 미국은 세계 98위(19.4퍼센트), 영국 48위(29.4퍼센트), 중국 71위(23.6퍼센트), 독일 26위(36.5퍼센트), 일본 155위(9.5퍼센트) 등이다. 아이티, 미크로네시아, 팔라우, 카타르, 통가, 바누아투, 예멘에는 여성 하원의원이 아예 없다. 2016년에 최고 순위를 받은 나라들은 역순으로 스웨덴(43.6퍼센트), 세이셸(43.8퍼센트), 쿠바(48.9퍼센트), 볼리비아(53.1퍼센트), 그리고 르완다(63.8퍼센트) 순이다. 르완다는 자세히 살펴볼 필요가 있는 놀라운 경우다.

르완다는 국가의 의사결정과 나라살림 전반에 대한 여성의 참여를 보다 광범위하게 늘려 확고한 정치적 우선순위로 삼았다. 왜 르완다는 그토록 강력하게 정치에서의 성평등을 지향하게 되었을까? 칸텡와(Juliana Kantengwa 2013)는 그 이유를 100만 명의 르완다인이 학살된 1990년대의 충격적인 제노사이드와 연결시킨다. 그 제노사이드는 "우리 사회에 만연한 분열적이고 파괴적인 문화의 결과였다." 칸텡와는 포용과 평등이 국가재건 과정의 핵심이었다고 주장한다. 다시 말하자면, 르완다인들이 국내정치와 시민사회를 재건하며 최우선시한 것은 자유주의적 주제였다는 것이다. 그 과정에서 국회의 여성비율 쿼터를 정하고(80석 중 24석이 여성에게 할당되었으나 항상 그보다 많은 여성들이 당선되었다), 국가재건에 여성도 물리적 업무를 담당하며, 폭동이 일어날 경우에는 평화구축에 참여했다. 진실과 화해, 법치와 거버넌스 프로그램에도 여성들이 참여했다. 교육과 남성 대비 높은 여성 문맹률 같은 보다 장기적인 이슈들도 다루어졌다. 칸텡와에 따르면 그로부터 20년 후, "성 역할이 바뀌었다."

이는 페미니즘이 작동한 훌륭한 사례이며, 한 국가의 문화, 역사, 정치, 안보환경 등에서 성 역할의 영향력을 보여주는 사례로도 훌륭하다. 르완다에서의 여성이라는 '의미'의 헤게모니적 구조의 변화는 새로운 형태의 정치의 출현으로 이어졌다. 르완다는 젠더 정치라는 새로운 구성을 보게 된 것이다.

포스트-구조주의 페미니즘

포스트-구조주의 페미니즘은 우리가 언어, 세계에 대한 이론들, IR을 연구하는 '과학적' 방법들을 통해서 어떻게 세계를 이해하게 되는가에 의문을 제기하는 가장 광범위하고 철저한 페미니즘적 관점이다. 이 이론은 "여성들은 전반적으로 소외되어왔으며 현시대의 정치, 경제적 삶을 형성한 역사적 과정에서 배제되었고 그러한 과정을 해석하는 지식의 발달에서도 제외되었다" (Tickner 1996: 148)는 시각에서 출발한다. 이 이론은 남성 젠더의 구성에 은연중 반영된 정체성에 대해 연구함으로써 지식발달에서의 소외를 밝히는 데 집중했다. 우리는 위에서 젠더의 구분이 어떻게 '남성적', '여성적' 용어의 상호의존성을 형성하고 그 안에서 어떤 역할을 하는가에 대해 살펴보았다. 이러한 용어들은 우리가 각 젠더와 연관시키는 일련의 특성들과 얽혀 있다. 우리는 더 나아가, 이러한 범주들과 특성들이 권력관계에 스며들어 남성적인 특성이 나머지 인류들이 지향해야 할 기준으로 생각되는 경향이 있음에 주목하였다. 남성적인 것들은 여성적인 것들에 비해 우대되는 경향이 있다. 포스트-구조주의 페미니스트는 '권력으로서의 젠더'라는 개념을 두 가지 중요한 방식으로 사용한다.

1. 그들은 서구 과학에 의해 주장된 객관적인 지식의 토대를 재고한다. 피터슨이 지적했듯이 (Peterson 1992: 12–13), 서양 철학은 서구 엘리트 남성의 영역이었으며, 그 안에서 남성의 경험이 모든 인류의 경험을 대표한다고 생각되었다 (즉, 그 경험들이 보편화된 것이다). 젠더 차이는 교육과 정책 집행을 통해 제도화되었고, 서구의 남근중심적(phallocentric) 질서는 여성적 특징보다는 남성적 자질에 특권을 부여하였다 (예를 들어, 남성의 '이성'이 여성의 '감성'보다 우위에 있다).
2. 포스트-구조주의 페미니스트들은 IR의 언어가 '문명화된/미개한, 질서/무정부상태, 발전한/저발전된' 등의 인위적 이분법을 만든 방법에 대해 다

전통적인 국제관계이론의 관행을 페미니즘적으로 재검토한 것 중 가장 유명한 것은 티크너가 모겐소의 '정치적 현실주의'의 여섯 가지 원칙을 재구성한 것이다 (Tickner 1988). 티크너는 "모겐소의 원칙이 편파적이고 남성 편향적 인간본성의 가정에 근거하고 있기 때문에 국제정치에 대한 부분적 기술(記述)"에 불과하다고 주장한다 (Tickner 1988: 431). 포스트-구조주의 페미니스트들이 실증주의적 현실주의-자유주의 IR에 대해 제기하는 비평을 깊이 있게 보려면 티크너의 사상적 노선을 추적해보라.

시 생각함으로써 이러한 추론을 IR 연구에 적용하고 있다 (Tickner and Sjoberg 2016: 185). 또한 IR 연구와 실천에서 '좋은/나쁜', '국가/실패한 국가', '안전한/불안한', '테러리스트/자유의 투사' 같은 용어들이 얼마나 자주 나오는가를 생각해 보라. 포스트-구조주의 페미니스트들은 암묵적으로 한쪽보다 다른 한쪽을 우대하는 인위적 이분법적 구별 속에 존재하는 현실 세계의 함의를 보도록 촉구한다. 더 나아가 이들은 "그러한 위계질서를 파헤쳐 해체하고자 한다" (ibid.: 185).

당신은 IR의 연구와 실천에서 흔히 사용되는 다른 인위적 이분법에 대해 생각나는 것이 있는가? 두 용어 중 어느 편에 특권이 주어졌는가? 이론과 (또는) 실천에서 그 결과는 무엇인가?

탈식민주의 페미니즘

페미니즘의 이 분파는 IR 연구에 두 가지 광범위한 공헌을 하고 있다. 첫째, 포스트-구조주의 페미니즘과 좀 더 크게는 탈식민주의 운동과의 연관성이다 (13장을 참조할 것). 이 이론은 구식민지 국가 여성에 대한 억압의 구조적 본질과 (또는) 경시에 주목한다. 해당 국가들이 비록 공식적으로는 '주인' (젠더화된 용어에 주목할 것)으로부터 독립을 선언했지만, 탈식민주의 페미니스트들은 '자아'와 '타인'에 대한 식민지적 잔재가 남아있고 '타인'을 열등한 존재로 경시한다고 주장한다 (ibid.: 186). 구성주의자들과 포스트-구조주의 페미니스트들처럼, 이들도 이분법적 범주를 강조하고, 그러므로 언어가 억압과 지배를 나타내는 중요한 고리라고 생각한다.

둘째, 다른 페미니스트들과 전개한 비판적 논쟁이다. 탈식민주의 페미니스트들은 페미니스트 운동의 구조를 분석한다. 그들은 페미니즘이 전 세계 여성에 대한 관심을 대신하기로 자처한 서구 엘리트 여성들의 영역이 되는 경향이 있다고 주장하며, 일부 서구 페미니즘의 보편화 경향을 비판한다. 페미니스트들이 남성들의 경험이 인류 전체를 대표하는 경향을 비판하는 것과 마찬가지로, 탈식민주의 페미니스트들은 서구 여성들의 관심과 지구의 타지역 여성들의 관심을 혼돈하는 페미니즘 학자들에게 문제를 제기한다. 그들에 의하면, 여성이 필요로 하는 것은 보편적이지 않으며, 우리는 문화적, 종교적, 인종적 다양성을 인식해야 한다 (ibid.: 186).

자유주의적 페미니스트들이 기존 IR의 의제에 여성문제를 추가하는 데 비해, 비판적, 구성주의적, 포스트-구조주의적, 탈식민주의적 페미니스트들은 실천으로서의 IR뿐 아니라 이론으로서의 IR 안에 놓인 핵심적인 부당성을 지적한다. 페미니즘은 단지 IR에서 여성의 위상을 높이는 것이 아니고 학문 분야로서 IR에 내재한 성편향에 대한 인식을 제고하고자 하는 것이다. 우리가 국제관계이론을 생각할 때 사용하는 용어 속에 구현된 젠더 인식과 차별화, 과학철학에 대한 탐구는 우리로 하여금 IR의 본질에 대해 다시 생각하도록 해준다. 다음 장에서 다루게 되는 포스트-구조주의에서 우리는 이러한 학문적 관행에 대해 다시 생각할 추가적인 명분을 발견하게 될 것이다.

생각해 볼 문제들

"'젠더'에 대한 관심이 기존 IR의 의제에 추가될 수 있는가? 당신이 IRT 과목에서 공부한 페미니즘 학자들 중 최소한 두 명 이상을 참고하여 답하라"

이 질문에 관해 여러분이 첫 번째로 해야 할 일은 '젠더'와 '기존 IR의 의제들'이라는 핵심 용어를 정의하는 것이다. 젠더에 관해서는 페미니스트들이 그 용어에 대해 가지는 '구성됨(constructedness)'의 느낌을 설명할 수 있어야 한다. 위에서 공부한 핵심 저자들과 그 외의 저자들이 사용한 정의를 사용하면 우리가 이 장에서 본 것처럼 젠더를 구성된 것으로 보는 시각을 설명할 수 있을 것이다. 이는 두 가지 이유로 아주 좋은 전략이다. 첫째로, 그렇게 하면 문헌에 대한 여러분의 광범위한 지식을 보여줄 수 있고, 여러분이 페미니즘 IRT의 핵심 용어에 대한 의미를 잘 알고 있다는 것을 보여줄 수 있다. 둘째로, 질문이 요구한 대로 적어도 두 명 이상의 학자들의 이름을 즉각적으로 답하게 되기 때문이다. 질문에서 제기된 다른 핵심 사안, 즉 '기존 IR의 의제'를 정의하는 것은 더욱 어렵다. 이에 대한 정의는 여러분의 의향에 따라 달라질 수 있는데, 한 가지 좋은 방법은 학문으로서의 IR의 한계에 대한 페미니스트 비판에서 널리 통용되는 개념을 사용하는 것이다. 다시 말해, IRT에 대한 페미니스트들의 비판적 시각을 통해서 기존 IR의 의제에 접근하는 것이다. 다르게는, 또는 그에 더하여, 1990년대 초까지 지배적인 이론이었던 신현실주의와 신자유주의의 학문적 '핵심' 견해를 표명했던 홀스티(Kal Holsti)와 구성주의 저자들에게로 돌아가 보는 것도 좋겠다.

에세이 작성을 위한 개념과 정의를 정립했다면, 이제 답을 작성해야 한다. 여러분의 주장은 무엇이 주류 IR 의제인지, 그리고 페미니즘 이론이 어떻게 그 속에 부합되는지에 관한 여러분의 평가에 달려 있다. 여러분은 젠더와 여성이 그저 의제의 폭을 넓힘으로써(자유주의적 페미니즘) 단순히 IR에 섞이는 '변수' 그 이상이라는 것을 인식하고 있음을 보여주어야 한다. 페미니즘 중 보다 비판적인 부류 이설(異說)들에 대한 언급은 우리가 전통적으로 이해했던 서양의 과학철학에 대한 비판을 제공함으로써 젠더가 실제로 IR을 포섭한다는 주장을 세우도록 도와준다. 그러므로 "상황에 따라 다르다" 식의 답안이 좋다. 페미니즘 내의 논쟁은 일관성 있는 '이론'으로서는 다소 분열된 특성을 주지만 느슨해도 식별할 수 있는 페미니즘적 '정서'를 답안에 담는 것이 유용할 것이다.

"'젠더 위계질서는 우연히 생긴 것이 아니라 서양철학의 객관적인 형이상학을 구성하는 중요한 의미다' (피터슨). 이 말이 IRT에 대해 갖는 함의를 논의해보라"

'토의'하라는 문제의 답안을 작성하는 것은 항상 어렵다. 어떤 학생들은 질문에서 제기된 중요 용어에 대해 아는 것 모두를 적으려는 유혹에 빠지기도 한다. 이러한 잘못된 접근을 피하려면 피터슨이 저서를 쓴 목적과 그의 생각이 다른 페미니스트들과 비평가들에게 어떻게 받아들여졌는가에 대해 생각해봐야 한다.

첫 번째로 할 일은 피터슨의 주장을 요약하는 일이다. 채점자를 위해 그녀의 연구를 몇 백 단어 정도로 분석해보라. 아마도 여러분은 이 인용문의 출처를 알 것이고 (Peterson 1992), 일부 친절한 교수들은 이 질문의 출처를 알려줄 수도 있을 것이다. 교수가 알려주지 않더라도 피터슨이 주장하는 핵심을 잘 파악하기 위해 그의 저작을 충분히 읽어야 할 것이다. 이 인용문은 많은 다양한 것들을 함축하고 있기 때문에 단어 수나 시간제한에 따라 내용이 달라질 것이다. 학부 수준에서는 에세이나 시험 답안에 너덧 개 정도의 요점을 다루면 될 것이다. IR이론을 과학에 대한 긍정적, 객관적 관점의 일부로 보는 주장을 펼치고 싶을 수도 있을 것이고, 따라서 다양한 비판적 토론을 전개할 수 있다.

다음에 나오는 광범위한 이슈들 중 어떤 것을 다뤄도 좋은데, 세분화된 논의를 전개해야 한다. '젠더'와 과학 ('남성적' 과학), 사회과학 철학으로서의 페미니즘, 언어 속의 젠더와 권력, 남성다움을 추구하는 IR이론 (남성에 의한, 남성에 대한, 남성을 위한), 사적 영역 (여성들의 영역)을 무시하는 국제적 공적 영역으로서의 IR, '젠더'는 변수인가? 최고의 답안은 피터슨의 연구를 들여다보는 것 이상이어야 한다. 그럼으로써 젠더를 학문으로서의 IR의 핵심 관심사로는 부적절하다고 보거나 관심사로부터 방향성을 상실했다고 보는 저자들에게 존중을 표하고, 과목의 독서목록에서 페미니즘적 접근에 대해 비판하는 학자들을 찾아 서술하는 것이 도움이 될 것이다.

추가 읽을거리

국제관계이론에서의 젠더에 관하여

Chong, Y.W. (2012) 'Beyond the Gender Binary', talk at TEDxRainier, Seattle, November, www.youtube.com/watch?v=-Lm4vxZrAig (접속일: 2016년 8월 22일).

Steans, J. (2013) *Gender and International Relations*, 3rd edn. Cambridge: Polity.

True, J. (2001) 'Feminism', in S. Burchill and A. Linklater (eds) *Theories of International Relations*, 5th edn. Basingstoke: Palgrave, pp. 241–265.
페미니즘의 윤곽과 페미니즘이 IR이론에 기여한 공헌에 대한 훌륭한 개요.

Elshtain, J.B. (2006) 'Reflections on War and Political Discourse: Realism, Just War and Feminism in a Nuclear Age', in R. Little and M. Smith (eds) *Perspectives on World Politics*. Abingdon: Routledge, pp. 368–375.
현실주의이론의 언어와 가정들을 페미니즘적으로 해체 비평한 논문.

Enloe, C. (2009) 'Picking Up the Pieces: Making Feminist Sense of the Iraq War', Lecture at Quinnipiac University, 24 September, www.youtube.com/watch?v=WTFaxobkVps&feature=related (접속일: 2016년 8월 19일).

Whitworth, S. (1989) 'Gender and International Relations: Beyond the Inter-Para-

digm Debate', *Millennium: Journal of International Studies*, 18(2): 265–272.
페미니스트 IR 학문의 대표적 저술 중 하나.

Whitworth, S. (2005) 'Militarized Masculinities and the Politics of Peacekeeping', in K. Booth (ed.) *Critical Security Studies and World Politics*. Boulder, CO: Lynne Rienner Publishers, pp. 89–106.
페미니즘적 관심이 군사적 가치와 실행에 어떻게 중심적 역할을 할 수 있는가를 다룬 캐나다의 평화유지에 대한 사례연구.

Tickner, J.A. (1988) 'Hans Morgenthau's Principles of Political Realism: A Feminist Reformulation', *Millennium: Journal of International Studies*, 17(3): 429–440.
모겐소의 저서를 여성의 관점에서 다시 쓴 고전적 페미니즘 '입장의' 연구로서 IR에 대한 객관적이라고 간주되는 현실주의적 설명이 가지고 있는 성 편견을 보여준다. IR 교과서들이 티크너의 저서를 자주 다루는데 원본을 읽어보는 것이 꽤 도움이 된다.

Tickner, J.A. (2006) 'Feminist Perspectives in International Relations', in W. Carlsnaes, T. Risse and B.A. Simmons (eds) *Handbook of International Relations*. London: Sage, pp. 275–291.

Blanchard, E.M. (2011) 'Why is there no Gender in the English School?', *Review of International Studies*, 37(2): 855–879.

Zalewski, M. (2011) '"I Don't Even Know What Gender Is": A Discussion of the Connections between Gender, Gender Mainstreaming and Feminist Theory', *Review of International Studies*, 36(1): 3–27.

보다 일반적인 페미니즘과 젠더에 관한 연구

Keller, E. F. (1985) *Reflections on Gender and Science*. New Haven, CT: Yale University Press.
'객관성'과 '남성성'을 동일시한 계몽 과학 프로젝트에 대한 비판.

Krause, J. (1995) 'The International Dimension of Gender Inequality and Feminist Politics: A "New Direction" for International Political Economy?', in J. Macmillan and A. Linklater (eds) *Boundaries in Question: New Directions in International Relations*. London: Pinter, pp. 128–143.

Lloyd, M. (2005) *Beyond Identity Politics: Feminism*, Power and Politics. London: Sage.

Lange, L. (2003) 'Woman is Not a Rational Animal: On Aristotle's Biology of Reproduction', in S. Harding and M.B. Hintikka (eds) *Discovering Reality: Feminist Perspectives on Epistemology, Metaphysics, Methodology, and the Philosophy of Social Science*, 2nd edn. Dordrecht: Kluwer Academic Publishers, pp. 1–16.
젠더에 대한 이해가 우리로 하여금 어떻게 과학과 IR에 관한 철학의 중요한 질문에 대해 비판적으로 사고하도록 만드는가를 보여준다. 앞의 생각해 볼 문제 두 번째 질문을 위해 좋다.

Butler, J. (1999) *Gender Trouble: Feminism and the Subversion of Identity*. London: Routledge.

Spender, D. (ed.) (1981) *Men's Studies Modified: The Impact of Feminism on the Academic Disciplines*. Oxford: Pergamon.

Butler, J. (2011) 'Judith Butler: Your Behaviour Creates Your Gender', www.youtube.com/watch?v=Bo7o2LYATDc (2016년 8월 19일 접속).
젠더의 개념에 대해 간단히 소개하고 있다.

Braunstein, E. (2003) 'Gender and Foreign Direct Investment', in J. Michie (ed.) *The Handbook of Globalization*. Cheltenham: Edward Elgar, pp. 165–175.

Chinkin, C. (1999) 'Gender Inequality and International Human Rights Law', in A. Hurrell and N. Woods, *Order, Globalization, and Inequality in World Politics*. Oxford: Oxford University Press, pp. 95–121.

Review of International Studies (2007) 'Forum: Women and Human Rights', 33(1): 5–103.

Steans, J. (2002) 'Global Governance: A Feminist Perspective', in D. Held and A. McGrew (eds) *Governing Globalization: Power, Authority and Global Governance*. Cambridge: Polity, pp. 87–108.

12장 포스트-구조주의

핵심용어

- 해체
- 담론
- 계보학(genealogy)
- 정체성
- 권력/지식
- 주권
- 통치

> 포스트-모던한 시각의 핵심은 비판이다. 이는 우리가 가진 가장 근본적인 신념과 원칙을 흔들고, 거스르며, 도전하고, 강력한 비판적 검증에 붙이는 것을 목적으로 한다. (Shinko 2006: 168)
>
> 포스트-모던이론은 우리가 생각하는 방식에 대한 근본적 재검토를 요구한다. (Hutchings 1999: 82)

자유롭고 광범위한 지성적 운동으로서 포스트-구조주의(Poststructuralism)는 1970년대 이후부터 사회과학을 휩쓸었다. 포스트-구조주의가 제공한 비판적 시각에 의해 해방된 일부 학자들이 이 이론에 뛰어들었고, 다른 일부 학자들은 그 이론에 대해 혼란스러워했다. 또 다른 일부는 포스트의 '포'자만 들어가도 강렬한 적대감을 드러냈다. IR 내에서 포스트-구조주의에 대한 비판자들은 이 이론을 '악한', '위험한', '나쁜 IR', 혹은 '메타-잡설' 등으로 다양하게 불렀다 (Krasner, Halliday and Campbell 2016: 203에서 인용). 더 나아가, 그들은 '이 명백하게 새로운 패러다임의 제안자들이 발전시킨 주장의 참신함'에 대해 의문을 제기했다 (Navon 2001: 612). 데리안(James Der Derian)은 프랑스 또는 '대륙(continental)' 철학이 영어권의 철학에 의해서 대체로 잘 받아들여지지 않았으며, 이 점이 푸코(Michel Foucault) 같은 저명한 포스트-구조주의 학자들이 제대로 인정받지 못한 이유라고 주장한다. "급격한 변화로부터 국가와 IR을 보호해야 한다는 이중적 책무가 항상 전통적 접근법에 중요성을 부여해왔고 … IR이 표방하는 것들 중 많은 부분이 모독적 비난을 받게 된 이유였다" (Foucault 2009: 70). 포스트-모더니즘에 (포스트-구조주의라고도 하며 두 용어는 호환할 수 있다) 대한 러셋(Bruce Russett)의 멸시적 태도가 이러한 경향을 보여준다. "'포스트-모더니즘'은 박물관에나 있어야 하는 것이지 IR 연구에 들어와서는 안되는 것이다" (Russett 1995: 176).

> 여러분이 공부하는 다양한 저자들이 포스트-구조주의와 같은 '보다 새로운' IR이론을 지지하거나 무관심하거나 혹은 적대적인 이유에 대해 기록하라. 무엇이 그들의 견해를 알게 해주며, 그것은 IRT에 관한 논쟁의 본질에 대해 무엇을 드러내는가?

포스트-구조주의가 이 책에서 다룬 다른 이론들과 공유하는 문제점은 그것을 '이론'이라고 부르는 것이 문제를 해결하기보다는 오히려 더 문제를 일으킨다는 점이다. 현실주의, 자유주의, 영국학파에도 다양한 분파가 있듯이 포스트-구조주의도 다양한 갈래가 있다. 더군다나 포스트-구조주의는 마르크스주의, 페미니즘, 탈식민주의처럼 여러 학문 분야에 걸쳐있는 광범위한 사회적, 지적 운동이다. 전부는 아니지만 일부 페미니즘 학자들은 자신들을 포스트-구조주의자로 분류한다. 일부 마르크스주의자들은 자신을 포스트-구조주의로 간주한다. 탈식민주의 저자들은 이 모든 이론적 경계를 넘나드는 것으로 유명하다. 구성주의처럼 포스트-구조주의도 하나의 이론으로 묶어서 다루기는 어렵다. 그 존재론적, 인식론적 위상에 있어서 그것은 하나의 '정서' 같은 것에 가깝다. IR은 포스트-구조주의가 활동하는 여러 영역 중 하나일 뿐이다.

포스트-구조주의자들은 여러 가지 이름으로 활동한다. 학자들도 명백하게 구별하기 어려운 면이 있기 때문에 여러분이 수강하는 IR이론 과목들은 아마도 '포스트-모더니즘' 또는 '포스트-실증주의(post-positivism)'라는 이름으로 다룰지도 모르겠다. 또는 용어가 아직 확립되지 않았거나 IRT에 적용할 수 없기 때문일 수도 있다 (Campbell 2016: 204–205). 항상 그런 것은 아니지만 포스트-모더니즘은 사회이론과 대립되는 문학이론 쪽에 더 깊이 관련되는 경향을 보인다 (van der Ree 2014). 그러므로 용어들 간의 구별은 매우 임의적이며 용어들 간에 상당한 혼선이 존재한다.

> 비록 일부 저자들이 포스트-구조주의자라는 명칭에 이의를 제기할 경우도 있겠으나, 필자는 포스트-모더니즘과 포스트-실증주의 연구를 아우르기 위해 IR에서 광범위하게 수용되는 의미의 '포스트-구조주의자'라는 용어를 선택했다.

첫 두 범주는 자명하지만 세 번째 것은 문제가 있다. '포스트-' 텍스트를 우리는 어떻게 식별할 수 있을까? 그것을 보면 알게 될까? 스털링-폴커(Sterling-Folker)는 "포스트-모던 IR 학자들은 스파이 소설, 풋볼, 국방 매뉴얼, 〈스타트렉(*Star Trek*)〉, 대중문화 등 실증주의자들이 하찮게 여기거나 IR과 관련이 없다고 생각한 것들에도 초점을 맞춘다" (Sterling-Folker 2006d: 162). 그러나 포스트-구조주의를 특징짓는 것은 단지 주제의 내용만은 아니다. 포스트-구조주의자들은 IR 내의 존재론적, 인식론적, 방법론적 관례에 맞서기 위해 다방면에 걸친 자료와 생각, 관행들에 의존한다. 이 과정에서 "데리다(Jacques Derrida)와 푸코를 읽는 것은 특히 중요하다" (Hutchings 1999:77).

이 장의 서두에 있는 두 인용문이 밝힌 바와 같이, '포스트-' 전통에서 쓰여진 저작들은 국가의 개념처럼 우리가 IR에서 당연시해온 것들에 대해 비판하기를 원한다. 이러한 측면에서 그들은 우리가 보는 세계를 재평가하는 것뿐 아니라 우리가 세계를 본다고 생각하는 방식 자체를 재평가하도록 도와준다. 포스트-구조주의는 비판이론 및 '두터운' 구성주의는 물론, 기타 규범적 IR이론의 해방이론 어젠다와도 상당한 유사점을 공유하지만 IR 분야에 그들만의 고유한 개념과 생각들을 들여왔다.

포스트-구조주의가 도전적이며 어렵고 불안스러워 보인다고 해도 두려워하지 말라! 사회과학 및 IRT에 대한 '포스트-'적 접근은 우리를 편안한 정착된 사고방식으로부터 뒤흔들어 생각할 수 없었던 것을 생각하게 만든다. "포스트-구조주의는 자율적인 행위자 (서구 철학 및 정치이론의 근거인)에 초점을 맞춘 접근이 '해체되어야' 하며, 논박되고 검증될 필요가 있다"고 주장한다 (Namaste 1994: 221).

이 장에서 우리는 포스트-구조주의가 국제관계이론 내에서 인식되는 가장 유력한 방법만을 소개하고자 한다. 이를 위해 첫째, 포스트-구조주의와 관련된 핵심 개념과 방법을 소개할 것이다. 둘째, 데브탁(Devetak 1995)의 포스트-구조주의적 통치 연구를 통해 단계별로 안내할 것이다. 이 장의 말미에 이르면 여러분은 '포스트-'라는 용어의 기본 개념을 파악하고 어떤 텍스트를 접하게 되면 그것이 포스트-구조주의적 IR 저작이라는 것을 파악할 수 있게 될 것이다.

포스트-구조주의적 생각, 개념, 접근법

포스트-구조주의적 맥락에서 쓰인 IR 저작들은 그 일부, 또는 전체적으로 프랑스 철학자인 푸코(1926~1984년)와 데리다(1930~2004년)의 생각, 개념, 접근법에 영향을 받았다. 그들은 우리가 정치인, 언론인, 학자 등 엘리트들에게 매일 공급받는 지식의 임의적 차단을 폭로함으로써 해방에 대한 마르크스주의 및 비판이론의 관심을 공유한다. 그러나 포스트-구조주의와 비판이론 간의 결정적 차이는 포스트-구조주의가 모든 형태의 지식에 존재하는 그러한 간극, 편견, 선입견을 교정할 수 있는 기능으로서의 '진실'에 대해 우리가 접근할 수 있는 가능성에 보다 회의적이라는 것이다. 그러므로 포스트-구조주의는 하나의 메타서술(metanarrative)을 다른 것으로 대체하는 것을 마치 서술 자체를 아예 없애는 것으로 인식하고 회의적이다 (van der Ree 2014). 정의상으로 이는 불가능하다. 우리는 항상 언어 또는 서술이라는 새장에 '갇혀있기' 때문이다. 우리는 포스트-구조주의가 가진 도구인 해체, 힘/지식, 설명, 담론을 들여다봄으로써 그 접근법을 이해해나가야 할 것이다.

해체

데리다의 철학에 영향을 받은 '해체(deconstruction)'는 사회과학에서 광범위하게 사용되고 남용된 또 하나의 개념이다. 데브탁에 의하면, 해체는 '정의되기를 거부'하지만 "폐쇄(closure)나 전체주의화(totalization)를 시도하는 개념을 겨냥한 해석과 비판 전략으로 이해될 수 있다” (Devetak 1995: 20). 미시라와 하지에 의하면, 해체는 ‘지배세력의 담론을 중단시켜 개입하고 공개하며 다중성(plurality)과 긴장을 회복하는 일’에 매우 유용하다 (Mishra and Hodge, 2005: 386). 포스트-구조주의자들은 ‘통상적인 인식의 전체적 체계’를 거스르고자 하며 (Devetak 1995: 20), 이 책의 9장에서 살펴본 마르크스주의와 10장에서 살펴본 비판이론과 해방적 의제를 공유한다.

그러나 포스트-구조주의는 해체를 다양한 방법으로 활용하여 한 단계 더 나아갔고 특히 ‘이중 판독(double reading)’의 기술은 유명해졌다 (다음 부분을 참조할 것). 아라도(Claudia Aradau)는 IR에서 “해체적 관점은 국제적인 것이 무엇인가, 그리고 그것이 어떻게 기능하는가에 대해 당연하게 여겨지던 ‘진실’에 도전했다. 그리고 해체는 IR 학자들로 하여금 국제관계에 관한 헤게모니적 텍스트와 지배적 지식을 뒤흔들게 했다”고 요약한다. 특히 중요한 것은 국제체제에서 권력의 실행에 대한 재평가와 더불어 이분법을 흔들고 안과 밖, 국내적인 것과 국제적인 것, 그리고 자아와 타자 사이의 잠재적인 벽을 허문 것이다 (Aradau 2010: 107-108).

제푸스(Maja Zehfuss, 2009: 141-142)는 ‘젠더’를 예로 들어 해체의 개념과 그것이 비판적 IR의 도구로 어떻게 작동하는가를 보여준다. 그는 우리가 여성적 특성이라고 간주되는 것에 대한 남성적 특성의 우위를 뒤집기 위해 해체가 이용될 수 있다고 주장했다. 제푸스는 “(다양한 옵션을 합리적이고 객관적으로 평가하는, 세칭 남성적인) 능력이 감정에 신경을 쓰는 (세칭 여성적인) 능력만큼 좋은 것이 아니다”라고 주장하는 것이 가능하다고 단언한다. 그러나 이러한 비판은 ‘여성적인’ 것이 ‘남성적인’ 것과 구별될 수 있다는 것을 받아들임으로써 이미 뒤집어진 생각의 일부를 단순하게 재생산하는 것에 불과하다. 이러한 인위적인 구별을 받아들인다는 것은 “원래 있던 위계질서가 잔존하는 것이 가능하고, 그럼으로써 그것을 재천명하게 된다"는 것을 의미한다. 이러한 사고체계를 바꾸기 위한 두 번째 조치가 필요한데, 그것이 바로 데리다가 말하는 '치환(displacement)'이다. 치환에는 '남성적인' 것이 '여성적인' 것과 분리되고 정반대가 될 수 있는가에 대한 탐구가 포함된다. 데리다는 우리로 하여금 우리의 사고 형식이 근거하고 있는 이분법이 인위적이고 편향적이며 '작동하지 않는 것'임을 믿게 함으로써 사고체계에 대해서 재고하도록 인도한다.

권력과 지식

해체의 도구에 추가하여, 포스트-구조주의는 세계에 대한 우리의 이해를 인위적으로 폐쇄하거나 제한함으로써 권력이 생성되는 방식을 탐구한다. 그런 다음, 그들은 사회 전반에서 권력의 행사가 어떻게 지식의 생산과 전달에 연관되는지를 분석한다.

권력과 지식에 초점을 두는 것은 힘에 대한 푸코의 이해에서 직접 유래한 것으로서 다수 IR 학자들의 연구에서 나타나는 '힘'에 대한 정의와 상당히 다르다. IR의 용어를 사용하자면, 힘의 전통적인 의미는 억압적이다. 힘은 총과 총탄, 핵탄두의 형태로 명백하게 물리적 형태를 가지고 있거나, 관념적으로는 정치적 연설 혹은 미디어 보도 같은 설득력으로서든 국가 권력과 관계되어 있다. '위로부터' 오는 억압적인 힘은 우리의 사고와 행동을 제한하거나 구속한다. 그러한 힘은 우리에게 직설적으로 무엇을 하라고 명령한다. 그것은 위협, 통제, 강요하는 힘이다. 푸코도 그람시처럼(비판이론에 관한 장을 참조할 것) 권력을 부정적이거나 억압적 또는 통제의 도구라기보다는 보다 생산적인 것으로 간주한다.

반면 푸코가 말하는 권력은 무엇을 규정하는 힘이며 무엇보다도 그러한 한계를 부과하는 능력이다. 그는 질문한다. "이 세상에서 무엇이 정상이고 적법하며 적절한지를 판단하는 우리의 사고를 제한하기 위해 언어가 어떻게 사용되고 있는가?" 사회적 '진실들'에 경계선을 긋는 자들은 누구인가? 생산적인 권력은 형성하고 건설하며 표현하고 범주화한다. 위로부터의 적나라한 힘은 페미니스트들이 생각하는 힘에 대한 인식과 푸코파의 아래로부터 오는 힘에 대한 인식 모두와 대조적이다 (예를 들면, Elshtain 1995: 354-356). "권력은 단순히 억압이나 강요를 의미하는 것이 아니라 사회 속에서 네트워크를 통해 순환된다." 그리고 권력은 "소유되는 것이 아니라 행해지는 것이다" (Neal 2009: 163). 푸코는 감옥에서의 규율이나 처벌 (Foucault 1995, 2001), 성 (ibid. 1998a-c), 특히 성 인식과 동성애의 의미 생산 같은 주제를 연구했다. 그는 또한 지식에 대한 담론과 질서에 관한 광범위한 저작을 남겼다 (Foucault 2002). 그의 모든 연구의 핵심은 '사회적 정체성은 지식이 구성되는 방식의 결과'라는 생각이다 (Namaste 1994: 221-222).

텔레비전 쇼 〈엑스파일(*The X-Files*)〉은 "진실은 저 너머에 있다"는 실증적인 모토를 남겼다. 그러나 푸코에게 현실은 조금 더 복잡하다. "진실은 세상적인 것이다. 그것은 오직 여러 가지 형태의 제약이라는 미덕에 의해서만 만들어진다. 그리고 진실에는 권력의 규제 효과가 포함되어 있다. 각 사회는 그 나름대로의 진실에 대한 레짐을 가지고 있다" (Foucault 1991: 72-73). 킬리(James Keely)는 레짐과 그것을 구성하는 본원적 담론에 대한 푸코의 인식을 다음과 같이 요약한다.

> 레짐은 공공장소나 공적 행동 영역에 특별한 의미와 질서를 부여한다. 레짐은 공적 관심사라 간주되는 현상과 문제 영역을 규정하고, 그런 의미에서 이를 '정치화' 한다. 레짐은 그 공간 점유자들의 적절한 자질을 식별한다. 레짐은 또한 서로를 보고 보여지는 관계를 설정하고, 그러한 의미에서 해당 영역에 관한 공적 업무를 수행한다. (Ramakrishnan 1999: 142에서 인용)

이러한 '레짐'은 우리가 신자유주의이론에서 살펴본 (이 책의 6장을 참조할 것) 다소 형식적이고 제도화된 협력적 레짐과는 상당히 다르다. 푸코는 사회가 권위와 합법성을 부여하기 위해 진실 아래서, 진실 뒤에서, 그리고 진실 주변에서 사회가 만든 권력의 원천이 무엇인가를 질문하기 위하여 언어의 표면 뒤로 들어간다. 즉, 진실이 진실로 **기능하는** 것처럼 보이게 만드는 것은 무엇인가, 그리고 사회적으로 구성된 진실의 레짐을 뒷받침하는 것은 무엇인가? 세계에 대해 항상 **부분적일** 수밖에 없는 진실이 어떻게 시공간을 초월하는 확고한 진실로 보이게 되었는가?

상징

진실의 '레짐'을 찾기 위한 관심 때문에 푸코는 상징(representation)이라는 이슈를 다루게 되었다. 다양한 진실의 레짐은 어떻게 언어를 통해 우리가 세계에 대해 관심을 갖게 만드는가? 푸코는 스위스 철학자 소쉬르(Ferdinand Saussure)의 구조언어학 연구를 발판으로 삼았고 그래서 포스트-구조주의라는 명칭을 얻었다 (본 장의 말미에 참고문헌으로 소개된, YouTube에 나오는 볼턴[Christopher Bolton]의 '만화로 보는 포스트-구조주의[Animating Poststructuralism]', [2012]를 참조할 것).

그럼, 우리는 '상징'을 어떻게 이해해야 하는가? 우리는 항상 어떤 대상을 지명하는 단어를 사용한다. IR 맥락에서는 '세계화', '테러와의 전쟁', '자유', '국제체제', 심지어는 '인류애' 등 용어들은 필연적으로 사물, 인간, 혹은 '현실 세계'에 실재하는 것들과 연관된다. 나라 이름도 그렇다. '미국', '영국', '중국', '호주' 등 국명은 앤더슨(Benedict Anderson)의 유명한 용어를 사용하자면 '상상된 공동체'이다 (Anderson 2006). 그러나 전쟁, 개입 같은 IR의 현상들은 온전한 전체를 **직접** 알 수 없는 사회적으로 구성된 개념일 뿐이다. 심지어 국가들도 "예전에 정책결정자들이 방문했고 지금은 현지 외교관이나 *CNN* 기자들을 포함한 외부인들이 그 나라에 대해 이야기 한다고 해도 마찬가지다" (Henrikson 2002: 438; Buzan 1993도 참조할 것). 나라 이름은 시대에 따라 매우 다른 의미를 떠올리게 하며 (1943년의 독일과 지금의 독일을 생각해 보라), 동 시대라 해도 각각 다른 개인과 집단에게 매우 다른 의미를 가질 수 있다 (2016년 미국 대선 캠페인 연설에서 미국의 대외정책 중 하나인 멕시코에 대해 힐러리 클린턴과 트럼프가 어떻게 달랐는가를 생각해보라). 나라 이름이 논쟁을 야기하는 용어이긴 하지만 왜 그렇게 논쟁이 되는지 그 이유가 토론과 논쟁에 노출된 일은 흔치 않다. 나라 이름도 크게 보면 상징에 사용되는 단어처럼 언어의 고정성을 부각시키는 속성으로 당연하게 받아들여졌다 (Campbell 1996: 166-169를 참조할 것). 그러므로 푸코에게 핵심은 우리가 사용하는 단어들은 단지 이러한 사회적 현상들을 대신 나타내는 상징일 뿐, 절대로 팩트 그 자체가 '될 수는' 없다는 것이다. 이러한 해석에서 보자면 개별적 단어들은 개념에 보다 가까워서 항상 조작과 오용의 소지가 있다.

담론

지금까지 살펴본 푸코의 노선을 요약하자면, 우리는 각각의 언어에서 어떤 대상을 객관적으로 묘사함으로써 그것을 상징하거나 대신 나타내기 위한 모든 단어들을 가지고 있다. 이 과정에서 단어의 의미는 불확실해지고 모호해진다. 그러나 푸코는 언어의 단위와 (어떤 것을 가리키는 단어) 그것이 상징하는 (예를 들어, '세계화'나 '마다가스카르[Madagascar]') 본질적으로는 알 수 없는 대상들 간의 차이를 확인하는 데서 멈추지 않는다. 푸코는 이러한 문제를 언어 단위의 문제로 생각하고 우리가 사용하는 문장과 문단의 체제적 차원에 적용했다. 이로써 그는 체제 차원에서 대상과 관련된 언어의 문제가 더 두드러진다는 것을 보여주고자 했다. 푸코는 우리가 언어의 생산적 힘을 발견하는 것은 바로 이러한 담론(discourse)의 수준이라고 지적한다.

담론에 대한 연구는 '그러한 진술을 통해 정치적으로 이뤄진 것을 해석하기 위해 특정한 주제에 관해 특정 상황에서 특정 집단의 사람들이 이야기하고 저술한 것들을 수집하는 수단'이 되었다 (Neal 2009: 166). 캠벨(David Campbell 2007: 216)은 담론이 "특정한 일련의 상징과 실행이며 그것을 통해 의미가 만들어지고 정체성이 형성되며 사회적 관계가 성립되고 정치적, 윤리적 결과가 어느 정도 가능해진다"고 설명한다. 담론은 단순히 세계에 대해 설명하는 것이 아니라, 의미를 만들어내며 정체성을 형성하고, 사회·정치적 관계를 구성할 뿐 아니라 다양한 정치적, 윤리적 결과를 가능하게 한다는 것이다 (Campbell 2016: 208; Ramakrishnan 1999: 137에 나오는 정의들을 참조할 것). 그것이 바로 담론의 생산적 힘이다. 데리안(Derian 2009: 71)에 의하면 "담론적 행위는 어떤 것을 누가 권위를 가지고 말하는가를 확인함으로써 IR을 조정하고 때로는 지배한다."

> 담론에 관한 연구는 '포스트-' 학자들과 '두터운' 구성주의자들 사이에서 인기가 높다. 이는 국제관계이론에서 상당 부분이 중복되는 이들 학파들 간의 경계가 불분명하다는 것을 보여준다.

모든 것에 대한 담론이 가능하다. 담론에는 권력관계가 주입되게 되고, 불가피하게 그 위치도 정해질 것이다 (위에서 언급한 바와 같이, 나타내는 상징으로서의 단어들의 불안정한 망에 의존하는). 카브레라(Miguel Cabrera)에 의하면 담론이란 "개인이 현실을 이해하고 개념화하는 범주, 개념, 원칙의 일관된 체계로서, 주어진 역사적 상황에서 그들의 행위를 수행한다" (Cabrera 2005: 22-23). 사회적 행위를 상징하고 의미를 부여한다는 점에서 담론은 본질적으로 수행적이다. 다시 말하자면 담론은 그 배후에 있는, '존재하는' 어떤 것이나 방식을 가면으로 위장하고, 사실은 그렇지 않지만 우리가 그것을 자연스러운, 시간을 초월한 것 또는 보편적인 것으로 믿게 만드는 권력관계를 비판적으로 검토할 수 있게 해준다. "담론은 주어진 영역에 대한 일련의 진술을 제공하고, 실천, 주제, 목표, 과정이 논의되는 방식의 구조를 조직하고 부여한다. 그럼으로써 담론은 사회적 및 개인적 행동을 설명하고, 규칙을 정해주며, 허락하거나 금지하기도 한다" (Kress, Fowler 1992: 42에서 인용). 테러리즘, 안보, 인권, 국제공동체, 기후변화, 국가 등에 관한 다양한 담론들이 있다. 각각의 담론은 그 분야를 '창조하는' 언어라는 아키텍처 또는 외양에 의존하고 있다. 그러한 모든 분야들이 뜻하지 않게 의미를 창조하는 과정뿐 아니라 한계를 드러낼 수도 있다.

심층 분석 12.1 데이비드 캠벨: 『안보를 논한다(*Writing Security*)』

캠벨의 책 『안보를 논한다(*Writing Security*)』는 "위험이란 … 그것을 위협으로 느끼는 사람들과 상관없이 존재하는 객관적인 상태가 아니다"라는 말로 시작된다 (1998: 1). 그에 의하면 위험은 주어진 사건이나 일련의 사건들의 객관적 특성이라기보다는 '해석의 결과'라고 주장한다 (ibid.: 2). 국가안보에 대한 위협은 국가정체성이라는 개념과 무엇이 그러한 정체성과 관련된 가치들을 위협하는가에 대한 해석과의 상호작용에 의해 형성된 것이다. "국가정체성의 경계는 대외정책에 필수적인 위협의 판별로 규정된다" (ibid.: 3). 이 책의 나머지 부분은 IR에서 외교정책 행위에 관한 두 가지 탁월한 이론, 즉 현실주의와 마르크스주의의 원리와 가정을 광범위하게 다루고 있다. 캠벨은 이 두 이론이 '사건과 행위가 물리적인 원인으로 귀착된다고 몰아가는' 결함이 있다고 주장한다. 현실주의는 대외정책 행위가 물리적인 힘의 고려에 의해 결정된다고 본다. 마르크스주의는 대외정책 행동이 경제적 타산에 의해서 움직인다고 생각한다. 이 두 이론 모두에서 핵심은 국가이익이다. 다른 관점, 혹은 '이의(異意)'를 주창하기

계속

위해서 캠벨은 푸코의 연구에 근거하여 냉전 종식 이후부터 1990년대 중반까지 '위험', '위협', '힘' 등의 핵심 용어들이 어떻게 미국의 대외정책과 안보정책 "담론 내에서 역사적 기능을 했는가"에 대해 살펴보았다 (ibid.: 5-6). 캠벨은 1990년 8월 이라크의 쿠웨이트 침공 같은 현대 미국의 군사 관련 역사적 '순간들'에 대해 특별히 주목했다.

캠벨의 책은 최근 미국의 대외정책을 냉전 종식 이후 미국의 정체성과 글로벌 미션에 관한 일련의 '텍스트'의 산물로 간주했다. 정책 문서, 연설, 미국시민권 자격시험은 모두 정체성 창조를 위한 것이며 정체성은 대외정책을 결정하는 근거가 된다. 캠벨은 홉스의 『리바이어던(*Leviathan*)』 같은 IR의 기념비적 저서들을 해체하거나 근본적으로 재해석하여 외교정책이 국가 탄생 이후에 출현한 것이 아니라 '국가의 구성에 필수적'이었다고 주장한다 (ibid.: 60). 캠벨은 '안'을 '밖'과 결합함으로써 IR 연구를 가능케 만드는 국제관계 이행의 헤게모니적 개념 인식에 도전한 워커(R.B.J. Walker, 1993)와 같은 저자들과 맥을 같이 한다. 여기서의 전제는 국가 내에 있는 국내적, 사적 영역이 깔끔하게 정리된 국경을 넘어 '저기 저 밖의' 공적, 무정부적 국제영역보다 우선한다는 것이다. IR 주제에 대한 이러한 포스트-구조주의적 해석은 IR이론가들이 비판적 토론의 목표로서의 세계 (세계 그 자체가 아니라)를 알 수 있는 방법을 제시해준다. 워커는 이러한 접근을 "국제관계이론들은 현대 국제정치에 대한 설명으로서보다는 설명을 필요로 하는 현대 국제정치의 측면을 본다는 관점에서 더 흥미롭다"고 요약한다 (1993:6). 캠벨의 『안보를 논한다』는 IRT에서 포스트-구조주의가 실현된 매우 훌륭한 사례연구다.

계보학

우리가 세계에 대해 이해할 수 있게 해주는 담론의 엄청난 힘과 영향력, 그리고 무소부재(無所不在)함을 고려하여 푸코는 우리에게 역사가 아니라 권력과 지식의 관계를 부각시키는 계보를 쓰도록 초대한다. **계보학**

(genealogy)은 어떤 상황이 정돈된 연대기에 근거해서 시작-중간-종결로 펼쳐지는 스토리 식의 역사가 아니다. 계보학은 지식의 문맥화된 본질에 주목하게 하고, 모든 차원(개인, 우리가 살고 있는 세계, 그리고 우리가 참여하는 정치·사회적 제도들)에서 정체성을 형성하는 권력과 지식이 서로 상호작용하는 여러 가지 방법을 보여준다. 바텔슨(Jens Bartelson)에게 계보학은 '문제가 없는 듯 보이는 것을 전략적으로 겨냥하고, 시간을 초월하며, 현재의 특질이 어떻게 과거로부터 형성됐는지 설명하는 것'을 목표로 한다 (Reus-Smit 2002: 494에서 인용).

스티브 스미스는 계보학적 관점을 IR 같은 학문 분야에 적용하는 것이 중요하다고 주장한다. '국제관계이론이 타국을 위협, 징계하고 폭력을 행사하는 국제적 관행을 창조하거나 재창조하는 것을 용인하고 그에 공모하는 담론을 형성하는 경향'이 있기 때문이다 (Smith 1995: 3; Smith 2004도 참조할 것). 애쉴리(Ashley 1986)는 IR의 계보학이 메타이론의 형태를 띤다는 점에서 비판이론의 접근과 일치한다고 주장한다. 계보학은 국제관계 행위와 담론 간의 연결성을 보여준다. 계보학은 그 학문 분야에서 일이 어떻게 그런 식으로 되었는가에 대해 질문하고, IR에 관한 학문적 지식의 생산과 전파 배후에 있는 정치에 대해 탐구한다. 계보학은 현실주의 같은 지배적 담론이 어떻게 출현했고 어떻게 그 학문 분야 내에서 탁월한 경지에 이르렀나를 탐구하며, IR 학자들이 어떻게 관련 주제 사안을 만들어 내고 자신들의 이론이나 해석이 가장 타당하고 진실하다고 주장하기 위해서 어떤 기술에 의존하는지에 대해 연구한다 (Smith 1995: 4-7에서 다루어짐). 우리는 계보학을 탐구하는 저자들의 연구에서 그들이 존재론, 인식론, 방법론적 이슈를 넘어 IR을 권력과 권위에 대한 논의로 확대하는 일에 관심이 있음을 분명하게 발견할 수 있다. 이러한 시각에서 보면, IR 내러티브는 "국제관계에 권위적 해석을 부여하기 위해 애쓰고 있다" (Devetak 2013b: 4). 여기에는 분명히 해방적 의제가 포함된다.

계보학자들이 IR 지식의 본질적인 위상을 천착한다는 점이 아마도 일부 IR 학자들이 포스트-구조주의의 대두에 대해 불안해하는 이유를 설명할 수도 있을 것 같다. 그 이론은 과학적 '객관성'에 근본적으로 도전하기 때문이다.

예를 들면, 9·11 테러공격에 대한 제푸스의 논문을 보자. 필자는 이 논문을 처음 읽었을 때 보드리야르(Jean Baudrillard)의 탁월한 글들을 편집해 놓은 책, 『걸프전은 일어나지 않았다(*The Gulf War Did Not Take Place*)』(1995)를 떠올렸다. 이라크의 쿠웨이트 침공에 뒤이어 일어난 1990~1991년 걸프전에 대한 이 연구에서 보드리야르는 이 '초현실' 포스트-모던 시대에서 그러한 사건들이 어떻게 표상되었는지, 그리고 그 상징들이 후세인(Saddam Hussein) 군대를 그들의 국경 안에서 격파한 후 어떻게 미국 주도의 신국제질서(New World Order) 창조에 이바지했는가를 탐구했다. 이것은 우리가 어떻게 '현실'을 경험하고 접근하는가를 탐구한 고전적 연구다. 필자가 처음으로 이 책을 접한 것은 군사생도들을 가르치고 있을 때였고 이 책 제목에 경악했던 기억이 난다. 물론 걸프전은 일어났다. 생도들은 자신들이 탱크와 비행기를 타고 현장에 있었다고 말했다. 포스트-구조주의의 감수성은 우리가 배운 것과 매우 다른 양식으로 현실의 본질을 생각해보도록 자극을 준다.

제푸스의 논문은 9·11 사태에 대해 유사한 접근을 하고 있다. 그는 기억의 정치를 탐구함으로써 미국 내에서의 공격이 어떻게 국내외의 테러리즘에 대한 서구의 억압적 대응을 위한 발판으로 활용됐는지를 연구했다. "아프가니스탄에서의 양민 학살, 미군에 억류된 자들에 대한 명백한 인권유린, 우리의 시민적 자유 억압은 9·11사태로 인해 모두 정당화되었다. 기억하라. 당신은 다 보았다. 수천 명이 죽었다" (Zehfuss 2003: 514; 여기 나오는 모든 참고문헌 인용은 별도 언급이 없는 한 이 논문에서 가져옴). 제푸스는 이것이 '테러와의 전쟁'을 형성하는 다양한 행위를 위해 활용되는 기억의 구성으로서 심각한 문제를 야기한다고 주장한다. 논문 제목이 보여주듯이 우리 모두 9·11 사태를 아예 잊어버리는 것이 실제로 더 나을지도 모르겠다.

제푸스는 이 전쟁이 사실상 알카에다(Al Qaeda)가 미국, 그리고 (또는) '서구'에 대해 벌인 '전쟁 행위'였는지 여부를 질문함으로써 이 주장을 옹호한다. 만약 그렇다면 안보를 지키기 위해 군사적 대응을 한 것이 적절했는가? 더 나아가, 테러공격으로 인한 불안감이 지나치게 과장된 것은 아니었나? (pp. 515-516). 제푸스는 현실주의 IR이론이 잘못된 것은 아니라고 주장한다. 그 이론은 우리에게 '이해하기 어려운 안보를 더욱 적극적으로' 규정하기 위해 국제정치에서 지배적인 힘을 거부하지 말고 받아들이라고 충고하기 때문이다. 예를 들면, 제푸스가 논문에서 다룬 또 다른 국가인 미국과 더불어 독일 등 여러 국가들에서는 9·11 사태 이후 "범죄와 테러 예방이라는 명목으로 국가에 의한 강력한 감시와 시민자유 축소 조치가 긴급하게 시행되었다" (p. 517). 이 모든 조치들은 9·11 사태가 '예외적'(p. 518)이라는 인식이 구성되었고, 예외적인 행위는 예외적인 대응을 요한다는 논리로 정당화된 것이 아닌가?

제푸스는 9·11 이후 조지 W. 부시 대통령의 담론에서 선량하고 영웅적인 민간인 희생자들인 '우리'를 공격한 '그들', 즉 야만적인 테러리스트들에 대한 '거친 타자화(othering)'를 발견한다 (p. 519). 제푸스는 더 나아가, 부시와 미국 정부 내의 조력자들, 독일, 그리고 기타 국가들이 행동으로써 방어해야 한다고 주장한 서구라는 공통의 정체성이 실은 바로 그 정체성의 핵심적 모습을 훼손하고 있다고 주장한다. 이는 포스트-모던의 아이러니다. 더 심오한 문제는 9·11 사태가 테러리즘에 대한 서구의 투쟁이라는 역사적 내러티브에 들어맞느냐는 것이다. 만일 9·11 사태가 특별한 사건이고 '새로운' 성격의 국제 테러리즘의 '시발점'으로 규정된다면, 전개된 일련의 행위들이 '단지 또 하나의 테러 공격'이나 '범죄'를 넘어 미국이 이미 관할권을 가지고 있고 책임을 져야 할 사건으로서 광범위한 대응들을 정당화하게 된다. 정체성과 역사에 대한 복잡한 설명을 풀어내기 위해 제푸스는 9·11 사태를 "'원인이 없는' 원인(an uncaused cause)"으로 규정하는 어려운 견해를 탐구하기 위해 데리다와 니체(Friedrich Nietzsche)로 돌아간다 (pp. 521-522를 참조할 것).

9·11 사태에 대한 제푸스의 연구는 걸프전에 대한 보드리야르의 연구와 맥을 같이 한다. 그들은 이러한 분쟁을 정당화하기 위해 행해진 종횡무진 횡보와 그 가능성의 조건들에 대해 재고해보기를 권한다. 이러한 맥락에서 포스트-구조주의는 엘리트들의 권위적인 정치적 내러티브와 그와 관련된 일련의 행위라는 형태로 우리에게 주어지고 대중매체에 의해 되풀이된 세계에 대한 상식이라고 생각되는 것들의 규범적 근거에 대해 탐구한다. 국가정체성, 역사, 전쟁, 안보는 모두 엘리트 담론 안에서 상징의 정치에 물들었고 '진실'이라는 아우라(aura)로 포장되었다 (이것이 담론의 '실감효과'이다). 홀로코스트, 두 번의 세계 대전, 베트남전쟁, 코소보 개입도 모두 이런 식으로 생각될 수 있다 (Edkins 2003 참조). 심지어는 '국가'라는 개념도 흔들릴 수 있으며 이에 대해서는 다음 부분에서 살펴보겠다 (Edkins and Zehfuss 2005도 참조할 것).

사례연구: '국가'의 해체

데브탁(Devetak 1995)의 북챕터인 '미완성 국가들(Incomplete States)'은 IR 내에서 포스트-구조주의 영향을 두 가지 방법으로 인식할 수 있게 해준다. 첫째, 유사성을 보여주는데, 그보다 중요한 것은 포스트-구조주의이론과 이 책에서 다룬 기타 포스트-실증주의이론들 간의 균열을 보여준다는 것이다. 둘째, 국가에 관한 IR 분야 담론의 인위성을 밝힌다는 점이다. 데브탁은 다음 단계와 같이 논의를 전개하고 있다.

1. **문제 영역을 판별한다.** 챕터의 서두에서 데브탁은 "**통치는 있으나 완성된 국가는 없다**"는 모순에 주목한다 (Devetak 1995: 19, 저자의 강조). 이러한 감각은 '완전히 형성되고 안정적인 행위자이며, 예측가능하게 안정적이며 불변하는 세계를 만들어내고 재생하는 우리의 직관적 생각'에 대해 의문을 갖는다는 점에서 IR 사고의 '두터운' 구성주의와 '포스트-' 형식 사고와 맥을 같이 한다 (Lapid 1997: 8).
2. **통치를 규정한다.** 데브탁은 통치의 개념을 정착된 국가의 존재 결과로서가 아니라 국가를 규정하고자 하는 지속적인 노력으로 보는 그의 통찰을 가능케 하는 저자들을 소개하고 있다. 그가 마키아벨리(Machiavelli)를 데리다와 나란히 활용하는 것은 기존의 상식을 뒤엎는다. 대체로 현실주의자들이 자조체제에서의 국가행동이론을 지원하기 위해 마키아벨리를 활용하기 때문이다 (Devetak 1995: 20-21).
3. **신현실주의, 신자유주의 IRT에 도전한다.** 데브탁은 그가 통치에 대한 개념을 발전시키는 데에 반면교사로 삼은 이론으로 신현실주의와 신자유주의를 지목하며, '완성된' 국가는 국제체제에서 제구실이 가능한 완전히 독립적인 단위로서 상호작용한다는 월츠의 낙관적인 가정을 파고든다. 데브탁은 월츠의 가정이 너무 과하다고 생각한다. 국가가 완성된 존재라는 가정을 결코 받아들일 수 없기 때문이다.
4. **비판이론적 접근을 소개한다.** 여기서의 주장은 '(국가) 내부'를 이해하기 위해서는 국가의 '외부', 즉 국가들이 상호작용하는 '국제적' 영역을 제공하는 모든 다양한 제도들과 환경을 이해해야 한다는 것이다 (Devetak 1995: 25). 데브탁은 국경은 명확하게 규정된 영토뿐 아니라 사회적 힘도 필요로 한다고 주장한다. 오로지 영토에만 집중하여 사회적 힘을 간과하는 것은 역사적으로 만들어진 국경에 대한 '동시대적이고 잠정적인' 본질을 잘못 해석한 것이다 (ibid.: 25-26). 그러므로 '주권'이라는 개념이 의문시되는

경우, 이를 무엇이 내부적이고 무엇이 외부적인 것인가를 판단하는 기준으로 보기에 불충분해진다 (ibid.: 27–28).

5. **포스트구조주의와 국가.** 데브탁은 우리가 '안'과 '밖'의 경계를 허물 때 감안해야만 하는 '역동적이고 지속적인' 국가 형성 과정을 주장하기 위해 헤겔(G. W. Friedrich Hegel)을 원용한다 (ibid.: 29). 비판이론 영역으로부터 해체로 옮겨가는 것은 이처럼 '내부/외부' 구별을 뒤집음으로써 가능해진다. 데브탁은 캠벨, 애쉴리, 푸코 등의 저자들을 활용하여 국가라는 것이 완성된 적이 없는 존재임을 보여주었다. 그는 대외정책 담론들이 국가를 형성하는 데 도움이 되며, '국가가 완전히 구성된 이후'에는 국가가 그러한 담론에 의지하지 않는다고 주장한다 (ibid.: 32).

통치의 역동성에 대한 데브탁의 해석은 포스트-구조주의 국제관계이론의 탁월한 사례이다. 이는 국경, 주권, 국가 같은 사안에 대해 계보학적 접근을 함으로써 비판이론을 뛰어넘는다. 이는 또한 구성주의적 감수성도 이용하여 IRT의 산만한 환경에 내재하는 역사적으로 돌발적인 본질을 규명하기 위해 근본적으로 새로운 접근을 시도했다. 포스트-구조주의자들에 의하면, 현재 IR 분야에서 보편적인 언어적 도구는 국제관계의 진정한 복합성을 이해하는 데에 쓸모가 없을지도 모른다.

생각해 볼 문제들

"계보학적 접근이 IR 연구에 어떤 도움을 줄 수 있는가?"

이 질문은 여러분에게 IR 계보를 만드는 것이 어떤 혜택과 비용을 요하는지에 대해 생각하게 할 것이다. 여러분이 해야 할 첫 번째 일은 (가장 이상적으로는) 푸코의 연구를 활용하여 '계보학적 접근을 하는 것'이 어떤 의미인가에 대해 설명하거나 최소한 캠벨, 스미스, 애쉴리 등의 글을 통해 그의 견해를 요약하는 것이다. 그 외에도 거론할만한 사람들이 여럿 있다.

에세이의 핵심 용어를 규정한 다음에는, 계보학이 IR에 줄 수 있는 혜택이 무엇이라고 생각하는지에 대해 설명해야 한다. 위에 언급한 저자 모두가 (그리고 여러 '두터운' 구성주의자들도 포함하여) 일부 세부적 논의에서 인용될 수 있으며, 그 중 가장 훌륭하다고 생각되는 서너 명 정도를 중심으로 여러분의 답안을 작성하면 좋을 것이다. 새로운 개념을 (예를 들어, '진실의 레짐' 같은) 소개하거나 '담론' 등의 기술적 용어를 사용할 때에는 독자를 위해 그러한 용어들을 간단히 정의하도록 하라. 계보학적 접근이 어떻게 실제에 적용될 수 있는지를 보여주고 그것이 생산해내는 지식의 유형을 보여주기 위해 위에 나온 데브탁의 사례연구를 활용할 수도 있다.

가장 좋은 에세이는 장점만 논하는 데서 그쳐서는 안 된다. 계보학이 뜻 모를 전문용어로 가득 찬 헛소리거나 전쟁, 평화의 잠재성, 국제안보, 환경 등 IR의 '진정한' 관심사로부터 벗어난 위험한 이론이라고 생각하는 저자들의 주장을 파악하여 포스트-구조주의적 접근에 대한 '반격'도 거론해야 한다. 여러분이 논쟁의 양면에 대해 인지하고 있음을 보여주는 것이 여러분이 광범위하게 읽었다는 것과 핵심 저자들의 모순된 입장을 평가할 비판적 능력을 갖추었다는 것을 보여줄 것이다. 염두에 두어야 할 중요한 것은 질문들을 비교하고 대조하려면 여러분 입장에서 평가를 내려야 한다는 것이다. 논쟁에서 여러분의 입장을 정하지 않으면 상위권 점수를 받기는 어려울 것이다.

"여러분은 왜 일부 IR 학자들이 '포스트-구조주의'에 대해 적대적이라고 생각하는가? 그러한 적대감은 정당한가?"

이 질문에 답하기 위해서는 우선 '포스트-구조주의'에 대해 확고한 정의를 내려야 한다. 이를 위해서는 우선 이 어려운 용어를 정의한 저자들을 찾아서 그들의 생각을 따라야 한다. 포스트-모더니즘과 같은 다른 경쟁적 용어들에 대한 간단한 분석도 포함시키고 왜 그 용어들을 선택하거나 선택하지 않았는가를 설명하는 것도 좋다. 그러나 여러분이 그 용어로 무엇을 의미하고자 하는지 채점자가 정확히 알 수 있도록 해야 한다.

다음 작업은 (너무 많은 분량을 잡아먹지 않게 간략히) 포스트-구조주의는 물론, 무엇보다도 일부 IR 학자들에 의해 제기된 비판에 대해 충분한 지식을 가지고 있다는 것을 입증해야 한다. 캠벨의 교과서 챕터에서 (Campbell 2007) 그는 포스트-구조주의를 비판한 다섯 명의 저자들을 거론하고 있는데, 비판자가 적은 숫자가 아니다. 단지 그들이 말한 내용뿐 아니라 왜 그렇게 말했는가를 알아야 한다. 그러므로 그들의 원저를 읽고 요약해보라. 몇 명이나 다룰지는 제한 단어수와 (에세이) 제한 시간에 (시험) 달려있다. 비판을 주제별로 묶어서 분류해도 된다. 주제별 분류는 학문 분야로서의 IR에 대한 포스트-구조주의의 적절성의 문제, 윤리적 함축성 (다양한 형태의 상대주의로 빠지는 경우), 정책적 함의를 포함하여 국제관계 실천에서의 적절성 등이다. 정책결정자들은 흔히 추상적인 이론화가 국제관계에서 무엇을 '행하는 것'으로부터 주의를 분산시킨다고 비판하기도 한다.

비판 다음에는 그 비판들이 포스트-구조주의 IR에 어느 정도 충격을 가하는가를 평가해야 한다. 그들은 포스트-구조주의 운동을 정확하게 평가하고 있는가? 비판들이 이 거대한 지적인 운동을 무시함으로써 IR의 본질을 오해하고 있는 것은 아닌가? 제푸스나 데브탁 같은 저자들은 IRT에서 포스트-구조주의적 개입에 대한 그들의 우려에 대해 어떻게 말하고 있는가? 에세이의 서두와 말미에 여러분의 핵심 주장, 즉 그러한 비판에 동의하는가, 동의하지 않는가에 대해 분명히 해야 한다는 점을 명심하라.

추가 읽을거리

푸코와 데리다 같은 저자들의 원저를 읽기 전에 그들의 사상에 대한 입문서를 보는 것이 좋다.

Artese, B. (2010) 'An Introduction to Poststructuralism'. Comes in three 10-minute parts. Part 1 (31 March): www.youtube.com/watch?v=6d-7ReYQkUc. Part 2 (31 March): www.youtube.com/watch?v=bpcCmaxThsY. Part 3 (1 April): www.youtube.com/watch?v=EqOVlE0C64g (2016년 8월 23일 접속).

Hoy, D.C. (1986) *Foucault: A Critical Reader*. Oxford: Basil Blackwell.

The School of Life (2015) 'Philosophy: Michel Foucault', www.youtube.com/watch?v=BBJTeNTZtGU (2016년 8월 23일 접속).

Danaher, G., Schirato, T. and Webb, J. (2000) *Understanding Foucault*. London: Sage.
특히 담론과 제도에 관한 제3장과 권력에 관한 제5장을 보라.

Andersen, N.A. (2003) *Discursive Analytical Strategies: Understanding Foucault, Koselleck, Laclau, Luhmann*. Bristol: The Policy Press.

Foucault, M. (1991) 'Truth and Power', in P. Rabinow (ed.) *The Foucault Reader: An Introduction to Foucault's Thought*. London: Penguin, pp. 51–75.

Foucault, M. (1977/2007) *Security, Territory, Population: Lectures at the Collége de France, 1977–78*, trans. G. Burchell. Basingstoke: Palgrave Macmillan.

Stocker, B. (2006) *Derrida on Deconstruction*. Abingdon: Routledge.

Baudrillard, J. (1994) *Simulacra and Simulation*, trans. S. Glaser. Ann Arbor, MI: University of Michigan Press.
포스트-모더니즘에 대한 프랑스 사회학자의 고전적 연구.

Moi, T. (ed.) (1986) *The Kristeva Reader*. Oxford: Basil Blackwell.
독자를 크리스테바(Julia Kristeva)의 저작으로 인도한다.

Barthes, R. (2009) *Mythologies*. London: Vintage Classics.
상징과 언어에 대한 포스트-구조주의 연구. 이 고전적 교재에는 다양한 버전들이 있다.

Vucetic, S. (2011) 'Genealogy as Research Tool in International Relations', *Review of International Studies*, 37(3): 1295–312.

Chomsky, N. and Foucault, M. (2007) 'Chomsky vs. Foucault', www.youtube.com/watch?v=kawGakdNoT0, 17 April (접속일: 2016년 8월 23일).
사회적 조직과 '권력'의 무정형적 속성에 대한 논쟁

Ransom, J.S. (1997) *Foucault's Discipline: The Politics of Subjectivity*. Durham, NC: Duke University Press.

Lloyd, M. and Thacker, A. (eds) (1997) *The Impact of Michel Foucault on the Social Sciences and Humanities*. Basingstoke: Macmillan.

상징, 담론, 해체에 관하여

Bolton, C. (2012) 'Animating Poststructuralism', 9 November, www.youtube.com/watch?v=6a2dLVx8THA (접속일: 2016년 8월 23일).

언어 속에서 그것이 상징하는 대상을 나타내는 단어 문제를 포함하는 구조적 언어학에 대한 훌륭한 설명이다.

Bloom, H. et al. (1979) *Deconstruction and Criticism*. New York: The Seabury Press.

해체 개념을 지지하는 5명의 선구적 저자들의 에세이 모음.

Norris, C. (1993) *Deconstruction: Theory and Practice*. London: Routledge.

데리다, 니체, 마르크스, 비트겐슈타인 등의 저서에 분명하게 나오는 해체에의 의지에 대한 철저한 개요.

Nealon, J.T. (1993) *Double Reading: Postmodernism after Deconstruction*. Ithaca, NY: Cornell University Press.

Burnham, P., Gilland, K., Grant, W. and Layton-Henry, Z. (2008) *Research Methods in Politics*, 2nd edn. Basingstoke: Palgrave Macmillan.

담론 분석에 대한 서론이 담긴 10장을 보라.

Howarth, D. (1995) 'Discourse Theory', in D. Marsh and G. Stoker (eds) *Theory and Methods in Political Science*. Basingstoke: Macmillan, pp. 115–133.

이상하게도 이 유명한 교재의 2판에는 담론 관련 이론이 없다.

Milliken, J. (1999) 'The Study of Discourse in International Relations', *European Journal of International Relations*, 5(2): 225–254.

Fairclough, N. (2000) *New Labour, New Language?* London: Routledge.

비판언어학적 관점에서 신노동당(New Labour)의 국내외 정책적 담론을 분석하고 그들의 선언, 의회제안서, 정책연설이 그들의 청중들을 어떻게 세계에 대해 이해시켰는가를 보여준다.

Wodak, R., de Cillia, R., Reisigl, M. and Liebhart, K. (2003) *The Discursive Construction of National Identity*, trans. A. Hirsch and R. Mitten. Edinburgh: Edinburgh University Press.

국가정체성 형성을 연구하기 위해 어떻게 비판적 담론 분석 방법을 사용하고 그 방법을 오스트리아의 사례에 적용한 좋은 자료다.

Edkins, J., Shapiro, M. and Pin-Fat, V. (2004) *Sovereign Lives: Power in Global Politics*. New York: Routledge.

포스트-구조주의와 국제관계이론/정치학에 대한 보다 전반적인 것을 보려면

Hay, C. (2002) *Political Analysis: A Critical Introduction*. Basingstoke: Palgrave. See Chapter 7.

Keeley, J.F. (1990) 'Toward a Foucauldian Analysis of International Regimes', *International Organization*, 16(1): 83–105.

van der Ree, G. (2014) 'International Relations 10: Poststructuralism', www.youtube.com/watch?v=0IVSA2mETqM (접속일: 2016년 8월 23일).

Walker, R.B.J. (1995) 'International Relations and the Concept of the Political', in K. Booth and S. Smith (eds) *International Relations Theory Today*. Cambridge: Polity Press, pp. 306–327.
국제관계학에서의 '안/밖' 이분법을 해체하고 국가중심이론을 재검토한다.

Munslow, A. (2007) *Narrative and History*. Basingstoke: Palgrave Macmillan.
어떻게 역사가 우리에게 의미 있게 되는가를 검증하기 위해 푸코와 다른 이론가들을 이용하여 상징의 메커니즘을 탐구한다. '팩트'의 개념을 재평가하고 있으므로 사회과학의 철학에 대한 광범위한 독서에 유용하다.

Renwick, N. and Krause, J. (eds) (1996) *Identities in International Relations*. Basingstoke: Macmillan.

Devetak, R. (2005) 'The Gothic Scene of International Relations: Ghosts, Monsters, Terror and the Sublime after September 11', *Review of International Studies*, 31(4): 621–645.
사상과 실천 분야로서의 국제관계학 형성에 있어서 언어, 상징, 표상의 중요성을 강조한다.

Ashley, R. (1988) 'Untying the Sovereign State: A Double Reading of the Anarchy Problematique', *Millennium: Journal of International Studies*, 17(2): 227–262.

Ashley, R. (1988) 'Living on Border Lines: Man, Poststructuralism, and War', in J. Der Derian and M. Shapiro (eds) *International/Intertextual Relations: Post-modern Readings of World Politics*. Lexington, MA: Lexington Books.

Der Derian, J. (1995) 'A Reinterpretation of Realism: Genealogy, Semiology, Dromology', in J. Der Derian (ed.) *International Theory: Critical Investigations*. Basingstoke: Macmillan, pp. 363–396.

13장 탈식민주의

핵심용어

- 담론
- 제국
- 민족
- 정체성
- 지식
- 권력
- 종속(subaltern)

> 탈식민이라는 용어 자체가 논쟁과 논란의 대상이 되긴 했지만, 그동안 막연하게 탈식민주의이론으로 분류되었던 학문 출범의 결정적인 계기는 우리의 현재적 사회적 현실에 대한 이해를 위해 **식민주의**의 역사와 정치를 전면으로 부각시킨 것이다. (Biswas 2016: 221)

페미니즘이나 포스트-구조주의와 같이 탈식민주의(Postcolonialism)도 비교적 늦게 국제관계이론(IRT)에 참여한 이론으로서 1980년대 후반과 1990년대 이후 큰 주목을 끌었다. 여러분이 이 책의 앞부분에서 다룬 각각의 IR 이론들을 모두 읽었다면 그 이론들 중 가장 크게 들린 목소리가 누구의 것인가를 자문해 보라. 주류 IR은 거의 서구의 백인 남성들 (주로 특권층의)에 의해 발전하고 가르쳐지고 실행되어 왔다고 주장된다. 이는 페미니즘 학문에서도 뚜렷이 부각되는 점인데 단지 페미니즘에 국한된 현상은 아니다. 탈식민주의는 주제 내용과 실증주의 인식론적 주장이라는 측면에서 본 IR 분야의 맹점에 대해 언급함으로써 기존 국제관계학 내에 잠재된 편견을 노출시킨다. 탈식민주의는 '공식적 식민통치 시기가 지났음에도 불구하고 인종, 계급, 성의 식민지적 위계질서가 잔존하고 있음'을 강조한다 (Sylvester 2014: 185). 라마크리쉬난(A.K. Ramakrishnan)은 "탈식민주의는 표상과 인식의 영역을 이해하는 데 유용하다. 탈식민주의를 표방하는 것은 국제정치경제 언어의 통제를, 비록 그 과정은 아니더라도, 해소하기 위한 프로젝트로서 가치가 있다" (Ramakrishnan 1999: 163). 뒷부분에서 보게 되겠지만 우리는 탈식민주의가 마르크스주의나 포스트-구조주의와 강력한 유사성이 있을 뿐 아니라 (서구의) 페미니즘과도 교감하고 있음을 발견할 수 있다.

페미니즘 학자들은 IR에서 여성들은 어디에 있느냐고 묻는다. 마르크스주의자들은 IR에서 계급은 어디에 있는지 질문한다. 이에 비해 탈식민주의 학자들은 민족적 다양성은 어디에 있으며 오늘날 세계에서 사라진 제국이 비공식적으로 잔존하며 억압하는 형태는 무엇인지 묻는다. 탈식민주의는 다학제간 성격의 이론으로서 이 분야 주류에서 너무 오랫동안 간과해온 인종과 민족이라는 글로벌 구조를 강조하며 IR이 세계를 표현하는 지배적인 방법인 권력관계를 탐구한다. "포스트-모던주의와 탈식민주의는 좋든 나쁘든 해방의 의미와 그에 따른 결과 탐구와 밀접히 얽혀있다" (Kadir 1995: 20). 탈식민주의자들은 대체로 합리적이고 개화된 것으로 간주되던 유럽 제국주의적 질서가 세계의 상당부분에 대한 착취, 소외, 억압을 불러일으킨 식민주의에 대한 공식적, 비공식적 관행을 비판하는 규범적 연구에 치중한다. 그들은 뿌리깊은 위계질서를 파악하고 그것을 비판하는 일에 관심을 갖고 있다.

국제관계이론에 합류한 다른 '포스트-' 이론들처럼 탈식민주의도 단순한 범주화가 쉽지 않다 (Abrahamsen 2007; Mishra and Hodge 2005: 379). 수기르타라자(R.S. Sugirtharajah)가 썼듯이, "탈식민주의는 본질적으로 학제간 연구의 성격을 가지고 있으며, 외형적으로는 다원주의적이다. 이 이론은 불의를 파헤치고 기성 제도에 의문을 제기하며 소외된 자들의 삶에 관련된 새로운 지식을 창출해내는 모든 종류의 방법론과 학문적 분야에 관심을 갖는다" (Kumar 2011: 654에서 인용). 탈식민주의 저자들은 문학이론, 철학, 역사는 물론 인류학과 민속학의 새로운 접근들에서 영감을 받는다. 일반적인 IR과 마찬가지로 탈식민주의도 그들만의 '주제의 문제'가 있는데 이는 "탈식민주의이론이 단일한 '문제'에 관심을 가지는 것이 아니기 때문이다" (ibid.: 665). 그러나 대체로 탈식민주의는 행동주의적이다. 어떠한 형식을 취하든 탈식민주의는 "과거의 반식민주의 투쟁을 새로운 방법으로 지속해나간다" (Young, Huggan and Tiffin 2008: 8에서 인용).

이 장에서는 주로 사이드(Edward Said)의 저서를 활용하여 탈식민주의의 역동성을 탐구해나갈 것이다. 그러나 그의 저서는 이 풍요로운 학제간 연구의 전통을 보여주기 위해 우리가 활용할 수 있는 수많은 저서 중 하나일 뿐이라는 것을 염두에 두어야 한다. 다른 모든 이론들과 마찬가지로 탈식민주의에도 비판자와 지지자(예를 들어, Eagleton 1998)가 있다. '식민지 권력관계에 대한 역사적, 현대적 일련의 탐구들'이라는 솔터의 간결한 정의는 (Salter 2010: 129) 탈식민주의가 어떻게 IR에 적용되는가를 잘 보여주고 있다. 이는 우리가 탈식민주의를 살펴보는 데 있어서 좋은 토대가 된다. 이 장은 사이드의 기념비적 저서 『오리엔탈리즘(*Orientalism*)』 검토를 통해 탈식민주의 정서를 구성하는 주제들의 상호작용을 논의하는 것으로 시작할 것이다. 두 번째 부분은 사이드의 저서를 활용하여 언어, 담론, 탈식민주의의 이슈들을 검토할 것이고, 세 번째 부분은 탈식민주의 사상이 제공한 방법론을 활용하여 IR의 '커다란' 이슈들을 재평가한 일부 저서들을 통해 탈식민주의가 어떻게 IRT에 진입하게 되었는가를 살펴볼 것이다.

사이드의 자극 효과: 『오리엔탈리즘』

1978년에 사이드는 '서구'가 '나머지' 세계에 대해 주워 모은 정보로 서구의 이익을 추구하기 위해 일련의 실행을 통해 어떻게 '나머지' 세계를 배치하고, 활용하고, 지배했는가를 연구한 『오리엔탈리즘』을 출판했다. 이 책의 서문에서 사이드는 그가 이 책을 저술하게 된 진보적인 명분을 설명했다. "역사는 남성과 여성에 의해 만들어졌다. 파괴될 수도 있고 다시 쓰여질 수도 있다. 역사 속에는 항상 여러 가지 침묵과 누락이 있고 강요된 모양새와 관용된 왜곡도 있다. 그래서 '우리의' 동양, '우리의' 동방은 소유하고 지배하기 위한 '우리 것'이 되었다" (Said 2003: xii).

탈식민주의 사상의 시금석이 된 이 책에서 우리는 후에 탈식민주의 국제관계이론에 합류하게 되는 여러 핵심적 특징들을 발견할 수 있다 (그의 『문화와 제국주의[*Culture and Imperialism*]』 [1994]도 참조할 것).

- **그게 아닐 수도 있다**. 구성주의자들은 우리가 당연하게 여기는 '무정부상태' 같은 국제체제의 구조가 사실은 국가들에 의해 만들어진 것이라는 생각을 부각시키려 한다. 포스트-구조주의자들은 (이 책의 앞 장에 나오는 '통치' 부분 참조) 더 나아가 국가라는 개념이 세계라는 무대에서 끊임없이 재창조되고 새롭게 각색된다고 주장했다. 사이드는 과거를 '옛날 거기에'라고 지칭하는 것이 역사에 대한 우리의 설명이지만 실은 최종 분석단계에서는 과거 자체를 그대로 재현하는 것이 아닌 그저 과거에 대한 표상일 뿐이라는 것을 강조함으로써 국제적 삶의 우연성에 대한 우리의 이해를 강화했다. 이 책에 나오는 마르크스주의와 포스트-구조주의적 요소들은 매우 평이하다. 사이드는 기록된 역사를 표상으로 간주하며 '행위자가 만든 역사'라고 강조했다 (Teschke and Cemgil 2014: 607). 그는 역사가 항상 대화의 한 부분이며 우리가 역사를 기록함에 있어서 우리의 기표(記表, signifier: 단어들)와 기의(記意, signified: 성격, 사건, 주제, 이슈, 기타 해프닝들) 간의 차이로 인해 역사는 항상 실제적으로도 잠재적으로도 유동

적이라고 말했다 (Daddow 2006도 참조할 것). 모든 사회적 규범들이 그러하듯이 우리가 그렇게 할 수 있는 수단과 상상력과 의지를 갖고 있다면 이러한 사건들도 '없애거나 다시 쓰여질 수도' 있다. 새로운 자료들이 드러나고 과거의 '의미'를 조명하는 새로운 개념적 안목과 이념적 의제들이 과거를 새롭게 해석하는 데 기여할 수 있고 과거의 의미를 현재에 만들어낼 수도 있다. 이런 모든 것을 고려했을 때 "스토리는 단지 표상의 일면일 뿐이고 항상 다른 쪽 면이 존재한다" (Teschke and Cemgil 2014: 622).

사이드는 '오리엔트'라는 용어를 세계의 다양한 지역, 특히 중동과 아프리카, 아시아의 지역들에 적용했다. 용어란 그 시대의 것이다. 오늘날 '서구'와 '나머지 세계'는 여러분에게 무슨 의미인가? 지리, 정치, 경제, 문화, 정체성으로 분류되는 것인가?

- **'우리의 것'은 '그들의 것'이 아니다.** 탈식민주의자들은 세계가 어떻게 작동하는가, 즉 실제로 움직이게 만드는가에 대해 누가 우리에게 말해주는지를 조사한다. 사이드는 지난 2세기 동안 서구 학자들이 글로벌 문명연구, 범주화, 교육을 장악한 상황에서 대체로 서구가 '나머지'에게 말해왔다고 주장한다. 이 과정에서 서구의 목소리가 나머지 세계를 지배했다. 서구가 자신들만의 스토리를 가지고 있는 '나머지' 토착민족들을 대표하게 되어 아무 데도 기록되지 못한 경우 그들만의 스토리는 사라져버렸다. 서구인들이 다른 민족들의 특성과 정치, 문화에 대해 말하는 것은 다른 세계의 실제적 삶을 반영했다기보다는 서구인들의 신념과 편견을 말한 것이다.

우리는 11장에서 탈식민주의 페미니스트들이 서구 페미니스트들의 저서가 전 세계 페미니스트들이 같거나 적어도 비슷한 관심을 공유한다고 한 것에 대해 비판적이었음을 보았다. 페미니즘 운동 내부의 이러한 논쟁은 여러분에게 탈식민주의적 의제, 즉 다양성에 대한 인식을 촉진하도록 해준다.

- **담론이 힘이다.** 이 말은 탈식민주의와 비판이론 및 포스트-구조주의 간의 또 다른 유사성을 지적하고 있다. "서양과 동양의 관계는 힘과 지배, 그리고 다양한 수준의 복합적 헤게모니로서 … 동양에 대한 진정한 담론이 아니라 동양에 대한 유럽-대서양 세력의 우위를 상징한다" (Said 2003: 5-6). 사이드는 서구가 나머지 세계에 대해 내놓은 공평한 과학적 담론이라고 간주되는 것들 속에 연구의 대상인 '나머지 세계'에 대한 박해보다도 더 심각한 복잡한 지배 메커니즘과 제국주의적 사고방식이 존재한다는 것을 발견했다. 이러한 사고방식은 비서구 세계의 삶의 '현실'에 심대한 불공평을 야기한다. 여기서 우리는 앞 장에서 살펴본 푸코에게 빚진 바가 크다. '동양'은 반복되는 일련의 담론을 통해 구성되었으며 그것이 '경험되고 다루어지는' 방법에 지대한 영향을 미쳤다 (Varadarajan 2009: 296).

언어, 담론, 탈식민주의

> 탈식민성은 힘의 새로운 레짐 안에서 꺾이지 않는 식민주의가 일탈적인 열정으로 자기복제된 무자비한 식민주의의 일그러진 흉물이다. (Kadir 1995: 19)

페미니즘 학자들은 역사를 통해 현재까지 남성이 가부장적으로 여성을 지배한 것을 직접적으로 언어에 연루시킨다. 그들의 비판 중 상당 부분은 남성적 특징/여성적 특징을 비교하기 위한 언어의 이분법적 대조에 관한 분석을 포함하고 있다. 예를 들어, '합리적/비합리적', '초연함/헌신', '무자비함/동정'의 이분법을 보자. 각각의 경우에서 전자가 특권적이고 긍정적인 남성적 특성을 나타내는 서구식 설명과 연관되는 것은 우연이 아니다. 후자인 여성적 특징은 그다지 높게 평가되지 않으며 따라서 보편적 기준이나 인류의 기준은 기본적으로 남성적 기준이다. 과학적 방법론에서부터 자조적

심층 분석 13.1 『오리엔탈리즘』에서 '힘'

『오리엔탈리즘』의 서두 부분에서 사이드는 '동양'에 대한 담론에 영향을 미치는 다양한 힘(power)의 차원을 언급한다 (Said 2003: 12).

1. 정치적 힘: 해외 영토를 지배하기 위해 식민구조를 설립한다. 중심국의 이익을 위해 경제적 사회적 체제를 준비하기 위하여 '중심' 국가에서 행정 엘리트들을 '주변국'에 보낸다. 이것은 국제체제 내에서 다른 국가들을 복종시키는 제국주의 국가들의 억압적 힘이며 주로 제국주의 국가들의 경제, 안보, 지정학적 야망을 돕기 위해 기능한다.
2. 지적인 힘: 언어학자, 역사학자, 인류학자, 과학자 등에 의한 동양 연구를 통한 종속을 말한다. 서구와의 관계 안에서 '나머지 세계'를 측정, 명명, 서열화, 배치하는 것을 포함한다 (아래 부분을 보라).
3. 문화적 힘: 정통성, 취향의 표준, 문자, 가치 등을 포함하며 국제관계에서의 '소프트' 파워 실행을 말한다.
4. 도덕적 힘: 누가 '우리'이며 누가 '그들'인가, 그리고 '우리'와 '그들'은 어떻게 생각하는가에 대한 개념이다. 언어(담론)에 함축되어 식민지 주민들을 묘사하고 평가한다.

힘에 대한 사이드의 개념은 푸코주의적이다. IR이 학문으로 정착되던 시절에는 억압적 힘에 초점을 두었다. 예를 들어, 한 국가가 원하는 것을 실현하기 위해 다른 국가를 위협하거나 실제로 힘(정치적 힘)을 사용하여 강제했다. 푸코와 사이드에게 있어서 힘은 그보다 생산적 의미다. 힘이란 타자에게 세상이 움직이는 방법을 말해주는 우월한 지위에서 나온다. 즉, 힘은 지식에서 나온다는 것이다. 사이드가 위에서 말한 힘의 유형에서 첫 번째 차원은 억압적이다. 나머지 셋은 생산적이며 『오리엔탈리즘』의 상당 부분을 이들 차원에 할당하고 있는 것이 우연이 아니다.

국제체제 안에서 움직이는 단일한, 안보를 추구하는 합리적 행위자로서의 국가의 특성에 이르기까지 언어는 모든 것에 스며들어 있다.

서로 다른 이론들이 잘 알려진 국제관계이론을 규정하거나 비판하기 위해 같은 방법을 사용하고 있다는 것을 발견하면 메모해두기를 바란다. 명백하게 다른 이론적 전통들에서 유사성을 발견하게 도와줄 것이기 때문이다.

애쉬크로프트(Bill Ashcroft), 그리피스(Gareth Griffiths), 티핀(Helen Tiffin)은 제국주의적 억압의 일부는 "힘의 위계질서가 영속화되는 매개체이며, '진실', '질서', '현실' 같은 개념들이 정립되는 매개체인 '언어 통제'를 통해 일어난다"고 주장한다 (Ashcroft, Griffiths and Tiffin 1994: 7). 그들의 책은 영어가 원주민들에 의해 사용 언어와 문자로 채택되어 혁신적이고 새로운 문학의 형태로 나타나게 됨에 따라 탈식민주의가 어떻게 자극을 받았는지에 대해 추적한다. 마르크스주의가 반(反)세계화 운동의 이론적 작업뿐 아니라 실천적 행동에 영향을 준 바와 같이 (Gill 2008), 탈식민주의 픽션, 시, 일기, 기타 증언들은 '식민주의와 탈식민주의의 본질에 대한 중요한 정보의 원천'이 된다 (Sylvester 2014: 185).

언어에 대한 통제는 어떻게 시행되었는가? 사이드는 서구의 이론가들이 전통적으로 한 편에는 '유럽' (역사적으로 '서구'를 대신하던), 그리고 다른 한 편에는 '동양'의 특징을 구분하기 위해 사용한 담론 안에 설정된 이분법적 대조에 대해 기록했다 (Said 2003: 40). 『오리엔탈리즘』의 원본에는 탈식민주의에 대한 언급이 전혀 없었음에도 불구하고, "이 저서는 학자들에게 동양학적이고 자기만족적이며 식민주의적인 담론 (그 안에는 타국을 옥죄기 위한 뿌리 깊은 유럽의 강요가 내재함)과 상당히 모험적이고 호전적인 반식민주의적 투쟁에 관한 담론 양쪽 모두를 언급하고 해석하는 근거를 제공했다" (Mishra and Hodge 2005: 375). 표 13.1은 사이드의 이분법적 대조를 보여준다.

사이드는 우리가 언어에 주의하기를 권고한다. 우리는 언어를 통해 우

표 13.1 사이드의 이분법

유럽적인	동양적인
합리적	비합리적
도덕적	타락한
성숙한	유치한
정상적	특이한

리 자신과 타인을 표현하는데 만일 이렇게 정체성을 구성하는 과정이 편견 위에 성립된다면 위험스런 함의를 가질 수 있기 때문이다. 프루엣(Gordon Pruett)이 언급하였듯이, "서구의 정체성, 특히 그 우월감은 자신이 아닌 것을 폄하하는 데서 나온다. 그러한 견해가 개인에게 적용된 하나의 용어가 인종차별이다" (Ramakrishnan 1999: 156에서 인용). 동양학 담론에서 유럽적 특성은 긍정적으로 생각되는 반면, 동양학적 특성은 비판받거나 평가절하된다. 심지어는 동양에 대한 이런 묘사도 우리의 표현에 반영된 위계적 폭력을 너무 가볍게 표현한 것일 수도 있다. 표 13.1은 '다름'의 속성이 어떻게 일련의 '힘'의 관계에 스며들어 있는지 보여줄 수 있도록 도표 13.1처럼 재구성되어야 할 것이다.

사이드와 탈식민주의자들은 시대를 초월한 이 특성들이 '현실'에서 갖는 근거는 무엇인가, 그리고 그에 반대되거나 대조되는 용어보다 우대받는 것의 윤리에 대해 의문을 제기한다. 도표 13.1에서 우리는 유럽적인 특징이

도표 13.1 사이드 이분법의 실질적 효과

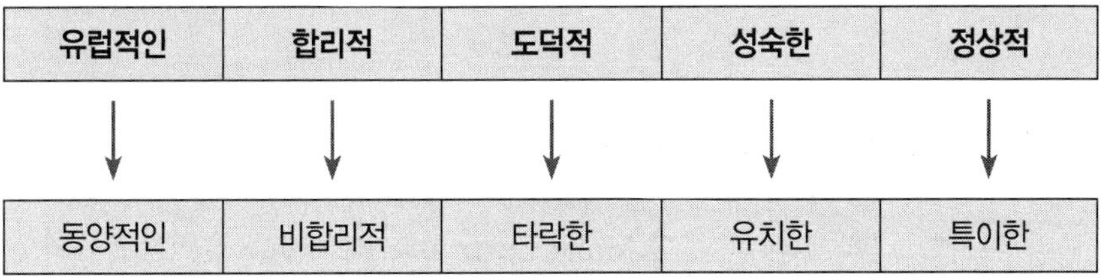

도표 13.1에서 어떻게 '동양적인' 것이 '비합리적' 것으로 되는지에 주목하라. 이는 남성성과 여성성에 대한 성의 담론에서 여성적 특징이 경시되는 것과 너무나 흡사한 방식이다. 유럽인은 그들이 보다 남성적이기 때문에 동양인들보다 '낫다'고 여겨진다.

동양적인 특징에 비해 더 강하고 (대담하고) 상위의 개념으로 간주됨을 보았다. 유럽적인 것은 개명한 것이라고 간주되었다. 언어의 관행과 '서구'에 의한 새로운 포스트-모던 지배형식에 의한 이러한 가정과 나머지 세계에 부과된 다양한 종속과 침묵은 탈식민주의 저자들에 의해 세세하게 분해되어 비판적 검증에 붙여졌다.

탈식민주의 국제관계이론

지금까지 우리는 오리엔탈리즘에 관한 사이드의 저서를 사용하여 지적 운동으로서의 탈식민주의의 학제간 연구 성격을 살펴보았다. 우리는 탈식민주의와 포스트-구조주의의 유사성을 확인하기 위해 언어와 담론의 이슈에 주목했다. 또한 포스트-구조주의는 해방적 의제와 비판적 논점에서 마르크스주의, 페미니즘, 여러 유형의 비판이론들과 많은 점을 공유하기도 한다. 다음 질문은 IR 학자들이 어떻게 탈식민주의적 통찰력과 방법론적 도구를 사용했는가 하는 점이다. 이에 대해 1962년 10월에 있었던 쿠바 미사일 위기 당시 쿠바의 역할에 관한 사례연구에서 해답을 찾고자 한다.

쿠바 미사일 위기에 대한 재평가

쿠바 미사일 위기에 대한 래피(Mark Laffey)와 웰즈(Jutta Weldes)의 논문은 (Laffey and Weldes 2008) 탈식민주의가 국제관계이론에 어떻게 반영될 수 있는지를 보여준다 (이 부분에 나오는 인용 페이지는 따로 언급하지 않는 한 모두 이 논문에서 가져온 것들이다). 래피와 웰즈는 국제정치와 역사를 배우는 모든 학생들에게 잘 알려진 쿠바 미사일 위기로 이야기를 시작한다. 이 사건은 1962년 10월에 러시아가 쿠바에 핵미사일을 배치하면서 발생한 미국과 러시아 간의 대결에 관한 것이다. 두 나라는 팽팽한 위기외교를 통해 가까스로 국제적 핵 파멸을 방지할 수 있었다. 사건의 주 행위자의 말처럼 "간단히 말해 쿠바 미사일 위기에서 쿠바는 문제가 아니었다" (p. 555). 그러나 1990년대에 이러한 견해는 도전을 받기에 이르렀는데, 1989~1991년 기간에 걸쳐 미국, 러시아, 쿠바의 학자들이 세 나라에서 수차례의 회의를 개최했다. 회의의 목적은 그 위기에서 쿠바, 특히 혁명 지도자 카스트로의 역할을 이해하는 데 도움이 될 구술사를 작성하기 위한 것이었다. 수많은 논란의 대상이 되었던 그는 2016년에 사망했는데 그의 부고 또한 극과 극을 오갔다. 메시지의 의도는 분명했다. "비판적 구술사를 만들어내고자 하는 노력은 탈식민주의를 문학에 연루시켜서, 이 위기를 보는 일반적인 견해에 쿠바가 목소리를 낼 수 있게 하는 것이었다" (p. 556). 이 목적은 달성되었는가?

쿠바를 행위자로 보는 것은 쿠바 미사일 위기 사건을 탈식민주의적 관점에서 다룸에 있어 중요한 문제였다. 운 좋게 쿠바의 수도인 아바나(Havana)를 방문해서 그 당시 미사일 위기에서 이 국가가 한 역할에 관한 기념비와 역사적 장소들을 보았더라면 쿠바를 스토리에 참여시킨 것에 대해 곱절로 동의하게 될 것이다. 쿠바에서는 이 위기가 1959년 혁명 이후 국가로서의 쿠바의 발전의 기념비로서뿐만 아니라 냉전 역사의 중요한 사건으로 기념되고 있다. 그러나 미사일 위기에 대한 쿠바의 해석은 쿠바 밖에서는 거의 듣기 어렵다.

래피와 웰즈는 쿠바 미사일 위기를 말할 때 IR 학자들이 주로 미국의 정책결정자들과 함께 쿠바의 목소리를 최소화시키고자 시도한 방법들에 주목했다. 그들은 '이것이 그저 간과된 것이 아니라 힘을 행사한 것'이라고 말하며 (p. 557), 미국은 '약소국'을 흔히 군사적, 경제적, 외교적 이익을 추구하기 위한 '그저 어떤 지역'이나 다른 종류의 작전을 위한 무대 정도로 취급한다고 주장한다 (Dominguéz, p. 557에서 인용). 최근 문헌에 나오는 이에 대한 좋은 예가 제임스(Marlon James)의 소설 『일곱 건의 살인에 대한 간략한 역사(*A Brief History of Seven Killings*)』(2015)이다. 소설은 미국 CIA 공작원들과 외교관들이 카리브해를 오가며 쿠바의 정치를 그 지역에 대한 미국의 이익에 맞게 조종하려는 모습을 묘사한다. 이야기 속의 행위자들은 모두 미국편이다. 거대한 국제적 게임에서 '약소국'은 장기판의 졸일 뿐이다.

래피와 웰즈는 논문의 첫 부분에서 IR 학문 분야를 장악하고 있는 '유럽중심적' 설명에 관해 논한다. 그들에 의하면, 그러한 설명은 전 세계의 많은 국가와 지역들을 볼 수 없게 만들고 그들을 침묵하게 만든다. 그 예가 아프리카다 (p. 558). IR 학문 분야에 만연한 이러한 구조가 쿠바 미사일 위기 설명에 반영되었고, 이는 이 드라마에서 쿠바가 연구할 가치가 있는 행위자라고 고려되지 않았음을 암시한다. "다른 곳에서와 마찬가지로 여기서도 세계정치는 강대국 정치였다" (p. 558). 미국의 내러티브에서 쿠바가 등장하는 것은 오직 쿠바가 소련의 꼭두각시였다는 점을 강조할 때뿐이다. 이와 대조적으로 탈식민주의 학자들은 '보이지 않고, 벙어리가 된, 이해하기 어려운, 혹은 미친 자들에게도 발언권을 주어야 할 필요성'이 있다고 생각한다 (p. 559). 이는 단지 새로운 사실들을 만들어내는 것이 아니라 (제11장의 자유주의적 페미니즘 학자들처럼) 오래된 사실들을 새로운 방법으로 읽는 창조적인 과정이다. 이는 '지배적 위치에서의 이해와 실천이 **종속**적 위치에서 보게 될 때 어떻게 다른 의미들을 갖게 되는지를 보여주는' 비판적,

포스트-구조주의적 요소로서 탈식민주의 학문에 있어서 핵심적 요소이다 (p. 560).

논문의 두 번째 부분은 위기에 관한 미국 주도의 평가보고들 속에서 행위자로서의 쿠바가 어떻게 무시되고 묵살되었던가를 보여준다. 이러한 평가보고들은 위기 해결 직후 존 F. 케네디(John F. Kennedy)와 엑스콤(ExComm: Executive Committee of the National Security Council, 당시의 미국 정책결정의 핵심기구)의 보좌관들이 주도한 것들이다. 이러한 평가보고들은 미국을 자유세계의 파수꾼으로서 국제적 위계질서의 정상에 올려놓았다. 소련은 자유세계에 공산주의를 심으려고 열중하는 야만적이고 전체주의적 국가로 '타자화' 되었다. 쿠바는 이러한 소련의 구상에서 꼭두각시일 뿐이었다 (pp. 561–562). 미국에 가깝다는 지리적 위치와 1959년

심층 분석 13.2 국제관계에서의 쿠바

11장 페미니스트 국제관계이론에서 쿠바는 여성 국회의원 숫자가 많은 국가들 중 하나로 등장했다. '서구'에는 별로 알려진 것이 없는 국가이기 때문에 (그래서 쿠바 미사일 위기에 대해 탈식민주의 연구가 등장), 그리고 알려진 부분도 자본주의와 공산주의 정치경제 간의 투쟁이라는 맥락에서 소개되는 것이 보통이므로, 필자도 그랬듯이 여러분에게도 이러한 통계는 놀라울 것이다. 쿠바는 흔히 근사한 해변 외에는 별 것 없는 괴팍한 사회주의-공산주의 변방으로 치부되면서 '야자수가 있는 집단수용소'라고도 불린다 (Vasquez 2002: 189). 그러나 우리가 보고자만 한다면 쿠바에는 눈에 보이는 것 외에도 많은 것들이 있다.

어느 예리한 관찰자가 언급한 바와 같이 (모든 참고자료들은 Vasquez 2002에서 온 것임), 쿠바는 '신자유주의적 세계화의 전제'에 대해 의문을 던지고 그 영향에 맞서 싸우고자 하는 나라의 좋은 예이다. 쿠바는 비슷한

계속

심층 분석 13.2 계속

곤경을 겪는, 특히 서구가 부과한 구조조정 프로그램 때문에 빚을 지고 고생하는 저개발 국가들의 모델이 될 수도 있다. 그러한 프로그램들은 일반적으로 여성, 저임금노동자, 소외된 계층에게 편중된 영향을 미쳤다 (p. 186). 바스케즈(John Vasquez)는 쿠바가 대안으로서 '성공적인' 사례를 많이 발견했다. 첫째, 쿠바는 복지 분야에서 높은 등급을 받고 있다. 평균수명, 유아사망률, 안전한 식수 보급률, 문맹률 등 삶의 질을 나타내는 여러 가지 지표에서 라틴아메리카와 카리브해 국가들 중 두드러진다 (p. 188). 둘째, 1959년 이후 카스트로의 의료개혁은 말라리아, 파상풍, 디프테리아 등 흔한 질병의 제거와 정책에서 괄목할만한 성공을 거두었다 (p. 194). 셋째, 경제적 어려움에도 불구하고 쿠바는 제3세계 22개국 이상에게 원조를 제공했다. 1985년에 쿠바는 세계보건기구(WHO)보다 더 많은 의사를 해외로 파견했고, 자국민 625명당 한 명꼴의 민간구조원을 확보했다. 같은 시기에 미국은 자국민 3만 4,700명당 한 명이었다 (p. 195). 넷째, 쿠바의 교육은 학력 향상에 성공적이어서 쿠바의 최하등급 학생 수준이 다른 라틴아메리카 국가들의 최고등급 학생 수준과 비견된다 (p. 196).

균형 잡힌 평가를 위해서는 이러한 여러 통계들이 지금도 여전히 적절한지 검토가 필요하며, 인권문제도 주의 깊게 살펴볼 필요가 있다 (Human Rights Watch 2016). 그러나 그 통계들은 탈식민주의 IRT의 중요한 요소를 보여준다. 마르크스주의 저자들이 우리에게 상기시켜주는 바와 같이, 신자유주의적 자본주의 소비모델에 대한 대안이 있으며, 단지 특권세계인 서구가 그 대안들을 경험하지 못했거나 만나지 못했을 뿐이다. 우리는 그러한 대안이 어떻게 작동하는지는 말할 것도 없고 어디에서 실행되고 있는지조차도 모른다. 이러한 대안적 접근에 대한 설명은 IR에서 당연하게 여겨져온 수많은 '실체들', 예를 들어, 세계화, 안보, 힘, 상호의존, 패권, 착취, 자본주의, 발전 등에 대해 다시 생각할 수 있게 도움을 준다. 탈식민주의 국제관계이론은 우리가 어디서 지식에 접근할 것인지, 그 지식들이 모두 쌓여서 무엇이 되는가를 생각하게끔 함으로써 IR의 메타이론적 이슈들을 경험적, 개념적으로 표면화시켰다.

의 카스트로 혁명이 겹쳐져 쿠바는 미국에 심각한 위협으로 인식되었다. 미국의 담론에서 쿠바는 미국의 역공작을 요하는 소련의 또 다른 '위성국가'로 규정되었고, 이는 1961년의 피그스만(Bay of Pigs) 침공 실패와 쿠바의 방위력과 무장정도를 파악하기 위한 공중 정찰로 이어졌다 (pp. 562–563). 쿠바는 미국-소련 간의 냉전이 전개되는 또 다른 영역일 뿐이었고 쿠바의 지도자는 미사일 위기 해결에서 당사자가 아니었다. "쿠바인들은 위기 밖에 있다고 규정되었다" (p. 563).

학문적 역사와 동시대의 미디어 평가는 위기에 대한 미국 우선 존재론적 입장을 견지한 바, 외교정책 결정과정에 대한 필독서가 된 앨리슨(Graham Allison)의 『결정의 엣센스(*Essence of Decision*)』 (1971)도 여기에 포함된다. 그러나 1989, 1991, 1992년에 있었던 세 번의 회의는 이러한 역사기술(historiography) 추세에 도전이 되었다. 어떻게? 아주 간단한 말해 '종속자'가 입을 연 것이다. 특히 1992년에 열린 아바나 회의에서 카스트로는 직접 그의 평가를 피력했다 (pp. 564–565). 쿠바의 해석은 그 위기가 미국의 쿠바 침공에 기인한다는 것이었다. 그리고 쿠바에 들여온 미사일은 소련의 반응일 뿐 그 자체가 위기의 원인은 아니라는 것이다 (p. 565). 미국과 쿠바의 설명에서 보이는 역사적 내러티브의 충돌에 대해 래피와 웰즈는 다음과 같이 주장했다.

> 이것은 미사일 위기에 대한 매우 상이한 시각이다. 공간적, 시간적 구성이 13일 동안의 영웅적 신화에서부터 미국-쿠바 간 한 세기에 걸친 상호작용으로 옮겨졌고, 그 시기는 쿠바와 기타 지역에 대한 반복되는 미국의 개입으로 점철되었다. 이 역사는 영웅적이지 않을 뿐더러 제국주의적 힘과 그것이 종속국에 주는 의미를 강조하고 있다. (Laffey and Weldes 2008: 565)

쿠바는 주권과 내정불간섭 관점을 위해 분투했다. 그들은 국제체제 내

약소국들의 권리를 방어했고 (이 책의 현실주의 장에서 다룬 펠로폰네소스 전쟁에 나오는 멜로스의 대화[Melian Dialogue]를 상기해보자) 강대국의 주권원칙 침해를 저지하기 위해 국제법으로 맞섰다 (국제관계에 대한 자유주의적 접근) (p. 566).

래피와 웰즈에 의하면, 이러한 평가는 공론화에 부쳐졌으나 회의 동안 쿠바의 목소리가 미국이나 소련 참석자들의 귀에 실제로 들리게 하기는 훨씬 더 어려웠다. 실제로, 쿠바의 평가는 일축되거나 무시되고, 이전의 헤게모니적 내러티브로 다시 돌아가 버렸다. 예를 들면, 미국의 정책결정자들은 그 위기를 '간섭의 시작'으로 보는 평가를 선호하여 미국의 대쿠바 정책의 (또는 간섭의) 긴 역사를 간과했다 (pp. 566–569). 이 논문에서 쿠바의 반론에 대한 강대국들의 평가를 읽어보면 거기에는 극단적 형태의 인식 부조화가 작동하고 있는 것 같다. 미국의 스토리가 먼저 있고 그 지지자들은 새로운 증거에도 불구하고 이에 집착한다.

논문의 마지막 부분은 쿠바 미사일 위기에 관한 구술사 프로젝트가 후대 학자들에게 미친 영향을 평가하고 있다. 저자들에 의하면, 미국 제국주의라는 현실을 인정하지 않으려는 분위기가 종속국(쿠바)이 아직도 그 위기에 대한 학문적 평가 전반에 걸쳐 자신의 스토리를 인정받는 데 어려움을 겪고 있는 중요한 이유 중 하나가 되어왔다. 지식의 문에 빗장을 거는 힘은 이처럼 실제적이고 지속적이다. 그 결과 1962년 10월의 사건에 대한 탈식민주의적 구성을 발전시킬 수 있는 기회는 사라졌다 (p. 572). 이 사례연구의 결론을 도출하자면, 래피와 웰즈의 논문은 탈식민주의 IR을 증진시키기 위해 종속국이 말할 수 있게 한 방법론에서, 그리고 이 연구에 내재된 문제점들을 다루었다는 면에서 뛰어난 사례연구이다. 교묘하기도 하고 뻔하기도 한 힘의 행사가 일상에서 국제관계의 실상을 알려주는 것과 같이, 그러한 힘의 행사는 IR 학문에도 영향을 미친다.

생각해 볼 문제들

"IR에 대한 탈식민주의적, 구성주의적, 포스트-구조주의적 접근 간의 유사성에 대해서 논하라"

이 문제에 대한 답변을 준비함에 있어서 우선 각각의 이론에 대한 합당한 정의를 먼저 내려야 한다. 여러분은 각 전통에 대한 지식을 사용하여 저자들이 논하고 있는 다양성과 공통적 주제와 이슈들을 강조하고자 할 것이며, 여러분의 논지를 뒷받침하기 위해 도움이 되는 IRT 분야 인용문과 참고 문헌들을 사용하려고 할 것이다. 그러나 이를 위해 너무 많은 분량을 사용하지 말아야 하며, 질문의 요구에 따라 중심 주제에 초점을 맞추는 한편 각 이론들에 관해 아는 것 모두를 적으려는 유혹에 빠지지 말고 세부적인 부분은 무시해야 한다. 이런 종류의 문제에 대해서는 세 가지 이론 모두에 대해 잘 알고 있음을 보여주는 것이 가장 좋은 점수를 얻는 길이다.

다음은, 이 세 가지 IR 접근의 유사성에 대해 평가해야 한다. 한 가지 방법은 그 이론들을 별개 '이론'의 영역으로부터 분리시켜서 느슨하게 평가된 '감수성(sensibilities)'이라는 용어를 사용하는 것이다. 이 장에서 우리는 사이드가 언어, 표현, 이념과 교육의 역할을 활용하여 서구가 동양을 구성한 것에 대해 연구한 것을 살펴보았다. 그의 요점은 동양이 인위적 노력에 의해 '만들어'졌으며, '저 밖에 있는' 세계의 '현실'의 정확한 모습이 아니라는 것이다. 그러므로 여러분은 사이드의 연구를 '두터운' 구성주의와 상징, 담론, 기표/기의에 대한 포스트-구조주의적 연구에 연결시킬 수도 있을 것이다. 그 정도면 무난한 답안이 될 것이다. 더 높은 점수를 받기 위해서는 탈식민주의가 적어도 페미니즘, 마르크스주의 등 IR의 다른 이론들과 공유하는 점을 적어야 한다. 그러나 아는 바를 어느 정도까지 적을 것인가는 시간과 분량을 잘 고려해서 해야 한다. 탈식민주의와 다른 이론들 간의 상호작용의 본질에 대한 여러분의 의견을 더한다면 기타 IR이론들의 관계에 대한 철저한 지식을 보여주어 더 좋은 점수를 얻게 될 것이다.

이러한 문제는 광범위한 지식을 요구하기 때문에 답하기가 쉽지 않다. 단어수와 제한 시간을 잘 맞추는 것도 어려울 것이다. 이러한 유형의 문제는 시험이나 숙제에서 어떠한 문제를 선택할 것인가에 대한 전략적 사고의 중요성을 보여준다. 학과목을 공부하는 동안 더 많이 읽었다면 문제 선택의 폭이 훨씬 넓어진다.

'문화적 강점의 실행'. 사이드의 『오리엔탈리즘』에 나오는 설명들은 IR 공부에 어떠한 함의를 갖는가?

이 질문의 핵심은 사이드가 '문화적 강점의 실행'에 대해 무엇을 의미하는 것인지를 설명하고 이를 보다 보편적인 오리엔탈리즘 이론의 역동성에 관한 논의와 연결시키는 것이다. 사이드에게 오리엔탈리즘은 억압적 차원의 힘(정치적 힘)을 부각시키는 것이다. 그러나 우리는 그가 세 가지 다른 힘의 차원 중에 힘의 생산적 차원에도 관심을 가진 것을 보았으며 그에 의해 서구의 개인들이 '동양'을 규정하고, 경계를 정하며, '명명'한 것을 보았다. 그 과정에서, 인종과 민족에서부터 문화적 위계질서의 미화에 이르기까지 그들은 식민주의적 억압과 착취를 위한 다양한 기술들을 합법화하는 데 기여했고 이 모든 것들이 지식생산의 특수한 형태에 연결된다. 그러므로 사이드의 '문화적 강점'은 경성이든 연성이든 다양한 형태의 힘의 행사에 관한 것이다. 가장 바람직한 답안은 적나라한 군사적 또는 정치적 힘의 형태에만 초점을 두는 데 그쳐서는 안 되고, 사이드가 힘을 재해석한 것을 살펴보아야 하며, 푸코와 지식/힘 (이 책의 전 장을 참조할 것) 논의와 연결하는 것도 가능하다.

IR 연구에 대한 함의를 추적하는 것은 지적 운동으로서의 탈식민주의의 진화에 사이드의 연구가 미친 영향을 평가하는 것을 포함한다. 사이드의 초기 연구가 탈식민주의를 언급하지 않은 것이 흥미로우나 마르크스나 그에게 영향을 받은 저자들처럼 사이드는 탈식민주의라는 이름으로 식별가능한 연구 분야가 발전하는 데 자극제가 되었다. 여러분이 지적 운동으로서의 탈식민주의 사회학이나 정치학에 대해서 자세하게 알 필요는 없지만, 이 분야에서 사이드와 그 외 저자들이 얼마나 중요한지는 교과서와 기타 서적들에서 인용되는 숫자를 보아 알 수 있을 것이다. 사이드를 논의의 중심인물로 정하게 되면 IR 연구에서 이 인용구가 갖는 서너 가지 함의를 도출할 수 있어야 한다. 여러분이 가장 중요하다고 느끼는 것부터 기술하고 적절하다고 여겨지는 다른 점들도 부연한다. 여기서 고려할만한 함의로는 인종, 민족, 정체성, 언어, 힘, 담론, 착취, 체제적 구조, 억압, 규제된 지식의 정치 등 이슈들이다.

추가 읽을거리

van der Ree, G. (2014) 'International Relations 11: Postcolonialism', www.youtube.com/watch?v=gIwJFfNPj1M (접속일: 2016년 8월 25일).

Palestine Diary (2012) 'Edward Said on *Orientalism*', www.youtube.com/watch?v=fVC8EYd_Z_g (접속일: 2016년 8월 25일).
사이드가 자신의 사상에 중요 영향을 끼친 것들과 오늘날 세계에서의 적합성 등, 책이 저술된 배경에 대해 논의한다.

Fanon, F. (1968) *The Wretched of the Earth*, trans. C. Farrington. New York: Grove Press.
유럽 제국주의 종주국들이 세계에 대해 가한 물리적일 뿐 아니라 지식적 측면에서 식민주의의 억압적 행위들에 대해서 공개적으로 논의의 장을 열었다.

Bhaba, H.K. (1994) *The Location of Culture*. London: Routledge.

Chakrabarty, D. (2000) *Provincializing Europe: Postcolonial Thought and Historical Difference*. Princeton, NJ: Princeton University Press.

Chowdry, G. and Nair, S. (eds) (2002) *Power, Postcolonialism and International*

Relations: Reading Race, Gender and Class. London: Routledge.

Spivak, G.C. (1987) *In Other Worlds: Essays in Cultural Politics*. London: Routledge.

Bush, B. (2006) *Imperialism and Postcolonialism*. Harlow: Pearson Education.
6장에서 제국 연구의 탈식민주의적 움직임과 제국주의의 역사, 이념, 역동성을 탐구한다.

Doty, R. (1996) *Imperial Encounters: The Politics of Representation in North-South Relations*. Minneapolis, MN: University of Minnesota Press.

Darby, P. (2000) *At the Edge of International Relations: Postcolonialism, Gender and Dependence*. London: Continuum International Publishing Group.
'전통적' IR이론에 대한 광범위한 탈식민주의적 주장들을 보기에 좋은 자료.

Darby, P. and Paolini, A.J. (1994) 'Bridging International Relations and Post-colonialism', *Alternatives*, 19(3): 371–397.

Ferguson, Y.N. and Mansbach, R.W. (1991) 'Between Celebration and Despair: Constructive Suggestions for Future International Theory', *International Studies Quarterly*, 35(4): 363–386.

Mohanty, C.T. (1988) 'Under Western Eyes: Feminist Scholarship and Critical Discourse', *Feminist Review*, 30(3): 61–88.

Muppidi, H. (2004) *The Politics of the Global*. Minneapolis, MN: University of Minnesota Press.

Hoogvelt, A. (2001) *Globalization and the Postcolonial World: The New Political Economy of Development*, 2nd edn. Baltimore, MD: Johns Hopkins University Press.
1, 2부는 글로벌 정치경제에 대한 마르크스주의 견해를 보여주고 있고 3부는 탈식민주의적 차원을 지역별로 적용하고 있다.

Walker, R.B.J. (ed.) (1984) *Culture, Ideology, and World Order*. Boulder, CO: Westview Press.
특히 문명, 헤게모니, 세계질서와 서구 이성의 헤게모니에 대한 장들을 참조하라.

Mignolo, W. (2003) *The Darker Side of the Renaissance: Literacy, Territoriality, and Colonization*, 2nd edn. Ann Arbor, MI: University of Michigan Press.

Krishna, S. (1993) 'The Importance of Being Ironic: A Postcolonial View on Critical International Relations Theory', *Alternatives*, 18(3): 385–417.
캠벨(David Campbell)과 데리안(James Der Derian) 등 비판이론과 포스트-모더니즘 학자들에 의한 비평 에세이.

Ling, L.H.M. (2001) *Postcolonial International Relations: Conquest and Desire between Asia and the West*. Basingstoke: Palgrave Macmillan.
문화적, 개인적 정체성을 형성하는 복합적 글로벌 상호작용을 경시하는 '타자화' 과정으로서 '문명의 충돌' 명제에 도전한다.

George, J. and Campbell, D. (1990) 'Patterns of Dissent and the Celebration of

Difference: Critical Social Theory and International Relations', *International Studies Quarterly*, 34(3): 269–293.

Krishnaswamy, R. and Hawley, J.C. (eds) (2008) *The Postcolonial and the Global*. Minneapolis, MN: University of Minnesota Press.
세계체제론에 대한 훈련된 서구 지식의 정치에서부터 세계화된 세계 속에서 제국에 대한 저항에 이르기까지 모든 것을 망라하는 광범위한 자료.

Loombe, A. (1998) *Colonialism/Postcolonialism*. London: Routledge.

Sajed, A. (2012) 'The Post Always Rings Twice? The Algerian War, Poststructuralism and the Postcolonial in IR Theory', *Review of International Studies*, 38(1): 141–163.

Sankaran, K. (2008) *Globalization and Postcolonialism*. London: Rowman and Littlefield.

14장 녹색국제이론

핵심용어

- 기업의 사회적 책임
- 생태무정부상태(Ecoanarchy)
- 생태중심주의(Ecocentrism)
- 생태시민성(Ecological citizenship)
- 생태안보
- 레짐
- 국가

> 환경문제는 다른 정치적 질문들로부터 깨끗이 분리될 수 없다. (Paterson 1995: 214)

제11장 페미니즘에서 우리는 이 다면적인 사회적, 정치적 운동이 1980년대 후반과 1990년대에 세계정치에 대한 젠더 관점의 형태로 국제관계이론(IRT)에 합류한 것을 살펴보았다. 페미니스트 저서들이 기존 국제관계(IR) 학문의 주류에 속한다고 보는 것은 지나친 단순화이고, 그것들이 국제관계 속에서 출현한 것도 명백히 아니었다. 비판적 편향을 가진 페미니스트 저작들은 우리가 국제관계를 연구한다고 말할 때 의미하는 근본(학문의 존재론)에 도전을 제기한다. 그리고 국제관계학의 지배적인 방법론과 인식론이 본질적으로 여성과 그들의 경험을 소외시키는 방식으로 정착되었다고 주장한

다. 그들은 '젠더'가 우리 마음대로 국제관계학에 붙였다 떼었다 할 수 있는 변수가 아니며, 항상 거기에 존재하는 것으로서 우리가 국제적인 것을 생각할 때마다 관심을 가져야 하는 대상이라고 주장한다. 우리가 이 책의 8~13장에서 다룬 IR의 기타 포스트-실증주의이론들도 같은 입장이다.

위에 있는 패터슨(Matthew Paterson)의 인용에서 알 수 있듯이, '녹색' 이슈들을 앞세우는 국제이론가들은 IR에 관해 상당히 비슷한 접근법을 취한다. 그들은 IR이론이나 실천에 있어서 국가중심적 접근으로 적절히 다뤄질 수 있는 환경, 생태학적 지속가능성, 발전에 관련된 문제들에 주목하지는 않는다. 대신 그들은 우리가 환경에 대해서 생각하고 행동하는 방식에 대한 철저한 재평가를 요구하고, 그 과정에서 인간안보를 위한 국가와 국가주의적 접근의 역할에 대해 문제를 제기한다. 녹색이론가들이 다양한 입장을 취하고 그들끼리 뜨겁게 논쟁하곤 했지만 "그들은 최소한 하나의 핵심 전제를 공유한다. 즉, **자연(자연환경)과 문화(인간환경)의 관계에 대해 전해진 지혜는 반드시 재고되어야 한다**"는 것이다 (Weber 2010: 192, 원본의 강조). 이 장에서 우리는 국제관계이론에 대한 이 규범적 도전을 국제관계이론에 대한 환경적 접근, 생태중심주의, 생태시민성의 개념 등 세 부분으로 나누어 살펴볼 것이다.

국제관계이론의 '녹색화'

현 시대의 환경을 둘러싼 이슈와 논쟁, 그리고 인간이 글로벌 차원에서 지속가능한 속도의 발전을 유지하기 위해 직면하는 도전은 끊임없이 미디어의 관심과 정치적 주목을 받는다. 예를 들면, 환경은 UN의 검토과제 중 한 부분으로서 회원국이 '지식 공유, 연구, 훈련, 파트너십을 통해 지속가능한 발전을 위한 전략을 계획하고 수행하기 위해' 2011년에 설립된 지속가능개발국(Office for Sustainable Development)이 담당하고 있다 (UN 날짜 미상). 반면, 기후변화 같은 거대한 글로벌 이슈들은 여전히 정치적, 과학적으로 분쟁의 원인이 되고 있다. '물전쟁'과 에너지안보, 삼림파괴, 사막화, 어장과 산호초 체계 등은 국제적으로 뜨거운 환경 의제가 되고 있다 (Smith et al. 2011: 149-164). 이러한 사안에 대한 국제적, 지역적 행동은 일반적인 환경문제와 마찬가지로 국내외 간의 (명목적인) 경계를 넘나든다. 시민들, 시민사회, 크고 작은 기업들, 정부와 국제기구들이 모두 환경문제의 일부인 동시에 해결책의 중요한 일익을 담당한다. 이러한 환경적 도전에 성공적으로 대처하기 위해서는 강력한 법적 체계와 명확한 규칙이 성공의 핵심이라고 간주된다 (2015년 파리 유엔기후변화회의 참조, 이 회의에 대한 분석과 논의를 보려면 *The Guardian* 2016을 참조할 것).

환경문제는 UN 차원의 행동 증가와 더불어 EU 같은 지역기구의 의제에도 오랫동안 등장해왔다. 이는 과거의 관행과는 다른 현상이다. 예를 들면, 국가 간의 교역 관계가 환경에 영향을 미친다는 점이 항상 인정된 것은 아니었다. 또는 인정된다고 해도, 제조된 상품의 생산, 운송, 소비, 폐기가 초래하는 환경 파괴에 대해 국가들이 심각한 관심을 갖지도 않았다.

> EU의 창립 조약은 환경보호를 위한 EU의 권한을 명시적으로 밝히지 않았다. 심지어는 1973년 당시 영국이 유럽경제공동체(European Economic Community)에 가입할 때만 해도 환경보호에 대한 필요성은 광범위하게 인지된 이슈가 아니었고 기후변화도 한참 후에나 관심을 끌게 되었다. **EU가 이 분야에 대해 전문성을 키우기 시작한 초기 동력은 단일 시장으로서의 기능을 향상시키기 위함이었다.** (UK Government 2014, 필자의 강조)

최근 들어 '선 시장, 후 환경'이라는 접근은 더 이상 용납되기 어렵다. 현재의 제조업 행태, 환경오염, 소비량이 지속된다면 인간의 생존 자체가 의문시되기 때문이다. 2006년에 EU 회원국들은 지속가능한 발전 의제에 기여할 것을 약속했고, 이는 2008년 UN 의제에 정확히 그대로 반영되었다 (Council of the European Union 2006: 2). 국가 차원에서는 여러 나라에서 다양한 형태의 '녹색당'이 출현했다. 예를 들면, 영국에서는 녹색당(Green Party)이 현재와 미래를 위해 건강한 환경 창조에 집중하면서도 그 규범적 정강에 규정된 국제적 차원에도 신경을 쓰는 포괄적 이슈 정당으로 자리잡았다 (Green Party 2016).

현 시대의 국제적 어젠다로 등장한 수많은 환경 이슈들을 이론화하는 것이 결코 쉬운 작업이 아님은 분명하다. 우리가 슈퍼마켓에서 장을 볼 때 재활용봉투를 선택하거나, 혹은 아프리카의 사막화된 지역에 깨끗한 식수를 제공하는 자선단체에 돈을 기부할 때, 우리는 1960년대 이후 급속히 성장한 녹색운동이 직접적으로 제기한 이슈들에 화답하는 것이다 (Eckersley 2016). 재활용봉투 사용과 아프리카 식수 재단에 기부하기로 결정함으로써 우리는 녹색이론가들이 환경문제에 대한 국가의 역할을 재고해보도록 만든 슬로건인 '생각은 글로벌하게, 행동은 지역적으로'라는 유명한 환경론적 요구에 부응하게 된다. 환경적 도전의 복합적 본질은 정책 담당자들과 IR이론가들에게 심각한 도전을 제기하고 있다.

녹색국제이론(Green International Theory)의 목표를 이해하는 유용한 방법 중 하나는 주류 IR이론의 약점에 대해 녹색국제이론이 취하는 입장을 요약해 보는 것이다. 이 점에 대해 패터슨의 연구를 보자 (Paterson 1995: 213-218; 또한 Hovden 1999도 참조할 것).

- **제한된 의제**. 이 책의 3장에 나오는 용어를 사용하자면, 녹색국제이론은 주류 IR의 존재론적 출발점이 가지는 결점, 즉 국제체제 차원에서의 국가 행동에 집중한다는 한계를 지적한다. 패터슨은 우리 강의 쓰레기 오염과 싸우기 위해 우리가 국제적으로 무엇을 할 수 있는가 하는 질문으로 시작하는 접근법에서부터 문제를 파악한다. 그러한 방식은 문제의 국내적 원인과 잠재적 해결방법들을 간과하고 있다. 우리는 환경문제를 다룸에 있어서 국가가 차지하는 중심적 위치를 무시하거나 개혁할 경우에만 '국제적으로

생각하고 지역적으로 행동'할 수 있다.

> 패터슨이 1990년대에 발전시킨 녹색국제이론에서 '주류' IR이란 신현실주의와 신자유주의를 의미한다. 여러분은 이들 이론이 오늘날에도 여전히 국제관계학의 핵심이라고 생각하는가?

- **신자유주의 가정의 결함.** 국가들이 환경문제에 관심을 갖게 된 것은 1997년의 교토의정서(Kyoto Protocol) (조약문을 보려면 UN 1998을 참조할 것) 또는 2009년 코펜하겐 기후변화회의(Copenhagen Climate Change Conference) 같은 연쇄적 합의였다. 패터슨의 주장에 의하면, 이러한 조약에서 첫 번째 가정은 서명에 참가한 국가들이 국내 차원의 적절한 규제를 통해 조약 이행을 원하고, 그렇게 할 능력도 있어야 한다는 것이다. 그는 여기서 강력한 기업 로비가 국제조약의 정신에 역행하게끔 국가 기후정책에 영향을 줄 수도 있다는 점이 간과되고 있다고 주장한다 (예를 들어, 석유나 석탄업계의 로비). 그는 이러한 조직적 이해관계의 영향력을 무시하는 것은 '정치적으로 순진한' 일이며, 따라서 이론적으로 국제관계가 국가의 행동과 결정에 관한 배타적 영역이라고 말하는 것은 결함이라고 결론짓는다. 비정부행위자들은 환경 관련 분야에서 엄청난 영향력을 행사한다. 기업의 사회적 책임 (이 장의 아랫부분 참고) 개념의 등장은 다국적기업뿐 아니라 소규모 국내 기업들의 역할에 대한 인식이 환경문제에 영향을 미친다는 점을 시사한다 (Smith et al. 2011: 154).

  두 번째 가정은 과학자들이 환경문제에 대해 '객관적' 충고를 해줄 수 있다는 가정이다. 그들이 개발하는 기준과 그러한 기준을 개발하기 위해 사용하는 측정방법들은 어떤 식으로든 항상 정치적으로 편향돼 있기 마련이다. 패터슨은 진정한 포스트-실증주의 IRT의 정신에 비춰볼 때, 아무리 기술적 문제라 해도 어떠한 이슈에 관해서든 자신들이 가치중립적이라든가 객관적이라고 주장하는 사람들을 경계하라고 말한다.

생태중심주의를 위하여

'핵심', 혹은 국가중심적 IR이론화에 대한 녹색국제이론가들의 반대는 그들로 하여금 '글로벌 생태계의 문제점에 대한 대안적 분석'을 개발하도록 자극했다. 녹색국제이론은 신자유주의적 가정과 윤리적 가치가 지닌 본질적 문제점을 부각시킨다. 더 나아가 녹색국제이론은 우리로 하여금 국가와 이익을 넘어 환경에 대한 IR 지평을 윤리와 가치, 초국가적 운동네트워크 등 비국가행위자를 포함하는 새로운 방식으로 확대할 수 있도록 도와준다 (Eckersley 2016: 269). 주류 접근법에 대해 이러한 질문들을 제기함으로써 녹색이론가들은 '가치를 오직 인간 종(種)에게만 두고 그 생존에만 관심을 두는' 신자유주의의 **인간중심주의(anthropocentrism)**와 (Dalby 2009) 비교되는 다른 세계를 '본다' (Weber 2010: 193). 이러한 인간중심적 접근에 반하여 '생태중심적' 철학은 세계를 '다양한 층위의 집합체가 있는 (예를 들어, 유전자풀[gene pool], 인구, 종[種], 생태계, 그리고 수자원, 질소, 인[phosphorus], 탄소주기 등 지구시스템 과정들) 생태공동체로 구성된 거대한 생명망'으로 구성되어 있다고 본다 (Eckersley 2016: 263). 그들은 이 세계에서 오직 인간만이 지각을 가진 존재가 아니며 환경정책이 인간만을 위해 만들어져서는 안 된다고 본다. 오히려 인간은 '자연 위에 군림하는 존재가 아니고 자연의 한 부분'이며, 인간의 운명은 자연의 운명과 직접 연관돼 있다고 생각한다 (Weber 2010: 193).

페미니스트들은 국제관계이론이 '젠더 블라인드(gender blind)'라고 하고, 마르크스주의자들은 '계급 블라인드(class blind)'라고 주장한다. 녹색이론가들은 IR이론이 '녹색 블라인드(Green blind)'라고 주장하며 세계정치의 역동성에 대한 이해를 도와주는 페미니스트의 '배려의 윤리'를 강조한다.

우리의 초점을 세계의 장기적 안녕과 생존으로 옮겨보면, 다양한 부류의 녹색이론가들은 생태계의 도전에 대한 가장 좋은 대응은 전통적 IR 접근법이 가진 국가중심성을 극복하는 것이라고 생각한다. 녹색국제이론 중 '국제정치경제(IPE) 분파'는 이미 검토되었다 (Eckersley 2016: 267-268; Smith et al. 2011: 149-164). 이 이론은 신자유주의의 결함에서 그 단서를 찾았고, 글로벌 생태계 문제에 대한 원인과 해결에 대한 대안적 설명을 제시한다.

녹색이론의 '녹색 코스모폴리탄(green cosmopolitan)' 분파는 개인과 집단이 생태계에 대해서 새로운 사고방식을 가질 것을 주장하고 국가 위와 아래 '모든 거버넌스 레벨'에서의 해결책을 주창했다 (Eckersley 2016: 267). 그들은 우리가 '환경정의(正義)'라는 새로운 규범을 만들어야 할 필요가 있다고 주장한다. 환경정의란 다음과 같은 것이다.

- 생태계의 위험은 인간에게만 영향을 주는 것이 아니며, 특정 국가뿐만 아니라 지구상의 모든 주민들에게 영향을 미친다.
- 환경문제에 관한 의사결정 참여는 크게 확장되어야 하고 그러한 의사결정에 의해 영향을 받는 모든 사람들이 대표될 수 있도록 민주화되어야 한다.
- 더 상위의 공동체에 대한 리스크를 최소화해야 한다.
- 모든 리스크는 수용 가능해야 하고 민주적으로 측정되어야 하며 영향을 받는 모든 당사자(비판이론의 의사소통적 행동에 대한 이론의 형태, 8장을 참조할 것)의 의견이 반영되어야 한다.
- 생태학적 문제의 결과로 고통받는 사람들에게는 시정과 보상을 위한 적절한 구제책이 마련돼야 한다.

녹색국제이론의 '녹색 코스모폴리탄'학파 내에서 최근에 생태시민성(ecological citizenship)이라는 개념이 등장했는데 이는 국가중심적 IRT에 대한 가장 근본적인 도전이라고 생각할 수 있다. 이것이 다음 부분의 주제이다.

생태시민성과 기업의 사회적 책임

녹색국제이론의 초기 형태는 국제기구 내에서 환경에 대한 국가행동의 합리적 미시경제학적 가정과 연관된다. 주제 사안에 대한 이러한 접근을 취하면서 녹색이론의 존재론적 입장은 1990년대 초기 IR의 '핵심'이라고 간주되던 것과 유사했다. 보다 최근에 녹색이론은 국제적 영역에서의 협력에 따른 비용과 혜택에 초점을 두는 대신 개인과 비국가행위자 차원에서의 환경적 태도와 실천에 관심을 갖게 됨으로써 다양한 '포스트-' 형태의 사회적 사고 (이 경우에는 포스트-국가)를 반영하고 있다. 돕슨(Alan Dobson)의 연구 (Dobson 2003)에 영감을 받은 이 부류 녹색국제이론은 코스모폴리탄 시각의 이념과 이상을 재고할 뿐 아니라 이를 넘어서고자 하는 시도이다 (ibid. 2006a). 이들은 새로운 시민성에 대한 이해와 개인과 국가, 비국가와 초국가(supra-state) 행위자에 이르는 모든 차원의 행위자들이 권리/임무, 그리고 책임/의무 간의 균형을 맞춤으로써 그들의 행동을 '관리'해나가는 방식에 특별한 관심을 갖는다. 녹색 코스모폴리탄 사고방식에 있어서 인간의 책임은 보편적이어서 국경(언제나 인위적인)에서 끝나지 않는다 (ibid. 2007).

예를 들면, 카터(Neil Carter)와 허비(Meg Huby)는 최근에 윤리적 투자자(개인, 사업가, 펀드매니저) 같은 행위자들이 전 세계에서 비약적으로 증가했음을 잘 보여주고 있다. 그들은 원자력, 오존층 파괴, 제3세계, 군비확산, 동물실험 등의 문제에 관심을 갖고 행동하는 생태시민들이다 (Carter and Huby 2005: 262). 더 나아가 이들은 회사들이 스스로를 윤리적 시민으로 '포장하기는' 어렵지만, '그들의 활동은 생태시민성의 목표를 성취하는 데 결정적'임을 보여주고 있다. 회사들은 기업의 사회적 책임(CSR: Corporate Social Responsibility) 등의 실천에 참여함으로써 생태시민성의 도모를 위한 조직적 규칙과 제도적 규범을 제공할 수 있다 (ibid.: 262). 1950

년대 이후 기업의 사회적 책임(CSR)의 등장에 대한 탁월한 역사적 설명을 보려면 모라-리치와 파젯 (Moura-Leite and Padgett 2011)을 참고하라.

또한 CSR은 국가적, 지역적, 국제적 차원에서 정부 법과 규제를 통해 장려돼왔다. 예를 들면, 영국의 무역산업부(Department of Trade and Industry)는 '책임 있는' 조직은 다음의 세 가지를 해야 한다고 규정하고 있다. 첫째, 조직의 활동이 그것이 운영되고 있는 사회에 광범위한 영향을 미친다는 점을 인식해야 한다. 둘째, 책임 있는 조직은 그 활동이 전 세계의 경제, 사회, 환경 및 인권에 영향을 미친다는 점을 알아야 한다. 마지막으로, 다른 그룹이나 조직들과의 협업을 통해 발생하는 혜택을 추구한다 (DTI, Carter and Huby 2005: 269에서 인용). EU(다음의 심층 분석을 참조할 것)와 OECD(경제협력개발기구: Organization for Economic Co-operation and Development) 같은 기구들은 모두 CSR 실천에 동의하고 이를 권고하고 이행하는 데 관여하고 있다. 예를 들면, 책임 있는 기업을 위한 다국적 실천 사항에 대한 OECD의 최신 가이드라인이 2011년 5월에 합의되었다 (OECD 2011). 기업들이 정기적으로 CSR에 대한 입장을 밝히는 것은 가시성을 통한 책임성을 보여주는 것이며, 글로벌 회계법인들은 CSR의 글로벌 추세에 대해 통찰력 있는 조사를 수행한다. 첫째, CSR 보도에 관련된 기업들의 숫자, 둘째, 경제 분야에서 최고와 최하 성과를 낸 업종들, 셋째, CSR 보도에 있어서 최고와 최하 성과를 낸 국가들이 그러한 조사에 포함된다 (KPMG 2013).

심층 분석 14.1 EU와 기업의 사회적 책임

유럽위원회(European Commission)는 EU 내에서 책임 있는 기업관행 제고를 위한 임무를 맡고 있다. 위원회는 CSR을 '기업들(다국적기업뿐 아

계속

니라)이 사회에 미치는 그들의 영향력에 대해 책임이 있음을 인정하는' 것이라고 규정하고 있다. 기업들이 법을 준수하고 사회적, 환경적, 윤리적 문제들과 소비자와 인권에 관한 고려를 사업 전략과 운영에 포함시킨다면 책임 있는 기업이라고 간주된다 (European Commission 2016). 이처럼 유럽 차원에서의 CSR에 대한 합의와 이행은 국가와 기업들이 협력하여 신뢰와 믿음, 협업관계를 구축하고 모두가 준수해야 할 일련의 합의를 창출하는 고전적 사례가 되고 있는 바, 이는 곧 IR의 전형적 문제이기도 하다. EU는 어떻게 CSR을 추진하고 있는가?

- CSR의 가시성을 증진시키고 모범적 관행을 전파한다.
- 기업의 신뢰 수준을 감시하고 향상시킨다.
- 자기 규제와 상호 규제 과정을 강화한다.
- CSR에 대한 시장의 보상을 증진시킨다.
- 기업의 사회적, 환경적 정보 공개를 증진시킨다.
- CSR을 교육, 훈련, 연구에 더욱 통합되도록 한다.
- 국가 및 국가 하부 차원에서 CSR 정책의 중요성을 강조한다 (European Commission 2016).

이러한 유럽위원회의 전략은 다음과 같은 대규모 공신력 있는 국제기구들에 의해 생성된 국제적 합의의 네트워크로부터 정보를 제공받는다. UN, OECD (앞에서 이미 거론), 국제표준화기구(ISO: International Organization for Standardization), 국제노동기구(ILO) 등이 그러한 기구들이다. 이는 최근에 국가, 기업, 국제기구가 어떻게 현 국제체제 내에서 CSR의 '규범'을 전파하기 위해 서로 협력했는가를 잘 보여주고 있다. CSR은 다양한 이론적 시각에서 검증될 수도 있다. 현실주의 IR이론가들은 "국가가 CSR을 증진시켜서 얻는 이익과 손실은 무엇인가"를 묻고, 신자유주의 IR이론가들은 "그러한 합의를 만들기 위해 국제기구들은 무슨 기능을 수행하는가?"를 물으며, 구성주의자들은 "그것이 굳건한 국제적 규범으로 확립되었는가? 국가와 기업이 CSR을 받아들이고 있다는 것을 어떻게 측정할 수 있는가?"를 질문한다.

IR의 학문적 경계를 넘어 이뤄지고 있는 윤리적 투자와 기업의 사회적 책임(CSR)에 관련된 연구는 (Palacios 2004; Hellsten and Mallin 2006을 참조) 생태시민성과 글로벌 정치경제에서의 자본주의를 병행해서 이론화해야 한다는 설득력 있는 경험적 사례를 제공한다.

다수의 주요 기업들은 그들의 CSR 목표를 책자로 발행하고 보다 광범위한 차원에서 CSR을 도모하기 위한 지역사회와의 활동에 관해 웹사이트에 상세하게 소개하고 있다. 다음 질문에 답하는 것은 수업에서 학생들의 CSR 사례연구를 위한 좋은 훈련이 될 것이다.

1. 연구 대상 기업은 CSR을 어떻게 정의하고 이행하는가?
2. 그 기업이 파악하고 있는 CSR에 대한 현재와 미래의 도전은 무엇인가?
3. 기업이 CSR을 도모하기 위해 어떻게 노력하고 있으며 왜 노력하는가?

여러분의 연구조사와 토론들을 KPMG (2013)와 기타 CSR 보고에 대한 글로벌 추세 조사와도 연결시킬 수 있다.

생태시민성에 대한 정의: 국가와 시대를 초월한 정의와 질서

생태시민성을 이해하기 위한 한 가지 방법은 이를 정치이론에서 말하는 민주적 시민권이라는 전통적 개념과 비교해보는 것이다. 전통적 개념에 의하면 "시민은 공정하고 합법적인 과정을 통해 도출된 정치적 결정으로 부과된 것 외에는 환경에 대한 책무와 의무는 없다." 이러한 협소한 정치적 동기를 넘어 생태시민성은 도덕적 동기에 의한 행동을 촉구한다. 이는 "생태계 위기는 '비가역적인' 도덕적 책임에 입각한, 전 세계에서 매일 수많은 생태계 족적을 남기는 인간의 모든 행동에 적용할 수 있는, 새로운 형태의 시민성을 요구한다"는 주장에 근거한다 (Martinsson and Lundqvist 2010: 531).

"한 국가의 생태계 족적은 그 국가가 소비하는 식량, 섬유, 목재 생산을 위한, 농경지, 목초지와 삼림 및 어장, 그리고 에너지 사용에 따른 폐기물을 처리하고 인프라를 위한 공간 제공 등을 총괄한 것이다" (WWF 날짜 미상). 생태계 족적에 관해서는 이 장의 뒤에서 더 살펴볼 것이다.

시민성에 대한 이러한 보다 두터운 개념에 의하면, 인간은 '좋은 삶'을 갈망할 수 있지만 동시에 '글로벌 정의를 회복하기 위한 개인적 책임'을 다할 도덕적 의무도 가지고 있다. 생태적 시민은 '녹색 가치와 자세를 포용하고 그것을 실천에 옮기는' 사람들이다 (Martinsson and Lundqvist 2010: 519-520). 개인, 공동체, 국가의 생태계 족적을 줄이는 것이 선한 생태적 시민성을 도모하기 위하여 중요한 부분을 차지한다.

그러므로 생태시민성은 환경에 관한 한 "책임있는 행동의 동기와 이유를 이해하는 데 초점을 둔다" (Smith 2005: 16). 생태시민성은 페미니즘의 배려의 윤리를 영국학파와 마르크스주의이론가들과 관련된 연대주의, 세계화, 불평등에 관한 대화와 연결시킨다. 아마도 우리가 이 책에서 공부한 그 어떤 IRT보다도 생태시민성은 시간이 멈춘 고정된 역사적 시점에서 강대국과 약소국 간의 힘의 형태를 설명하고자 한 (예를 들어, 신현실주의) 시도에 비해 미래지향적이다. 생태시민성은 분명히 현재를 다루지만 우리의 지평을 그 훨씬 너머로 확장시켜준다. 예를 들면, 삼림파괴의 영향은 현재와 미래의 지구에 대한 정의를 요구한다는 점을 부각시키고, 수질 문제는 지구 위에서 살아갈 "우리 차세대의 조속한 경각심을 자극하며, 핵폐기물 처리와 보관은 먼 미래 세대에 대한 의무를 제기한다" (ibid.: 19).

생태시민성의 핵심 주장을 카터와 허비 (Carter and Huby 2005: 256-257)의 도움을 받아 요약하자면 다음과 같다.

- 첫째, 생태시민성은 **비영토적인**(non-territorial) 개념이다. 산성비 같은 환

경문제는 국경에서 멈추지 않는다. 그러므로 생태시민들은 그들의 공동의 목표를 달성하기 위해 국내는 물론 국경을 넘어서 활동해야 한다. 이는 '경계'에 대한 우리의 개념을 국제관계 안에서 다시 설정함으로써 국가를 초월한 녹색 이슈들을 생각하는 새로운 방식을 제시하는 생태적 지역 관련 활동에서 강조된다 (McGinnis 1999). 생태지역주의라는 용어는 1970년대 중반 미국에서 생태지역조사연구소 (Institue for Bioregional Research)를 설립한 뉴커크(Allen van Newkirk)에 의해 만들어졌다 (이 개념의 출현과 수용에 대한 뛰어난 설명은 Aberley 1999를 참조할 것).

- 둘째, 생태시민성은 **공적, 사적 영역 모두에서 발생한다**. 전통적인 IRT가 '국제적' 영역 '저 밖에' 있는 국가 상호작용에 초점을 맞추는 반면, 생태시민성은 매일 매일의 일상적 행동들이 (예를 들면, 재사용이 가능한 캔버스천 쇼핑백을 사용하는 대신 비닐봉투를 사용한다면) 공적인 결과를 초래한다는 점을 인식한다.
- 셋째, 생태시민성은 **'시민들이 그들의 의무를 다하게 하는 미덕'**과 관련된다. 특히 생태계 공간을 모든 인류를 위해 공정하게 나누기 위해서는 사회정의가 필요하며, 현재와 미래의 지구상에서 곤경을 겪고 있는 타인들에 대한 연민과 직결된다.
- 넷째, 생태시민성은 **비계약적(non-contractual) 책임**을 수반한다. 예를 들면, 호혜주의에 대한 기대 없이도 생태적 족적이 지속가능하다는 것을 확실히 하는 것이다. 환언하면, 생태적 시민으로 행동하는 것에 대해서 큰 보상을 기대하지 않는다는 의미이다. 당연히 미래세대가 여러분에게 보상하거나 고맙다고 할 수도 없다.

경험적이고 규범적인 가정들

생태시민성이라는 개념은 녹색이론가들이 전반적으로 관심을 갖는 '실용적인 질문'에 답하기 위해 등장한 개념이다 (Dobson 2006b: 450). 즉, 환경문제가 흔히 경제, 정치, 물질적 사익 개념과 충돌하는 상황에서 어떻게 지속가능한 사회를 구현할 것인가 하는 질문이다 (ibid. 2007). 분명하게 '옳은 일을 하는' 행동은 우리의 즉각적 욕구와 필요, 이익과 충돌할 수 있다. 이 접근법의 중심에는 우리가 뒤에 남기는 생태적 족적의 본질과 규모에 대한 경험적 관심이 자리잡고 있다. 즉, 인간으로서 일상적 삶을 사는 것, 상품과 서비스를 생산하고 공급하는 기업, 그리고 국제적 차원에서 전체적으로 환경문제를 관리하는 국가에 대한 관심이다. 규범적 문제에 대한 관심은 개인이 국경을 넘어 인류 공동체로 연합되었다는 인식에서 오는 정치적이고 도덕적인 의무에 대한 세계주의적 설명과 연결된다. '세계 공동체'라는 정체성과 글로벌 협력 간의 연결성에 대한 한 연구는 세계주의를 경제와 환경의 횡절적(橫切的) 본질로 인해 국경과 경계를 초월하는 현상이라고 설명했다.

> 지구온난화, 열대우림 파괴, 세계시장의 불안정성 등으로 인해 한 지역 행위자들의 결정이 물리적 환경에 영향을 줄 뿐 아니라 멀리 떨어진 사람들의 경제적 기회에도 영향을 미친다. 그러한 문제에 대처하려면 국경을 넘어서는 협력이 필요하다. (Buchan et al. 2011: 821)

돕슨은 세계주의(cosmopolitanism)의 세 가지 공약을 다음과 같이 정리한다 (별도 언급이 없는 한 모든 인용은 Dobson 2006a: 167–168).

1. **범위: 누가 누구에게 의무를 지는가?** 원칙적으로 범위는 모든 인류에게 보편적으로 적용된다. 돕슨이 지적한 바와 같이, 이러한 보편주의 개념은 링클레이터(Andrew Linklater)의 『정치공동체의 전환(*The Transformation of Political Community*)』(1998)에서 잘 다뤄지고 있다. 세계주의자들이 부닥치게 되는 문제들은 좀 더 현실적이다. "우리는 이론상 세계주의자일지 모르나 이론을 실천에 옮기는 것은 어렵고 심지어 불가능하기도 하다는 것을 발견한다" (Dobson 2006a: 169).
2. **본질: 우리의 의무는 무엇인가?** 파악하기 어렵긴 하지만 저자들은 링클레이터의 저작에서 두드러진 다음과 같은 논지로 수렴한다. 남을 기만하

거나 피해를 주지 말 것, 연민과 같은 특정 미덕들을 함양하고 실천할 것, 담론을 위한 열린 공동체의 창조를 위해 노력할 것 등이다. 포기(Thomas Pogge)는 우리 자신이 정의롭지 못한 기관에 연루되는 것을 삼가야 한다고 덧붙였고, 존스(Charles Jones)는 우리는 가능한 모든 곳에서 정의를 실천해야 한다고 주장한다.

3. **의무의 근원**. 인간 행동의 동기와 관련된다. 법적 근원은 법칙에 구속되는 의무다 (예를 들어, 제재나 보복에 대한 두려움). 돕슨은 이것들을 '완전한' 의무라고 부른다. '불완전한' 의무는 윤리적 의무들이며 제재를 가할 수 없다.

생태적 족적

생태시민성은 현재와 미래 세대를 엮는 유대관계와 환경과의 상호작용에 적용되는 정의라는 코드를 정통 세계주의보다 더 깊이 있게 설명해준다. 돕슨은 사람들이 '실제' 또는 '상상의' 타자들이 겪는 고통에 대한 책임감을 느낄 수 있게 될 때 세계주의적 책임을 인식하고 행동할 수 있는 동기가 더욱 많이 부여된다는 개념을 소개함으로써 세계주의 시민성에 대한 '옅은' 접근을 넘어서고자 한다. 이러한 정서는 '연결된 자신들'이라는 인식을 확고하게 하는데 그 정서가 인간으로 하여금 불의나 피해에 도덕적 책임감을 느끼도록 촉구하기 때문이다 (Dobson 2006a: 172). 지구온난화로 인한 환경오염과 자원고갈에 대한 인식은 세계화된 세계가 '말 그대로 인과적 책임에 관한 **글로벌** 관계'를 만들어내는 좋은 예가 될 수 있다 (ibid.: 175).

그러므로 우리가 글로벌 인류공동체의 일원이라는 '옅은' 인식을 넘어 '두터운' 세계주의를 만들어낼 가능성은 우리의 개인/기업/국가의 생태적 족적으로 인해 단지 지구상에 살고 있는 다른 인간뿐 아니라 우리의 행동으로 인해 향후 수세기 동안 영향을 받게 될 수십억 생명체들에게도 정의를 행해야 할 필요성을 얼마나 깨닫는지에 달려 있다.

> 생태적 족적이라는 개념은 환경 내, 또는 그 아래서 살고 있는 인류를 포함한 생물체와 비생물체적 요소에 우리가 끼치는 물리적 영향력에 대해 생각하게 해준다. 생태적 족적을 피해갈 수 있는 사람은 아무도 없으며, 그러므로 모두가 항상 누군가, 또는 무언가에 영향을 주고 있는 것이다. (ibid.: 176-177)

생태시민성은 IR이 가지고 있는 시공간에 대한 전통적인 개념 너머를 생각하게 해주고, 공적-사적 구분을 허물어 자원이 제한된 세계화된 세상에 사는 우리들의 '존재'를 둘러싼 실천적 정책문제를 좀 더 잘 이해하게 해주며, 이것을 어떻게 이론적으로 정립할 것인가를 생각하도록 촉구한다.

생각해 볼 문제들

'녹색국제이론은 국제관계이론의 영역 밖에 있는가?'

이 질문에 대한 여러분의 답안을 구상함에 있어서 여러분은 두 부류 문헌의 단서를 활용하여 입장을 정하고 그것을 뒷받침해나가야 할 것이다. 하나는 '적절한 문제 사안', 혹은 국제관계이론의 중심 의제인데 이는 곧 해석의 문제이기도 하다. 알아야 할 또 다른 부류의 문헌은 녹색국제이론과 그 존재론적 입장(그 이론의 연구대상이)인데 여러분이 중요하다고 생각하는 IR 논의에 이 이론이 어떤 기여를 하고 있는가 하는 점이다. 여러분의 답변은 이 질문의 두 핵심 개념에 대한 정의에 달려 있다. 무엇이 '생태중심적 이슈들'이며 'IR의 영역'은 무엇인가? 어떤 종류의 녹색국제이론을 이 전통의 대표적 입장으로 취할 것인가? 에커슬리(Robyn Eckersley)와 같은 저자들로 대표되는 '국가 개혁' 접근법, 기업의 사회적 책임의 실천과 규제를 제시하는 시장지향적 해결책, 혹은 돕슨의 생태시민성 개념 중 어느 것인가? 지역 환경적 도전 구상에서 국경을 무시하는 생명지역주의자(bioregionalist)는 이 논의의 어디에 부합될까? 공간이 허락하지 않아 이 장에서는 미처 다루지 못했지만 북친(Murray Bookchin) 같이 "국가를 없애라"는 강력한 생태무정부주의(ecoanarchist) 접근법도 있다 (뒤의 참고문헌을 참조할 것). 답안에서는 그들 사상의 다양성과 더불어 그들이 가진 공통점을 언급해야 한다. 교과서에 나온 녹색국제이론들에 관한 일반적인 지식이 각각 다른 의제들을 이해하는 데 도움을 줄 것이다.

IR의 영역에 관해서는 전통적 '신자유주의' 입장을 IR 의제에 대한 정통 해석을 대표하는 것으로 내세울 수 있다. 녹색국제이론이 마르크스주의, 페미니즘, 포스트-구조주의와 공통적으로 질문하는 것은 그러한 전통적인 의제가 오늘날 글로벌 정치의 이슈들을 어느 정도나 다루고 있는가 하는 점이다. 여러분이 만약 규범적 이론이 실증주의나 현실주의 및 자유주의의 국가중심적 접근보다 현 시대의 문제에 대해 더 많이 다루고 있다고 동의한다면, 여러분은 녹색국제이론이 IR 영역 밖에 있지 않고 오히려 핵심적인 이론이라고 생각할 것이다. 최선의 답안은 녹색국제이론이 젠더이론처럼 국제관계학의 '변종'으로 취급되거나 일시적인 것으로 잊혀질 수 있는 것이 아니며, 우리가 그것을 인정하든 않든 이 이론이 IR에 관한 우리의 지식을 구성하고 규제하면서 항상 남아있을 것이라는 생각을 언급하는 것이다.

'국제관계이론 접근법으로서 돕슨의 생태시민성의 개념에 대해 비판적으로 평가하라'

생태시민성에 대한 돕슨의 연구는 독특한 연구 분야를 만들어냈다. 그러므로 여러분은 돕슨에게 초점을 맞추되 답안 초반부에서 그가 녹색국제이론에 어떻게 보다 광범위하게 연결되고 있는가를 보여주어야 한다. 예를 들면, 그는 인간중심주의를 넘어서고 있으며, 세계주의 연구에 기여하고, 페미니즘의 배려의 윤리와 맥을 같이 하여 이론화를 시도한다는 점 등이다. '생태시민성'에 대한 정의와 개념에 대한 깊이 있는 지식을 보여주는 것에 많은 점수가 주어질 것이다. 어떤 이론이든 비판을 시작하기 전에, 그 이론(이 경우에는 이론가들)에 대한 여러분의 이해를 정확히 기술하고 입장을 정할 필요가 있다. 생태시민성에 대한 견실한 이해는 다음과 같은 것들을 요한다. 적절한 문헌에서 취한 한두 가지의 정의, 생태적 족적과 같은 핵심 개념에 대한 설명, IR의 핵심 논쟁 내에서 그것이 차지하는 규범적 위치에 대한 일반적 서술로서, 예를 들면, 고도로 세계화된 시대에서의 국가의 역할과 현대 국제사회의 역동성 등이 될 것이다. 생태적 족적에 대한 생각을 증진시키는 (그리고 정의하기 위해 그것을 활용할 수 있는) 세계자연기금(World Wildlife Fund) 같은 '현실 세계' 기구에 대해 언급할 수도 있다. 그러나 이 단계에서 실천적 정책에 너무 많은 부분을 할애하지는 않기 바란다. 이론적 논의를 위해 실례를 드는 정도로 그쳐야 한다.

'비판적 평가'에서 얻을 수 있는 점수는 돕슨의 연구를 IRT의 맥락에서 얼마나 광범위하게 보여줄 수 있는 가에 달려있다. 누가 돕슨에게 동의하는가? 누가 무슨 이유로 동의하지 않는가? 녹색국제이론은 우리가 합리적으로 IRT의 '영역'이 다룬다고 생각하는 범위에 부합하는가 (앞의 질문을 참고하라)? 이 이론은 국가의 역할, 질서, 정의 등 IR의 주제들을 효과적으로 다루고 있는가? 논의를 전개하는 데 도움이 된다면 여러분의 IRT 과목 수업에서 다룬 다른 이론들을 원하는 만큼 원용해도 좋다.

추가 읽을거리

Vogler, J. (2008) 'Environmental Issues', in J. Baylis, S. Smith and P. Owens (eds) *The Globalization of World Politics: An Introduction to International Relations*, 4th edn. Oxford: Oxford University Press, pp. 350-368.
녹색이론에 관한 패터슨과 에커슬리에서 볼 수 있는 비판적인 접근보다 더욱 전통적인 접근임.

Doran, P. (1995) 'Earth, Power, Knowledge: Towards a Critical Global Environmental Politics', in J. Macmillan and A. Linklater (eds) *Boundaries in Question: New Directions in International Relations*. London: Pinter, pp. 193-211.
국가와 국제기구들에 의해 실시된 환경분야 실행과 정책의 한계를 드러내기 위해 푸코의 담론적 레짐 개념을 사용했다.

Lövbrand, E. and Stripple, J. (2006) 'The Climate as Political Space: On the Territorialisation of the Global Carbon Cycle', *Review of International Studies*, 32(2): 217-235.

Smith, M.J. (1998) *Ecologism: Towards Ecological Citizenship*. Buckingham: Open University Press.
첫 장의 인간중심주의/생태중심주의 구분이 유용하다.

Dobson, A. (2007) *Green Political Thought*, 4th edn. London: Routledge.

Wall, D. (2005) *Babylon and Beyond: The Economics of Anti-Capitalist, Anti-Globalist and Radical Green Movements*. London: Pluto.
녹색이론에 대한 생태무정부주의적 시각이며, 마르크스주의와 무정부주의의 이해에 도움이 된다.

Bookchin, M. (2005) *The Ecology of Freedom: The Emergence and Dissolution of Hierarchy*, 4th edn. Oakland, CA: AK Press.
대표적인 생태무정부주의 저자임. 다음의 책도 참고할 것.

Bookchin, M. (2007) *Social Ecology and Communalism*. Oakland, CA: AK Press.

Eckersley, R. (2004) *The Green State: Rethinking Democracy and Sovereignty*. Cambridge, MA: MIT Press.
환경정의를 추진하기 위한 국가주도적 접근. 같은 목표를 이루는 방법에 대한 생태무정부주의적 견해와 충돌함.

Deudney, D. (1996) 'Ground Identity: Nature, Place, and Space in Nationalism', in Y. Lapid, and F. Kratochwil, (eds) *The Return of Culture and Identity in IR Theory*. London: Lynne Rienner Publishers, pp. 129-145.

Paterson, M. (1996) *Global Warming and Global Politics*. London: Routledge.
환경에 대한 국가 간 접근의 본질과 한계에 대하여 소개함.

Haas, P.M., Keohane, R.O. and Levy, M.A. (1993) *Institutions for the Earth:*

Sources of Effective Environmental Protection. Cambridge, MA: MIT Press.
환경적 결과를 설명하기 위해 레짐이론을 사용하는 전통적 IR 접근.

Young, O.R. (1989) *International Cooperation: Building Regimes for Natural Resources and the Environment*. Ithaca, NY: Cornell University Press.
하스, 코헤인, 레비의 책과 더불어 현대의 환경에 대해 우리가 생각하는 방식에 대해 전면적으로 재고하고 미래를 위해 행동할 것을 옹호하는 패터슨 등의 저자들에 의한 비판을 소개. 레짐 중심적 접근에 관해 더 보려면:

Mitchell, R.B. (2006) 'International Environment', in W. Carlsnaes, T. Risse and B.A. Simmons (eds) *Handbook of International Relations*. London: Sage, pp. 500–516.

생태시민성과 세계주의에 대해서

Brown, G.W. and Held, D. (2010) *The Cosmopolitanism Reader*. Cambridge: Polity Press.

Dobson, A. and Bell, D. (eds) (2006) *Environmental Citizenship*. Cambridge, MA: MIT Press.

Gabrielson, T. (2008) 'Green Citizenship: A Review and Critique', *Citizenship Studies*, 12(4): 429–446.

Hailwood, S. (2005) 'Environmental Citizenship as Responsible Citizenship', *Environmental Politics*, 14(2): 195–210.

Hutchings, K. and Dannreuther, R. (eds) (1999) *Cosmopolitan Citizenship*. Edinburgh: Edinburgh University Press.

Smith, M. (1998) *Ecologism: Towards Ecological Citizenship*. Buckingham: Open University Press.

Walzer, M. (1994) *Thick and Thin: Moral Argument at Home and Abroad*. Notre Dame, IN: University of Notre Dame Press.

제3부

강의, 학습지도, 수업 그리고 시험

어느 분야에서나 가장 우수한 학생들은 대개 자신의 공부에 대해 강한 책임감을 갖고 학업을 스스로 관리하는 학생들이다. 대학에 가는 특권을 누리기 위해 갈수록 더 비싼 학비를 내야 하는 시대에 (영국이나 미국의 예를 생각해 보라) 일부 학생들은 돈을 냈기 때문에 당연히 선택한 학위를 받을 권리가 있다고 생각한다. 하지만 천만의 말씀! 대학에 학비를 내는 것은 학위를 위해 공부할 권리를 주는 것이지 선택한 학위를 자동적으로 보장하는 것은 아니다. 이는 체육관에 등록하는 것과 똑같다. 체육관에 회비를 내고 등록하는 것은 자유지만 체육관에 가지 않거나 운동기구를 사용하지 않는다면 건강해질 수 없다. 대학 수준의 학업도 마찬가지다. 가장 열심히 공부하는 학생이 최상의 결과를 얻는 것이다. 많은 학자들로부터 듣겠지만 대학은 타고난 천재들이 다니는 곳이 아니라 그들의 학업에 열정을 갖고 열심히 공부하는 사람들이 가는 곳이다.

따라서 여러분은 마치 자동차를 소유하는 것처럼 학위과정을 향한 배움의 소유권을 구매하는 것이다. 어떤 이들은 자신의 자동차를 항상 깨끗이 닦고 광을 내며 잘 달리도록 관리한다. 반면에 어떤 이들은 차를 제대로 관리하지 않아서 시간이 지나면 녹슬고 위험스런 흉물이 되고 만다. 어떠한 배움의 소유자가 될 것인지는 여러분들에게 달렸다. 대학의 교수나 친구들, 부모와 친척들이 어느 정도는 도움이 될 것이다. 하지만 결국은 여러분이 받는 최종 학위가 장차 여러분을 채용할 사람들에게 당신이 어떤 학업의 소유자인지를 말해줄 것이다.

제3부에서는 여러분의 학습을 스스로 장악하는 방법에 대한 조언과 요령을 제공하고자 한다. 15장은 IR이론 강의와 학습지도를 최대한 활용하고 학습에 관련된 다양한 피드백을 활용하는 방법에 관해 안내한다. 16장은 수업 과제로 작성하는 에세이와 시험 요령, 그리고 표절을 피하는 방법을 설명한다. 17장은 IRT 과목 수강 학생의 실제 답안을 활용해 에세이 작성의 모범 사례를 소개한다. 18장은 IRT 과목 시험에서 최선의 점수를 얻는 방안과 성공하는 비결을 소개한다.

* 16~18장의 내용은 일종의 부록으로서 학습요령과 에세이 작성, 시험 준비 등에 대한 조언을 담고 있다. 일부 내용은 한국의 교육현실에 맞지 않는 부분도 있어 발췌 번역했음을 밝힌다.

15장 강의와 학습지도 최대한 활용하기

이 장에서는 대학에서 정보를 제공하는 두 가지의 가장 보편적인 방법, 즉 강의와 학습지도에 대해 검토하고자 한다. 강의와 학습지도를 최대한 활용하기 위해서는 3단계 접근을 따르는 게 좋다. 1단계는 준비이다. 2단계는 강의와 학습지도를 통해 배우기다. 3단계는 수업 후 심화 과정이다.

국제관계이론 강의 최대한 활용하기

출석

강의를 최대한 활용하는 가장 확실한 방법은 당연히 출석이다. 하지만 수업별로 강의 출석률이 항상 높은 것은 아니다. '지루해서', '근무 일정과 충돌해서', '시간이 너무 일러서', '점심 식사 후 너무 피곤해서', 혹은 '축구 연습을 해야 해서' 등 다양한 핑계를 댈 수 있다. 어떤 일을 하지 않기 위한 핑계는 무수히 많지만 그런 핑계는 시험을 통과하거나 졸업 후 좋은 추천서를 받는 데는 도움이 되지 않는다. 물론 살다보면 불가피하게 학습과 출석을 가로막는 예상치 못한 일이 생기거나 건강상의 문제가 발생할 수도 있다. 그럴 경우는 해당 학과에 통보를 해줘야 한다. 대부분의 대학들은 여러분에게 어려운 문제가 생길 때 도움을 주기 위한 복지나 종교적 관리 체제를 잘 갖추고 있다.

가상현실을 포함해 오늘날 활용 가능한 다양한 교수 방법을 감안할 때, 널찍하고 어두침침한 영혼이 없는 강의실 강단에 서서 비몽사몽인 학생들을 향해 이뤄지는 전형적인 학술 강의는 진리를 향해 나가기에 역부족이다. 물론 모든 강의는 접근법이나 스타일, 시각도구, 예를 들면, 파워포인트나 비디오 클립, 유인물 같은 보조자료 활용 등에서 차이가 있을 수 있다. 이와 관련해서 필자는 IR이론가인 르보우(Richard Lebow)가 그의 스승이며 연사였던 칼 도이치(Karl Deutsch)를 회상한 것에서 흥미를 느낀다. 르보우는 "칼은 재능 있는 강의자는 아니었지만 항상 수강생들에게 완전히 몰입했다" (Lebow 2014: 188)고 적었다. 여기서 두 가지 교훈을 발견할 수 있다. 첫째, 강의 스타일과 내용을 혼동하지 말라는 것이다. 강의는 마술이나 불꽃놀이, 혹은 농담의 연속처럼 재미있지 않을 수도 있다. 하지만 주의 깊게 들으면 흥미롭지 않을 이유가 없다. 둘째, 모든 강의자는 개인적 스타일에 상관없이 한 가지 공통점이 있다. 즉, 그들은 자신의 강의 내용에 열정적이고, 학생들도 열정적이기를 기대한다는 것이다.

따라서 수업을 통한 향상감을 느끼는 최선의 방법은 강의를 포함해 모든 수업에 출석하는 것이다. 강의에 출석하지 않는다면 진도가 나갈수록 심리적으로 따라 잡기가 점점 더 힘겨워질 것이다. 어떤 것을 하지 않는 것은 어떤 것을 규칙적으로 하는 것만큼이나 쉽게 습관이 된다. 그러므로 수업의 첫 강의에는 반드시 참석하고 학습 모듈 내내 수업에 빠지지 말아야 한다.

지난 수년간 필자는 IRT 수업을 듣는 학생들의 강의 참석률과 성적 사이의 관계를 기록해왔다. 물론 예외가 있기는 하지만 수업에 정기적으로 참석하는 학생들은 일반적으로 그렇지 않은 학생들에 비해 학과 성적이나 시험에서 거의 항상 좋은 점수를 받았다. 더욱 중요한 것은 상위 점수를 받은 학생들은 성취에 대한 의욕이 크고, 이는 그들의 장래를 위한 중요한 자신감이 된다는 점이다.

리딩

여러분의 국제관계이론 과목 담당교수는 인쇄본이든 전자책이든 강의와 학습지도에 필요한 도서목록을 줄 것이다. 때때로 이런 도서목록은 길고 산만한 자료의 목록일 수도 있다. 보통은 강의 주제별로 구분되는 필수적인 리딩과 추가적인 자료들로 구성되어 있을 것이다.

대부분의 교수들은 '과목 리딩'으로서 하나 혹은 두 가지 필수 교재를 추천할 것인데, 여러분은 필수 교재부터 읽기 시작해야 한다. 매주 할당된 리딩을 위해 적당한 IR과 IR이론 분야의 교과서를 선택하기 위해서는 이 책의 서론 부분을 참고하기 바란다.

강의에 앞서 최소한 필수 도서는 반드시 읽는 것을 목표로 하는 한편, 추천 도서도 될 수 있는 한 가급적 많이 읽는 것이 좋다. 담당교수별로 기대하는 바가 다르겠지만, 대체로 한 강의를 위해 책의 장·절 혹은 논문 5편 정도를 읽는다면 강의의 핵심 내용을 이해하기에 충분할 정도의 준비가 된 것으로 볼 수 있다.

독서목록에 접근하는 것은 다음과 같은 방식을 생각해보기 바란다.

- 과목의 주된 주제와 논쟁에 대한 개략적인 감을 잡기 위해서는 일반적인 교과서부터 시작하는 것이 좋으며, 이어서 독창적인 학술저널에 출판된 논문이나 모노그래프로 폭을 넓혀가는 것이 좋다.
- 현실적인 독서 목표를 설정하라. 강의 한 시간 전에야 부랴부랴 주어진 과제를 읽는 식으로는 되지 않는다. 새롭고 복잡한 생각을 소화하기에는 시간이 필요하다.
- 보통 교과서의 한 장이나 논문 하나를 읽는 데 소요되는 시간을 계산하여 그에 따라 독서계획을 수립하라.
- 어디에서 읽는 것이 가장 효과적인지 파악하라. 여러분의 방인지 스터디룸인지 혹은 도서관인지 말이다.
- 방해를 많이 받지 않고 집중할 수 있는 장소가 어디인지 파악하고, 집중되고 잘 정돈된 노트를 작성하라.
- 여러분이 이해하지 못하는 개념/이슈들을 적어두고 그것들에 대한 추가적인 정보를 찾아보도록 하라. 만일 필요하면 담당교수를 찾아보는 것도 좋다. 교수들은 기꺼이 학생들의 문제를 상담하고 조언을 해줄 것이며 그런 정보는 여러분의 이해를 높이는 데 도움이 될 것이다.

수업 중에 배우기

수업을 최대로 활용하기 위해 유념해야 할 두 가지 가장 중요한 점은 첫째, 준비가 되어 있어야 한다는 것이고, 둘째, 수업을 해당 주제에 관해 창의적으로 교류할 기회로 삼으라는 것이다.

제공되는 대부분의 강의는 불행하게도 수동적인 배움의 스타일을 조장하는 경향이 있다 (즉, 교수는 말하고 여러분은 듣는다). 여러분은 학기 강의를 통해 적극적으로 교류하는 방법을 생각할 필요가 있다. 충분한 수분을 섭취해야 두뇌의 집중도를 높이는 데 도움이 되므로 수업에 물을 한 병 들고 들어가는 것이 수업에 집중하는 데 도움이 될 것이다.

강의노트

수업 전에 강의노트가 제공되는 경우라면 반드시 미리 읽어보고 여러분이 이해하지 못하는 개념이나 생각을 파악하도록 하라. 제공된 강의노트에다 추가적으로 필기를 하거나 별도로 자신만의 노트를 작성해도 좋다. 어느 경우이든 강의 날짜와 주제 내용 라벨을 붙여서 잘 정리하도록 하라. 주제별로 분류하여 간단한 A4 파일에 저장하면 나중에 에세이를 준비하거나 시험 준비를 할 때에 유용하다는 것을 발견할 것이다.

강의노트는 강의에서 제시된 핵심 내용을 분명하게 설명할 수 있어야 한다. 강의노트는 추후 학습할 특이한 포인트, 리딩 리스트에는 없지만 교수가 언급한 추가 학술자료, 혹은 특별히 추천한 자료들을 포함할 수도 있다. 교수들은 강의에서 '큰' 그림을 언급하고 핵심 개념이나 아이디어에만 초점을 맞추는 경향이 있다. 강의에서 제시된 주제의 뼈대에다 사전 준비 혹은 사후 심화를 통해 살을 붙이는 것은 여러분의 임무다.

담당교수는 보통 새로 등장하는 용어나 어려운 개념을 설명할 것이다. 만일 그런 개념들이 해당 강의 모듈에서 중심적 위치를 차지하는 것이라면 (예를 들면, 국제관계이론 과목에서 '무정부상태' 혹은 '권력'처럼) 그런 개념들은 학기 강의를 통해 여러 차례 다시 등장하게 될 것이다. 만일 학기말이 되어서도 그런 개념들이 익숙지 않다면, 특히 IRT와 밀접한 관련이 있는 용어들이 그렇다면, 여러분에게는 두 가지 선택이 있을 수 있다. 첫째, 리딩 자료에서 그 용어들이 어떻게 정의되고 있는지 찾아보라 (대개는 책의 말미에 제공되는 용어해설이 유용할 것이다). 둘째, 담당교수에게 직접 물어보

라. 교수들은 그 개념들에 대한 적절한 정의를 찾거나 기꺼이 그 의미를 설명해줄 것이다. 만일 여러 저자들이 동일한 개념을 다르게 정의한다면 에세이나 시험을 준비하기 위해 그러한 정의들을 잘 정리해 두도록 하라.

노트 필기

수업 중에 노트 필기를 어떻게 하는 것이 가장 성공적인지에 관해서는 정설이 없다. 만일 무작정 많이 적으려고만 한다면 강의 내용 일부를 놓칠 수도 있다. 반면에 너무 적게 적는다면 나중에 강의 내용의 큰 그림을 복기하기에 충분하지 않을 수도 있다. 강의 내용 전부를 다 적지 못한다고 해도 걱정할 필요는 없다. 중요한 것은 여러분이 수업에 출석해 강의를 주의 깊게 들었고, 수업 중에 책상 밑에서 페이스북을 들여다보지 않았으며 (교수들도 눈이 있다 — 딴 짓 하는 게 다 보인다!), 큰 그림에 대한 이해를 갖고 강의실을 떠난다는 점이다.

특히 대학 첫 해의 강의에서 여러분에게 적합한 노트 필기 방식을 발견하는 것이 중요한데, 이를 통해 주의 깊게 듣는 것과 들은 것을 노트에 기록하는 일 사이의 적절한 균형을 찾아야 한다. 어떤 학생들은 강의에서 듣는 것을 완전히 소화하기 위해서 전혀 필기를 하지 않기도 한다. 만일 리딩을 충

함정 피하기

만일 담당교수가 너무 빨리 말하는 사람이라면, 여러분이 나중에 듣기 위해 강의를 녹음해도 좋냐고 요청할 경우 이를 허락할 것이다. 어떤 대학에서는 강의 내용을 캡쳐해서 녹화된 자료를 가상학습방에 제공하는 경우도 있다. 하지만 명심하라. 여러분이 모든 강의를 녹음하거나 강의된 내용을 완벽하게 따라할 필요는 없다. 강의 내용을 그대로 되풀이하는 것만으로는 아마도 높은 점수를 받기 어려울 것이다.

실히 한다면 이것도 좋은 학습전략이 될 수 있다. 어느 경우이든 여러분에게 가장 효과적인 방법을 찾아야 한다. 이처럼 여러분이 자신의 학업 소유권을 장악하라는 것이 이 장의 핵심 메시지이다.

수업 후 심화

강의 기반 수업에서 가장 흔히 간과되는 것 중 하나가 강의 내용을 공고화하고 스스로의 지식을 발전시킬 수 있는 수업 후 복습 단계이다.

공고화

공고화(consolidation)는 강의에서 들은 핵심 개념을 충분히 이해했다는 것을 재확인함으로써 IRT 논쟁에서 등장하는 주요 용어의 의미나 학문적 맥락 같은 해당 주제에 대한 지식의 기초를 강화하는 과정이다.

- 수업 후에 노트 필기를 읽을 시간을 갖도록 하라.
- 알아보기 어려운 필기는 다시 적도록 한다.
- 필기 내용 전체를 분명하고 알기 쉬운 형태로 재작성해도 좋다. 특히 나중에 잘 정돈되고 구조화된 형태로 관련 정보를 손쉽게 찾아보려면 이 옵션이 매우 유용할 것이다.
- 각 노트 필기의 첫 부분에 해당 강의의 핵심 요약을 개조식으로 적어 두라. 이런 작업이 여러분의 이해를 돕고 관련된 자료를 찾기 쉽게 해줄 것이다.
- 강의에 나온 내용 중 아직 명확히 이해되지 않은 모든 포인트들을 적어 두도록 하라.
- 강의에서 제시된 추가 읽을거리를 적어두고 강의 중에 언급된 주 저자와 교재들을 기록해 두라.

소규모 그룹(3~5명 정도의)을 구성해 노트 필기를 검토하고 어려운 개념에 대한 서로의 견해를 교환하여 각 강의에서 다룬 핵심 내용에 대한 여러분의 이해를 확고하게 하라. 매 수업 후 정기적으로 모여서 긴장을 풀고 핵심 주제를 토론하면서 강의 내용을 검토하는 것이 좋다. 함께 수업을 듣는 동료들과의 대화는 학습 전략에서 매우 중요한 부분을 차지한다.

발전

강의에서 들은 내용을 공고히 했다면, 이제 그 지식을 더 발전시킬 준비가 됐다. 다음과 같이 다양한 방법을 활용할 수 있다.

- 수업 전에 하지 못했던 필수적이거나 추가적인 자료 리딩을 한다.
- 강의에서 언급됐지만 리딩 리스트에는 없는 추가 자료를 적어두었다가 읽는다 (만일 필요하면 담당교수나 동료 학생들에게 그런 자료에 관해 문의하라).
- 강의나 자료를 읽으면서 마주친 이해하기 어려운 개념이나 아이디어에 관한 자료를 조사하라. 이를 소규모 스터디 그룹으로 하면 도움이 될 것이다.
- 노트 필기를 리딩 내용과 연결시켜 보라. 예를 들면, 담당교수가 IR의 전통적 문제를 다룬 다양한 이론에 대해 다른 시각에서 접근한 사례를 언급했다면, 여러분은 그러한 각 전통을 대표하는 학자들을 구분할 수 있겠는가? 만일 그렇지 않다면 어디에서 무엇을 찾아볼 것인가?
- 연습을 위한 질문: 여러분이 수강하는 과목의 과거 시험지들을 살펴보라. 이는 이 책의 2부 각 장의 말미에 제공된 '생각해 볼 문제들' 코너와 비슷하다. 이에 근거해서 여러분은 방금 들은 강의의 시험 문제를 짐작할 수 있겠는가? 만일 그렇지 않다면 해당 주제에 대해 좀 더 많은 독서와 연구가 필요하다.

> 매주, 혹은 격주로 30분 정도를 할애해서 과거 시험문제나 에세이 주제에 대해 1,000 단어 정도의 답안을 구상하고 작성해볼 기회를 갖도록 하라. 이런 연습은 실제 시험을 위해 매우 값진 훈련이 될 것이다. 이렇게 하는 학생은 매우 적을 것이므로 담당교수는 여러분의 답안에 기꺼이 피드백을 줄 것이다.

학습지도 최대한 활용하기

개인 혹은 그룹 학습지도 시간은 주어진 주제를 좀 더 심층적으로 검토할 수 있는 기회를 제공한다. 학습지도는 여러분이 개인 혹은 그룹으로 새로운 공부 방식에 노출될 기회를 주고 주어진 문제를 창의적으로 생각하도록 자극한다. 이런 장점에도 불구하고 학생들이 항상 학습지도 시간에 참석하는 것은 아니다. 이는 대부분의 학생들이 학습 필요에 비해 대면 접촉 시간이 부족하다고 불평하는 것에 비춰보면 이상한 일이다. 학습지도를 통해 그 과목에 특화된 전문성을 강화하고 교실 밖에서 적용 가능한 요령을 얻을 수 있기 때문에 학생들이 학습지도에 참여하지 않는 것은 안타까운 일이다.

> 필자가 말하는 '학습지도(tutorial)'란 대학 수준에서 제공하는 소그룹 학습형태를 말한다. 일부 대학에서는 이를 세미나라고 부르기도 한다. 필자가 생각하는 것은 대략 5명~20명 정도의 학생들이 모여 대개는 강의와 관련된, 사전에 주어진 모듈 주제를 토론하는 것을 말한다.

학습지도를 통한 공부

학습지도는 대학 수준에서 여러분이 공부의 소유권을 장악할 수 있도록 도와주는 매우 역동적인 과정이다. 학습지도 시간은 아무리 훌륭한 교수의 수업일지라도 해당 주제의 강의만으로는 얻을 수 없는 이해의 깊이를 더해줄 수 있다. IRT식의 용어로 표현하자면, 강의는 각 이론학파의 주된 가정이나 설명에 대한 폭넓은 개관과 더불어 각 이론 내, 혹은 이론 간의 토론의 맛보기라 할 수 있다. 학습지도는 여러분이 배운 기초를 단단히 다질 시간을 갖게 해주며, 다양한 IR이론가들의 상이한 해석들에서 상대적인 장점과 약점이 무엇인지 토론할 수 있게 해준다.

처음에는 학습지도가 세 가지 이유로 버겁게 느껴질 수 있다. 첫째, 여러분은 아마 처음 본 학생들과 함께 공부해야 할지도 모른다. 특히 다수의 학위과정을 운영하는 대규모 학과의 경우 학습지도 그룹은 흔히 다양한 학생들로 구성된다. 둘째, 학습지도 시간에 여러분은 이전에는 생각해보지 않았던 질문을 받게 될지도 모른다. 따라서 여러분 스스로 생각하는 방법을 배워야 한다. 셋째, 학습지도 시간에 가르치고 배우는 것은 다양한 형태를 띨 수 있다. 그렇기 때문에 실제로 학습지도 첫 시간에 참석해봐야 어떻게 공부할 것인지 요령을 발견하게 될 것이다. 담당교수나 조교가 학습지도 형식을 어떻게 설정하든, 미리 준비하는 것이 성공의 비결이다.

함정 피하기

학습지도 시간을 어떻게 활용할지 모른다고 해서 아예 참석하지 않는 것은 피해야 한다. 학습지도 시간을 하나의 도전으로 받아들이고 여러분 스스로 유연하고 적응력이 있음을 입증하는 기회로 활용하라. 담당교수나 조교는 그룹토론에 적극적으로 임하는 학생들에게 긍정적인 평가를 줄 것이다.

프리젠테이션

강의실 앞에 나와서 학술적 주제에 대해 발표하는 것은 스트레스가 심한 일일 수도 있다. 학생들은 IRT 학습지도 시간에 어떤 주제에 대해 발표를 하도록 요청받을 수 있다. 아니면 연구결과를 두 명, 혹은 그룹으로 발표하게 될 수도 있다. 어떤 경우이든 프리젠테이션을 효과적으로 계획하고 실행하기 위한 요령이 있다.

프리젠테이션 기획

- 가급적 일찍, 철저히 발표 준비에 착수하라. 특히 여러분이 그룹의 일원으로서 참여한다면 말이다. 데드라인(마감시간)을 명확히 설정하고 각 단계별로 달성해야 할 목표를 정해 데드라인으로부터 역순으로 실행하라.
- 두 명, 혹은 그룹으로 작업을 한다면 참여자들 간에 업무를 균등하게 배분하고 각 참여자들에게 합리적인 목표를 설정하라. 아무리 특출한 학생일지라도 한 사람이 다 하게 해서는 안 된다. 각 학생들이 담당한 부분의 시한을 정하고 그 목표를 지키도록 하라.
- 유인물이나 파워포인트처럼 시청각 자료를 활용하기로 했다면 사전에 미리 준비하라. 슬라이드의 텍스트는 충분히 읽을 수 있는지, 그래픽은 선명하고 적절한지 확인하라. 한 가지 요령은 색상에 주의하라는 점이다. 예를 들면, 그룹 중에 색맹인 학생이 있다면 녹색 바탕에 붉은 글자를 읽지 못할 것이다. 중립적 색상의 밝은 배경에 진한 글자체를 사용하면 무난할 것이다.
- 프리젠테이션 구조를 잘 기획하고 가급적 한 가지 핵심 주제나 주장을 중심으로 구성하라. 프리젠테이션은 마치 학술논문을 발표하듯이 서론, 본문, 결론으로 구성하도록 하라 (이 책의 다음 장을 참조하라).
- 해당 주제에 대해 가급적 충분한 독서를 해서 당신이 이 문제에 상당한 지식이 있음을 보여주도록 하라.

- 특히 파워포인트처럼 시청각 자료를 사용한다면 발표 연습도 준비과정에 포함시켜야 한다. 혼자 발표하든 혹은 그룹으로 발표하든 최소한 한 번은 전체적인 흐름이 무난한지, 주어진 시간에 당신의 논점을 충분히 설명할 수 있는지 확인하라.

프리젠테이션

- 만일 그룹 발표라면 성원 모두가 일부라도 발표하도록 하라.
- 할당된 발표 시간을 지키라. 주어진 시간을 초과하는 것보다는 약간 짧은 편이 더 낫다.
- 발표 중에 적어도 한번은 청중들 모두와 눈을 마주치도록 한다.
- 필요하면 발표 스크립트를 사용해도 좋지만 독백처럼 그냥 읽지 않도록 하라. 그렇게 하면 청중들의 주의를 끌기 어렵다.
- 발표는 열정적이고 자신감 있는 것처럼 보이도록 하라 (설령 그렇지 않더라도 말이다!).
- 만일 파워포인트를 사용한다면 스크린을 향해 말하지 않도록 하라. 시청각 자료는 보조 수단일 뿐 발표의 대상이 아니라는 점을 유념하라. 필자의 어떤 수업에서는 한 학생이 10분짜리 발표 내내 청중을 등지고 스크린을 향해 말한 경우가 있었다. 학생의 말소리를 듣기도 어려웠고 발표자의 뒤통수를 보면서 듣는 것도 이상했다. 발표 내용은 매우 훌륭했지만 청중을 바라보지 않았기때문에 그룹은 곧 지루해졌고 청중은 곧 관심을 잃었다.
- 여러분의 발표가 유인물이나 파워포인트 슬라이드 순서대로 진행되도록 유의하라 (그래서 사전 연습이 중요하다).
- 마지막 결론 부분에서 여러분 발표의 핵심 주장을 간단히 요약하도록 하라.

학습지도 시간을 통해 여러분은 IRT에 대한 지식에 자신감을 더하는 중요한 기회를 갖게 될 것이다. 학습지도를 통해 얻어진 요령은 다른 수업이나 혹은 직업에서도 매우 유용할 것이다. 학습지도를 중요하게 간주한다면 틀림없이 큰 보상을 받을 것이다.

피드백

IRT 수업(혹은 어떤 과목이든)을 듣는 학생으로서 자신을 향상시킬 수 있는 최선의 방법은 학생 스스로 자신의 강점을 파악해 이를 굳건히 하는 한편 자신의 약점을 보완할 방법을 발견하는 것이다. 여러분 스스로 본인의 지식 기초를 제대로 이해하지 못하거나 과목의 수업목표를 달성할 방법을 모른다면, 몇 가지 조치를 취할 필요가 있다. 본 장의 메시지를 다시 한 번 반복하자면, 여러분 스스로 **본인의 학습에 대해 건설적인 소유권을 장악하라**는 것이다. 아래에서는 대학 수준에서 얻을 수 있는 다양한 피드백의 형태를 소개하고 그것을 어떻게 최대한 활용할 것인지를 간략히 소개하고자 한다.

피드백은 다양한 형태로 돌아온다. 점수 혹은 총괄적 평가(에세이나 프리젠테이션의 점수처럼), 내러티브 혹은 조성적 조언(개선이 필요한 부분을 포함해, 발표에 대한 서면 코멘트), 구두 조언 혹은 허물없는 대화처럼 교실 안팎에서 이뤄지는 교수와의 짧은 대화가 될 수도 있고, 혹은 지도교수와의 연례 상담이 될 수도 있다. 학과 교수는 여러분이 공부에 관해 문의할 수 있는 가장 우선적 대상이다. 동료 학생들도 여러분에게 피드백을 줄 수 있는 사람들이다. 그들은 학습지도 시간에 주어진 주제나 이론적 접근을 함께 토론하면서 여러분의 생각에 피드백을 줄 수 있다. 피드백을 열린 자세로 받아들이는 것은 여러분의 실력을 향상시키고 에세이나 시험에서 앞서가기 위한 중요한 방법이다.

학문적 발전은 건설적 비판을 주의 깊게 들을 때에만 가능하다. 학문적 비판은 여러분 개인에 대한 공격이 아니다. 비판으로 인해 비록 자존심에 약간 상처를 입을지는 몰라도, 그것은 일상적으로 받아들여야 할 일이다. 그래서 피드백에는 긍정적으로 반응해야 한다. 조직행태나 심리학 연구의 결과는 완벽하지 않은 결과라도 그에서 배우고자 하는 의지가 개인이나 조직이 성공하게 만드는 비결이라는 점을 보여준다. "부정적 피드백이 두려워 평가받을 기회를 회피하고, 그로써 향상할 기회를 무산시키는 것은 커리어를 위해 좋은 방식이 아니다. 당신은 아직 포기하지 않았다. 하지만 향상되지도 않았다" (Syed 2015: 282).

함정 피하기

여러분의 학업에 대해 서면 혹은 온라인 평가를 받았을 때 단순히 점수만 확인하고 내던져버리지 않도록 하라. 코멘트와 피드백을 꼼꼼히 확인하여 여러분이 어디서 잘 했고 어떤 요령이나 지식을 보완해야 하는지 파악하도록 하라. 여러분의 학업성적에 대해서도 담당교수와 상의하도록 하라.

추가 읽을거리

다음은 학습지도 시간을 잘 활용하고 프리젠테이션 스킬을 향상시키는 데 도움이 되는 서적들이다.

Barrass, R. (2006) *Speaking for Yourself: A Guide for Students to Effective Communication*. London: Routledge.

Bonnett, A. (2011) *How to Argue: A Student's Guide*, 3rd edn. Harlow: Pearson Education.

Bradbury, A. (2006) *Successful Presentation Skills*, 3rd edn. London: Kogan-Page.

Gallo, C. (2009) *The Presentation Secrets of Steve Jobs: How to Be Insanely Great in Front of Any Audience*. New York: McGraw-Hill.

Girard, D. (2012) *Public Speaking Without Panic*. Methuen, MA: DanGir Enterprises.

Kroehnert, G. (1999) *Basic Presentation Skills*. Roseville: McGraw-Hill.

Stott, R. (2001) *Speaking Your Mind: Oral Presentation and Tutorial Skills*. Harlow: Longman.

van Emden, J. and Becker, L. (2016) *Presentation Skills for Students*, 3rd edn. Basingstoke: Palgrave Macmillan.

16장 에세이에 이론 최대한 활용하기

> 훌륭한 연구에 필수적이라고 널리 인정되는 몇 가지 관행이 있다. 목적의 명료성, 논리적 일관성, 대안적 주장의 포용과 그에 대한 합당한 이유 제시 (경험적 증거, 보완적 주장, 문맥의 재해석) 등이다. (Reus-Smit 2012: 532)

에세이(혹은 어떤 형태이든 학술적 저술)는 학위 과정에서 평가를 받는 매우 중요한 부분을 차지한다. 시험, 혹은 학습지도 시간의 발표 등도 중요한 비중을 차지하지만 과목 수강 중 어느 시점에 가면 보통 1,500 단어 이상의 참고문헌과 형식을 완전히 갖춘 에세이를 요구받게 될 것이다. 때문에 성공적인 에세이를 작성하고 비판적 학술 저술 방법을 습득하는 것은 대학 수준의 학업에서 필수적이다. 주어진 질문에 대해서 일관되고 논리적이며 간결한 답안을 작성하는 기술을 빨리 개발할수록 여러분이 학습 모듈에서 성공할 가능성이 커진다. 훌륭한 학술 연구에 관해 위에서 인용한 류스-스미트의 지적은 담당교수들이 여러분이 제출한 에세이에서 기대하는 바와 정확히 일치한다.

학과 수업에서 작성하는 훌륭한 에세이의 주요 구성요소는 좋은 시험답안을 작성하는 데도 도움이 된다. 그러므로 에세이와 시험은 같은 스킬을 요구한다고 생각하라. 시험답안이 에세이와 다른 점은 참고문헌과 주석이 없다는 점뿐이다.

이 장은 에세이 작성 스킬을 세 부분으로 나누어서 살펴본다. 성공적인 에세이 작성과정은 기본적으로 세 가지를 요구한다. 좋은 준비와 기획, 집필의 구조, 핵심 주장을 뒷받침할 충분한 증거가 그것이다.

준비와 기획

모든 성공적인 에세이의 기본 요소는 기획, 시간 관리, 구성, 그리고 해당 주제에 대한 심도 있는 학습이다. 우선 과제가 무엇을 요구하는지를 이해해야 하며, 일관된 주장, 명료한 논리적 구조, 적절한 증거와 주석 작성 등이 이뤄져야 한다. 이 모든 요구 사항을 만족시킨다면 여러분의 에세이는 분명 좋은 점수를 받을 것이다.

준비를 위해 필요한 것들

계획 단계에서 먼저 해야 할 것은 해당 과목에서 요구하는 것이 무엇인지 정확하게 파악하는 것이다. 대개는 수업 첫날 혹은 학기 시작 무렵에 담당 교수가 이를 설명해주거나 혹은 대개는 수업 모듈 가이드에 포함돼 있을 것이다. 염두에 둘 중요한 사항은 다음과 같다.

- **에세이 마감시한**. 대부분의 대학들은 과제 제출시한을 넘겨 제출할 경우,

특별한 이유가 없는 한 상당한 벌점을 부과한다. 여러분 스스로 적당한 시한을 설정하고 최소한 마감시한 하루 전에는 에세이를 완성해서 오류나 누락 사항 시정, 주장의 불명확한 부분을 교정하고 완성도를 높이도록 하라.

에세이를 제출하기 전에 친구나 지인에게 여러분의 에세이를 읽어달라고 부탁하여 확연히 드러나는 문제점을 시정하도록 하라. 외부자의 시각은 본인은 너무 친숙해서 인지하지 못했던 문제점을 발견하는 데 도움이 된다. 그렇게 하려면, 이상적으로는 마감시한 하루 전에는 에세이를 완성하여 그들이 여러분의 에세이를 정독할 시간을 줘야 한다. 검토자들에게 그들이 주목해서 볼 사항을 분명히 알려주도록 하라.

- **에세이 분량**. 에세이의 단어 수 제한을 지키는 것이 중요하다. 제한된 분량을 다소 넘기거나 모자라도 괜찮은지 담당교수에게 확인하도록 하라. 보통은 제한된 분량보다 10퍼센트 정도 길거나 짧아도 무방하지만, 담당교수나 학과의 가이드라인을 따르는 것이 좋다. 예를 들어, 제한된 분량보다 50 단어 정도 짧다면 별 문제가 되지 않을 것이다. 하지만 제한된 분량보다 많이 짧으면 뭔가 '부족'하거나 연구가 덜된듯한 인상을 줄 수 있다.
- **프리젠테이션과 과제 제출시 요구사항**. 학과나 과목 핸드북의 가이드라인을 찾아서 에세이 작성 방법, 주석 작성 여부, 제출 방법 등 구체적인 요구사항을 확인하라. 에세이 제출시한이 다가오면 담당교수들은 대개 수많은 이메일 문의에 시달리기 마련인데, 만일 여러분이 핸드북에도 다 나와 있는 뻔한 질문을 하나 더 추가하는 것은 썩 좋은 일은 아니다.
- **수업에서 감 잡기**. 담당교수들은 수업 중에 그들이 선호하는 에세이 작성 방향을 넌지시 암시할 수도 있다. 그것이 수업 출석이 중요한 또 다른 이유이다.

> 수업에 출석하는 것은 강의 내용에 대해 배우는 것 외에도 교수가 에세이나 시험에서 기대하는 바를 짐작하는 데도 도움이 된다. 앞 장에서 소개한 강의에서 이론 최대한 활용하기를 참조하라.

- **제출시한 연장**. 만일 여러분이 과제 제출 시한을 연장해야 할 정당한 이유가 있다면 마감시한 이전에 담당교수와 상의하도록 하라. 여러분의 정당한 이유를 입증하기 위해 무엇을 제출해야 하는지 학과의 가이드라인을 확인하라. 예를 들어, 병원 진료를 받았다면 의사의 진료기록 같은 증거자료들을 확보해야 한다.

내용의 기획

에세이 작성의 요구사항이나 제출시한 등을 확인했다면, 이제 할 일은 에세이 내용을 기획하는 것이다. 이 단계에 도달하기 위해서는 해당 주제에 대해 최소한 필수적인 리딩은 끝마쳐야 한다. 에세이를 기획하기 전에 주요 자료 읽기를 마쳤다면 에세이를 쓰는 동안 리딩을 병행해도 좋다.

> 담당교수가 학생들 에세이의 핵심 부분을 볼 때, 그들은 동일한 저자와 개념들이 반복되는 것을 보게 될 것이다. 따라서 좀 더 폭넓은 독서를 하는 것은 여러분의 에세이를 특출나게 만드는 중요한 요인이 된다.

에세이의 주제와 기본적인 요구 사항을 숙지하고 이제 키보드에 손을 얹을 준비가 됐다면 여러분의 에세이를 집중되고 설득력 있게 만들 몇 가지 요령을 살펴보자.

- **에세이 전체의 구조를 '잡아주는' 핵심 주장, 혹은 중심 논지**. 여러분이 작

성하는 에세이는 핵심 주장이나 시각, 해석, 혹은 견해를 중심으로 일관된 내러티브를 유지하면서 전개되어야 한다. 긴 서술을 통해 여러분의 입장을 효과적으로 방어해야 하는 것이다. 여러분의 주장은 특정 질문에 대한 직접적인 대응 형식을 띠어야 하며, 이것이 서론 부분의 초점이 되어야 한다. 여러분의 주장은 에세이에 부과된 주제를 따라 서술되어야 하며, 중요한 점은 여러분 자신의 핵심 주장이 명쾌하고 간결하게 설명되어야 한다는 것이다. 핵심 주장이나 논지에 포커스가 없다면 에세이의 방향을 제대로 잡을 수 없다. 여러 주제를 이리저리 옮겨 다니다 보면 뭔가 나오겠지 하는 식으로는 학술적 글을 쓸 수 없다. 여러분의 논지를 분명히 하고 이를 논리와 학술적 증거로 방어할 때 좋은 점수를 받는다.

- **얼마나 많은 논지를 주장할 것인가?** 대학 학부에서 작성하는 에세이는 대개 1,500 단어 이상을 요구하지만 모든 상황에 일률적인 정해진 원칙은 없다. 때문에 여러분 주장의 논지와 구조를 구상하는 것은 결국 여러분의 몫이다. 생각의 과정을 보여주기 위해서는 다음의 예를 따르는 것이 좋다. 1,500 단어 분량의 에세이에서 서론과 결론이 대략 전체의 10퍼센트 정도 분량을 차지한다고 가정한다면 본문을 위해 1,200 단어 정도가 남는다. 이는 결코 긴 분량이 아니다. 이 정도면 대체로 중요한 논지 네댓 개 정도를 효과적으로 커버할 수 있을 것이므로 무엇을 넣고 버릴지 선택해야 한다. 때문에 기획 단계에서 잘 선택하는 것이 매우 중요하다. 무엇을 생략할 것인지 (혹은 이미 써 놓은 글에서 어떤 부분을 과감히 도려낼 것인지) 결정하는 것은 효과적인 글쓰기 스킬 중 큰 부분을 차지한다. 하나의 핵심 명제를 위해 필수적인 논지를 견지하는 것은 단호함과 자신감을 요한다.
- **여러분 자신의 견해를 드러내라.** 어떤 학생들은 과목 에세이를 작성할 때 자신의 견해를 넣어야 할지 말지 고민한다. 이에 대해서는 걱정하지 않아도 된다. 여러분은 IR의 새로운 이론을 개발하거나 에세이에서 검토하는 이론에 대해 완전히 새로운 비평을 요구받는 것이 아니기 때문이다. 해당 주제에 대한 여러분의 접근은 에세이의 주된 주장과 전체적인 구조에 의해 드러날 것이다. 때문에 에세이의 '독창성'은 여러분이 스스로 기획하고 자

신의 언어로 작성하여 이미 확립된 문헌에서 수집한 증거와 인용에 이미 반영되고 있다.

에세이 주제로 제시된 질문은 무수히 많은 방식으로 답변될 수 있음을 기억하라. 여러분 자신의 언어를 사용하여 답변의 구조를 기획함으로써 여러분의 에세이는 이미 독창성을 갖는다. 비록 자신의 논지를 입증하기 위해 다른 사람들의 저술을 활용한다 해도 여러분은 스스로의 견해를 전달하고 있는 것이다.

에세이의 구조

만일 여러분이 대학생들에게 에세이의 구조가 무엇인지 묻는다면 그들은 모두 같은 내용, 즉 서론, 본론, 결론이라는 형식을 말해줄 것이다. 필자는 학생들을 가르칠수록 이것이 에세이 구조에 대해 아주 사소한 부분만을 말해줄 뿐이라는 결론에 도달했다. 사실상 이는 알려주는 것 못지않게 감추는 것도 많다. 학생들은 이런 기본적인 '매크로'한 구조에 대해서는 이해하지만 에세이의 본론에 대해서는 어떻게 이해하고 있을까? 견실한 구조의 핵심은 에세이가 단순히 세 부분으로 구성된다는 것을 의미하는 것이 아니라 각 부분을 형성하는 단락이나 요소들 또한 전체적으로 딱 맞아떨어지는 구조를 갖는다는 것을 의미한다. 학생들 다수가 실수하는 것은 바로 이런 '마이크로'한 수준의 구조 ('매크로'한 구조 세 부분에 들어가는 구성요소들)에서이다. 흔히 실수하는 에세이의 유형은 이렇다. 잘 짜여진 서론에서 시작하여 그럴듯한 결론으로 끝을 맺는다. 하지만 중간부 본론에서 에세이는 다양한 생각과 저자, 혹은 개념 사이를 널뛰듯이 넘나든다. 이 학생은 매크로한 구조는 잘 잡았지만 마이크로한 구조를 생각하지 않은 것이다. 아래에서는 먼저 매크로 레벨에서 기본적인 구조를 살펴보고 마이크로 레벨의 구조를 검토하기로 한다.

모두가 매크로 구조를 알고 있다!

성공적인 에세이를 쓰기 위해 매크로 구조가 필요하다는 점은 긴 설명을 요하지 않는다. 도표 16.1는 에세이에서 '매크로' 구조의 핵심을 제시하고 있다.

마이크로 구조란 무엇인가?

에세이의 마이크로 구조는 다소 생소한 개념일지 모르겠다. 마이크로 구조는 각 부분 자체의 구조, 특히 본론의 구조를 말하는 것으로서 서술 과정에서 가장 길면서도 어려운 부분이다. 여러분이 이미 매크로 구조를 설정했는데 마이크로 구조가 중요한 이유는 무엇인가? 에세이를 쓰는 이유는 여러

도표 16.1 에세이의 매크로 구조

서론
- 에세이의 목적
- 핵심 주제/주장
- 에세이의 계획

본론
- 필자의 중심 사례를 논증하기 위한 주요 논점들
- 마이크로 구조

결론
- 핵심 주장의 요약
- 에세이에서 제기된 좀 더 광범위한 문제들

분이 주어진 IRT를 충분히 학습하고 이해했으며 그로부터 논리적인 주장을 원만하게 도출할 수 있음을 보여주기 위한 것이다. 만일 마이크로 레벨에서 매크로 레벨 못지않은 구조를 세우지 못하면 독자들은 에세이의 본론이 어디로 향하는지 따라가기 어려울 것이다. 담당교수가 여러분의 사고과정을 이해할 것이라고 기대하지 말고 설명을 해야 한다.

> 에세이의 본론에 구조를 부여하는 한 가지 방법은 제목과 소제목을 다는 것이다. 이는 독자들로 하여금 여러분이 에세이를 어떻게 구성하려는지 알게 해준다.

도표 16.2는 다소 상투적으로 보일지도 모르지만 무시하지 마시라. 여러분의 담당교수는 수십 혹은 수백 편의 에세이를 읽을 것이다. 때문에 여러분이 제출하는 에세이는 당신의 주장이 무엇이고 왜 여기에 들어있는지, 그리고 어떤 경로를 거쳐 이 생각에 이르게 됐는지를 분명히 보여줄 수 있어야 한다.

에세이의 마이크로 구조 설정에 도움이 되는 테크닉

여러분이 에세이 기획과 서술 스킬을 개발하는 것은 글쓰는 연습을 하는 것 외에는 방법이 없다. 여러분이 작성한 최종원고에 스스로 만족할 수준에 이르기 위해서는 수많은 시행착오를 거쳐야 하며 시간도 오래 걸린다. 한 번의 초고에서 수준 높은 에세이가 나올 것으로 기대해서는 안 된다. 여러분의 에세이에 좀 더 명료한 구조를 부여하기 위해 다음의 사항을 참고하라.

- **사인포스트**(Signposts). 이름 그대로 독자들이 봐야 할 부분을 말한다. 이는 자동차 여행에서 도로 표지판과 유사하다. 사인포스트가 충분하고 이해

도표 16.2 에세이의 마이크로 구조

서론

- 에세이의 목적
- 핵심 주제/주장
- 에세이의 계획: 본론의 논지 1~4에서 무엇을 논의할 것인지 간략히 서술

본론

- 논지 1
  - 논지 1의 핵심 요약 (S)*
  - 논지 1 서술
  - 논지 1이 어떻게 당신의 핵심 주장에 도움이 되고 다음 부분에서 무엇을 논할지 서술 (B)**
- 논지 2
  - 논지 2의 핵심 요약 (S)
  - 논지 2 서술
  - 논지 1과 2의 소결론을 요약하고 (S) 다음 섹션에서 무엇을 논할지 서술 (B)
- 논지 3
  - 논지 3의 핵심 요약 (S)
  - 논지 3 서술
  - 논지 1, 2, 3의 소결론을 요약하고 (S) 다음 섹션에서 무엇을 논할지 서술 (B)
- 논지 4
  - 논지 4의 핵심 요약 (S)
  - 논지 4 서술
  - 논지 4의 핵심 발견을 요약하고 그것이 논지 1, 2, 3과 어떻게 연관되는지 서술 (S)

결론

- 핵심 주장 요약
- 논지 1~4에서 무엇을 논의했는지 약술
- 에세이에서 제기된 좀 더 광범위한 문제들 소개

주: * (S)는 사인포스트 섹션을 지칭 (아래 참조).
** (B)는 브릿지 섹션을 지칭 (아래 참조).

하기 쉬우면 목적지를 찾기가 매우 쉬워진다. 반면에 표지판이 없거나 잘못된 길을 가리키거나, 혹은 분명하지가 않다면 그것을 따라가기가 어려워진다. 사인포스트 문장을 주기적으로 삽입하는 것은 독자들이 에세이에서

여러분의 생각을 따라올 표지판을 선사하는 것과 같다.

- **브릿지**(Bridges). 에세이의 방향을 알려준다는 면에서 사인포스트와 비슷하지만 브릿지는 특히 독자들이 명확히 구분된 두 섹션 간의 이동을 돕기 위해 사용된다. 위의 예에서 브릿지는 서론에서 본론으로, 논지 1에서 논지 2로, 논지 2에서 논지 3으로, 논지 3에서 논지 4로, 그리고 논지 4에서 결론으로의 이동을 돕기 위해 사용되었다. 이처럼 사인포스트는 새로운 섹션 혹은 단락의 초두에 앞으로의 방향 혹은 핵심 주제를 상기시키기 위해 사용되며, 브릿지는 독자들의 섹션 간 전환을 돕는 데 중요한 역할을 한다.

사인포스트와 브릿지의 활용

사인포스트와 브릿지는 에세이에서 독자들의 이해를 돕기 위한 것이라는 점에서 기본적으로 유사한 개념이다. 두 가지를 결합해서 사용하는 것도 좋은 방법이다. 예를 들어, 다음과 같은 에세이 문제를 생각해보자. "현실주의는 IR이론에서 '상식적인' 이론이다. 이 명제를 논하라." 이 에세이 문제는 자연스럽게 두 부분으로 나눠진다. 명제에 동의하는 부분과 동의하지 않는 부분으로 말이다. 동의하는 부분을 서술한 말미에 여러분은 다음과 같이 적을 수 있다. "현실주의가 IR 접근에서 왜 상식적인 이론인지 세 가지 이유를 설명했으므로, **이제부터는 자유주의와 페미니즘 IRT를 검토함으로써 이 견해에 반대되는 시각을 살펴보겠다**" 이 문장은 브릿지 (고딕체 부분 – 한 섹션을 마감하고 다음 섹션으로 연결)와 사인포스트 (볼드체 부분 – 다음 섹션에서 무엇을 논의할지를 기술) 모두를 포함하고 있다. 사인포스트와 브릿지 모두를 활용해 무엇이 여러분에게 가장 잘 맞는지 자유롭게 시험해보라. 어떻게 사용하든 여러분은 분명히 점수를 받을 것이다. 담당교수는 여러분이 조직적이고 '학술적으로' 글을 쓰는 방식에 대해 진지하게 생각했다는 점을 인정하게 될 것이다.

증거

성공적인 에세이와 시험답안은 견실한 증거 위에 구축된다. 학자들은 특정 주제에 관한 논쟁에서 자신의 주장을 입증하는 증거로서 다양한 주석과 참고문헌을 활용한다. 국제관계이론가들은 다양한 곳에서 증거를 수집한다. 예를 들면, 역사, 국제적 사건, 정치 논쟁이나 정책, 혹은 다른 이론가들의 업적 등이 있다. 여러분의 담당교수는 과목을 위해 일련의 독서목록을 권장할 것인데, 그것이 여러분이 우선 섭렵해야 할 대상이다. 하지만 권고된 목록보다 한 걸음 더 나가기를 강력히 추천한다. 어떤 주제에 관한 연구에 창의적이라는 것은 여러분 스스로 학업에 주도권을 잡고 있다는 증거가 되며 담당교수는 기본 교재 외에 추가적인 노력을 하는 점을 눈여겨 볼 것이다.

> 성공적인 에세이는 기술적 능숙함과 더불어 해당 주제에 대한 심도 있는 이해를 요구한다. 당신이 에세이에 동원하는 증거의 양과 성격은 담당교수가 여러분의 학습 정도를 평가하는 기준이 된다.

에세이에 다양한 증거들을 동원함으로써 여러분은 단순히 주어진 주제에 대한 피상적인 이해, 혹은 과제 제출 전날 학생회관의 바에서 친구들이 떠드는 것을 주워들은 것 이상으로 알고 있음을 증명하게 된다. 위키피디아처럼 공개된 출처에서 퍼오는 것은 에세이에서 뭔가 잘못된 것이라는 확실한 표시이다 (다음의 표절 관련 부분을 참조하라). 자존감이 있는 IR 학자라면 위키피디아에 자신의 글을 올려놓지는 않을 것이다. 여러분은 제3자 심사를 거치지 않는 자료들을 에세이에 인용해서는 안 된다. 여러분의 주장을 지원할 증거를 제공하는 것은 교과서에서 소개된 핵심 문헌들과 학술서적, 저널 등을 읽었다는 점을 입증하는 것과 같다. 요컨대, 충실한 증거를 제공하는 것은 여러분이 그 분야 학자들 간의 논쟁에 참여하고 관련된 기술적 개념들에 친숙하다는 점을 확실히 보여주는 길이기도 하다.

함정 피하기

학생들이 자신의 주장을 뒷받침할 증거를 밝히지 않는 것은 흔한 일이다. 일반적으로 알려진 지식이라면 에세이에 제시된 모든 사실들에 주석을 달 필요는 없다. 예를 들면, 제2차 세계대전이 1945년에 끝났다는 사실은 주석을 필요로 하지 않는다. 하지만 에세이에 등장하는 주요 주장이나 해석, 혹은 입장에 대해서는 그 출처를 밝혀야 한다. 만일 여러분이 포스트-구조주의의 핵심 가정이나 비판이론의 여러 변종을 언급한다면 출처를 분명히 밝힐 필요가 있다. 그런 논의는 일반적인 지식이 아니라 다른 사람들의 텍스트에서 따온 여러분 자신의 해석이기 때문이다.

증거의 사용

독서목록 중에서 빌려온 증거들은 다양한 형태로 활용될 수 있다.

- **인용**. 만일 어떤 글이 특별히 간결하면서도 예리한 논평을 하거나, 어려운 개념이나 이론, 혹은 모델을 적절히 정의하고 있어 그 분야 논쟁에 도움이 될 경우 직접 인용해도 좋다. 다만 에세이 내에서 여러분 자신의 논지가 유지될 수 있을 정도로 인용의 빈도를 조절해야 한다. 여러 줄에 걸칠 정도로 긴 인용은 삼가는 것이 좋다. 인용할 경우 흔히 범하는 실수는 인용이 너무 길다거나, 혹은 논의 주제에 적합하지 않거나, 왜 인용하는지 이유도 불분명한 여러 관련 없는 저술을 아무 설명도 없이 인용하는 경우이다.

원본에 이탤릭체나 볼드체로 된 부분을 여러분의 에세이에 인용할 경우에는 강조된 부분이 여러분의 것이 아니라 원본의 강조임을 분명히 밝혀야 한다. 이런 정도의 기술적 상세함은 좋은 점수를 받는 데 도움이 된다. 인용시 원본의 충실한 전달이 필수적이다.

- **변용/요약**. 매번 다른 저자의 글에서 직접 인용을 하고 싶지는 않을 때가 있다. 그럴 경우에는 대개 저자의 주장을 요약하는 형태로 문맥을 변용하여 인용할 수도 있다. 이 방식은 여러분의 에세이에 외부의 증거를 부여하는 인용 못지않게 효과적인 방법이다. 단, 직접 인용이 아니더라도 원본 출처를 반드시 밝혀야 한다는 점을 잊지 말아야 한다.
- **무엇을 인용하나?** 주석을 작성할 때에는 여러분이 그 정보를 찾은 출처를 적어야 한다. 예를 들어, 여러분이 포스트-구조주의 학자 X의 글을 B라는 저자가 쓴 교과서에서 인용했다고 하자. 만일 여러분이 원저자 X의 출처를 적는다면 담당교수는 여러분이 X의 원전을 읽었다고 생각할 것이다. 하지만 IRT의 원전을 읽지 않고 읽은 척 하면 안 된다. 만일 여러분이 어떤 이론에 관한 정보를 원전이 아니라 교과서에서 찾았다면 솔직하게 적어야 한다. 읽지 않은 글을 읽은 척 하는 것은 좋은 태도가 아니며, 대개는 읽지 않았다는 것이 담당교수에게 뻔히 보인다.

주석 달기

에세이를 본격적으로 쓰기 시작하기 전에 학과 가이드라인에서 주석과 참고문헌 형식을 확인하도록 하라. 일반적으로 예상되는 규칙은 다음과 같을 것이다.

- 에세이에 주석을 삽입할 경우 (흔히 괄호 안에 저자의 성과 출판년도, 페이지 번호를 적는) 인용된 자료는 에세이의 끝에 독자들이 찾기 편한 참고문헌 형태로 수록되어야 한다.
- 참고문헌은 에세이에서 인용한 모든 자료를 포함해야 한다. 즉, 에세이 속

에서 언급된 자료들만 적어야 한다는 말이다.

> 주석과 참고자료에 여러분이 읽지도 않은 자료를 넣어서 '부풀리려는' 유혹에 넘어가지 않도록 주의하라!

- 주석과 참고자료에 적은 자료의 날짜, 저자의 이름 스펠링 등을 일관되게 적도록 유의하라.
- 참고자료는 저자 성을 알파벳순으로 배열하고 반드시 에세이 말미에 새 페이지로 시작하도록 하라. 단행본과 웹사이트 등 자료를 별도 리스트로 구분할 필요는 없다. 알파벳순으로 된 단일 리스트가 주석 출처를 찾기에 더 편하기 때문이다.
- 온라인 자료를 인용할 경우 에세이 본문에 웹사이트 주소를 다 적지 말고 참고문헌에 넣도록 하라. 에세이 본문에는 참고문헌에서 충분히 찾아볼 수 있을 정도의 간략한 출처만 적으면 된다. 예를 들어, 여러분의 에세이에 온라인 자료인 2008년 1월, 반기문 유엔사무총장의 유엔 지역그룹 연설을 인용할 경우 본문에는 (Ban 2008)로 적고 참고문헌에 상세한 출처를 적는다.
- 다른 예를 들자면, 여러분이 2010년 1월, 오바마 대통령의 금융위기 관련 연설 내용을 『인디펜던트(*The Independent*)』 지 웹사이트에서 찾아서 인용한다고 해보자. 이 경우 연설의 온라인 출처 (*The Independent* 2010)를 적거나, 혹은 연설의 저자가 오바마이고 전체 내용이 수록되었기에 (Obama 2010)으로 적을 수도 있다. 어느 경우이든 합당한 방식이지만, 연설의 전문이 들어 있고 (일부만이 아니고, '해석'되거나 논평된 것이 아닌) 연설자의 명성을 고려한다면 필자로서는 (Obama 2010)을 선택할 것이다. 본문 주석에 인용된 저자는 참고문헌과 정확히 일치해야 한다.

어떤 자료나 웹사이트는 저자 혹은 날자가 포함되지 않은 경우가 있다. 그럴 때는 단순히 '저자 미상' 혹은 '날짜 미상'으로 적으면 무방하다. 요는 독자들이 여러분의 자료 출처를 추적할 수 있도록 가급적 분명한 정보를 제공하라는 말이다.

옳지 않은 학문적 관행과 표절

최근 들어 옳지 않은 학문적 관행과 표절은 대학들의 골칫거리가 되고 있다. 새로운 기술의 등장과 갈수록 확대되는 전자매체로 인해 일부 학생들은 자료의 출처를 얼버무리거나 다른 사람의 저작을 마치 자신의 것처럼 활용하려는 더 많은 기회와 유혹을 동시에 받고 있다. 그런 이유로 최근에는 학생들이 제출한 에세이를 턴잇인(Turnitin) 같은 전자 표절을 탐지하는 소프트웨어로 검토하는 것이 보편적 현상이 되었다. 주석을 부실하게 달거나 참고문헌을 제대로 적지 못하는 것은, 남의 저작을 자신의 것처럼 제시하는 것과는 완전히 다른 문제이다. 후자는 학문적 범죄로서 표절에 해당한다. 여기서 기본적인 윤리적 고려는 속이지 말라는 것이다. 필자가 아는 다수의 교수들 중에는 표절 판정 기록이 있는 학생에게는 추천서를 써주지 않는 사람들도 있다. 아래에서는 옳지 않은 학문적 관행과 표절이 무엇을 말하는지 구체적인 사례를 들어 검토해보고자 한다.

옳지 않은 학문적 관행

폭력과 불안, 인간 상호 간의 오류 등에 관한 글을 읽다 보면 IRT를 가르치는 교수들을 포함해 모든 인간은 완벽하지 않다는 점을 깨닫게 된다. 대학 수준에서 가르치고 배우는 과정의 중점 중 하나는 주어진 주제 분야의 지식과 전문성을 개발하는 동안 학생들이 안 좋은 습관에 빠지는 것을 피하도록 해주는 것이다. 학위과정 프로그램에서 교수들은 최고 수준의 학업을 성취하기 위해서는 시간이 걸린다는 점을 잘 알고 있다. 때문에 올바른 길로 가려고 애쓰는 학생들은 관용으로 대하는 경향이 있다. 엉터리이거나 옳지 않은 학문적 관행은 쉽게 눈에 띈다. 이는 학생이 속이려는 의도가 있어서라기보다는 참고문헌이나 주석을 옳게 다는 방법을 모를 경우에 흔히 발생한다.

국제체제에서 무정부상태를 논하는 에세이의 예를 들어보자. A라는 학생은 월츠의 『국제정치이론(*Theory of International Politics*)』과 관련된 노트를 활용해 무정부상태와 위계질서 간의 차이를 구분했다. 학생의 에세이 일부가 다음과 같다고 하자.

> 무정부상태는 정의하기 어렵다. 이 세계가 변형된 무정부상태라고 보는 사람들은 다음 두 가지 이유에 근거해 정의를 내린다. 첫째, 무정부상태는 정부의 결여만을 의미하는 것이 아니라 질서와 무질서가 혼재함을 의미하며 … 둘째, 무정부상태와 위계질서라는 단순한 이분법은 우리가 인식하는바 세계의 무한한 사회적 다양성을 제대로 수용하지 못한다. 그렇다면 왜 좀 더 다양한 유형을 허용하지 않고 두 유형만 고집해야 하는가? 이런 점을 고려해 많은 학자들은 이를 영향력을 판단하는 두 극단으로 간주한다. (Waltz 1979: 114)

보기에 별 문제가 없어 보인다. 왜냐하면 인용된 대부분의 내용이 월츠의 것이기 때문이다. 하지만 엄밀히 말하자면 위의 인용문은 다음과 같이 돼야 한다.

> 무정부상태는 정의하기 어렵다. "이 세계가 변형된 무정부상태라고 보는 사람들은 다음 두 가지 이유에 근거해 정의를 내린다. 첫째, 무정부상태는 정부의 결여만을 의미하는 것이 아니라 질서와 무질서가 혼재함을 의미하며 … 둘째, 무정부상태와 위계질서라는 단순한 이분법은 우리가 인

식하는바 세계의 무한한 사회적 다양성을 제대로 수용하지 못한다. 그렇다면 왜 좀 더 다양한 유형을 허용하지 않고 두 유형만 고집해야 하는가?" (Waltz 1979: 114) 이런 점을 고려해 많은 학자들은 이를 영향력을 판단하는 두 극단으로 간주한다.

첫째 예문에서는 인용된 내용 대부분이 월츠의 책에서 온 것이지만 마치 학생 자신의 것처럼 포장돼 있다. 비록 출처가 표기되긴 했지만 사용된 표현이나 단어들이 학생 자신의 것이 아니라 월츠의 것이라는 점이 감춰졌다.

둘째 예문에서 주석의 위치를 직접 인용 직후로 옮긴 것을 주목하라. 인용 뒷부분은 월츠의 생각에 근거한 해석이며 월츠 자신이 그의 텍스트에서 언급한 것인지 불확실하기 때문이다. 이렇게 하면 IR 학도로서 원문에 충실하다는 점을 분명히 보여줄 수 있다.

학생은 독자에게 자신이 월츠의 책을 읽었다는 점을 드러내고 있지만 그것이 원문에서 직접 인용됐다는 점을 누락하고 있는 것이다. 일부 대학에서는 이런 경우가 빈번히 발생할 경우 중대한 표절과는 구분해 사소한 표절(minor plagiarism)로 구분하기도 한다. 노트를 보다보면 무엇이 월츠의 표현이고 무엇이 여러분 자신의 것인지 모호할 때도 있다. 그것을 분명히 하고 정확한 노트를 작성하는 것은 여러분의 책임이다.

표절

필자가 최근에 표절로 제소된 두 학생들을 면담했을 때 그들은 시간이 부족했기 때문이라고 하소연했다. 그들은 준비가 부족했고 자료도 충분히 읽지 않았으며 마감시간에 쫓겨 대충 작성한 에세이를 제출했다. 그들은 전자책과 위키피디아를 뒤져 모겐소의 전기와 월트의 논문 큰 덩어리를 그대로 복사해서 붙여 넣었고, 턴잇인 소프트웨어가 이를 적발해냈다. 그들은 둘 다 표절 판정을 받았다.

> 대학마다 표절이나 학문적 일탈을 다루는 정책이 약간씩 차이가 있을 수 있다. 에세이를 제출하기 전에 여러분이 다니는 학교의 표절 기준이 무엇인지 분명히 확인하도록 하라. 만일 불분명하거든 누구에게든지 물어보라!

표절 관련 내용을 살펴보기 위해 다시 하나의 사례를 검토해보자. B라는 학생은 국제관계이론 에세이 작성에 시간이 부족했다. 그녀는 마감시한에 쫓겼고 냉전기 동안 국제체제의 무정부상태가 국제관계에 어떤 영향을 미쳤는지 거의 아는 바가 없어 멘붕 지경에 이르렀다. 하지만 그녀는 월츠가 저명한 국제관계이론 학자라는 점을 상기하고 에세이에다 다음과 같이 적었다.

> 무정부상태는 정의하기 어렵다. 이 세계가 변형된 무정부상태라고 보는 사람들은 다음 두 가지 이유에 근거해 정의를 내린다. 첫째, 무정부상태는 정부의 결여만을 의미하는 것이 아니라 질서와 무질서가 혼재함을 의미하며 … 둘째, 무정부상태와 위계질서라는 단순한 이분법은 우리가 인식하는 바 세계의 무한한 사회적 다양성을 제대로 수용하지 못한다. 그렇다면 왜 좀 더 다양한 유형을 허용하지 않고 두 유형만 고집해야 하는가? 무정부상태는 흔히 세력균형을 초래한다. 이론으로서 세력균형은 국제관계에서 힘과 위계의 급격한 변화가 발생할 경우 — 특히 어느 국가가 어느 지역을 정복하려고 할 때 — 균형을 유지하기 위해 상쇄 움직임이 일어날 것으로 예측한다. 세력균형체제는 동맹 결성이 유동적이어서 가치나 종교, 역사, 혹은 정부 형태에 상관없이 편의에 따라 쉽게 체결되거나 해체될 때 가장 효과적으로 유지된다.

에세이의 주제를 고려했을 때, 이 학생이 월츠가 『국제정치이론』에서 개진한 무정부상태와 세력균형 관련 논의를 활용한 것은 매우 적절하다. 하지만 불행히도 이 문단에는 거의 모든 용어와 표현이 월츠의 것임에도 이를 밝히는 표시나 주석이 하나도 없다. 이 학생은 무정부상태와 세력균형에 관한 깊은 지식이 남의 것임에도 불구하고 마치 자신의 것처럼 효과적으로 주장하고 있는 것이다. 이 단락은 다음과 같이 되어야 한다.

> "이 세계가 변형된 무정부상태라고 보는 사람들은 다음 두 가지 이유에 근거해 정의를 내린다. 첫째, 무정부상태는 정부의 결여만을 의미하는 것이 아니라 질서와 무질서가 혼재함을 의미하며 … 둘째, 무정부상태와 위계질서라는 단순한 이분법은 우리가 인식하는바 세계의 무한한 사회적 다양성을 제대로 수용하지 못한다. 그렇다면 왜 좀 더 다양한 유형을 허용하지 않고 두 유형만 고집해야 하는가?" (Waltz 1979: 114) 무정부상태는 흔히 세력균형을 초래한다. "이론으로서 세력균형은 국제관계에서 힘과 위계의 급격한 변화가 발생할 경우 — 특히 어느 국가가 어느 지역을 정복하려고 할 때 — 균형을 유지하기 위해 상쇄 움직임이 일어날 것으로 예측한다. 세력균형체제는 동맹 결성이 유동적이어서 가치나 종교, 역사, 혹은 정부 형태에 상관없이 편의에 따라 쉽게 체결되거나 해체될 때 가장 효과적으로 유지된다." (The IR Theory Knowledge Base 2015)

이 학생은 "무정부상태는 흔히 세력균형을 초래한다"는 단지 몇 개의 단어만을 추가해 두 인용문을 연결했다. 하지만 첫째 부분이 인용이라는 점과 월츠가 원 저자라는 점이 전혀 드러나 있지 않다. 둘째 부분은 기본적인 국제관계이론 용어 정의를 소개하는 웹사이트 자료인데 이 출처 또한 정확한 정보가 결여됐다. 에세이를 다시 한 번 검토해서 월츠나 IR Theory Knowledge Base가 누락됐다면 이를 주석과 참고문헌에 수록해야 한다. 그렇게 하지 않으면 이 학생은 표절, 즉 남의 생각을 자신의 것처럼 도용했다는 유죄판정을 받을 가능성이 크다.

표절을 피하는 요령

표절이나 옳지 않은 학문적 관행을 피하는 것은 콩깍지를 까는 것만큼이나 쉬운 일이다. 단순히 여러분 학과가 요구하는 에세이 작성 가이드라인만 지켜도 이를 피할 수 있다. 남의 텍스트를 적절한 표시 없이 여기 저기 산발적으로 인용하는 것도 출처를 속이는 것으로 표절에 해당한다. 표절의 함정에 빠지지 않기 위해서는 다음과 같은 원칙을 따르도록 하라.

- **충분한 시간을 가져라.** 에세이를 작성하고 제출하기 전에 충분한 시간을 가져라. 두 가지 장점이 있다. 첫째, 시간을 줄이기 위해 남의 텍스트를 쉽게 복사해서 붙여 넣으려는 유혹과 압박을 피할 수 있다. 둘째, 작성된 에세이 주석이나 참고문헌에 누락이 없는지, 오탈자는 없는지 재검토할 기회를 준다.
- **노트를 잘 정돈하라.** 작성된 노트가 직접 인용인지 IRT 저작에 대한 해석인지, 혹은 본인이 책이나 논문을 읽고 느낀 생각인지 분명히 하라. 앞의 두 가지 출처는 주석을 요한다. 책이나 저널에서 인용할 경우 페이지 번호를 반드시 적어야 한다. 위의 예문에서 만일 (Waltz 1979)로 적는다면 너무 모호하다. 기본적인 원칙은 이렇다. 여러분이 에세이에 인용한 견해나 자료는 원저에서 쉽게 찾아볼 수 있어야 한다는 것이다.
- **너무 많거나 긴 인용은 삼가라.** 에세이는 주어진 주제에 대한 여러분 자신의 생각을 표현하는 글이다. 여러분의 주장을 위해 다른 저작들을 자유롭게 활용할 수 있지만 에세이의 가장 큰 부분은 여러분 자신의 언어로 써야 한다는 말이다. 적어도 80/20 비중으로 여러분 자신의 언어가 주도적이어야 한다. 물론 그 '80' 속에는 다른 사람들의 생각을 요약해서 넣을 수도 있다. 이처럼 직접 인용이 아닌 경우에도 주석을 달아야 한다.
- **주석을 덜 달수도 있지만 많이 달아도 아무 문제없다.** 예를 들어, 만일 여러분이 어떤 '사실'에 대해 주석을 달아야 할지 말지 확신이 없다면 주석을 넣는 게 낫다. 만일 불필요하다면 담당교수가 말해줄 것이고 그것 때문에

점수를 깎지는 않을 것이다. 하지만 주석을 덜 달 경우 표절로 간주되거나 옳지 않은 학문적 관행으로 비칠 위험이 있음을 유의하라.

- **여러분 자신의 글에 자부심을 갖고 부정한 유혹에 맞서라.** 표절은 비윤리적인 지적 절도 행위로서 차세대 글로벌 리더가 될 대학생들에게는 어울리지 않는 행동이다. 여러분 자신을 국제관계이론 분야에서 수십 년간 공들여 업적을 쌓은 학자라고 간주해보라. 여러분은 책 출판사를 섭외하거나, 혹은 수많은 초고를 작성하고 또 작성하느라 힘겨운 시간을 보낼 것이다. 그렇다고 보상도 크지 않다. 인생은 추하고 잔인하고 짧다는 홉스의 격언은 사실일지 모르지만 어느 주제에 대한 지식을 탐구해 여러분 자신의 언어로 전달하기에 부족할 정도로 짧은 것은 결코 아니다.

추가 읽을거리

에세이 작성에 관해 참고할만한 일반 서적은 매우 다양하다. 다음을 참고하라.

Redman, P. (2013) *Good Essay Writing: A Social Sciences Guide*, 4th edn. London: Sage.
특히 사회과학 학도들을 위한 글쓰기 교재로서 에세이 작성에 참고할 다양한 사례들을 담고 있다. 사인포스트와 브릿지 소개에도 좋다.

Fowler, A. (2006) *How to Write*. Oxford: Oxford University Press.

Mcmillan, K. and Weyers, J. (2011) *How to Write Essays and Assignments*, 2nd edn. Harlow: Pearson Education.

Hennessy, B. (2002) *Writing an Essay: Simple Techniques to Transform your Coursework and Examinations*, 4th edn. Oxford: How To Books.
에세이 작성시 매크로, 마이크로 구조 설정에 탁월하다.

Kirton, B. (2007) *Just Write: An Easy-to-Use Guide to Writing at University*. Abingdon: Routledge.

Price, G. and Maier, P. (2007) *Effective Study Skills: Unlock Your Potential*. Harlow: Pearson Longman.
올바른 학문 관행과 관련된 일반적 글쓰기 스킬을 소개한다.

Bailey, S. (2014) *Academic Writing: A Handbook for International Students*, 4th edn. London: Routledge.

Creme, P. and Lea, M.R. (2008) *Writing at University: A Guide for Students*, 3rd edn. Buckingham: Open University Press.

Levin, P. (2004) *Write Good Essays! A Guide to Reading and Essay Writing for Undergraduates and Taught Postgraduates*. Maidenhead: Open University Press.

Rose, J. (2007) *The Mature Student's Guide to Writing*. New York: Palgrave Macmillan.

특별히 정치학도를 위한 글쓰기 교재도 있다.

Scott, G.M. and Garrison, S.M. (2007) *The Political Science Student Writer's Manual*, 6th edn. Upper Saddle River, NJ: Prentice Hall.
1부 글쓰기와 주석 소개는 탁월하다.

Harrison, L. (2001) *Political Research: An Introduction*. London: Routledge.
9장은 정치학 학위논문 작성을 다루고 있지만 일반 에세이 작성에도 참고할만한 가치가 있다.

17장 국제관계이론 에세이 작성 실례

이 장에서는 IRT 과목을 수강하는 세 학생들이 실제 제출한 에세이를 활용하여 앞 장에서 논의한 에세이 작성 스킬이 어떻게 성공적으로 반영되고 있는지 살펴보고자 한다. 세 에세이는 모두 "IR이론은 얼마나 '과학적'인가?"라는 질문에 대한 답변이다. 그들의 에세이를 활용할 수 있게 허락해준 세 학생들에게 감사드린다. 필자는 그들의 원문을 그대로 인용했다.

매크로 구조: 서론

앞 장에서 우리는 일반적으로 대부분의 학생들이 매크로 구조(서론, 본론, 결론으로 구성되는)에 대해서는 잘 이해한다는 점을 지적했다. 여러분은 매크로 구조를 실제로 어떻게 전달하려고 하는가? 세 에세이의 도입 부분을 비교해보자.

학생 1

순전히 정의(定意)에 의하면 국제관계이론을 배우는 학생들은 그들의 연구에서 매우 과학적인 접근을 시도한다고 말할 수 있다. 참으로 어떤 분야이든 이론에 관한 연구는 과학적일 수 있다. 비록 사회에서는 사실에 근거한 과학, 예를 들면, 생물학, 화학, 물리학, 그리고 수학 정도를 그렇게 부르지만 말이다. … (이 학생은 이어서 Reader's Digest Universal Dictionary에 나오는 '과학'의 정의를 소개한다) … 하지만, 어떤 이론에 관한 연구가 과학이라고 불릴 자격이 있는지, 혹은 아무런 증거 없이 그냥 그렇게 주장되는 것인지에 대한 아무런 결론 없이 그런 주장을 하기는 쉽다. 어떤 이들은 주어진 주제 관련 사실, 혹은 현실에 대한 확실한 장악 없이는 이론이 과학이 될 수 없다고 주장하기도 한다. 다른 이들은 이론적 분석을 생산해내는 자체만으로도 과학으로 불릴 자격이 있다고 주장한다. 오늘날 우리는 '사회에 관한 연구 … 혹은 사회 내의 관계 및 이와 관련된 연구'를 사회과학이라 부른다 (Reader's Digest Universal Dictionary 1987, pg. 1443).

학생 2

이 논문은 "IR이론은 얼마나 과학적인가?"하는 논제를 비판적으로 검토한다. 나는 '과학적'이라는 말이 무엇을 의미하는지 먼저 검토하고, 이 정의에 근거해 IR이론이 과연 과학적인지, 만일 그렇다면 얼마나 과학적인지를 살펴보고자 한다. 이 다소 새로운 논제에 찬성하는 사람들과 반대하는 사람들 모두의 견해를 검토해 결론을 내리고자 한다.

학생 3

"1980년대 말까지는 IR을 연구하는 대부분의 사회과학자들은 실증주의자였다" (Baylis *et al*. 2001: 274). 하지만 그 이후 실증주의의 방법론과 인식론, 존재론을 비판하고 그 기본적인 가정에 의문을 제기하면서 다양한 포스트-실증주의이론들이 등장했다. 논란의 여지가 있긴 하지만 IR의 담론은 본질상 '과학적'이며, 이 논문은 '과학적'이라는 용어의 의미와 구조를 사회적, 과학적 현상에 비추어 검토하고, 실증주의 설명의 기본 가정과 포스트-실증주의의 구성적 시각을 살펴봄으로써 IR의 본질을 탐구하고 평가하는 데 목적이 있다.

여러분은 여기서 확연히 구분되는 세 에세이를 보고 있다. 어떤 서론이 가장 뛰어나다고 생각하는가? 만일 여러분이 채점자라면 어떤 학생이 관련된 자료를 가장 잘 이해한다고 생각하는가? 평가를 위해 염두에 둬야 할 몇 가지 포인트가 있다.

- **핵심 주장**. 학생 3은 유일하게 답변 전체의 구조와 들어맞는 중심 주장을 제시하고 있다. 즉, '논란이 있긴 하지만 … IR 학문은 본질상 과학적'이라는 주장을 내세우고 있다. 학생 2는 질문에 답변을 시도하고 있긴 하지만 그 답변이 무엇일지는 밝히지 않고 있다. 학생 1은 과학의 여러 정의를 제시하고 관련된 논쟁을 소개하지만 에세이가 어떻게 전개될지 알게 해주는 부분이 전혀 없기 때문에 사실상 적절한 서론이라 할 수 없다.
- **에세이 구조**. 학생 3은 자신의 핵심 주장이 어떻게 전개될지 가장 분명하게 밝히고 있다. 마지막 몇 줄은 IR이 '과학적'이라는 그의 주장을 우선 '과학'의 정의를 통해 살펴보고, 이어서 실증주의와 포스트-실증주의 논쟁을 통해 검토하겠다는 점을 내세우고 있다. 이는 사인포스트를 적절히 활용한 탁월한 예이다. 학생 2는 무엇이 '과학적'인지 정의를 내리려는 단계까지 갔지만 더 이상 논의의 실마리를 제공하지 않고 있다. 학생 1은 논의의 방향성을 전혀 제시하지 않은 채 정의 자체로 직행했다. 학생 3이 에세이에서 사인포스트를 가장 잘 활용하고 있음을 쉽게 알 수 있다. 학생 1은 사인포스트를 전혀 제공하지 않고, 학생 2는 단지 피상적인 논의에 그치고 있다.
- **주제에 관한 지식수준**. 서론은 대체로 학생의 학업 수준에 대한 좋은 지표가 된다. 학생 1은 리더스 다이제스트를 인용했지만 학생 3은 이 분야의 권위 있는 교과서인 『세계화와 세계정치(*The Globalization of World Politics*)』를 인용하고 있다. 비록 에세이를 끝까지 읽어봐야 하긴 하지만 서론 이후를 읽어보면 채점자는 학생 3의 독서 수준이 학생 1보다 높다는 것을 발견할 것이다. 서론에서 좋은 인상을 주는 것이 중요하며 에세이 초두에 권위 있는 입장을 정립하는 것이 도움이 된다.
- **기술적 측면**. 학생 2와 3은 평이하면서도 명확한 문체를 사용하고 있다.

> **심층 분석 17.1 위키피디아의 신뢰성**
>
> 위키피디아(Wikipedia) 같은 온라인 사전의 효용과 신뢰성에 대해 각 대학과 교수들은 다양한 의견을 갖고 있다. 위키피디아 자체도 이를 학술적인 연구에 활용할 경우의 위험을 경고하고 있는데, 이처럼 사용자 편집이 허용되는 사전은 (일부) 연구의 출발점으로는 유용할지 몰라도 종착점이 되어서는 안 된다는 것이다 (Wikipedia 2016). 여러분의 학과 가이드와 담당교수에게 그들의 선호는 어떠한지를 문의하라. 만일 의심쩍다면 온라인 사전의 사용을 피하고 학술적 자료만 활용하는 것이 좋다. 인용하는 자료의 신뢰성이 여러분 에세이의 주장을 더욱 신빙성 있게 만든다 ('To Wikipedia or Not To Wikipedia' 논쟁에 관한 훌륭한 개관은 쿠머[Adam Coomer] 2013을 보라).
>
> 학술적 저작이 사용자들이 직접 생산하는 온라인 자료보다 피어 리뷰(peer review)를 엄격하게 받는 것은 이유가 있다. 이는 오류를 점검하고 확립된 방법론의 올바른 적용, 증거에 입각하지 않은 왜곡의 시정, 혹은 제시된 지식의 신뢰성에 의문을 야기하는 결함 등을 바로잡기 위한 것이다. 대학에서 활용하는 모든 자료의 경우, 여러분은 항상 다음의 질문을 염두에 두어야 한다. "나는 이 자료들을 믿을 수 있는가?" 위키피디아는 다른 자료에 비해 낮게 평가된다 (Cornell University 2009). 여기에도 기본적으로 작동하는 논리가 있다. 여러분은 학문적 훈련을 받고 있으므로 학문적 자료를 사용하라는 것이다.

주석도 정확히 달려 있고 서론만 읽어도 그들의 생각을 비교적 쉽게 이해할 수 있다. 이에 비해 학생 1의 문장은 상대적으로 수준이 떨어진다. 예를 들면, '어떤 이들은 …' 하는 부분과 '다른 이들은 …' 하는 표현은 누가 어떤 입장인지 밝히지 않고 있기 때문에 정확성이 부족하다. 주석도 필자의 소속 학과에서 채택한 하버드 레퍼런싱 스타일에 맞지 않는다.

마이크로 구조

매크로 구조 못지않게 마이크로 구조를 잘 설정하는 것은 독자들이 저자의 의향을 이해하는 데 중요하다. 아래에서는 세 학생의 에세이에서 사인포스트와 브릿지를 활용해 본문을 구성한 예를 살펴보자.

질문을 활용한 사인포스트

> **학생 1: 에세이 본론의 첫 단락**
> 하지만 우리는 현대 세계에서 세력균형이나 9·11의 의미를 이해하기 위해 국가의 정체성 같은 복잡한 문제를 어떻게 접근해야 하나?

이 문장에서 우리는 학생 1이 다음 몇 단락을 이 질문에 답함으로써 에세이 질문에 답변하려고 한다는 점을 짐작할 수 있다. 여기에서는 앞 장에서 설명한 서술형 사인포스트와는 다른 질문형 사인포스트가 사용되고 있다.

> **학생 2: '과학'을 정의한 다음에**
> 순전히 단어의 의미로만 볼 때 IR이론은 '과학적'인가? IR이 객관적이고, 오로지 사실과 숫자만으로 보여질 수 있는가?

이 학생은 E.H. 카처럼 이 질문에 긍정적인 캠프의 저자들을 분석하려고 한다. 이 부분에 대한 필자의 비판은 이 학생이 반대쪽 캠프에 대해 충분히 분석하지 않았다는 점이다. 하지만 별난 질문을 던져보는 것도 구조 차원에서는 시도할만한 가치가 충분한 방법이다.

논지에 순번 붙이기

학생 3: 경험주의에 관한 논의에서

IR의 실증주의자, 혹은 '과학적' 자연주의 입장은 주로 논리적 실증주의에서 유래한 네 가지 가정에 근거하고 있다 (Smith et al. 2006: 19). 첫째, 이들은 과학의 단일성을 신봉한다. … 둘째, 사실과 가치는 구분 가능하다. … 셋째, 실증주의자들은 사회적 세계가 규칙성을 갖고 있다고 주장한다. … 마지막으로, 이들은 사실의 중립적 속성을 주장한다. … (Baylis et al. 2001).

다수의 교과서들도 실증주의의 특징을 이렇게 설명한다. 여기에서 학생 3이 순번이 매겨진 논지를 반복함으로써 독자들로 하여금 논의를 쫓아가는 데 도움을 주는 것을 볼 수 있다. 그는 또한 권위 있는 주석을 참고함으로써 자신의 주장을 뒷받침하고 있다.

마이크로 구조: 사인포스트와 브릿지의 추가적 활용

학생 3

진화 생물학과 마찬가지로 설명적 (실증적) 이론가들은 이론을 출발점으로 삼아서 사건들이 재구성되고 설명될 수 있다고 주장한다 … (**설명적 이론을 요약한다**).

반대로, 포스트-실증주의자들은 본질적으로 구성적이다. 이들의 시각에서는 이론이란 세계의 재구성으로 이해된다. … (**구성적 이론을 요약한다**) … 사실을 중립적이라고 주장하는 것은 "단순히 특정 인식론의 견해를 반영한 것일 뿐이다" (Baylis et al. 2001: 274).

이 예에서 인용과 핵심 자료 주석이 다른 학생들에 비해 우수함을 발견할 수 있다. 각 단락은 주제가 명확하게 드러난다. 첫 단락은 설명적 이론을 다루고, 둘째 단락은 구성적 이론을 설명한다. 이러한 주제는 각 단락의 첫 문장에서 분명히 제시되고 있다.

둘째 단락의 첫 문장에 사용된 '반대로'라는 표현은 그 내용이 첫째 단락과 상반된다는 것을 간결하게 시사한다. 이 학생은 이론들 간의 구분선을 분명히 이해하고 있고 이를 독자들에게도 알려준다. 저자들 간의 다른 견해를 보여주기 위해서 몇 가지 표현을 사용할 수 있다.

- '이와는 대조적으로 …'
- '한편으로 … 다른 한편으로 …'
- '그럼에도 불구하고, X는 주장하기를 …'
- '일부 저자들은 주장하기를 … 다른 저자들은 …' 이러한 접근을 사용할 때는 주석을 적어야 한다는 점을 유념하라. 누가 어떤 주장을 하는 사람들인지에 관해 정확하지 못하면 학술적 저자로서의 신뢰성이 떨어진다. 간단히 말해, 주석이 없다면 사람들은 물을 것이다. "당신 주장의 증거는 무엇인가?"

매크로 구조: 결론

이제 학생 2와 3의 결론 부분을 보자.

학생 2

결론적으로, 넓은 의미에서 국제관계학이 과학적이라는 공감대가 있지만, 약간의 주의가 필요하다. 국제관계학은 그 자체의 한계를 가진 과학이다. 국제정치를 인간의 감정과 그 이면에 있는 정치에 대한 고려 없이 순수히 과학적이라고 보는 것은 잘못이다. 필자는 또한 과학적 현실주의가 한 분야 과학의 방법론이 반드시 다른 분야 과학에서도 최선의 방법인 것은 아니라는 점을 인정한다는 면에서 이러한 모호성을 고려하고 있다고 생각한다.

학생 3

결론적으로, IR 학문은 '과학적'이라고 주장할 수 있다. 사회적 세계와 자연의 세계는 단위의 속성과 연구체계가 서로 다르고, 이는 자연과학의 인식론과 방법론이 사회적 현상에 반드시 그대로 적용 가능한 것은 아니라는 점을 시사한다. 마찬가지로, 자연현상에 대한 '과학적' 탐구가 반드시 사회현상에 대한 '과학적' 탐구가 되는 것은 아니다. '과학적'이라는 말은 특정 인식론이나 방법론이라기보다는 유효하고 정당화된 지식을 지칭하는 용어이며, 여기서의 핵심은 생성된 지식의 성격이다. 그 지식은 객관적 요소를 포함해야 하는 것이다. 기본적으로 IR의 '과학적' 성격은 그러한 지식의 소통에 뿌리박고 있다. 다른 인식론과 존재론, 방법론에 근거했을지라도 그러한 지식은 전체적으로 IR에 적용 가능한 건설적 지식으로 간주될 수 있다.

앞의 서론에처럼 어떤 결론이 더 낫다고 생각하는가? 여러분이 채점자라면 IR이 진정 '과학적'인지 묻는 골치 아픈 질문에 어떤 답안이 가장 설득력 있다고 생각하는가?

- **요약**. 학생 3은 학생 2에 비해 답변의 핵심을 좀 더 효과적으로 요약하고 있다. 이는 그가 서론에서 시사한 주장의 방향과 잘 부합하며 왜 이런 답변을 했는지에 대해 잘 설명하고 있다. 학생 2는 과학적 현실주의에 대해 논하고 있다. 하지만 그는 서론에서 과학적 현실주의가 무엇인지 전혀 언급하지 않았기에 독자들은 에세이의 전개 방향에 대해 막연한 추측만 할 수 있을 뿐이었다. 막판에 새로운 개념을 거론하는 것은 위험스런 방식이며 이는 곧 사전 준비가 부족했음을 시사한다. 학생 3은 처음부터 그가 갈 방

향을 알고 있었지만 학생 2는 글을 써가면서 답변을 구성했다. 따라서 학생 3의 답변은 가장 설득력 있고 제대로 된 매크로 구조를 제시했다고 평가할 수 있다.

- **주제에 대한 지식의 수준.** 위의 두 결론에서 사용된 언어의 수준을 비교해 보라. 학생 3의 결론은 전문용어와 표현을 사용함으로써 좀 더 '학술적' 글이라는 느낌을 주고 해당 주제에 대해 상당한 지식이 있음을 보여준다. 학생 2는 정치 이면에 존재하는 '인간의 감정' 같은 새로운 이슈를 꺼냈지만 이를 본론에서 충분히 다루지 않고 있다. 결론에서는 에세이 본론에서 논의한 이슈나 쟁점, 주제만을 다시 거론하는 것이 안전한 방법이다. 따라서 학생 3이 좀 더 권위적인 결론을 적었다고 말할 수 있다.

함정 피하기

길거나 기술적으로 복잡한 용어는 여러분이 그 의미를 확실히 알거나 독자들에게 소개한 경우에만 사용하라. 길고 어려운 용어를 써도 여러분이 그 의미나 그와 관련된 개념적 논란을 충분히 이해한다는 점을 보여주지 않으면 채점자로부터 좋은 점수를 받기 어려울 것이다. IRT에는 근본적으로 논란이 되는 용어들이 많으며, 에세이에 사용되는 용어들을 하나하나 정의하는 데 에세이 전체 분량을 할애할 수는 없으므로 무엇을 정의할지는 전략적으로 잘 판단해야 한다.

주석과 참고문헌

충분한 주석을 제공하고 그것을 바르게 적는 것은 에세이의 기본적인 요구사항이다 (16장을 보라). 담당교수는 여러분이 에세이에서 이 기본적인 요구를 지키기를 기대하며, 그렇지 못할 경우 불이익을 줄 것이다. 만일 여러분이 주석 달기를 지속적으로 무시할 경우 학술적 비행, 혹은 심할 경우 표절로 판정될 위험도 있다. 위 세 학생 중 학생 3만이 주석을 정확하게 달았다. 학생 1은 흔히 주석 없이 인용하거나 혹은 부정확한 방식으로 달았다. 학생 2는 주석을 잘 달았지만 이 또한 정확한 방법이 아니다. 주석의 격에 있어서도 이미 앞에서 학생 1 (온라인 사전)과 학생 3 (리딩목록에서 추천한 IR의 핵심 교과서)을 비교한 바 있다. 학생 2 또한 '과학'의 정의를 위해 사전을 참고했다.

물론 참고문헌에 수록된 주석의 수와 에세이의 격이 반드시 비례하는 것은 아니다. 하지만 위의 세 에세이로부터 일정한 추론은 가능하다. 가장 성공적인 에세이(학생 3)는 참고문헌에 주석에서 참고한 자료 10개를 적었다. 이들 모두는 에세이에서 적어도 한 번씩은 거론되었고, 인용된 논문 2개는 리딩리스트에 없는 것이라서 이 학생이 해당 주제에 관해 다양한 독서를 했음을 말해준다. 학생 1과 2는 절반 정도의 주석을 활용했고, 그 차이는 답변의 상대적인 깊이에 고스란히 반영되었다.

앞 장에서 우리는 주석과 참고문헌에 관해 논의했다. 여기서는 다음과 같은 기본을 다시 한 번 상기시키고자 한다.

- 여러분 학과의 핸드북이나 수업 가이드에서 주석에 대한 정책을 확인하라. 만일 확실치 않다면, 그리고 대학이나 학과, 수업안내서에서도 찾지 못하겠으면, 담당교수에게 문의하라.
- 에세이 내에서 거론한 모든 주석은 참고문헌에 기록되어야 한다.
- 참고문헌은 주석 목록보다 길 수도 있다. 비록 에세이에서는 직접 거론되지 않았어도 에세이를 준비하는 과정에서 읽은 자료도 포함할 수 있기 때문이다. 하지만 일반적으로 참고문헌과 주석 목록 간에 너무 큰 차이가 있는 것은 좋지 않다.
- 일반적으로 좋은 에세이는 더 많은 자료, 특히 신뢰할만한 자료에 근거하는 경향이 있다. 폭넓은 독서를 통해 여러분은 답변에 깊이와 균형을 더할 수 있다.

마지막 조언

이 장에서 검토한 세 편의 에세이는 각자 장점과 단점이 있다. 학생 3은 매우 높은 점수를 받았고 학생 2는 중간점수를, 학생 1은 간신히 통과할 정도의 점수를 받았다. 학생 3은 에세이의 기본을 충실히 지켰고, 이 제한된 분량 속에서도 자신의 논리성과 지식을 보여줄 정도로 조직적이었다. 그는 그의 생각을 평이한 문체로 효과적으로 전달했다. 다른 두 에세이도 발전 가능성을 보이지만 주제에 대한 이해도나 주석 같은 기본적인 전달 방식에서 약점을 드러냈다. 다른 학문 분야도 마찬가지이겠지만 국제관계이론 분야는 주어진 주제에 대한 기술적 능숙함과 포괄적 지식을 요구한다.

18장 시험에 이론 최대한 활용하기

여러분이 수강하는 IRT 과목의 평가는 대체로 수강과 관련된 요소들(예를 들면, 에세이, 정책 리포트, 혹은 프리젠테이션 등)과 시험으로 구성될 것이다. 대학에서 시험 기간은 매우 스트레스가 심한 시기로서 시험 강박증이 심할 경우 시험을 망칠 수도 있다. 약간의 아드레날린과 의욕이 시험 압박감 속에서 여러분을 견디게 도와줄 것이다. 시험 걱정 때문에 공황상태에 빠지는 것은 아무 도움이 안 된다. 패닉을 피하는 방법은 과목 전체를 통해 조직적이고 논리적이고 체계적으로 임하는 것 외에는 방법이 없다. 가능한 한 조기에 여러분 스스로 학업의 주도권을 장악한다면 (15장을 참조하라) 크게 잘못되지는 않을 것이다. 다시 말해, 여러분은 해당과목의 지식과 에세이 스킬을 마지막 순간 맨땅에서 시작하는 것이 아니라 착실히 쌓은 지식을 새로운 방식으로 시험에 적용하는 것이다. 시험을 준비함에 있어서 여러분은 수업 전체를 통해 습득한 훌륭한 공부 습관을 유지해야 한다.

시작부터 잘 하자

시험 준비를 위해 복습하는 것은, 마치 시험이 학기 수업과 동떨어진 것처럼, 종강했을 때 시작되는 것이 아니다. 학기 수업의 마지막 평가 요소로서, 혹은 마지막 고지로서, 여러분은 학기 전체를 통해 항상 마지막 시험을 염두에 두어야 한다. 월리만(Nicholas Walliman 2006: 169)이 말했듯이, "여러분은 겨울을 위해 도토리를 쟁여두는 다람쥐 같아야 한다. 강의나 학습지도, 그룹토론 등 소중한 자료들을 허공에 날리듯이 낭비하지 말라." 매 강의나 학습지도 시간 끝에는 항상 복습을 위한 리스트를 작성하도록 하라. 리스트에는 다음과 같은 것들이 포함될 수 있다.

- 각 이론의 전통에 속한 주요 학자들
- 각 이론 혹은 이론가에 대한 비판자들
- 각 이론을 둘러싼 대논쟁의 간략한 요약
- IR 분야에서 가장 논란이 되는 용어들의 정의

노트 정리

독서나 강의, 학습지도 시간 등에서 작성한 노트는 주별로, 혹은 강의 주제별로 폴더나 링바인더로 명확히 구분되도록 정리하라. 이렇게 하면 배운 것에 대한 확실한 감을 잡을 수 있고 나중에 필요한 노트를 쉽고 빠르게 찾을 수 있다. 여러분이 정리를 잘하는 사람이라면 IRT 관련 핵심 용어집을, 수작업이든 파일로든, 매주 새로운 항목을 추가해서 업데이트 할 수 있을 것이다.

과거의 시험문제들

기출 시험문제들은 대개 수업 가이드나 과목의 온라인 자료로 제공될 것이다. 기출문제들은 가장 자주 제출되는 주제나 문제의 유형에 대해 여러분이 감을 잡게 해줄 것이다. 기출문제들 중 특히 최근 것들과 과목 대표 교수 수업에 등장한 것들을 유의하라. 이 책의 각 이론 장 말미에 제시된 '생각해 볼 문제들' 코너도 시험을 위한 연습문제로 활용될 수 있다.

함정 피하기

기출문제에 대한 모범답안을 그대로 외워서 시험에 반복하는 것은 피해야 한다. 매년 같은 이론에 대한 시험도 약간의 '변형'이 있을 수 있으므로, 작년의 답안을 되풀이하면 높은 점수를 받지 못할 수도 있다.

부족한 부분 찾아 메우기

여러분이 매 강의와 학습지도를 충실히 준비했다면 여러분은 시험 준비를 시작할 때쯤 탄탄하고 비판적인 지식의 기초를 갖게 될 것이다. 노트를 검토하면서 뭔가 지식이 부족한 부분을 있는지 살펴보도록 하라. 만일 다음과 같은 경우라면 지식의 기초에 문제가 있는 것이다.

- 어떤 IR이론의 주된 주장이 무엇인지 모르겠다.
- 핵심 용어에 대한 정의를 모른다.
- 필수 교재를 읽지 않았다.
- 강의나 리딩리스트에 등장한 개념을 이해하지 못한다.

시험 준비를 위한 복습 일정에 이들 분야에 대한 보완도 넣어야 한다. 이를 무시하고 가장 편한 주제에 집중하려는 유혹이 들 수도 있다. 하지만 본인이 약한 부분을 보완하여 강점으로 바꾸려고 노력하면 분명히 보상이 따를 것이다. 왜냐하면 시험에서 어떤 문제를 선택해서 풀어야 할 경우 선택의 폭이 넓을 것이기 때문이다.

그룹 스터디

여러 사람의 지식을 모으는 것은 여러분 자신의 지식을 굳히고 확대하는 훌륭한 방법이다. 친구들과의 소그룹 모임을 통해 핵심 이론이나 예상 질문들을 미리 토론해보라. 예를 들면, 동일한 문제에 대해 각자 답안을 쓴 다음, 커피 한잔 하면서 서로의 장단점에 대해 살펴볼 수도 있을 것이다. 그룹 학습의 목적은 '모범' 답안이나 이론에 대한 동일한 접근을 만드는 것이 아니라 각 이슈에 대한 여러분의 생각을 점검하고 시험문제에 대한 최선의 소통 방안을 모색하기 위한 것이다.

모의 시험문제

그룹 스터디는 혼자 하는 공부에 효과적인 보조수단이 될 수 있지만, 결국 시험장에 앉아 답안을 작성하는 것은 여러분 자신이라는 점을 유념하라. 시험지를 앞에 놓고 홀로 백지에 답안을 작성하는 불편함에 대비하는 좋은 방법은 미리 그런 상황에 익숙하도록 연습을 하는 것이다.

- 방에 홀로 앉아 핸드폰과 TV, 라디오, 인스타그램, 페이스북과 트위터, 게임기 등을 모두 꺼보라.

- IR 교과서에 나오는 기존 시험문제나 연습 에세이 문제들을 남김없이 풀어보라.
- 답안을 준비하기 위해 15분 정도의 시간을 가져보라. 답안에 적을 핵심 주장을 판별하고, 마이크로 구조에 들어갈 논지들을 개조식으로 적어보라.
- 200 단어 정도의 답안 서론을 작성해보라.
- 에세이 본론에 들어갈 주요 논지를 각각 두 줄 정도로 요약해보라.
- 시험장 밖에서 시험 상황을 재연할 수는 없다. 하지만 조용한 방에서 스스로 모의시험 답안 작성을 연습하는 것은 실제 시험의 압박에 대비하는 좋은 연습이 될 것이다. 최고의 운동선수들은 지속적이고 강도 높은 연습을 통해 그 자리에 올랐다는 점을 명심하라. 학업도 마찬가지다.

복습 일정의 조정

여러분이 매우 조직적이고 꼼꼼한 사람이라 해도 복습을 매일 되풀이하는 것은 따분한 일일 수 있다. 일상적인 것과 진부한 것은 다르다. 따라서 복습 전략을 바꿔가면서 균형을 유지하고 (예를 들면, 그룹 복습과 자율학습을 교대로 시행) 다음과 같은 요령을 생각해보라.

- 24시간을 시험 준비에 매달릴 수는 없다. 평상시대로 산책과 식사, 수면 패턴을 유지하라.
- 시험 준비 기간 동안 간간이 운동도 해야 한다.
- 은둔자가 되지 말라! 주기적으로 쉬는 시간을 갖고 친구나 가족과 어울리도록 하라.
- 하루 중 자신에게 가장 능률적인 공부 시간대가 언제인지를 파악해 복습 일정을 조정하도록 하라.
- 가능하다면 시험 시간과 동일한 시간대에 모의답안을 작성하는 연습을 해

서 그 시간대에 생각을 집중하는 데 익숙해지도록 하라.

- 똑똑하거나 재능 있게 타고난 사람들만이 시험에서 성공하는 것은 아님을 명심하라. 아무 것도 하지 않고 복습도 하지 않으면서, "나도 마음만 먹으면 잘 할 수 있었어"라고 위안하면서 눌러 앉아서는 안 된다. 한마디로 말해, 그런 자세는 책임 회피다. 여러분이 타고난 '능력'과는 상관없이 얼마나 시험을 위해 노력하고 준비했는가가 채점자가 눈여겨보는 부분이다.

시험 요령

필자는 스트레스 심리학의 전문가는 아니지만 여러 가지 시험과 업무상의 압박을 경험한 사람으로서 보건대, 스트레스에 대응하는 최선의 방법은 다음 두 가지를 생각하는 것이다. (1) 스트레스의 원인과, (2) 그것을 극복하는 방법이다. 필자가 대화를 나눈 학생들의 경우를 보면, 일반적으로 시험 강박증은 충분한 준비가 부족하고, 압박 가운데 답안을 쓸 능력의 결여라는 두 가지 현상의 결과이다. 이 책에서 지금까지 필자가 유의해온 것은 시험 기간을 가능한 한 스트레스 없게 하고, 시험을 수업에서 배운 올바른 공부와 글쓰기 능력을 실행하는 새로운 기회로 만드는 것이었다. 시험을 전체적인 학습 과정과 통합함으로써 시험이 초래하는 심리적 장벽을 뛰어넘을 수 있다. 아래에서는 시험에서 최선의 성과를 거두기 위해 필요한 몇 가지 요령을 살펴보고자 한다.

시험의 기본

가급적 이른 시기에 언제 어디에서 시험을 치르고 무엇을 가지고 시험장에 들어갈 수 있는지를 (만일 허용이 된다면) 확인하라. 좋은 알람시계를 마련하거나, 이른 아침 시험이라서 걱정될 경우 친구에게 아침에 문을 노크해달라고 부탁하는 것도 좋은 방법이다. 놀랍게도 일부 학생들은 시험 시간에 늦거나 너무 일찍 오는 경우가 있다. 답안 작성에 충분한 펜을 준비하고 필요한 문구가 있으면 미리 챙겨야 한다. 시험장에는 좀 일찍 도착해서 입장하기 전에 충분히 마음을 진정시키도록 하라. 시간에 쫓겨서 경황없이 시험장에 도착하는 것은 피해야 한다.

시간 계획

시험 전에 몇 개의 문제가 출제되는지를 파악하라. 통상적인 시험은 2~3개의 문제를 2~3시간 동안 풀도록 출제된다. 이는 한 문제당 한 시간 정도를 배당해야 한다는 뜻이다. 충분한 에세이 작성 계획을 세우는 데 10분 정도를 할애하라. 곧바로 답안 작성을 시작하지 못한다고 해서 동료들보다 뒤처졌다고 생각할 필요는 없다.

만일 시험이 답안 작성만을 요구하는 것이 아니라면 미리 시험의 각 부분에 어떻게 시간을 할애할지 생각해두라. 예를 들면, 선다형 문제나 핵심 용어에 대한 짧은 요약 등도 시험의 일부일 수 있다. 시험 구성이 어떻게 되었든 각 부분에 대해 충분한 시간을 할애하고, 시험 종료 직전에 전체 답안을 다시 한 번 검토할 수 있도록 하라. 일단 시험이 시작되면 여러분 주위에 장막을 친다 생각하고 (프로선수들이 말하는 '무아지경'처럼) 주변 상황에서 완전히 신경을 끄도록 하라. 지금 해야 할 일에 집중하고 시간을 적절히 관리하라.

에세이 답안 작성

시험 시작 첫 몇 분 동안은 어느 문제를 선택할지 잘 생각해보라. 이 단계에서는 질문의 문구에 신경을 써야 한다. 여러분이 친숙한 주제이지만 질문의 문맥이 복잡하거나 어렵게 제시될 수도 있다. 제시된 각 질문에 대해서 어떤 종류의 구조를 설정할 것인지 신중하게 생각해보라. 관련된 이론에 관한 여러분의 지식을 감안할 때 어떤 구조가 여러분의 주장을 가장 분명하고 간결하게 전달할 수 있는지 판단해야 한다.

전략적으로 생각하라. 답안을 본격적으로 작성하기 전에 모든 시험문제에 대한 답안을 구상하고 쓰기 시작할지, 아니면 한 문제씩 생각하고 쓸지를 판단하라. 한 문제씩 처리할 때의 장점은 한 문제가 끝나고 다음 문제를 생각할 때 잠깐 여유를 가질 수 있다는 점이다. 또한 쓰기와 생각하기를 반복하다보면 뇌의 다른 부분이 자극되어 새로운 생각이 떠오를 수도 있다. 어떤 방법을 선택하든 시계를 잘 보고 한 문제에 지나치게 많은 시간을 할애함으로써 다른 문제 풀 시간을 희생하는 것은 피해야 한다.

> 시험에서는 흔히 여러분이 잘 아는 문제에 많은 시간을 할애하려는 유혹에 빠지기 쉽다. 하지만 한 문제에 매우 길고 지나치게 자세한 답안을 쓰다보면 다른 문제에 짧고 부실한 답변을 할 수밖에 없다. 균형이 중요하다. 마지막 질문에 몇 줄도 적지 못한 채 '시간 종료'라는 불행한 상황에 처하지 않도록 하라.

좋은 답안의 핵심은 잘 짜여진 구조 속에 처음부터 끝까지 흐름이 원만하고, 다양한 권위 있고 믿을만한 증거로 논지가 뒷받침되는 답안이라 할 수 있다. 여러분의 담당교수는 주어진 주제와 이슈에 대해 여러분이 비판적으로 사고를 했고, 그에 근거해 논리적이고 합리적인 답변을 하고 있다는 점을 보고 싶어 한다. 에세이와 마찬가지로 여러분이 읽은 책에서 인용하고 여러분의 주장을 구성하는 데 참조한 주요 학자들도 거론하라. 만일 여러분이 기본 교과서뿐만 아니라 좀 더 수준 높고 폭넓은 독서를 했다면, 기본적인 이름이나 자료 혹은 해석만을 답안에 적는 학생보다 당연히 두각을 나타낼 것이다.

함정 피하기

IRT 시험에서 흔히 범하는 실수 중 하나는 주어진 이론에 관해서 아는 것(혹은 기억하는 것) 모두를 적으려는 유혹이다. '산탄총'처럼 산만한 답안은 시험에 충분히 준비하지 않았다는 증거이다. 착실한 시험 준비와 탄탄한 답안의 구조는 주제를 벗어나 방황하는 시간을 줄여줄 것이다.

한 문제 답변에 적은 내용을 다른 문제에 너무 많이 반복하지 말아야 한다. 이는 지식의 기초가 얕다는 것을 드러낼 뿐이다. 두 시간에 두 문제를 푸는 시험이라면 대략 3~4개 정도의 IR이론에 대해 충분하고 상세한 지식이 있음을 보여주는 것이 두 질문에 두 개의 이론만을 반복하는 것보다 낫다.

요약하자면, 다음과 같은 답안이 최상의 점수를 받을 것이다.

- 해당 주제에 대한 충분한 지식이 있음을 보여주라.
- 답안의 구조를 몇 개의 핵심 포인트 위주로 구성하라.
- 답안에 사인포스트를 활용하라 (16장과 17장 참조).
- 답안의 주장을 입증하기 위해 적절하고 신뢰할만한 증거를 활용하라. 이는 다른 학자들 연구에서 짧은 인용이나 주장의 요약 형태로 제시될 수 있다.
- IRT 시험이므로 국제관계의 이론을 거론해야 한다는 점을 명심하라! 이라크전쟁이나 9·11, 유로존 위기, 혹은 시리아 개입 등 사례를 거론하는 것도 이론적 접근의 맥락에 적절할 경우에만 필요하다. IR의 연구대상인 '현실 세계'를 거론하지 말라는 것이 아니라 어떤 이론을 예증하거나 반박할 때 적절히 활용해야 한다는 말이다.

추가 읽을거리

Cottrell, S. (2012) *The Exam Skills Handbook*, 2nd edn. Basingstoke: Palgrave Macmillan.

Mcmillan, K. and Weyers, J. (2011) *How to Succeed in Exams and Assessments*, 2nd edn. Harlow: Pearson Education.

Levin, P. (2005) *Sail Through Exams!: Preparing for Traditional Exams for Undergraduates and Taught Postgraduates*. Maidenhead: Open University Press.

Tracy, E. (2006) *The Student's Guide to Exam Success*, 2nd edn. Buckingham: Open University Press.
여기서의 중점은 시험을 준비하고 대처하는 감정적, 심리적 측면이다.

Holmes, A. (2005) *Pass Your Exams: Study Skills for Success*. Oxford: The Infinite Ideas Company.
자신감을 축적하고 시험을 즐기면서 통과하는 데 유용한 조언을 담고 있는 참고서이다.

Burns, T. and Sinfield, S. (2012) *Essential Study Skills: The Complete Guide to Success at University*. London: Sage.
학술적 독서와 노트 작성, 에세이 작성을 소개하는 탁월한 책이다.

용어해설

가부장제(Patriarchy) 남성이 지배하는 통치제제를 말한다. 가부장제는 남성이 여성보다 더 우월한 법적, 정치적, 종교적, 사회적 자유를 향유하는 공개적인 체제일 수 있다. 혹은 여성이, 예를 들면, 직장에서 제도적으로 차별당하는 교묘한 체제일 수도 있다. 페미니스트 학자들은 국가 및 국제체제 내에서 IR의 공개적이거나 은밀한 가부장제적 요소에 대한 우리의 이해를 깊게 했다.

가설(Hypothesis) 변수들 간의 상태 혹은 관계에 대한 예측이다. 예를 들면, 수업과 학습지도, 세미나 등에 더 많이 참석하는 학생들은 그렇지 않은 학생들에 비해 에세이와 시험에서 더 높은 성적을 거둔다는 가설을 검증한다고 해보자. 우리는 이 가설을 출석부 기록과 각 학생의 점수 간 상관관계를 살펴봄으로써 검증할 수 있다. 만일 출석률이 높을수록 점수가 높다면 이 가설은 검증된 것이다.

결정론(Determinism) 인간의 신념과 행위, 결정 등이 이전 사건이나 환경에 의해 인과적으로 결정된다고 보는 철학적 입장이다. IRT에서는 국제체제의 구조가 국가 행동을 결정적으로 규정한다고 보는 입장(결정론적 입장)과 국가 자체가 국제체제를 규정할 능력이 있다고 보는 입장(구성주의와 포스트-구조주의) 간에 논쟁이 전개되고 있다.

경험주의(Empiricism) 지식은 직접 관찰이나 기타 감각적 경험을 통해서 생성된다고 믿는 지식이론이다.

계보학(Genealogy) 푸코(Michel Foucault)와 관련된 개념으로서, 종횡무진하는 폐쇄와 배제, 주변화 등을 통해 역사적 관행을 파악하는 연구이다. 이는 어떤 일이 어떻게 일어났는지 보는 통상적 의미의 역사와는 다르다. IR에서 우리는 이 학문 분야가 세계를 어떻게 이해하는지 탐색하기 위해 계보학을 활용한다. IR이 국제문제에서 '진실' 같은 개념을 이해함에 있어서 간과한 것은 무엇인가?

공세적 현실주의(Offensive realism) 국제관계에서 권력을 추구하는 '인간본성'의 이미지는 무정부상태의 불안과 결합하여 체제의 항구적인 불안정을 초래한다. 이는 미어샤이머(John Mearsheimer) 같은 학자들에게는 극복할 수 없는 국제정치의 '비극'이다.

관세와 무역에 관한 일반협정(GATT: General Agreement on Tariffs and Trade) 1944년 브레튼우즈 회의에서 관세나 쿼터 같은 국제무역의 장애를 줄이기 위해 창설된 기구이다.

구상화(Reification) 어떤 현상에다 (예를 들면, '무정부상태') 사실상 그것이 결여하거나 가질 수 없는 인간 혹은 살아있는 실물의 속성을 부여하는 과정을 말한다. IR에서 사회구성주의자들은 현실주의 학자들이 무정부상태를 '구상화'했다고 말한다. 다시 말해 현실주의자들은 이 추상적이고 오로지 우리의 '머릿속에서만 존재하는' 실체가 없는 개념을, 마치 실재하고 만져지는 존재처럼 간주한다는 것이다.

구조(Structure) IRT는, 좀 더 넓게는 정치와 사회에 관한 연구처럼, 단위들 간의 상호작용(보통은 국가)과 국제적 차원에서 단위들이 작동하는 다양한 구조에 관심을 갖는다. 이러한 구조는 국제기구 같은 '현실 세계'의 실체일 수도 있고, 혹은 국가의 행위를 규정하는 일단의 규범이나 가치 같은 '이념적' 존재일 수도 있다.

국가(State) 두 가지를 의미할 수 있다. 국경으로 둘러싸이고 인구가 거주하는 영토 혹은 그 영토를 통치하는 정치체를 말한다. 1648년 웨스트팔리아조약(Treaty of Westphalia)을 계기로 탄생한 근대국가는 내부 문제와 주민을 규율하는 법을 제정하는 유일한 주체라는 점에서 주권적이라고 간주된다. 국가는 현실주의나 자유주의 전통에 속한 초기 이론가들에 의해 국제관계의 주요 행위자로 인정되었다. IRT에서 새로운 이론들은 국가 '너머'에서 이뤄지는 글로벌 정치의 함의에 관해 생각한다.

국가하부 행위자(Subnational actor) 국가의 일부로서 국가 하부 차원에서 활동하는 행위자를 말한다. 잉글랜드의 지역의회(local council)는 정치적, 행정적으로 국가하부 행위자이다. 또 다른 예로는 언론, 교회, 종교집단, 압력단체, 이익단체, 싱크탱크, 경제단체 등을 들 수 있다.

국민국가(Nation-state) 대부분의 IR 문헌에서 '국가(state)'와 혼용된다. 경계로 획정된 영토 내에 거주하는 국민이 영토적 경계뿐 아니라 윤리적 코드나 가치, 동일한 언어, 전통과 역사관을 공유한다는 의미를 갖는다. 즉, 그들이 누구이며 어디로 가는지 집합적인 의미에서 정체성을 공유한다.

국제기구(International organization) 국제적 차원에서 국가들로부터 어떤 행동을 하도록 권위를 부여받은 조직체를 말한다. 유엔은 오늘날 활동하는 가장 포괄적인 국제기구이다.

국제레짐(International regime) 신자유주의 IRT와 연관된 용어이다. 국제협력은 국제기구처럼 공식화된, 규칙의 적용을 받는 조직보다 더 포괄적인 개념이라는 점을 강조한다. 국제제도와 기구는 레짐을 통해 국가 간의 비공식적 협력을 촉진한다.

국제체제(International system) 오늘날 지구상에 존재하는 모든 국가들이 함께 국제체제를 구성한다. IR 학자들은 국제체제의 성격에 대해서는 이견을 갖고 있다. 일부(예를 들면, 현실주의자들)는 국제체제가 원래 갈등적이라고 보는 반면, 다른 일부(예를 들면, 자유주의자와 영국학파 이론가들)는 세계정부가 없는 상황에서도 국가 행동은 규제되고 조직화되어 항구적인 전쟁과 폭력의 만연을 피할 수 있다고 주장한다.

규범(Norms) 규범이란 특정 정체성을 가진 행위자가 어떻게 행동하는 것이 적절한지에 관해 사회적으로 공유된 이해와 기대를 말한다. 국제 규범이 항상 명문으로 기록되는 것은 아니지만 때로는 글로벌 차원에서 국가들 간의 관계를 규율하는 법으로 공식화될 수도 있다. 이는 특히 자유주의나 신자유주의, 구성주의 IR 이론에서 두드러진다.

기능주의적 통합이론(Functionalist integration theory) 미트라니(David Mitrany)에 의해 발전된 이론으로, 경제·사회적 통합이 국가들 간의 상호의존을 증가시켜 어떻게 평화와 안보로 이어질 수 있는가를 설명한다.

다국적기업(Multinational corporation) 바클레이은행(Barclays Bank)이나 맥도널드(McDonald's), 혹은 코카콜라(Coca-Cola)처럼 본사나 사무소, 공장 등을 세계 여러 곳에 설치한 기업을 말한다. '초국적 기업(transnational corporation)'으로도 불리며 흔히 MNC라고 약칭된다.

다원주의(Pluralism) 영국학파 이론 중에서, 예를 들면, 리비아에 대한 인도적 개입 같은 윤리적 목적 달성을 위해 국가주권을 침해하는 것이 적절한지에 관한 논쟁이 있다. 논쟁은 IR에서 질서나 정의 같은 가치에 대한 규범적 태도에 관한 것으로서, 다원주의자들은 급박한 위기상황이 아니면 정의보다는 질서가 우선한다고 믿는다. 반대되는 견해로 **연대주의**(*solidarism*)를 보라.

담론(Discourse) 두 사람 간의 단순한 대화 이상을 의미하는 개념이다. 푸코의 연구와 관련된 개념으로서, 언어를 통해 사회적 세계를 설명하거나 의미에 구조를 부여하는 방식을 말한다. 담론의 연구는 흔히 사회 내에서의 권력관계나 인간 관계를 파헤치는 비판적 목적으로 행해진다.

메타이론(Metatheory) 이론에 관한 이론이다. 어떤 이론이 그 분야의 주제를 어떻게 이해하고 그 이론의 기여를 어떻게 평가하는지 등 이론이 이론으로 인정되기 위한 규칙과 기준에 관한 이론이다. 메타이론은 이론이 전제하는 철학적 가정에 초점을 맞추며, 존재론, 인식론, 방법론 등에 특별한 관심을 갖는다.

무정부상태(Anarchy) IR에서 말하는 무정부상태란 국제체제 내에서 질서의 결여를 말한다. 여기서 '지시자'는 세계정부 같은 조직이 될 수 있으나 그 명칭이 시사하는 정도의 공식적이거나 강력한 존재일 필요는 없다.

미학(Aesthetics) 미(美)와 아름다운 것들의 속성을 연구하는 철학의 한 분파이다. 사람들은 예술 작품을 보다가 마음에 들면 그것이 미적으로 만족스럽다고 말한다. IR에서도 개인이 다른 어떤 분야에서나 마찬가지로 특정 이론이나 해석에 심미적 이유로 끌리는 경향이 있다는 견해가 있다.

방법론(Methodology) 사회과학에서 우리가 지식을 생성하는 절차를 말한다. 예를 들면, 정량적 방법을 채택한 연구는 통계학적 자료를 해석하는 데 비해 정성적 연구는 해당 주제의 의미와 신념, 혹은 태도를 분석한다. 자연과학에서는 실험을 설정하고 데이터를 해석하는 법칙과 가이드라인을 중시한다.

방어적 현실주의(Defensive realism) 세력균형으로 국가의 안보를 추구하는 국가에 초점을 맞추는 현실주의이론 접근 중 하나이다. 월츠(Kenneth Waltz)의 신현실주의가 좋은 예이다. 공세적 현실주의 학자들은 이에 비판적이다.

본질적 논란(Essentially contested) 어떤 대상이나 사건, 혹은 과정이 본질적으로 논란이 된다고 말하는 것은 그것이 존재하는 것으로 관찰되긴 하지만 그 의미나 함의 혹은 효용 등에 관한 합의가 전혀 없다는 것을 의미한다. 예를 들면, 우리는 '아랍의 봄'이 이집트 같은 국가의 정치를 변화시켰다고 말하지만 보다 넓은 의미에서 아랍의 봄이 내포하는 근원, 미래의 결과 등, 그 의미를 정확히 규정하기는 훨씬 더 어렵다. 그런 의미에서 '아랍의 봄'은 본질적으로 논란이 되는 개념이다.

브레튼우즈체제(Bretton Woods System) 미국 도시의 지명에서 유래한 것으로, 1944년 선진 산업 국가들이 그들 간의 통상, 금융 관계를 관리하는 규칙을 제정하기 위해 출범시킨 체제이다. 1971년에 붕괴했다.

상호의존(Interdependence) 국가들 간의 정치, 경제, 사회적 연결이, 의도적이든 아니든 한 국가의 행동이 다른 국가들에게 직접 영향을 미치는 지경까지 심화되는 현상을 말한다. 흔히 세계화의 개념과 연관되며 자립(independence)과 대조되는 개념이다.

성찰주의(Reflectivism) 규범적 이론을 다르게 부르는 명칭이다. 성찰주의는 흔히 기존의 전통적, 합리적 IR이론과 구별하기 위해 IRT에 대한 '신', '포스트-실증주의', '포스트-구조주의', '대안적' 혹은 '급진적' 접근 등으로 불린다.

세계주의(Cosmopolitanism) 개인 차원의 도덕과 정의를 규정함에 있어 국가는 부적합한 존재라고 간주하는 정치이론이다. 흔히 공동체주의(Communitarianism)와 대조되는 개념으로서, 공동체주의는 개인의 태도와 관련된 문제를 결정하는 것은 국가의 핵심이라고 보는 입장이다.

세계화(Globalization) 짧게 정의하기가 지극히 어려운 개념이다. 국가의 경계를 넘어 경제, 정치, 기술, 문화, 사회, 환경적 상호작용이 넓어지고 심화되는 현상을 의미한다. 세계화의 산물로는 24시간 내내 돌아가는 뉴스 미디어와 트위터(Twitter) 같은 소셜미디어를 들 수 있다. 이들은 국경 넘어 소통을 더욱 촉진시켰다.

세력균형(Balance of power) 월츠가 주창한 신현실주의이론의 핵심으로, 국제체제의 구조가 그에 속한 단위들의 행위를 설명한다고 주장한다.

식민주의(Colonialism) 식민주의에는 공식적, 비공식 측면이 존재한다. 공식적으로 식민주의는 일국이 타국을 군사적, 경제적, 혹은 정치적 수단으로 지배하는 관행을 말한다. 흔히 군사력의 사용 혹은 위협, 현지의 영토적 인프라 구조를 수반한다. 비공식적으로 식민주의는 글로벌한 차원에서 국제제도 등을 통해 더 강한 선진국들이 낙후되고 약한 국가들을 착취, 혹은 억압하는 것을 말한다. 이는 마르크스주의 및 탈식민주의 IR이론의 핵심이다.

실증주의(Positivism) 과학적 연구에 관한 철학인 동시에 IR 연구의 인식론적 접근 중 하나이다. 실증주의자들은 자연과학의 방법론과 실행을 사회과학에 적용한다. 이들은 우리 밖의 세계의 속성에 관한 관찰, 보고, 실험 등 과학적 방법의 적용을 통해 이 세계에 대한 객관적 지식을 생성할 수 있다고 가정한다.

안보딜레마(Security dilemma) 1950년대 허츠(John Herz)의 저작으로까지 거슬러 올라가는 고전적 개념이다. 이에 의하면 자신의 안보를 극대화화려는 국가는 국제체제 내의 다른 국가들을 불안하게 만든다. '타국'에 대한 끊임없는 공포는 불안의 패턴을 생산하고 재생산하는 원인이며 그 때문에 무정부적 국제체제 내에서는 국가 간 갈등의 가능성이 상존한다.

양도 가능한 기술(Tranferable skills) 범용 기술(generic skills) 혹은 채용 가능

한 기술(employability skills)이라고도 불린다. 일반적으로 읽기, 쓰기, 산술, 듣기, 말하기, 생각하기, 시간 및 과제관리, 정보화 능력, 디자인 및 프레젠테이션, 문제 판별/규정/해결, 개인적 지식 등 다양한 내용을 포함한다. 여러분이 학위과정에 다니는 동안 획득한 이러한 기술들을 잘 기록하는 것은 이력서에 도움이 되며 채용 전망을 밝게 한다.

어원학(Etymology) 언어의 기원과 발달 및 파생을 연구하는 학문이다.

연대주의(Solidarism) 영국학파 이론 중에서, 예를 들면, 리비아에 대한 인도적 개입 같은 윤리적 목적 달성을 위해 국가주권을 침해하는 것이 적절한지에 관한 논쟁이 있다. 논쟁은 IR에서 질서나 정의 같은 가치에 대한 규범적 태도에 관한 것으로서, 연대주의자들은 인류의 기본적 정의에 대한 요구가 주권국가의 질서 유지보다 우선한다고 믿는다. 반대되는 견해로 **다원주의**(*pluralism*)를 보라.

오류화(Falsification) 어떤 이론이 결함이 있다고 입증하는 과정이다. 예를 들면, 그 이론을 적용했을 때 예상되는 결과가 잘못된 경우에 오류화가 입증된다.

외교(Diplomacy) 둘 혹은 그 이상의 국가들, 혹은 국가들의 집단 사이를 공식적으로 관리하는 방식이다. 흔히 정부가 임명하는 장관이나 공무원들, 혹은 외교관들이 협상과 소통, 조약의 체결, 협정 체결 등의 임무를 수행한다. 문화적 교류 같은 비공식적 교류도 포함할 수 있다. 국가들 간의 정치적 이견은 그로 인한 반감의 표시로 외교적 관계의 단절을 초래할 수도 있다.

이념적(Ideational) IR 연구에서 국가의 경계를 뛰어넘는 이념들, 예를 들면, 견고한 가치 혹은 국가 행동에 대한 영향력 등을 통해 공유되는 이념의 측면을 말한다. 후일 국제체제에서 국제제도와 규범의 확산에 주목한 자유주의, 혹은 신자유주의 영국학파와 구성주의 사상에서 사용되었다.

이론(Theory) 세계의 단면을 체계적으로 묘사하고 분류하고 상호연관성을 검토함으로써 복잡한 현실로부터 법칙 같은 일반화를 시도한다.

인간중심주의(Anthropocentrism) 인간이 우주에서 의미의 유일한 생산자라고 보며 우리가 정책을 결정하고 만들 때 고려해야 할 유일한 생명체라고 간주하는 입장을 말한다.

인식론(Epistemology) 어떤 학문 분야에서 우리가 어떻게 사물을 인식하고 무엇이 확실한 지식인지에 관련된 이론이다. 지식의 정당성의 근원을 탐구한다.

자연주의(Naturalism) 사회적 세계와 자연의 세계가 동일한 방법으로 탐구될 수 있다고 믿는 입장이다. 1980년대까지 (특히 미국에서), 규범적 이론이 등장하기 전까지 IR 내에서 지배적인 이론적 입장이었다.

젠더(Gender) '남성'과 '여성'의 개념에 부여된 사회적 의미와, 그로부터 나오는 '남성적'이고 '여성적'인 것과 연관되는 특성을 말한다.

존재론(Ontology) 이 세계에 존재하는 사물이나 속성, 혹은 사건 등 연구의 대상이 무엇인지에 관한 이론이다.

종속(Subaltern) 지위가 낮거나 부차적인 것을 의미한다. 원래는 영국 군대에서 대위(captain) 이하의 계급을 지칭하는 용어였다. 지금은 탈식민주의 학자들이 서구, 혹은 유럽중심적 세계관을 확산시키는 학자들이나 국제관계에서 오랫동안 침묵하거나 주변화된 개인, 국가, 지역을 가리키는 용어로 사용된다. 종속 연구는 IR 분야에서 너무나 오래 방치됐던 우리 지식의 격차와 차단에 대한 주의를 환기하는 방법 중 하나이다.

주권(Sovereignty) 국가는 국명을 가진 영토 내에서 최상의 법적, 정치적 권위를 행사할 때 내적 주권을 가졌다고 일컬어진다. 타국들이 그러한 관할권을 존중할 때 그 국가는 외적 주권을 가진 것이다. 인도주의적 개입의 지지자들은 시급한 필요, 예를 들면, 반인류적 범죄나 대량학살 같은 경우에 국가주권이 제한될 수 있다고 주장한다.

초국가행위자(Supranational actor) 국가들이 모여 그들의 공통 정치, 안보, 경제적 이익을 증진시키기 위해 설립한 조직체로서 입법기능을 통해 서명국들에게 영향을 미친다. 유럽연합은 초국가적 조직의 대표적인 예이다.

팍스 아메리카나(Pax Americana) 1945년 이후 국제관계의 상대적으로 평화로운 (혹은 세계전쟁이 없는) 시기를 지칭한다. 이는 대영제국이 '질서'를 관리한 19세기 중반의 팍스 브리태니카(Pax Britanica)를 대체했다.

패러다임(Paradigm) 쿤(Thomas Kuhn)의 1962년 저서 『과학혁명의 구조(*The Structure of Scientific Revolution*)』에 의해 유명해진 개념이다. 특정 연구 패러다임에 종사하는 과학자들은 '과학적 실행에 관한 동일한 규칙과 표준'을 준수하며 그러한 연구의 전통을 이어간다 (Kuhn 1996: 11). IR이론은 연구 어젠다를 설정하고 이를 어떤 기준이나 관행을 통해 확증한다는 점에서 쿤의 패러다임에 비견될 수 있다.

포스트-실증주의(Post-positivism) 지식의 생성에 관한 실증주의를 비판하지만 이를 완전히 거부하지도 않는 다양한 부류의 접근을 지칭한다. 우리가 이 책에서 살펴본 비판이론, 페미니스트 이론과 포스트-구조주의 등이 이에 속한다. 미국 학계에서는 '성찰주의(reflectivism)'라고도 부른다.

합리주의(Rationalism) 경제학 이론에서 IR에 도입된, 행위자가 효용극대화를 추구한다고 보는 이론이다. IR에서 국가는 그들의 주된 이익 — 경제, 안보, 외교 등 — 을 판별하고 그를 확보하는 가장 효과적인 수단을 선택하는 합리적 행위자이다. 국가의 행위를 주도하는 것은 감정이 아니라 계산이다. 이는 국제기구나 제도의 집단행동에도 해당하며, 혹은 2016년 6월 영국의 브렉시트 국민투표처럼 '홀로 가기'를 의미할 수도 있다.

해체(Deconstruction) 데리다(Jacques Derrida)의 사상과 관련된 개념이다. 해체는 '국가'나 '주권' 같이 확립된 IR의 핵심 개념들을 탐색하고 분석하고 까발리고 쪼개기 위해 포트스모던 IR 학자들이 동원하는 필수적인 도구이다. 이러한 목적을 성취하는 가장 보편적인 방법 중 하나는 이른바 텍스트의 이중독해를 통해서이다.

행위자(Actor) IR에서 행위자란 윌 스미스(Will Smith)나 데니얼 크레이그(Daniel Craig), 혹은 안젤리나 졸리(Angelina Jolie) 같은 사람을 말하는 게 아니라 분석의 단위(예를 들면, 국가, 혹은 초국가기구 등)를 말하며, 이론가들이 설명하고자 하는 대상이다. 다른 이론가들은 국제문제에서 서로 다른 행위자의 중요성을 강조하는 경향이 있다.

행위자(Agency) 정치학 분야와 IR 내에서는 인간/국가의 행위가 어느 정도까지 스스로의 자발적인 행위이고 생각이라고 설명할 수 있는지에 관한 대논쟁이 있다. 행위의 자발성을 강조하는 견해는 개인의 삶과 국가의 세계에 미치는 구조의 영향에 대하여 구조보다는 행위자가 우선한다고 본다.

헤게모니(Hegemony) IR에서는 국력의 비교(느슨한 의미로)를 통한 국제체제 내 국가들의 상대적 위상을 의미하는 개념이다. 예를 들면, 미국은 냉전 종식 이후, 특히 군사적 측면에서 패권적 국가로 간주된다. 비판이론에서 헤게모니는 힘에 의한 지배가 아니라 동의와 합의형성이라는 미묘한 의미로 개념이 확대된다. 이 해석에 의하면 헤게모니는 일국이 타국에 의한 무력사용이나 위협 없이도 생각이나 행동을 통해 어떤 위치를 차지한다고 인정받는, 질서를 부여하는 원동력이다. 헤게모니는 규범을 확산시키는 국제기구 활용을 포함하며, 마치 IMF처럼 눈에 띠지 않게 체제를 변화시키는 역할을 한다.

환원주의(Reductionism) 일부를 갖고 그것이 속한 환경이나 체제 전체를 설명하는 방식을 말한다. 예를 들면, 현실주의 IR이론은 국가의 행동을 마치 자연상태 속의 개인의 행동처럼 설명한다. 이는 국제관계를 설명하는 방식으로서 논란을 초래하는데, 왜냐하면 외교정책 행위의 원인으로서 정체성에 근거한 요인을 무시하는 대신 이익 개념을 우선시하기 때문이다.

참고문헌

Aalberts, T.E. (2010) 'Playing the Game of Sovereign States: Charles Manning's Constructivism *Avant-la-lettre*', *European Journal of International Relations*, 16(2): 247–68.

Aalberts, T.E. and Munster, R. (2008) 'From Wendt to Kuhn: Reviving the "Third Debate" in International Relations', *International Politics*, 45(6): 720–746.

Abbot, K.W. and Snidal, D. (1998) 'Why States Act through Formal International Organizations', *Journal of Conflict Resolution*, 42(1): 3–32.

Aberley, D. (1999) 'Interpreting Bioregioalism: A Story from Many Voices', in M. McGinnis (ed.) *Bioregionalism*. London: Routledge, pp. 13–42.

Abrahamsen, R. (2007) 'Postcolonialism', in M. Griffiths (ed.) *International Relations Theory for the Twenty-First Century*. London: Routledge, pp. 111–22.

Acharya, A. (2014) *Constructing a Security Community in Southeast Asia: ASEAN and the Problem of Regional Order*, 3rd edn. Abingdon: Routledge.

Adler, E. (1997a) 'Imagined (Security) Communities: Cognitive Regions in International Relations', *Millennium: Journal of International Studies*, 26(2): 249–77.

Adler, E. (1997b) 'Seizing the Middle Ground: Constructivism in World Politics', *European Journal of International Relations*, 3(3): 319–63.

Adler, E. and Barnett, M. (eds) (2008) *Security Communities*. Cambridge: Cambridge University Press.

Alker, H. and Biersteker, T. (1995) 'The Dialectics of World Order: Notes for a Future Archeologist of International *Savoir Faire*', in J. Der Derian (ed.) *International Theory: Critical Investigations*. Basingstoke: Macmillan, pp. 242–76.

Allison, G. (1971) *Essence of Decision: Explaining the Cuban Missile Crisis*. New York: Longman.

Anderson, B. (2006) *Imagined Communities*, 2nd edn. London: Verso.

Anievas, A. (2010) 'On Habermas, Marx and the Critical Theory Tradition: Theoretical Mastery or Drift?, in C. Moore and C. Farrands (eds) *International Relations and Philosophy: Interpretive Dialogues*. London: Routledge, pp. 144–56.

Aradau, C. (2010) 'Derrida: Aporias of Otherness', in C. Moore and C. Farrands (eds) *International Relations and Philosophy: Interpretive Dialogues*. London: Routledge, 107–18.

Arrival (2016) dir. Denis Villeneuve.

Ashcroft, B., Griffiths, G. and Tiffin, H. (1994) *The Empire Writes Back: Theory and Practice in Post-Colonial Literatures*. London: Routledge.

Ashley, R.K. (1986) 'The Poverty of Neorealism', in R.O. Keohane (ed.) *Neorealism and its Critics*. New York: Columbia University Press, pp. 1–26.

Ashley, R. (1995) 'The Powers of Anarchy: Theory, Sovereignty, and the Domestication of Global Life', in J. Der Derian (ed.) *International Theory: Critical Investigations*. Basingstoke: Macmillan, pp. 94–128.

Axford, B., Browning, G.K., Huggins, R. and Rosamond, B. (2006) *Politics: An Introduction*, 2nd edn. London: Routledge.

Babst, D.V. (1964) 'Elective Governments – A Force for Peace', *Wisconsin Sociologist*, 3: 9–14.

Badon, M. (2010) 'Red Light, Green Light: The Invention of the Traffic Signal', The Design Observer Group, 14 June, http://designobserver.com/feature/red-light-green-light--the-invention-of--the-traffic-signal/8627/ (accessed 5 August 2016).
Bailey, J.L. (2008) 'Arrested Development: The Fight to End Commercial Whaling as a Case of Failed Norm Change', *European Journal of International Relations*, 14(2): 289–318.
Bain, W. (2000) 'Deconfusing Morgenthau: Moral Inquiry and Classical Realism Reconsidered', *Review of International Studies*, 26(3): 445–64.
Baudrillard, J. (1995) *The Gulf War Did Not Take Place*, trans. P. Patton. Bloomington, IN: Indiana University Press.
Baylis, J., Smith, S. and Owens P. (eds) (2008) *The Globalization of World Politics: An Introduction to International Relations*, 4th edn. Oxford: Oxford University Press .
Baylis, J., Smith, S. and Owens, P. (2014a) 'Introduction', in J. Baylis, S. Smith and P. Owens (eds) *The Globalization of World Politics: An Introduction to International Relations*, 6th edn. Oxford: Oxford University Press, pp. 1–14.
Baylis, J., Smith, S. and Owens, P. (eds) (2014b) *The Globalization of World Politics: An Introduction to International Relations*, 6th edn. Oxford: Oxford University Press.
BBC (undated) 'IMF voting powers' (image), http://newsimg.bbc.co.uk/media/images/46443000/gif/_46443360_pledge3a_466.gif/ (accessed 15 August 2016).
Bellamy, A.J. (ed.) (2005) *International Society and its Critics*. Oxford: Oxford University Press.
The Big Short (2015) Dir. Adam McKay, Paramount Pictures.
Blits, J.H (1989) 'Hobbesian Fear', *Political Theory*, 17(3): 417–31.
Bishop, T., Reinke, J. and Adams, T. (2011) 'Globalization: Trends and Perspectives', *Journal of International Business Research*, 10(1): 117–30.
Biswas, S. (2016) 'Postcolonialism', in T. Dunne, M. Kurki and S. Smith (eds) *International Relations Theory: Discipline and Diversity*, 4th edn. Oxford: Oxford University Press, pp. 219-35.
Blair, T. (1999) 'Doctrine of the International Community', speech, Chicago, 24 April, www.britishpoliticalspeech.org/speech-archive.htm?speech=279 (accessed 4 August 2016).
Blair, T. (2001) Leader's speech, Brighton, 2 October, www.britishpoliticalspeech.org/speech-archive.htm?speech=186 (accessed 4 August 2016).
Blair, T. (2006) 'Tony Blair's Speech to the Foreign Policy Centre', *The Guardian*, 21 March, www.guardian.co.uk/politics/2006/mar/21/iraq.iraq1 (accessed 9 August 2016).
Boddy, C. (2011) 'The Corporate Psychopaths Theory of the Global Financial Crisis', *Journal of Business Ethics*, 102(2): 255–9.
Booth, K. and Wheeler, N.J. (2008) *The Security Dilemma: Fear, Cooperation and Trust in World Politics*. Basingstoke: Palgrave Macmillan.
Bowen, J.D. (2011) 'Theory in Action: Liberalism', www.youtube.com/watch?v=tZbD-MUaqwE8, 11 May (accessed 1 September 2016).
Brown, C. (2001) *Understanding International Relations*, 2nd edn. Basingstoke: Palgrave.
Buchan, N.R., Brewer, M.B., Grimalda, G., Wilson, R.K., Fatas, E. and Foddy, M. (2011) 'Global Social Identity and Global Cooperation', *Psychological Science*, 22(6): 821–8.
Bull, H. (1977) *The Anarchical Society: A Study of Order in World Politics*. London: Macmillan.

Burchill, S. and Linklater, A. (2013) 'Introduction', in S. Burchill and A. Linklater (eds) *Theories of International Relations*, 5th edn. Basingstoke: Palgrave Macmillan, pp. 1–31.

Buzan, B. (1993) 'From International System to International Society: Structural Realism and Regime Theory Meet the English School', *International Organization*, 47(3): 327–52.

Buzan, B. (2004) *From International to World Society? English School Theory and the Social Structure of Globalisation*. Cambridge: Cambridge University Press.

Buzan, B. (2014) *An Introduction to the English School of International Relations*. Cambridge: Polity Press.

Cabrera, M.A. (2005) *Postsocial History: An Introduction*, trans. M. McMahon. Lanham, MD: Lexington Books.

Cafruny, A.A. (2006) 'Historical Materialism: Imperialist Rivalry and the Global Capitalist Order', in J. Sterling-Folker (ed.) *Making Sense of International Relations Theory*. Boulder, CO: Lynne Rienner Publishers, pp. 209–24.

Cameron, D. (2006) 'A New Approach to Foreign Affairs – Liberal Conservatism', speech to the British American Project, 11 September, www.conservatives.com/News/Speeches/2006/09/Cameron_A_new_approach_to_foreign_affairs__liberal_conservatism.aspx (accessed 28 July 2016).

Cameron, F. (2010) 'The European Union as a Model for Regional Integration', Council on Foreign Relations, September, www.cfr.org/world/european-union-model-regional-integration/p22935 (accessed 25 July 2016).

Campbell, D. (1996) 'Violent Performances: Identity, Sovereignty, Responsibility', in Y. Lapid, and F. Kratochwil (eds) *The Return of Culture and Identity in IR Theory*. London: Lynne Rienner Publishers, pp. 163–80.

Campbell, D. (1998) *Writing Security: United States Foreign Policy and the Politics of Identity*. Manchester: Manchester University Press.

Campbell, D. (2007) 'Poststructuralism', in T. Dunne, M. Kurki and S. Smith (eds) *International Relations Theory: Discipline and Diversity*. Oxford: Oxford University Press, pp. 203–28.

Campbell, D. (2016) 'Poststructuralism', in T. Dunne, M. Kurki and S. Smith (eds) *International Relations Theory: Discipline and Diversity*, 4th edn. Oxford: Oxford University Press, pp. 196–235.

Carlsnaes, W., Risse, T. and Simmons, B.A. (eds) (2006) *Handbook of International Relations*. London: Sage.

Carr, E.H. (2001a) *What is History?* Basingstoke: Palgrave.

Carr, E.H. (2001b) *The Twenty Years' Crisis 1919–1939*. Basingstoke: Palgrave.

Carter, N. and Huby, M. (2005) 'Ecological Citizenship and Ethical Investment', *Environmental Politics*, 14(2), 255–72.

Central Intelligence Agency (CIA) (undated) 'International Organizations and Groups', www.cia.gov/library/publications/the-world-factbook/appendix/appendix-b.html (accessed 26 July 2016).

Chemaly, S. (2014) '20 Facts Everyone Should Know about Gender Bias in Movies', 24 November, www.huffingtonpost.com/soraya-chemaly/20-mustknow-facts-about-g_b_5869564.html (accessed 22 August 2016).

Cheng, A. and Lu, T.K. (2012) 'Synthetic Biology: An Emerging Engineering Discipline', *Annual Review of Biomedical Engineering*, 14: 155–78.
Chomsky, N. (1991) 'Force and Opinion', *Z Magazine*, July–August, https://chomsky.info/199107__/ (accessed 9 August 2016).
Cocoyoc Declaration (1974) 23 October, http://helsinki.at/projekte/cocoyoc/COCOYOC_DECLARATION_1974.pdf (accessed 18 August 2016).
Commons Select Committee (2016) 'Mike Ashley Must be Accountable for Sports Direct Working Practices', 22 July, www.parliament.uk/business/committees/committees-a-z/commons-select/business-innovation-and-skills/news-parliament-2015/working-practices-at-sports-direct-report-published-16-17/ (accessed 19 August 2016).
Coomer, A. (2013) 'Should University Students Use Wikipedia?', *The Guardian*, 13 May, www.theguardian.com/education/2013/may/13/should-university-students-use-wikipedia (accessed 2 September 2016).
Cornell University (2009) 'Using Wikipedia', www.digitalliteracy.cornell.edu/tutorial/dpl3222.html (accessed 2 September 2016).
Council of the European Union (2006) 'Review of the EU Sustainable Development Strategy: Renewed Strategy', 9 June, http://register.consilium.europa.eu/doc/srv?l=EN&f=ST%2010117%202006%20INIT (accessed 30 August 2016).
Cox, R.W. (1996a) 'Social Forces, States and World Orders: Beyond International Relations Theory', in R. Cox and T.J. Sinclair (eds) *Approaches to World Order*. Cambridge: Cambridge University Press, pp. 85–123.
Cox, R.W. (1996b) 'Gramsci, Hegemony and International Relations: An Essay in Method', in R. Cox and T.J. Sinclair (eds) *Approaches to World Order*. Cambridge: Cambridge University Press, pp. 124–43.
Crane, G. (1998) *Thucydides and the Ancient Simplicity: The Limits of Political Realism*. Berkeley, CA: University of California Press. http://publishing.cdlib.org/ucpressebooks/view?docId=ft767nb497&brand=ucpress (accessed 28 July 2016).
Crawford, N.C. (2009) 'Jürgen Habermas', in J. Edkins and N. Vaughan-Williams (eds) *Critical Theorists and International Relations*. London: Routledge, pp. 197–8.
Curtis, M. (2003) *Web of Deceit: Britain's Real Role in the World*. London: Vintage.
Daddow, O. (2006) 'Postmodernism and the Politics of Historiography', in A.L. Macfie (ed.) *The Philosophy of History: Talks Given at the Institute of Historical Research, London, 2000–2006*. Basingstoke: Palgrave Macmillan, pp. 155–72.
Daddow, O. (2009) '"Tony's War?" Blair, Kosovo and the Interventionist Impulse in British Foreign Policy', *International Affairs*, 85(3): 547–60.
Daddow, O. (2011) *New Labour and the European Union: Blair and Brown's Logic of History*. Manchester: Manchester University Press.
Daddow, O. (2012) 'The UK Media and "Europe": From Permissive Consensus to Destructive Dissent', *International Affairs*, 88(6): 1219–36.
Daddow, O. (2015) 'Constructing a "Great" Role for Britain in an Age of Austerity: Interpreting Coalition Government Foreign Policy, 2010–2015', *International Relations*, 29(3): 303–18.
Dalby, S. (2009) 'What Happens if We Don't Think in Human Terms?', in J. Edkins and M. Zehfuss (eds) *Global Politics: A New Introduction*. London and New York: Routledge, pp. 45–69.

Davis, D.E. (2009) 'Non-State Armed Actors, New Imagined Communities, and Shifting Patterns of Sovereignty and Insecurity in the Modern World', *Contemporary Security Policy*, 30(2): 221–45.

Der Derian, J. (1995) 'A Reinterpretation of Realism: Genealogy, Semiology, Dromology', in J. Der Derian (ed.) *International Theory: Critical Investigations*. Basingstoke: Macmillan, pp. 363–96.

Der Derian, J. (2009) 'Critical Encounters in International Relations', *International Social Science Journal*, 59(191): 69–73.

Deutsch, K.W. (1957) *Political Community and the North Atlantic Area: International Organization in the Light of Historical Experience*. Princeton, NJ: Princeton University Press.

Devetak, R. (1995a) 'Incomplete States: Theories and Practices of Statecraft', in J. Macmillan and A. Linklater (eds) *Boundaries in Question: New Directions in International Relations*. London: Pinter, pp. 19–39.

Devetak, R. (2001) 'Critical Theory', in S. Burchill et al. *Theories of International Relations*, 2nd edn. Basingstoke: Palgrave, pp. 144–78.

Devetak, R. (2013a) 'Critical Theory', in S. Burchill and A. Linklater (eds) *Theories of International Relations*, 5th edn. Basingstoke: Palgrave Macmillan, pp. 162–186.

Devetak, R. (2013b) 'Post-structuralism', in S. Burchill and A. Linklater (eds) *Theories of International Relations*, 5th edn. Basingstoke: Palgrave Macmillan, pp. 187–216.

Dictionary.com (2016) http://dictionary.reference.com/search?q=an- (accessed 18 July 2016).

Dictionary.com (2016b) http://dictionary.reference.com/browse/archon (accessed 18 July 2016).

Dobson, A. (2003) *Citizenship and the Environment*. Oxford: Oxford University Press.

Dobson, A. (2006a) 'Thick Cosmopolitanism', *Political Studies*, 54(1): 165–84.

Dobson, A. (2006b) 'Ecological Citizenship: A Defence', *Environmental Politics*, 15(3): 445–51.

Dobson, A. (2007) 'Environmental Citizenship: Towards Sustainable Development', *Sustainable Development*, 15(5): 276–85.

Donnelly, J. (1996) 'Twentieth-Century Realism', in T. Nardin and D.R. Mapel (eds) *Traditions of International Ethics*. Cambridge: Cambridge University Press, pp. 85–111.

Doyle, M. (1983) 'Kant, Liberal Legacies, and Foreign Affairs', *Philosophy and Public Affairs*, 12(3) and 12(4): 205–35 and 323–53, respectively.

Doyle, M. (1986) 'Liberalism and World Politics', *American Political Science Review*, 80(4): 1151–69.

Drezner, D. (2011) *Theories of International Politics and Zombies*. Princeton, NJ: Princeton University Press.

Duffield, J. (2007) 'What are International Institutions?', *International Studies Review*, 9(1): 1–22.

Dunne, T. (2005) 'The New Agenda', in A.J. Bellamy (ed.) *International Society and its Critics*. Oxford: Oxford University Press, pp. 65–79.

Dunne, T. (2014) 'Liberalism', in J. Baylis, S. Smith and P. Owens (eds) *The Globalization of World Politics: An Introduction to International Relations*, 6th edn. Oxford: Oxford University Press, pp. 113–25.

Dunne, T. (2016) 'The English School', in T. Dunne, M. Kurki and S. Smith (eds) *International Relations Theory: Discipline and Diversity*, 4th edn. Oxford: Oxford University Press, pp. 107–26.

Dunne, T. and Schmidt, B.C. (2008) 'Realism', in J. Baylis, S. Smith and P. Owns (eds) *The Globalization of World Politics: An Introduction to International Relations*, 4th edn. Oxford: Oxford University Press, pp. 90–106.

Dunne, T., Kurki, M. and Smith, S. (eds) (2016) *International Relations Theory: Discipline and Diversity*, 4th edn. Oxford: Oxford University Press.

Dunoff, J.L. (2003) 'Is the International Trade Regime Fair to Developing States?', *Proceedings of the Annual Meeting (Annual Society of International Law)*, 97(2–5 April): 153–7.

Dyson, S.B. (2015) *Otherworldly Politics: The International Relations of* Star Trek, Game of Thrones, *and* Battlestar Galactica. Baltimore, MD: Johns Hopkins University Press.

Eagleton, T. (1998) 'Postcolonialism and "Postcolonialism"', *Interventions: International Journal of Postcolonial Studies*, 1(1): 24–6.

Eckersley, R. (2016) 'Green Theory', in T. Dunne, M. Kurki and S. Smith (eds) *International Relations Theory: Discipline and Diversity*, 4th edn. Oxford: Oxford University Press, pp. 259-80.

The Economist (2010) 'Facebook Population: Status Update', 22 July, www.economist.com/node/16660401 (accessed 2 September 2016).

Edkins, J. (2003) *Trauma and the Memory of World Politics*. Cambridge: Cambridge University Press.

Edkins, J. and Zehfuss, M. (2005) 'Generalising the International', *Review of International Studies*, 31(3): 451–72.

Elshtain, J.B. (1995) 'Feminist Themes and International Relations', in J. Der Derian (ed.) *International Theory: Critical Investigations*. Basingstoke: Macmillan, pp. 340–60.

Encyclopedia of World Biography (2005–6) 'On Hans J. Morgenthau', www.bookrags.com/biography/hans-j-morgenthau/ (accessed 28 July 2016).

Enloe, C. (2001) *Bananas, Beaches and Bases: Making Feminist Sense of International Politics*. Berkeley, CA: University of California Press.

Epstein, C. (2008) *The Power of Words in International Relations: Birth of an Anti-Whaling Discourse*. Cambridge, MA and London: MIT Press.

Europa (2016a) 'The History of the European Union', http://europa.eu/about-eu/eu-history/index_en.htm, 26 May (accessed 25 July 2016).

Europa (2016b) 'Foreign and Security Policy', http://europa.eu/pol/cfsp/index_en.htm, 15 January (accessed 25 July 2016).

European Commission (2016) 'Corporate Social Responsibility (CSR)', http://ec.europa.eu/growth/industry/corporate-social-responsibility_en, 25 August (accessed 30 August 2016).

Evans, G. (2004) 'The Responsibility to Protect: Rethinking Humanitarian Intervention', 1 April, www.gevans.org/speeches/speech103.html (accessed 4 August 2016).

Ferguson, Y.H. and Mansbach, R.W. (1996) 'The Past as Prelude to the Future? Identities and Loyalties in Global Politics', in Y. Lapid and F. Kratochwil (eds) *The Return of Culture and Identity in IR Theory*. London: Lynne Rienner Publishers, pp. 21–44.

Finnemore, M. and Sikkink, K. (1998) 'International Norm Dynamics and Political Change', *International Organization*, 52(4), 887–917.
Finnemore, M. and Sikkink, K. (2001) 'The Constructivist Research Program in International Relations and Comparative Politics', *Annual Review of Political Science*, 4(1): 391–416.
Forde, S. (1996) 'Classical Realism', in T. Nardin and D.R. Mapel (eds) *Traditions of International Ethics*. Cambridge: Cambridge University Press, pp. 62–84.
Foucault, M. (1991) 'Truth and Power', in P. Rabinow (ed.) *The Foucault Reader: An Introduction to Foucault's Thought*. London: Penguin, pp. 51–75.
Foucault, M. (1995) *Discipline and Punish: The Birth of the Prison*, trans. A. Sheridan. London: Penguin.
Foucault, M. (1998a) *The Care of the Self: The History of Sexuality: 3*, trans. R. Hurley. London: Penguin.
Foucault, M. (1998b) *The Will to Know: The History of Sexuality: 1*, trans. R. Hurley London: Penguin.
Foucault, M. (1998c) *The Will to Know: The Use of Pleasure: 2*, trans. R. Hurley. London: Penguin.
Foucault, M. (2001) *Madness and Civilization*, trans. R. Howard. London: Routledge Classics.
Foucault, M. (2002) *The Archaeology of Knowledge*, trans. A.M. Sheridan Smith. London: Routledge Classics.
Fowler, R. (1992) *Language in the News: Discourse and Ideology in the Press*. London: Routledge.
Freyberg-Inan, A. (2006) 'World System Theory: A Bird's Eye View of the World's Capitalist Order', in J. Sterling-Folker (ed.) *Making Sense of International Relations Theory*. Boulder, CO: Lynne Rienner Publishers, pp. 225–41.
Friedman, G. (2008) 'Identifying the Place of Democratic Norms in Democratic Peace', *International Studies Review*, 10(3): 548–70.
Fukuyama, F. (1992) *The End of History and the Last Man*. New York: Free Press.
Fuller, T. (2006) '"Sweatshop Snoops" Take on China Factories', *International Herald Tribune*, 16 September, www.nytimes.com/2006/09/15/world/asia/15iht-inspect.2827852.html?_r=0 (accessed 8 August 2016).
Gallagher, A. (2016) 'Conceptualizing Humanity in the English School', *International Theory*, 8(2): 341–64.
Gaskarth, J. (2011) 'Entangling Alliances? The UK's Complicity in Torture in the Global War on Terrorism', *International Affairs*, 87(4): 945–64.
Geis, A. (2011) 'Of Bright Sides and Dark Sides: Democratic Peace Beyond Triumphalism', *International Relations*, 25(2): 164–70.
Giddens, A. (1974) 'Introduction', in A. Giddens (ed.) *Positivism and Sociology*. London: Heinemann, pp. 1–22.
Gill, S. (ed.) (1993) *Gramsci, Historical Materialism and International Relations*. Cambridge: Cambridge University Press.
Gill, S. (2008) *Power and Resistance in the New Global Order*, 2nd edn. Basingstoke: Palgrave Macmillan.
Gilmore, J. (2014) 'The Uncertain Merger of Values and Interests in UK Foreign Policy', in T. Edmunds, J. Gaskarth and R. Porter (eds) *British Foreign Policy and the National Interest: Identity, Strategy and Security*. Basingstoke: Palgrave Macmillan, pp. 23–42.

Gilpin, R.G. (1984) 'The Richness of the Tradition of Political Realism', *International Organization*, 38(2): 287–304.

Glaser, C.L. (1994–5) 'Realists as Optimists: Cooperation as Self-Help', *International Security*, 19(3): 50–90.

Global Firepower (2016) www.globalfirepower.com/ (accessed 8 September 2016).

The Godfather Part III (1990) Dir. Francis Ford Coppola, Paramount Pictures.

Gov.UK (2014) 'Global Summit to End Sexual Violence in Conflict', www.gov.uk/government/news/uk-and-canada-respond-to-sexual-violence-by-isil-in-iraq (accessed 31 May 2016).

Gowa, J. (2011) 'The Democratic Peace after the End of the Cold War', *Economics and Politics*, 23(2): 153–71.

Green Party (2016) 'What We Stand For', www.greenparty.org.uk/we-stand-for/ (accessed 30 August 2016).

Griffiths, M. (2011) *Rethinking International Relations Theory*. Basingstoke: Palgrave Macmillan.

Groom, A.J.R. and Taylor, P. (1975) *Functionalism: Theory and Practice in International Relations*. London: University of London Press.

The Guardian (2016) 'COP21: UN Climate Change Conference', *The Guardian*, October, www.theguardian.com/environment/cop-21-un-climate-change-conference-paris (accessed 30 August 2016).

Guilhot, N. (2011) 'One Discipline, Many Histories', in N. Guilhot (ed.) *The Invention of International Relations Theory: Realism, the Rockefeller Foundation, and the 1954 Conference on Theory*. New York: Columbia University Press, pp. 1–32.

Guzzini, S. and Leander, A. (2006) 'Wendt's Constructivism: A Relentless Quest for Synthesis', in S. Guzzini and A. Leander (eds) *Constructivism and International Relations: Alexander Wendt and his Critics*. London: Routledge, pp. 73–92.

Haas, E.B. (1958) *The Uniting of Europe: Political, Social and Economic Forces, 1950–1957*. Stanford, CA: Stanford University Press.

Haas, E.B. (1964) *Beyond the Nation-State: Functionalism and International Organization*. Stanford, CA: Stanford University Press.

Haggard, S. (2013) 'Liberal Pessimism: International Relations Theory and the Emerging Powers', *Asia and the Pacific Policy Studies*, 1(1): 1–17.

Hague, W. (2009) 'The Future of British Foreign Policy', speech to the International Institute for Strategic Studies, 21 July, http://conservative-speeches.sayit.mysociety.org/speech/601323 (accessed 28 July 2016).

Haynes, J., Hough, P., Malik, S. and Pettiford, L. (2011) *World Politics*. Harlow: Pearson Education.

Hellsten, S. and Mallin, C. (2006) 'Are "Ethical" or "Socially Responsible" Investments Socially Responsible?', *Journal of Business Ethics*, 66(4): 393–406.

Henrikson, A.K. (2002) 'Distance and Foreign Policy: A Political Geography Approach', *International Political Science Review*, 23(4): 437–66.

Herz, J. (1950) 'Idealist Internationalism and the Security Dilemma', *World Politics*, 2(2): 157–80.

Hobbes, T. (2007) *Leviathan*. University of Adelaide ebook, https://ebooks.adelaide.edu.au/h/hobbes/thomas/h68l/ (accessed 1 September 2016).

Hobolth, M. (2011) 'European Visa Cooperation: Interest Politics and Regional Imagined Communities', IDEAS Working Paper Series from RePEc. St Louis, MO: Federal Reserve Bank of St Louis.

Hobson, C. (2011a) 'Towards a Critical Theory of Democratic Peace', *Review of International Studies*, 37(4): 1903–22.

Hobson, C. (2011b) 'The Sorcerer's Apprentice', *International Relations*, 25(2): 171–7.

Hoffman, S. (1985) 'Raymond Aron and the Theory of International Relations', *International Studies Quaterly*, 29(1): 13–27.

Hoffman, S. (1995) 'An American Social Science: International Relations', in J. Der Derian (ed.) *International Theory: Critical Investigations*. Basingstoke: Macmillan, pp. 212–41.

Holden, G. (2002) 'Who Contextualizes the Contextualizers? Disciplinary History and the Discourse about IR Discourse', *Review of International Studies*, 28(2): 253–70.

Hollis, M. and Smith, S. (1991) *Explaining and Understanding International Relations*. Oxford: Clarendon Press.

Hollis, M. and Smith, S. (2000) 'The International System', in A. Linklater (ed.) *International Relations: Critical Concepts in Political Science*. London: Routledge, pp.849–68.

Holsti, K.J. (1985) *The Dividing Discipline: Hegemony and Diversity in International Theory*. London: Unwin Hyman.

Hooghe, L. and Marks, G. (2008) 'A Postfunctionalist Theory of European Integration: From Permissive Consent to Distraining Dissensus', *British Journal of Political Science*, 39(1): 1–23.

Hooper, C. (2006) 'Masculinities, IR and the "Gender Variable"', in R. Little and M. Smith (eds) *Perspectives on World Politics*. Abingdon: Routledge, pp. 376–85.

Hovden, E. (1999) 'As if Nature Doesn't Matter: Ecology, Regime Theory and International Relations', *Environmental Politics*, 8(2): 50–74.

The Huffington Post (2015) 'Facebook is now Bigger than the Largest Country on Earth', 28 January, www.huffingtonpost.com/2015/01/28/facebook-biggest-country_n_6565428.html (accessed 9 August 2016).

Huggan, G. and Tiffin, H. (2008) 'Green Postcolonialism', *Interventions: International Journal of Postcolonial Studies*, 9(1): 1–11.

Human Rights Watch (2012) 'Women's Rights', http://hrw.org/women/ (accessed 18 August 2016).

Human Rights Watch (2016) *World Report 2016, Cuba: Events of 2015*, www.hrw.org/world-report/2016/country-chapters/cuba (accessed 19 December 2016).

Hutchings, K. (1999) *International Political Theory*. London: Sage.

International Labour Organization (ILO) (2012) '21 Million People are Now Victims of Forced Labour, ILO Says', 1 June, www.ilo.org/global/about-the-ilo/newsroom/news/WCMS_181961/lang--en/index.htm (accessed 8 August 2016).

International Telecommunication Union (ITU) (2016) 'Overview of ITU's History', www.itu.int/en/history/Pages/ITUsHistory.aspx (accessed 26 July 2016).

The IR Knowledge Base (2015) *Balance of Power*. Available at: www.irtheory.com/know.htm (accessed 26 January 2017).

Ish-Shalom, P. (2011) 'Don't Look Back in Anger', *International Relations*, 25(2): 178–84.

Jackson, R. and Sørensen, G. (2015) *Introduction to International Relations: Theories and Approaches*, 6th edition. Oxford: Oxford University Press.

James, A. (1993) 'System or Society?', *Review of International Studies*, 19(3): 269–88.
James, M. (2015) *A Brief History of Seven Killings*. London: OneWorld Publications.
Jarvis, D.S.L. (2001) 'Identity Politics, Postmodern Feminisms, and International Theory: Questioning the "New" Diversity in International Relations', in R.M.A. Crawford and D.S.L. Jarvis, *International Relations: Still an American Social Science?: Towards Diversity in International Thought*. Albany, NY: State University of New York Press, pp. 101–29.
Jeffery, R. (2006) *Hugo Grotius in International Thought*. Basingstoke: Palgrave Macmillan.
Jervis, R. (1978) 'Cooperation under the Security Dilemma', *World Politics*, 30(2): 167–214.
Jervis, R. (1994) 'Hans Morgenthau, Realism, and the Study of International Politics – Sixtieth Anniversary, 1934–1994: The Legacy of Our Past', *Social Research*, 61(4): 853–76.
Jervis, R. (2001) 'Was the Cold War a Security Dilemma?', *Journal of Cold War Studies*, 3(1): 36–60.
Jervis, R. (2008) 'Bridges, Barriers, and Gaps: Research and Policy', *Political Psychology*, 29(4): 571–92.
Jervis, R. (2010) 'Thinking Systematically about Geopolitics', *Geopolitics*, 15(1): 165–71.
Jervis, R. (2013) 'Do Leaders Matter and How Would we Know?', *Security Studies*, 22(2): 153–79.
Joker Scene from *The Dark Knight* (2008) www.youtube.com/watch?v=GGwHUr0b4yE (accessed 18 July 2016).
Jørgensen, K.E. (2010) *International Relations Theory: A New Introduction*. Basingstoke: Palgrave Macmillan.
Joynt, C.B. and Corbett, P.E. (1978) *Theory and Reality in World Politics*. Basingstoke: Macmillan.
Kadir, D. (1995) 'Postmodernism/Postcolonialism: What Are we After?', *World Literature Today*, 69(1): 17–21.
Kantengwa, J. (2013) 'Why Rwanda has the Most Female Politicians in the World', 17 September, http://leftfootforward.org/2013/09/rwanda-has-the-most-female-politicians/ (accessed 19 August 2016).
Keohane, R.O. (1982) 'The Demand for International Regimes', *International Organization*, 36(2): 325–55.
Keohane, R.O. (1986a) 'Realism, Neorealism and the Study of World Politics', in R.O. Keohane (ed.) *Neorealism and its Critics*. New York: Columbia University Press, pp. 1–26.
Keohane, R.O. (ed.) (1986b) *Neorealism and its Critics*. New York: Columbia University Press.
Keohane, R. (1995) 'International Institutions: Two Approaches', in J. Der Derian (ed.) *International Theory: Critical Investigations*. Basingstoke: Macmillan, pp. 279–307.
Keohane, R.O. (1998) 'International Institutions: Can Interdependence Work?', *Foreign Policy*, 110, Special Edition: Frontiers of Knowledge: 82–96.
Keohane, R.O. and Nye, J.S. (1977) *Power and Interdependence: World Politics in Transition*. Boston: Little Brown and Co.
Ki-moon, B. (2008) 'Statement to Regional Groups of Member States', 10 January, www.un.org/apps/news/infocus/sgspeeches/search_full.asp?statID=170 (accessed 1 September 2016).
Koschut, S. (2014) 'Regional Order and Peaceful Change: Security Communities as a Via Media in International Relations Theory', *International Relations*, 49(4): 519–35.

KPMG (2013) *The KPMG Survey of Corporate Social Responsibility Reporting 2013*, www.kpmg.com/Global/en/IssuesAndInsights/ArticlesPublications/corporate-responsibility/Documents/corporate-responsibility-reporting-survey-2013-exec-summary.pdf (accessed 30 August 2016).

Krasner, S.D. (ed.) (1983) *International Regimes*. Ithaca, NY: Cornell University Press.

Kratochwil, F. (1982) 'On the Notion of "Interest" in International Relations', *International Organization*, 36(1): 1–30.

Kratochwil, F. (1989) *Rules, Norms and Decisions*. Cambridge: Cambridge University Press.

Kratochwil, F. (2000) 'Wendt's "Social Theory of International Politics" and the Constructivist Challenge', *Millennium: Journal of International Studies*, 29(1): 73–101.

Kratochwil, F. and Ruggie, J.G. (1986) 'International Organization: A State of the Art on an Art of the State', *International Organization*, 40(4): 753–75.

Kreisler, H. (2003) 'Theory and International Politics: Conversation with Kenneth N. Waltz', Institute of International Studies, University of Berkeley, http://globetrotter.berkeley.edu/people3/Waltz/waltzcon0.html (accessed 25 August 2016).

Kuhn, T.S. (1996) *The Structure of Scientific Revolutions*, 3rd edn. Chicago, IL, and London: University of Chicago Press.

Kumar, M.P. (2011) 'Postcolonialism: Interdisciplinary or Interdiscursive?', *Third World Quarterly*, 32(4): 653–72.

Laffey, M. and Weldes, J. (2008) 'Decolonizing the Cuban Missile Crisis', *International Studies Quarterly*, 52(3): 555–77.

Lamy, S.L. (2014) 'Contemporary Mainstream Approaches: Neo-Realism and Neo-Liberalism', in J. Baylis, S. Smith and P. Owens (eds) *The Globalization of World Politics: An Introduction to International Relations*, 6th edn. Oxford: Oxford University Press, pp. 126-40.

Langlois, A.J. (2007) 'Worldviews and International Political Theory', in M. Griffiths (ed.) *International Relations Theory for the Twenty-First Century*. London: Routledge, pp. 146–56.

Lapid, Y. (1996) 'Culture's Ship: Returns and Departures in International Relations Theory', in Y. Lapid, Y. and F. Kratochwil (eds) *The Return of Culture and Identity in IR Theory*. London: Lynne Rienner Publishers, pp. 3–20.

Lapid, Y. and Kratochwil, F. (eds) (1996) *The Return of Culture and Identity in IR Theory*. London: Lynne Rienner Publishers.

Lebow, R.N. (2003) *The Tragic Vision of Politics: Ethics, Interests and Orders*. Cambridge: Cambridge University Press.

Lebow, R.N. (2014) 'Karl Deutsch and International Relations', *International Relations*, 28(3): 288–95.

Lebow, R.N. (2016) 'Classical Realism', in T. Dunne, M. Kurki and S. Smith (eds) *International Relations Theory: Discipline and Diversity*, 4th edn. Oxford: Oxford University Press, pp. 34–50.

Lehane, D. (2003) *Shutter Island*. London: Bantam Press.

Lenin, V.I. (2010) *Imperialism: The Highest Stage of Capitalism*. London: Penguin.

Linklater, A. (1990) *Beyond Realism and Marxism*. London: Macmillan.

Linklater, A. (1995) 'Neo-Realism: Theory and Practice', in K. Booth and S. Smith (eds) *International Relations Theory Today*. Cambridge: Polity Press, pp. 241–61.

Linklater, A. (1998) *The Transformation of Political Community*. Cambridge: Polity Press.

Linklater, A. (2010) 'Global Civilizing Processes and the Ambiguities of Human Connectedness', *European Journal of International Relations*, 16(2): 155–78.
Linklater, A. (2013) 'Marxism', in S. Burchill and A. Linklater (eds) *Theories of International Relations*, 3rd edn. Basingstoke: Palgrave Macmillan, pp. 113–37.
Linklater, A. (2016) *Violence and Civilization in the Western States-Systems*. Cambridge: Cambridge University Press.
Little, R. (1995) 'International Relations and the Triumph of Capitalism', in K. Booth and S. Smith (eds) *International Relations Theory Today*. Cambridge: Polity Press, pp. 62–87.
Little, R. (2005) 'The English School and World History', in A.J. Bellamy (ed.) *International Society and its Critics*. Oxford: Oxford University Press, pp. 45–63.
Lopez-Lucia, E. (2015) 'Regional Powers and Regional Security Governance: An Interpretive Perspective on the Policies of Nigeria and Brazil', *International Relations*, 29(3): 348–62.
Lupovici, A. (2009) 'Constructivist Methods: A Plea and Manifesto for Pluralism', *Review of International Studies*, 35(2): 195–218.
Lygdamus.com (undated) 'The Melian Dialogue', trans. Rex Warner, http://lygdamus.com/resources/New%20PDFS/Melian.pdf (accessed 28 July 2016).
Lynch, M. (2006) 'Critical Theory: Dialogue, Legitimacy, and Justifications for War', in J. Sterling-Folker (ed.) *Making Sense of International Relations Theory*. Boulder, CO: Lynne Rienner Publishers, pp. 182–97.
Macmillan, J. (2003) 'Beyond the Separate Democratic Peace', *Journal of Peace Research*, 40(2): 233–43.
Mann, M. (1993) 'Nation-States in Europe and other Continents: Diversifying, Developing, Not Dying', *Daedalus*, 122(3): 115–40.
Mansbach, R.W. and Rafferty, K.L. (2008) *Introduction to Global Politics*. Abingdon: Routledge.
Martinsson, J. and Lundqvist, L.J. (2010) 'Ecological Citizenship: Coming "Clean" without Turning "Green"?', *Environmental Politics*, 19(4): 518–37.
Marx, K. (2008) *Capital: A New Abridgement*. Oxford: Oxford University Press.
Marx, K. and Engels, F. (1998) *The Communist Manifesto*. Oxford: Oxford University Press.
McCarthy, T. (2015) *Satin Island*. London: Jonathan Cape.
McGinnis, M. (ed.) (1999) *Bioregionalism*. London: Routledge.
McLuhan, M. and Powers, B.R. (1989) *The Global Village: Transformations in World Life and Media in the 21st Century*. New York: Oxford University Press.
Mearsheimer, J.J. (2001) *The Tragedy of Great Power Politics*. London: W.W. Norton and Co.
Milner, H.V. (1998) 'International Political Economy: Beyond Hegemonic Stability', *Foreign Policy*, 110, Special Edition: Beyond Frontiers of Knowledge: 112–23.
Mingst, K.A. and Snyder, J.L. (2011) *Essential Readings in World Politics: An Introduction*, 4th edn. London: W.W. Norton and Co.
Mishra, V. and Hodge, B. (2005) 'What was Postcolonialism?', *New Literary History*, 36(3): 375–402.
Mitchell, D. (2015) *The Bone Clocks*. London: Sceptre.
Mitrany, D. (1933) *The Progress of International Government*. New Haven, CT: Yale University Press.

Molloy, S. (2008) 'Hans J. Morgenthau Versus E.H. Carr: Conflicting Conceptions of Ethics in Realism', in D. Bell (ed.) *Political Thought and International Relations: Variations on a Realist Theme*. Oxford: Oxford University Press, pp.83–104.

Moravcsik, A. (1998) *The Choice for Europe: Social Purpose and State Power from Messina to Maastricht*. Ithaca, NY: Cornell University Press.

Morgenthau, H.J. (1985) *Politics Among Nations: The Struggle for Power and Peace*, 6th edn. New York: Knopf.

Morris, J. (2005) 'Normative Innovation and the Great Powers', in A.J. Bellamy (ed.) *International Society and its Critics*. Oxford: Oxford University Press, pp. 265–81.

Morris, J. (2011) 'How Great is Britain? Power, Responsibility and Britain's Future Global Role', *British Journal of Politics and International Relations*, 13(3): 326–47.

Moura-Leite, R.C. and Padgett, R.C. (2011) 'Historical Background of Corporate Social Responsibility', *Social Responsibility Journal*, 7(4): 528–39.

Myrdal, G. (1974) 'What is Development?', *Journal of Economic Issues*, 8(4): 729–36.

Namaste, K. (1994) 'The Politics of Inside/Outside: Queer Theory, Poststructuralism, and a Sociological Approach to Sexuality', *Sociological Theory*, 12(2): 220–31.

Navon, E. (2001) 'The "Third Debate" Revisited', *Review of International Studies*, 27(4): 611–25.

Naylor, B. (2016) 'Obama: Globalization is "Here" and "Done"', *NPR*, National Public Radio, Washington, DC, 29 June, www.npr.org/2016/06/29/484087513/obama-globalization-is-here-and-done (accessed 9 August 2016).

Neal, A.W. (2009) 'Michel Foucault', in J. Edkins and N. Vaughan-Williams (eds) *Critical Theorists and International Relations*. London: Routledge, pp. 161–70.

Neethling, T. (2004) 'The Development of Normative Theory in International Relations: Some Practical Implications for Norm-Based and Value-Based Scholarly Enquiry', *Koers*, 69(1): 1–25.

Nexon, D.H. and Neumann, I.B. (eds) (2013) *Harry Potter and International Relations*. Lanham, MD: Rowman and Littlefield.

Nye, J.S. and Welch, D.A. (2011) *Understanding Global Conflict and Cooperation: An Introduction to Theory and History*. London: Pearson.

Obama, B. (2010) 'Barack Obama's Speech on Banking Reform: In Full', *Independent*, 21 January, www.telegraph.co.uk/finance/newsbysector/banksandfinance/7046668/Barack-Obamas-speech-on-banking-reform-in-full.html (accessed 1 September 2016).

Onuf, N.G. (1989) *A World of Our Making: Rules and Rule in Social Theory and International Relations*. Columbia, SC: University of South Carolina Press.

Onuf, N. (1998) 'Constructivism: A User's Manual', in V. Kubálková, N. Onuf and P. Kowert (eds) *International Relations in a Constructed World*. Armonk, NY: M.E. Sharpe, pp. 58–78.

Onuf, N. (2002) 'Institutions, Intentions and International Relations', *Review of International Studies*, 28(2): 211–28.

Onuf, N. (2009) 'Structure? What Structure?', *International Relations*, 23(2): 183–99.

Organisation for Economic Co-operation and Development (OECD) (2011) 'OECD Guidelines for Multinational Enterprises 2011 Edition', www.oecd.org/daf/inv/mne/48004323.pdf (accessed 30 August 2016).

Organization for Security and Cooperation in Europe (OSCE) (undated) 'Participating States', www.osce.org/states (accessed 8 August 2016).

Owen, J.M. (2011) 'Liberal Tradition not Social Science', *International Relations*, 25(2): 158–63.
Palacios, J.J. (2004) 'Corporate Citizenship and Social Responsibility in a Globalized World', *Citizenship Studies*, 8(4): 383–402.
Paris UN Climate Change Conference (2015) 30 November to 12 December, www.cop21.gouv.fr/en/ (accessed 30 August 2016).
Pasic, S.C. (1996) 'Culturing International Relations Theory: A Call for Extension', in Y. Lapid, and F. Kratochwil (eds) *The Return of Culture and Identity in IR Theory*. London: Lynne Rienner Publishers, pp. 85–104.
Paterson, M. (1995) 'Radicalizing Regimes?: Ecology and the Critique of IR Theory', in J. Macmillan and A. Linklater (eds) *Boundaries in Question: New Directions in International Relations*. London: Pinter, pp. 212–27.
Pedersen, S. (2007) 'Back to the League of Nations', *American Historical Review*, 112(4): 1091–1117.
Peoples, C. (2009) 'Theodore Adorno', in J. Edkins and N. Vaughan-Williams (eds) *Critical Theorists and International Relations*. London: Routledge, pp. 7–18.
Permanent Mission of Ukraine (2016) Statement on 'Russia's Ongoing Aggression against Ukraine and Violations of OSCE Principles and Commitments', 3 March, www.osce.org/pc/226596?download=true (accessed 8 August 2016).
Peterson, V.S. (1992) 'Introduction', in V.S. Peterson (ed.) *Gendered States: Feminist (Re)Visions of International Relations Theory*. Boulder, CO: Lynne Rienner Publishers, pp. 1–29.
Phillips, T., Harvey, F. and Yuhas, A. (2016) 'Breakthrough as US and China Agree to Ratify Paris Climate Deal', *The Guardian*, 3 September, http://mahb.stanford.edu/library-item/breakthrough-us-china-agree-ratify-paris-climate-deal/ (accessed 5 September 2016).
Prebisch, R. (1981) 'Third World Lecture 1981: Capitalism: The Second Crisis', *Third World Quarterly*, 3(3): 433–40.
Puntigliano, A.R. and Appleqvist, Ö. (2011) 'Prebisch and Myrdal: Development Economics in the Core and on the Periphery', *Journal of Global History*, 6(1): 29–52.
Puzo, M. (1991) *The Godfather*. London: Arrow Books.
Ralph, J. (2011) 'A Difficult Relationship: Britain's "Doctrine of International Community" and America's "War on Terror"', in O. Daddow and J. Gaskarth (eds) *British Foreign Policy: The New Labour Years*. Basingstoke: Palgrave Macmillan, 123–38.
Ramakrishnan, A.K. (1999) 'The Gaze of Orientalism: Reflections on Linking Postcolonialism and International Relations', *International Studies*, 36(2): 129–63.
Redman, P. (2006) *Good Essay Writing*, 3rd edn. London: Sage.
Reiter, D. (2015) 'Should we Leave Behind the Subfield of International Relations?', *Annual Review of Political Science*, 18: 481–99.
The Report of the Iraq Inquiry (2016) Her Majesty's Stationary Office, 6 July, www.iraqinquiry.org.uk/the-report/ (accessed 4 November 2016).
Reus-Smit, C. (2002) 'Imagining Society: Constructivism and the English School', *British Journal of Politics and International Relations*, 4(3): 487–509.
Reus-Smit, C. (2005) 'The Constructivist Challenge after September 11', in A.J. Bellamy, A.J. (ed.) *International Society and its Critics*. Oxford: Oxford University Press, pp. 81–94.
Reus-Smit, C. (2012) 'International Relations, Irrelevant? Don't Blame Theory', *Millennium: Journal of International Studies*, 40(3): 525–40.

Reus-Smit, C. (2013) 'Constructivism', in S. Burchill and A. Linklater (eds) *Theories of International Relations*, 5th edn. Basingstoke: Palgrave Macmillan, pp. 217–40.

Ricks, T.E. (2006) *Fiasco: The American Military Adventure in Iraq*. London: Allen Lane.

Roe, P. (1999) 'The Intrastate Security Dilemma: Ethnic Conflict as "Tragedy"?', *Journal of Peace Research*, 36(2): 183–202.

Rosato, S. (2003) 'The Flawed Logic of Democratic Peace Theory', *American Political Science Review*, 97(4): 585–602.

Rosenau, J.N. (1976) 'International Studies in a Transnational World', *Millennium*, 5(1): 1–20.

Rosenau, J.N. (2002) 'Unfulfilled Potential: Sociology and International Relations', *International Review of Sociology*, 12(3): 545–9.

Rosenau, J.N. (2003) 'The Theoretical Imperative: Unavoidable Explication', *Asian Journal of Political Science*, 11(2): 7–20.

Rosenau, J.N. (2004) 'Many Globalizations, One International Relations', *Globalizations*, 1(1): 7–14.

Rosenau, J.N. and Durfee, M. (1995) *Thinking Theory Thoroughly: Coherent Approaches to an Incoherent World*. Oxford: Westview Press.

Rosenberg, J. (2000) *The Follies of Globalisation Theory: Polemical Essays*. London: Verso.

Rosenberg, J. (2001) *The Empire of Civil Society: A Critique of the Realist Theory of International Relations*. London: Verso.

Rosenberg, J. (2005) 'Globalisation Theory: A Post-Mortem', *International Politics*, 42(1): 2–74.

Rosenberg, J. (2010) 'Basic Problems in the Theory of Uneven and Combined Development. Part II: Unnevenness and Political Multiplicity', *Cambridge Review of International Affairs*, 23(1): 165–89.

Rosenberg, J. (2013) 'Kenneth Waltz and Leon Trotsky: Anarchy in the Mirror of Uneven and Combined Development', *International Politics*, 50(2): 183–230.

Rosenberg, J. (2016) 'International Relations in the Prison of Political Science', *International Relations*, 30(2): 127–53.

Ruane, K. (2000) *The Rise and Fall of the European Defence Community: Anglo-American Relations and the Crisis of European Defence, 1950–55*. Basingstoke: Macmillan.

Ruggie, J.G. (1993) 'Territoriality and Beyond: Problematizing Modernity in International Relations', *International Organization*, 47(1): 139–74.

Ruggie, J.G. (1998a) *Constructing the World Polity: Essays on International Institutionalization*. London: Routledge.

Ruggie, J.G. (1998b) 'What Makes the World Hang Together? Neo-Utilitarianism and the Social Constructivist Challenge', *International Organization*, 52(4): 855–85.

Rupert, M. (2009) 'Antonio Gramsci', in J. Edkins and N. Vaughan-Williams (eds) *Critical Theorists and International Relations*. London: Routledge, pp. 176–86.

Rupert, M. (2016) 'Marxism', in T. Dunne, M. Kurki and S. Smith (eds) *International Relations Theory: Discipline and Diversity*, 4th edn. Oxford: Oxford University Press, pp. 127–44.

Russett, B. (1995) 'Correspondence on The Democratic Peace: "And Yet It Moves"', *International Security*, 19(4): 164–75.

Ruzicka, J. (2014) 'A Transformative Social Scientist: Karl Deutsch and the Discipline of International Relations', *International Relations*, 28(3): 277–87.

Sachs, J. (1998) 'International Economics: Unlocking the Mysteries of Globalization', *Foreign Policy*, 110, Special Edition: Frontiers of Knowledge: 97–111.
Said, E. (1994) *Culture and Imperialism*. London: Vintage Books.
Said, E. (2003) *Orientalism*. London: Penguin.
Salter, M.B. (2010) 'Edward Said and Post-Colonial International Relations', in C. Moore and C. Farrands (eds) *International Relations and Philosophy: Interpretive Dialogues*. London: Routledge, pp. 129–43.
Scarface (1983) Dir. Oliver Stone, Universal Pictures.
Schenk, R. (1997–2006) 'A Case of Unemployment', http://ingrimayne.com/econ/EconomicCatastrophe/GreatDepression.html (accessed 28 July 2016).
Schmidt, B.C. (2006) 'On the History and Historiography of International Relations', in W. Carlsnaes, T. Risse and B.A. Simmons (eds) *Handbook of International Relations*. London: Sage, pp. 3–22.
Scholte, J.A. (1997) 'Global Capitalism and the State', *International Affairs*, 73(3): 427–52.
Scholte, J.A. (2005) 'Premature Obituaries: A Response to Justin Rosenberg', *International Politics*, 42(3): 390–9.
Scholte, J.A. (2008) 'Defining Globalisation', *The World Economy*, 31(11): 1471–502.
Schweller, R. (2011) 'Theory in Action: Realism', 4 May, www.youtube.com/watch?v=UnKEFSVAiNQ&feature=relmfu (accessed 1 September 2016).
Scriven, M. (1994) 'A Possible Distinction between Traditional Scientific Disciplines and the Study of Human Behaviour', in M. Martin and L.C. McIntyre (eds) *Readings in the Philosophy of Social Science*. Cambridge, MA: MIT Press, pp. 71–7.
Searle, J. (2005) 'What is an Institution?', *Journal of Institutional Economics*, 1(1): 1–22.
Shinko, R.E. (2006) 'Postmodernism: A Genealogy of Humanitarian Intervention', in J. Sterling-Folker (ed.) *Making Sense of International Relations Theory*. Boulder, CO: Lynne Rienner Publishers, pp. 168–81.
Sinclair, T.J. (1996) 'Beyond International Relations Theory: Robert W. Cox and Approaches to World Order', in R.W. Cox and T.J. Sinclair (eds) *Approaches to World Order*. Cambridge: Cambridge University Press, pp. 3–18.
Smallman, S. and Brown, K. (2011) *Introduction to International and Global Studies*. Chapel Hill, NC: University of North Carolina Press.
Smith, M.J. (2005) 'Obligation and Ecological Citizenship', *Environments*, 33(3): 9–23.
Smith, M.R. (2016) *Normative Issues in International Relations: Bridging the Communitarian/Cosmopolitan Divide*. CreateSpace Independent Publishing Platform.
Smith, R., El-Anis, I. and Farrands, C. (2011) *International Political Economy in the 21st Century*. Harlow: Pearson Education Limited.
Smith, S. (1995) 'The Self-Images of a Discipline: A Genealogy of International Relations Theory', in K. Booth and S. Smith (eds) *International Relations Theory Today*. Cambridge: Polity Press, pp. 1–37.
Smith, S. (1997) 'Power and Truth: A Reply to William Wallace', *Review of International Studies*, 23(4): 507–16.
Smith, S. (2004) 'Singing our World into Existence: International Relations Theory and September 11', *International Studies Quarterly*, 48(3): 499–515.
Smith, S., Booth, K. and Zalewski, M. (eds) (1996) *International Theory: Positivism and Beyond*. Cambridge: Cambridge University Press.

Smith, T. (2011) 'Democratic Peace Theory: From Promising Theory to Dangerous Practice', *International Relations*, 25(2): 151–7.
Spiro, D. (1995) 'Correspondence on The Democratic Peace: The Liberal Peace – "And Yet it Squirms"', *International Security*, 19(4): 177–80.
Statista (2016) 'Number of Monthly Active Twitter Users Worldwide from 1st Quarter 2010 to 2nd Quarter 2016', www.statista.com/statistics/282087/number-of-monthly-active-twitter-users/ (accessed 9 August 2016).
Sterling-Folker, J. (2006a) 'Liberal Approaches', in J. Sterling-Folker (ed.) *Making Sense of International Relations Theory*. Boulder, CO: Lynne Rienner, pp. 55–62.
Sterling-Folker, J. (ed.) (2006b) *Making Sense of International Relations Theory*. Boulder, CO: Lynne Rienner.
Sterling-Folker, J. (2006c) 'Historical Materialism and World System Theory Approaches', in J. Sterling-Folker (ed.) *Making Sense of International Relations Theory*. Boulder, CO: Lynne Rienner, pp. 199–208.
Sterling-Folker, J. (2006d) 'Postmodern and Critical Theory Approaches', in J. Sterling-Folker (ed.) *Making Sense of International Relations Theory*. Boulder, CO: Lynne Rienner, pp. 157–67.
Sterling-Folker, J. (2006e) 'Realism', in J. Sterling-Folker (ed.) *Making Sense of International Relations Theory*. Boulder, CO: Lynne Rienner, pp. 13–17.
Stiglitz, J. (1998) 'International Development: Is it Possible?', *Foreign Policy*, 110, Special Edition: Frontiers of Knowledge: 138–51.
Suganami, H. (2005) 'The English School and International Theory', in A.J. Bellamy (ed.) *International Society and its Critics*. Oxford: Oxford University Press, pp. 29–44.
Sutch, P. and Elias, J. (2007) *International Relations: The Basics*. London: Routledge.
Syed, M. (2015) *Black Box Thinking: The Surprising Truth about Success (And Why Some People Never Learn from their Mistakes*. London: John Murray.
Sylvester, C. (2014) 'Post-Colonialism', in J. Baylis, S. Smith and P. Owens (eds) *The Globalization of World Politics: An Introduction to International Relations*, 6th edn. Oxford: Oxford University Press, pp. 184-97.
Tang, S. (2009) 'The Security Dilemma: A Conceptual Analysis', *Security Studies*, 18(3): 587–623.
The Telegraph (2010) 'Barack Obama's Speech on Banking Reform: In Full', 21 January, www.telegraph.co.uk/finance/newsbysector/banksandfinance/7046668/Barack-Obamas-speech-on-banking-reform-in-full.html (accessed 1 September 2016).
Teschke, B. and Cemgil, C. (2014) 'The Dialectic of the Concrete: Reconsidering Dialectic for IR and Foreign Policy Analysis', *Globalizations*, 11(5): 605–25.
Thucydides (2004) *History of the Peloponnesian War*, trans. R. Crawley. Mineola, NY: Dover.
Tickner, J.A. (1988) 'Hans Morgenthau's Principles of Political Realism: A Feminist Reformulation', *Millennium: Journal of International Studies*, 17(3): 429–40.
Tickner, J.A. (1996) 'Identity in IR Theory: Feminist Perspectives', in Y. Lapid and F. Kratochwil (eds) *The Return of Culture and Identity in IR Theory*. London: Lynne Rienner Publishers, pp. 147–62.
Tickner, J.A. and Sjoberg, L. (2016) 'Feminism', in T. Dunne, M. Kurki and S. Smith (eds) *International Relations Theory: Discipline and Diversity*, 4th edn. Oxford: Oxford University Press, pp. 179–95.

UK Government (2014) *Review of the Balance of Competences Between the United Kingdom and the European Union: Environment and Climate Change*, February, www.gov.uk/government/uploads/system/uploads/attachment_data/file/284500/environment-climate-change-documents-final-report.pdf (accessed 30 August 2016).

UK in a Changing Europe (2016) 'A Three-Minute Guide on Democracy and Sovereignty', http://ukandeu.ac.uk/explainers/a-three-minute-guide-to-democracy-and-sovereignty/ (accessed 18 July 2016).

Ullmann-Margalit, E. (1977) *The Emergence of Norms*. Oxford: Clarendon Press.

United Nations (UN) (1974) 'Declaration on the Establishment of a New International Economic Order', General Assembly, Sixth Special Session, 1 May, www.un-documents.net/s6r3201.htm (accessed 20 July 2016).

UN (1997) 'A Summary of United Nations Agreements on Human Rights', www.hrweb.org/legal/undocs.html#Geneva (accessed 1 September 2016).

UN (1997–2010) 'Women Watch', www.un.org/womenwatch/directory/statistics_and_indicators_60.htm (accessed 18 August 2016).

UN (1998) 'Kyoto Protocol to the United Nations Framework Convention on Climate Change', http://unfccc.int/resource/docs/convkp/kpeng.pdf (accessed 30 August 2016).

UN (2013) 'A Declaration of Commitment to End Sexual Violence in Conflict', 24 September, www.gov.uk/government/uploads/system/uploads/attachment_data/file/274724/A_DECLARATION_OF_COMMITMENT_TO_END_SEXUAL_VIOLENCE_IN_CONFLICT.pdf (accessed 31May 2016).

UN (2015) Organization Chart, www.un.org/aboutun/chart.html (accessed 24 July 2016).

UN (2016a) 'History of the United Nations', www.un.org/en/sections/history/history-united-nations/index.html (accessed 24 July 2016).

UN (2016b) 'Growth in United Nations Membership, 1945–Present', www.un.org/en/sections/member-states/growth-united-nations-membership-1945-present/index.html (accessed 24 July 2016).

UN (2016c) 'Preamble', www.un.org/en/sections/un-charter/preamble/index.html (accessed 24 July 2016).

UN (undated) 'United Nations Office for Sustainable Development', www.unosd.org/index.php?menu=17 (accessed 30 August 2016).

UN Women (2016) 'Facts and Figures: Leadership and Political Participation', January, www.unwomen.org/en/what-we-do/leadership-and-political-participation/facts-and-figures (accessed 19 August 2016).

van der Ree, G. (2014) 'International Relations 10: Post-Structuralism', www.youtube.com/watch?v=0IVSA2mETqM (accessed 23 August 2016).

van Hoorn, A. (2015) 'The Global Financial Crisis and the Values of Professionals in Finance: An Empirical Analysis', *Journal of Business Ethics*, 130(2): 253–69.

Varadarajan, L. (2009) 'Edward Said', in J. Edkins and N. Vaughan-Williams (eds) *Critical Theorists and International Relations*. London: Routledge, pp. 292–304.

Vasquez, M. (2002) 'Cultural Integrity in Non-Traditional Societies: Cuba Encounters the Global Market System', *Cultural Dynamics*, 14(2): 185–204.

Viotti, P.R. and Kauppi, M.V. (2014) *International Relations Theory*, 5th edn. Harlow: Pearson Education Limited.

Wæver, O. (2016) 'Still a Discipline after All these Debates?', in T. Dunne, M. Kurki and S. Smith (eds) *International Relations Theory: Discipline and Diversity*, 4th edn. Oxford: Oxford University Press, pp. 300–21.
Wainwright, M. and Carvel, J. (2006) 'Blair Heralds End of "Nanny State" Health Advice', *The Guardian*, 26 July, http://politics.guardian.co.uk/publicservices/story/0,,1830167,00.html (accessed 1 September 2016).
Walker, R.B.J. (1993) *Inside/Outside: International Relations as Political Theory*. Cambridge: Cambridge University Press.
Walker, R.B.J. (1995) 'History and Structure in the Theory of International Relations', in J. Der Derian (ed.) *International Theory: Critical Investigations*. Basingstoke: Macmillan, pp. 308–39.
Wallace, W. (1996) 'Truth and Power, Monks and Technocrats: Theory and Practice in International Relations', *Review of International Studies*, 22(3): 301–21.
Wallerstein, I. (1974) *The Modern World System, Vol. 1: Capitalist Agriculture and the Origins of the European World-Economy in the Sixteenth Century*. New York and London: Academic Press.
Wallerstein, I. (1980) *The Modern World-System, Vol. II: Mercantilism and the Consolidation of the European World-Economy, 1600–1750*. New York and London: Academic Press.
Wallerstein, I. (1989) *The Modern World System, Vol. III: The Second Era of Great Expansion of the Capitalist World Economy, 1730s–1840s*. New York and London: Academic Press.
Walliman, N. (2006) *Social Research Methods*. London: Sage.
Walt, S.M. (1998) 'International Relations: One World, Many Theories', *Foreign Policy, 110, Special Edition: Frontiers of Knowledge*: 29–46.
Waltz, K.N. (1959) *Man, the State and War*. New York: Cambridge University Press.
Waltz, K.N. (1979) *Theory of International Politics*, 1st edn. Boston, MA: McGraw-Hill.
Walt, K.N. (1997) 'Evaluating Theories', *American Political Science Review*, 91(4): 913–917.
Waltz, K.N. (2010) *Theory of International Politics*. Long Grove, IL: Waveland Press.
Watson, A. (1990) 'Systems of States', *Review of International Studies*, 16(2): 99–109.
Watson, A. (2001) *The Evolution of International Society*. London: Routledge.
Watson, A.M.S. (2006) 'Children and International Relations: A New Site of Knowledge?', *Review of International Studies*, 32(2): 237–50.
Weber, C. (2010) *International Relations Theory: A Critical Introduction*, 3rd edn. London: Routledge.
Weber, C. (2013) *International Relations Theory: A Critical Introduction*, 4th edn. London: Routledge.
Weigley, S. (2013) '10 companies profiting most from the war', *USA Today*, 10 March. Available at: www.usatoday.com/story/money/business/2013/03/10/10-companies-profiting-most-from-war/1970997/(accessed 26 January 2017).
Welch, D.A. (2003) 'Why IR Theorists Should Stop Reading Thucydides', *Review of International Studies*, 29(3): 301–19.
Wendt, A. (1992) 'Anarchy is What States Make of It: The Social Construction of Power Politics', *International Organization*, 46(2): 391–425.
Wendt, A. (1996) 'Identity and Structural Change in International Politics', in Y. Lapid and F. Kratochwil (eds) *The Return of Culture and Identity in IR Theory*. London: Lynne Rienner Publishers, pp. 47–64.

Wendt, A. (1999) *Social Theory of International Politics*. Cambridge: Cambridge University Press.
Wendt, A. (2000) 'On the Via Media: A Response to the Critics', *Review of International Studies*, 26(1): 165–80.
Wexler, L. (2003) 'The International Deployment of Shame, Second-Best Responses, and Norm Entrepreneurship: The Campaign to Ban Landmines and the Landmine Ban Treaty', *Arizona Journal of International and Comparative Law*, 20(3): 562–606.
Wheeler, N.J. (2008) '"To Put Oneself into the Other Fellow's Place": John Herz, the Security Dilemma and the Nuclear Age', *International Relations*, 22(4): 493–509.
Wheeler, N.J. and Dunne, T. (1996) 'Hedley Bull's Pluralism of the Intellect and Solidarism of the Will', *International Affairs*, 72(1): 91–107.
Wight, M. (1987) 'An Anatomy of International Thought', *Review of International Studies*, 13(3): 221–7.
Wight, M. (1995) 'Why is there No International Theory?', in J. Der Derian (ed.) *International Theory: Critical Investigations*. Basingstoke: Macmillan, pp. 15–35.
Wikipedia (2016) 'Wikipedia: Academic Use', 25 March, https://en.wikipedia.org/wiki/Wikipedia:Academic_use (accessed 2 September 2016).
Williams, J. (2005) 'Pluralism, Solidarism and the Emergence of World Society in English School Theory', *International Relations*, 19(1): 19–38.
Wilson, W. (1918) 'President Woodrow Wilson's Fourteen Points', 8 January, http://avalon.law.yale.edu/20th_century/wilson14.asp (accessed 24 July 2016).
Windschuttle, K. (1996) *The Killing of History: How Literary Critics and Social Theorists are Murdering our Past*. San Francisco, CA: Encounter Books.
Women in National Parliaments (2016) World Classification, 1 June, www.ipu.org/wmn-e/classif.htm (accessed 19 August 2016).
Woods, N. (1999) 'Order, Globalization, and Inequality in World Politics', in A. Hurrell and N. Woods (eds) *Order, Globalization, and Inequality in World Politics*. Oxford: Oxford University Press, pp. 8–35.
WWF (undated) 'What is an Ecological Footprint?', www.wwf.org.au/our_work/people_and_the_environment/human_footprint/ecological_footprint/ (accessed 30 August 2016).
Yale Law School (2007) 'The Covenant of the League of Nations', http://avalon.law.yale.edu/20th_century/leagcov.asp (accessed 24 July 2016).
Young, G. (2016) *Women, Naturally Better Leaders for the 21st Century*, Transpersonal Leadership Series: Whitepaper 2. London: Routledge.
Zalewski, M. and Enloe, C. (1995) 'Questions about Identity in International Relations', in K. Booth and S. Smith (eds) *International Relations Theory Today*. Cambridge: Polity Press, pp. 279–305.
Zehfuss, M. (2003) 'Forget September 11', *Third World Quarterly*, 24(3): 513–28.
Zehfuss, M. (2006) 'Constructivism and Identity: A Dangerous Liaison', in S. Guzzini and A. Leander (eds) *Constructivism and International Relations: Alexander Wendt and his Critics*. London: Routledge, pp. 93–117.
Zehfuss, M. (2009) 'Jacques Derrida', in J. Edkins and N. Vaughan-Williams (eds) *Critical Theorists and International Relations*. London: Routledge, pp. 137–49.
Zheng, J. (2016) Constructing "A New Type of Great Power Relations": The State of Debate in China', *British Journal of Politics and International Relations*, 18(2): 422–42.

찾아보기

ㄴ

ㄷ

ㄹ

ㅁ

ㅂ

ㅈ

ㅊ

ㅋ

ㅌ

ㅍ

ㅎ

저자소개

대도우는 노팅엄대학교(University of Nottingham) 영국정치·안보학과 조교수로 재직 중이다. 그의 주된 관심사는 해석 국제관계론(interpretivist international relations) 및 영국 외교정책, 특히 브렉시트와 유럽 문제에 관련된 담론 분석이다. 그의 저서로는 *Britain and Europe since 1945: Historiographical Perspectives on Integration* (Manchester University Press, 2004)와 *New Labour and the European Union: Blair and Brown's Logic of History* (Manchester University Press, 2011) 등이 있다. 또한 그는 *Harold Wilson and European Integration: Britain's Second Application to Join the EEC* (Frank Cass, 2003)의 편자이기도 하다. 그는 가스카트(Jamie Gaskarth)와 함께 *British Foreign Policy: The New Labour Years* (Palgrave Macmillan, 2011)을 편집했고, 베버(Mark Bevir), 홀(Ian Hall)과는 *Interpreting Global Security* (Routledge, 2014)를 공편했다. 또한 그는 다수의 단행본 장절을 저술했고, *Government and Opposition, International Affairs, International Relations*, *Journal of Common Market Studies*, *Journal of European Public Policy*, *Political Quarterly*, *British Journal of Politics and International Relations*, *Cambridge Review of International Affairs*, *Review of International Studies* 등 여러 피어리뷰 저널에 논문을 기고했다.

역자소개

이상현 (shlee@sejong.org)

서울대학교 외교학과 졸업
서울대학교 외교학과 석사
일리노이주립대(어바나-샴페인) 정치학 박사

현 세종연구소 소장
　한국핵정책학회(KNPS) 회장, 한국핵물질관리학회(INMM-K) 이사,
　동아시아연구원 국가안보패널 위원,
　핵비확산 및 군축을 위한 아태리더십 네트워크(APLN) 멤버

한국국방연구원 연구원, 외교통상부 정책기획관 역임

주요 논저
『평화와 번영의 한반도: 한반도 평화실현과 국제협력』(공저, 경제인문사회연구회)
『미국 신정부와 한미관계』(공저, 세종연구소)
『현대 한미관계의 이해』(공저, 명인문화사)
『김정은 체제 5년, 북한을 진단한다』(공저, 민화협)
『동북아 국제질서의 변화와 우리의 대응전략』(공저, KDI)
"트럼프 행정부의 국가안보전략(NSS): 국제정세 및 한반도에 대한 함의" (국가전략)
『세계화의 논쟁: 국제관계 접근에서의 찬성과 반대논리, 2판』(역서, 명인문화사) 외 다수